공기업
NCS

고졸채용

최종모의고사

시대에듀

2025 최신판 시대에듀 공기업 NCS 고졸채용
최종모의고사 9회분 + 무료NCS특강

Always **with you**

사람의 인연은 길에서 우연하게 만나거나 함께 살아가는 것만을 의미하지는 않습니다.
책을 펴내는 출판사와 그 책을 읽는 독자의 만남도 소중한 인연입니다.
시대에듀는 항상 독자의 마음을 헤아리기 위해 노력하고 있습니다. 늘 독자와 함께하겠습니다.

머리말 PREFACE

대부분의 공기업은 NCS(국가직무능력표준) 기반의 채용제도를 본격적으로 시행하면서 불필요한 스펙 대신 지원자의 직무능력을 중심으로 채용하고 있다. 추가적으로 정부는 각 공기업이 NCS를 적용하여 인재를 채용할 수 있도록 NCS 기반 채용 도구 개발을 지원하고 채용 컨설팅을 진행하고 있다. NCS를 도입함으로써 취업준비생의 부담을 경감시키고, 능력 있는 인재라면 누구에게나 취업의 기회가 주어질 수 있도록 노력하고 있는 것이다.

이처럼 NCS를 도입함에 따라 공기업의 필기시험은 직무 위주의 상황으로 주어지는 등의 변화를 보이고 있지만, 대부분의 수험생들은 NCS라는 것이 정확히 무엇인지, 어떻게 출제되고 있는지를 모르고 있으며, 단순히 시중에 있는 책 한두 권 풀고 볼 수 있는 시험이라 생각하여 불합격이라는 고배를 마시고 있는 상황이다.

이에 시대에듀에서는 공기업 NCS 필기시험 문제풀이 실력 향상에 중점을 두어 다음과 같은 특징을 가진 본서를 기획하게 되었다.

도서의 특징

❶ **모듈형부터 PSAT형까지! NCS 대표 유형으로 구성한 모의고사로 실력 UP!**
  - 모듈형 · 피듈형 · PSAT형 등 NCS 대표 유형의 문제들을 자주 출제되는 영역 구성에 맞춰 필수영역/핵심영역/통합 최종모의고사로 구성 및 수록하여 어떤 공기업의 필기시험을 치르더라도 도움이 될 수 있도록 하였다.

❷ **OMR 답안지와 모바일 OMR을 활용하여 실전처럼, 그리고 더 확실하게!**
  - OMR 답안지를 통해 실전처럼 문제를 풀며 답안지를 체크해 볼 수 있도록 하였다.
  - 모바일 OMR을 통해 답안채점은 물론, 성적분석 서비스까지 제공하여 자신의 현재 실력이 어느 수준인지 확인해 볼 수 있도록 하였다.

❸ **다양한 콘텐츠로 최종 합격까지!**
  - 인성검사 및 채용 가이드와 주요 공기업 최신 면접 기출질문을 수록하여 채용 전반에 대비할 수 있도록 하였다.
  - 온라인 모의고사 응시 쿠폰을 제공하여 필기시험을 준비하는 데 부족함이 없도록 하였다.

끝으로 본 도서를 통해 공기업 채용을 준비하는 모든 수험생 여러분이 합격의 기쁨을 누리기를 진심으로 기원한다.

SDC(Sidae Data Center) 씀

PSAT형

| 수리능력

04 다음은 신용등급에 따른 아파트 보증률에 대한 사항이다. 자료와 상황에 근거할 때, 갑(甲)과 을(乙)의 보증료의 차이는 얼마인가?(단, 두 명 모두 대지비 보증금액은 5억 원, 건축비 보증금액은 3억 원이며, 보증서 발급일로부터 입주자 모집공고 안에 기재된 입주 예정 월의 다음 달 말일까지의 해당 일수는 365일이다)

- (신용등급별 보증료)=(대지비 부분 보증료)+(건축비 부분 보증료)
- 신용평가 등급별 보증료율

구분	대지비 부분	건축비 부분				
		1등급	2등급	3등급	4등급	5등급
AAA, AA		0.178%	0.185%	0.192%	0.203%	0.221%
A⁺		0.194%	0.208%	0.215%	0.226%	0.236%
A⁻, BBB⁺	0.138%	0.216%	0.225%	0.231%	0.242%	0.261%
BBB⁻		0.232%	0.247%	0.255%	0.267%	0.301%
BB⁺ ~ CC		0.254%	0.276%	0.296%	0.314%	0.335%
C, D		0.404%	0.427%	0.461%	0.495%	0.531%

※ (대지비 부분 보증료)=(대지비 부분 보증금액)×(대지비 부분 보증료율)×(보증서 발급일로부터 입주자 모집공고 안에 기재된 입주 예정 월의 다음 달 말일까지의 해당 일수)÷365
※ (건축비 부분 보증료)=(건축비 부분 보증금액)×(건축비 부분 보증료율)×(보증서 발급일로부터 입주자 모집공고 안에 기재된 입주 예정 월의 다음 달 말일까지의 해당 일수)÷365

- 기여고객 할인율 : 보증료, 거래기간 등을 기준으로 기여도에 따라 6개 군으로 분류하며, 건축비 부분 요율에서 할인 가능

구분	1군	2군	3군	4군	5군	6군
차감률	0.058%	0.050%	0.042%	0.033%	0.025%	0.017%

〈상황〉

- 갑 : 신용등급은 A⁺이며, 3등급 아파트 보증금을 내야 한다. 기여고객 할인율에서는 2군으로 선정되었다.
- 을 : 신용등급은 C이며, 1등급 아파트 보증금을 내야 한다. 기여고객 할인율은 3군으로 선정되었다.

① 554,000원
② 566,000원
③ 582,000원
④ 591,000원
⑤ 623,000원

특징 ▸ 대부분 의사소통능력, 수리능력, 문제해결능력을 중심으로 출제(일부 기업의 경우 자원관리능력, 조직이해능력을 출제)
▸ 자료에 대한 추론 및 해석 능력을 요구

대행사 ▸ 엑스퍼트컨설팅, 커리어넷, 태드솔루션, 한국행동과학연구소(행과연), 휴노 등

모듈형

| 문제해결능력

41 문제해결절차의 문제 도출 단계는 (가)와 (나)의 절차를 거쳐 수행된다. 다음 중 (가)에 대한 설명으로 적절하지 않은 것은?

(가)	→	(나)
전체 문제를 개별화된 이슈들로 세분화		문제에 영향력이 큰 핵심이슈를 선정

① 문제의 내용 및 영향 등을 파악하여 문제의 구조를 도출한다.
② 본래 문제가 발생한 배경이나 문제를 일으키는 메커니즘을 분명히 해야 한다.
③ 현상에 얽매이지 말고 문제의 본질과 실제를 봐야 한다.
④ 눈앞의 결과를 중심으로 문제를 바라봐야 한다.
⑤ 문제 구조 파악을 위해서 Logic Tree 방법이 주로 사용된다.

특징
▶ 이론 및 개념을 활용하여 푸는 유형
▶ 채용 기업 및 직무에 따라 NCS 직업기초능력평가 10개 영역 중 선발하여 출제
▶ 기업의 특성을 고려한 직무 관련 문제를 출제
▶ 주어진 상황에 대한 판단 및 이론 적용을 요구

대행사
▶ 인트로맨, 휴스테이션, ORP연구소 등

피듈형(PSAT형 + 모듈형)

| 자원관리능력

07 다음 자료를 근거로 판단할 때, 연구모임 A ~ E 중 세 번째로 많은 지원금을 받는 모임은?

〈지원계획〉

• 지원을 받기 위해서는 한 모임당 5명 이상 9명 미만으로 구성되어야 한다.
• 기본지원금은 모임당 1,500천 원을 기본으로 지원한다. 단, 상품개발을 위한 모임의 경우는 2,000천 원을 지원한다.
• 추가지원금

등급	상	중	하
추가지원금(천 원/명)	120	100	70

※ 추가지원금은 연구 계획 사전평가결과에 따라 달라진다.
• 협업 장려를 위해 협업이 인정되는 모임에는 위의 두 지원금을 합한 금액의 30%를 별도로 지원한다.

〈연구모임 현황 및 평가결과〉

특징
▶ 기초 및 응용 모듈을 구분하여 푸는 유형
▶ 기초인지모듈과 응용업무모듈로 구분하여 출제
▶ PSAT형보다 난도가 낮은 편
▶ 유형이 정형화되어 있고, 유사한 유형의 문제를 세트로 출제

대행사
▶ 사람인, 스카우트, 인크루트, 커리어케어, 트리피, 한국사회능력개발원 등

주요 공기업 적중 문제 TEST CHECK

코레일 한국철도공사

01 다음 글의 제목으로 가장 적절한 것은?

중세 유럽에서는 토지나 자원을 왕실이 소유하고 있었다. 사람들은 이러한 토지나 자원을 이용하려면 일정한 비용을 지불해야 했다. 예를 들어 광산을 개발하거나 수산물을 얻는 사람들은 해당 자원의 이용에 대한 비용을 왕실에 지불하였고 이는 왕실의 권력과 부의 유지를 돕는 동시에 국가의 재정을 보충하는 역할을 하였는데, 이때 지불한 비용이 바로 로열티이다.

로열티의 개념은 산업 혁명과 함께 발전하였다. 산업 혁명을 통해 특허, 상표 등의 지적 재산권이 보호되기 시작하면서 기업들은 이러한 권리를 보유한 개인이나 조직에게 사용에 대한 보상을 지불하게 되었다. 지적 재산권은 기업이 특정한 기술, 디자인, 상표 등을 보유하고 있을 때 그들에게 독점적인 권리를 제공하는 것이며, 이러한 권리의 보호와 보상을 위해 로열티 제도가 도입되었다.

로열티는 기업과 지적 재산권 소유자 간의 계약에 의해 설정되는 형태로 발전하였다. 기업이 특정 제품을 판매하거나 특정 기술을 이용하는 경우 지적 재산권 소유자에게 계약에 따라 정해진 로열티를 지불하게 된다. 이로써 지적 재산권을 보유한 개인이나 조직은 자신들의 창작물이나 기술의 사용에 대한 보상을 받을 수 있으며, 기업들은 이러한 지적 재산권의 이용을 허가받아 경쟁 우위를 확보할 수 있게 되었다.

현재 로열티는 제품 판매나 라이선스, 저작물의 이용 등 다양한 형태로 나타나며 지적 재산권의 보호와 경제적 가치를 확보하는 중요한 수단으로 작용하고 있다. 로열티는 지식과 창조성의 보상으로서의 역할을 수행하며 기업들의 연구 개발을 촉진하고 혁신을 격려한다. 이처럼 로열티 제도는 기업과 지적 재산권 소유자 간의 상호 협력과 혁신적인 경제 발전에 기여하는 중요한 긍정적 요소이다.

한국전력공사

10 다음은 도서코드(ISBN)에 대한 자료이다. 주문한 도서에 대한 설명으로 옳은 것은?

〈[예시] 도서코드(ISBN)〉

국제표준도서번호					부가기호		
접두부	국가번호	발행자번호	서명식별번호	체크기호	독자대상	발행형태	내용분류
123	12	1234567		1	1	1	123

※ 국제표준도서번호는 5개의 군으로 나누어지고 군마다 '-'로 구분한다.

〈도서코드(ISBN) 세부사항〉

접두부	국가번호	발행자번호	서명식별번호	체크기호
978 또는 979	한국 89 미국 05 중국 72 일본 40 프랑스 22	발행자번호 – 서명식별번호 7자리 숫자 예 8491 – 208 : 발행자번호가 8491인 출판사에서 208번째 발행한 책		0 ~ 9

독자대상	발행형태	내용분류
0 교양	0 문고본	030 백과사전
1 실용	1 사전	100 철학
2 여성	2 신서판	170 심리학
3 (예비)	3 단행본	200 종교
4 청소년	4 전집	360 법학
5 중고등 학습참고서	5 (예비)	470 생명과학

국민건강보험공단

접속사 ▶ 유형

08 다음 중 빈칸에 들어갈 접속사로 가장 적절한 것은?

> 날이 추우면 통증이 커질 수 있는 질환이 몇 가지 있다. 골관절염이나 류마티스 관절염 등 관절 관련 질환이 여기에 해당한다. 통증은 신체에 어떤 이상이 있으니 상황이 악화되지 않도록 피할 방법을 준비하라고 스스로에게 알리는 경고이다.
> 골관절염과 류마티스 관절염은 여러 면에서 차이가 있으나 환절기에 추워지면 증상이 악화될 수 있다는 공통점이 있다. 날씨에 따라 관절염 증상이 악화되는 이유를 의학적으로 명확하게 설명할 수 있는 근거는 다소 부족하지만 추위로 인해 관절염 통증이 심해질 수 있다. 우리는 신체의 신경을 통해 통증을 느끼는데, 날이 추워지면 신체의 열을 빼앗기지 않고자 조직이 수축한다. 이 과정에서 신경이 자극을 받아 통증을 느끼게 되는 것이다. 즉, 관절염의 질환 상태에는 큰 변화가 없을지라도 평소보다 더 심한 통증을 느끼게 된다.
> _____ 날이 추워질수록 외부 온도 변화에 대응할 수 있도록 가벼운 옷을 여러 개 겹쳐 입어 체온을 일정하게 유지해야 한다. 특히 일교차가 큰 환절기에는 아침, 점심, 저녁으로 변화하는 기온에 따라 옷을 적절하게 입고 벗을 필요가 있다. 오전에 첫 활동을 시작할 때는 가벼운 스트레칭을 통해 체온을 올린 후 활동하는 것도 효과적이다. 춥다고 웅크린 상태에서 움직이지 않으면 체온이 유지되지 않을 수 있으므로 적절한 활동을 지속하는 것이 중요하다.

① 그러나 ② 따라서
③ 한편 ④ 그리고

서울교통공사 9호선

원탁 배치 ▶ 유형

23 남자 2명과 여자 2명이 다음 〈조건〉과 같이 원탁에 앉아 있다. 이를 참고할 때, 옳은 것은?

> **조건**
> • 네 사람의 직업은 각각 교사, 변호사, 자영업자, 의사이다.
> • 네 사람은 각각 검은색 원피스, 파란색 재킷, 하얀색 니트, 밤색 티셔츠를 입고 있으며, 이 중 검은색 원피스는 여성용, 파란색 재킷은 남성용이다.
> • 남자는 남자끼리, 여자는 여자끼리 인접해서 앉아 있다.
> • 변호사는 하얀색 니트를 입고 있다.
> • 자영업자는 남자이다.
> • 의사의 왼쪽 자리에 앉은 사람은 검은색 원피스를 입었다.
> • 교사는 밤색 니트를 입은 사람과 원탁을 사이에 두고 마주 보고 있다.

① 교사와 의사는 원탁을 사이에 두고 마주 보고 있다.
② 변호사는 남자이다.
③ 밤색 티셔츠를 입은 사람은 여자이다.
④ 의사는 파란색 재킷을 입고 있다.
⑤ 검은색 원피스를 입은 여자는 자영업자의 옆에 앉아 있다.

주요 공기업 적중 문제 TEST CHECK

건강보험심사평가원

데이터베이스 ▶ 키워드

35 다음 글을 읽고 S대학교의 문제를 해결하기 위한 대안으로 가장 적절한 것은?

> S대학교는 현재 학생 관리 프로그램, 교수 관리 프로그램, 성적 관리 프로그램의 3개의 응용 프로그램을 갖추고 있다. 학생 관리 프로그램은 학생 정보를 저장하고 있는 파일을 이용하고 교수 관리 프로그램은 교수 정보 파일, 성적 관리 프로그램은 성적 정보 파일을 이용한다. 즉, 각각의 응용 프로그램들은 개별적인 파일을 이용한다.
>
> 이런 경우, 파일에는 많은 정보가 중복 저장되어 있다. 그렇기 때문에 중복된 정보가 수정되면 관련된 모든 파일을 수정해야 하는 불편함이 있다. 예를 들어, 한 학생이 자퇴하게 되면 학생 정보 파일뿐만 아니라 교수 정보 파일, 성적 정보 파일도 수정해야 하는 것이다.

① 데이터베이스 구축   ② 유비쿼터스 구축
③ RFID 구축   ④ NFC 구축
⑤ 와이파이 구축

K-water 한국수자원공사

문단 나열 ▶ 유형

12 다음 문단을 논리적 순서대로 바르게 나열한 것은?

> (가) 고창 갯벌은 서해안에 발달한 갯벌로서 다양한 해양 생물의 산란·서식지이며, 어업인들의 삶의 터전으로 많은 혜택을 주었다. 그러나 최근 축제식 양식과 육상에서부터 오염원 유입 등으로 인한 환경 변화로 체계적인 이용·관리 방안이 지속적으로 요구됐다.
>
> (나) 정부는 전라북도 고창 갯벌 약 11.8km²를 '습지보전법'에 의한 '습지보호지역'으로 지정하며 고시한다고 밝혔다. 우리나라에서 일곱 번째로 지정되는 고창 갯벌은 칠면초·나문재와 같은 다양한 식물이 자생하고, 천연기념물인 황조롱이와 멸종 위기종을 포함한 46종의 바닷새가 서식하는, 생물 다양성이 풍부하며 보호 가치가 큰 지역으로 나타났다.
>
> (다) 정부는 이번 습지보호지역으로 지정된 고창 갯벌을 람사르 습지로 등록할 계획이며, 제2차 연안습지 기초조사를 실시하여 보전 가치가 높은 갯벌뿐만 아니라 훼손된 갯벌에 대한 관리도 강화해 나갈 계획이다.
>
> (라) 습지보호지역으로 지정되면 이 지역에서 공유수면 매립, 골재 채취 등의 갯벌 훼손 행위는 금지되나, 지역 주민이 해오던 어업 활동이나 갯벌 이용 행위에는 특별한 제한이 없다.

① (가) - (나) - (다) - (라)   ② (가) - (라) - (나) - (다)
③ (나) - (가) - (라) - (다)   ④ (다) - (가) - (나) - (라)

한국중부발전

참 거짓 ▶ 유형

06 이번 학기에 4개의 강좌 A ~ D가 새로 개설되는데, 강사 갑 ~ 무 중 4명이 한 강좌씩 맡으려 한다. 배정 결과를 궁금해 하는 5명은 다음 〈보기〉와 같이 예측했다. 배정 결과를 보니 갑 ~ 무의 진술 중 한 명의 진술만이 거짓이고 나머지는 참임이 드러났을 때, 다음 중 바르게 추론한 것은?

> **보기**
>
> 갑 : 을이 A강좌를 담당하고 병은 강좌를 담당하지 않을 것이다.
> 을 : 병이 B강좌를 담당할 것이다.
> 병 : 정은 D강좌가 아닌 다른 강좌를 담당할 것이다.
> 정 : 무가 D강좌를 담당할 것이다.
> 무 : 을의 말은 거짓일 것이다.

① 갑은 A강좌를 담당한다.
② 을은 C강좌를 담당한다.
③ 병은 강좌를 담당하지 않는다.
④ 정은 D강좌를 담당한다.

한국동서발전

맞춤법 ▶ 유형

04 다음 중 밑줄 친 ㉠ ~ ㉣의 맞춤법 수정 방안으로 적절하지 않은 것은?

> 우리 사회에 사형 제도에 대한 ㉠ 해 묵은 논쟁이 다시 일고 있다. 그러나 지금까지 여론 조사 결과를 보면, 우리 국민의 70% 정도는 사형 제도가 범죄를 예방할 수 있다고 생각한다. 그러나 과연 그 믿음대로 사형 제도는 정의를 실현하는 제도일까? 세계에서 사형을 가장 많이 집행하는 미국에서는 연간 ㉡ 10만건 이상의 살인이 벌어지고 있으며 ㉢ 좀처럼 줄어들지 않고 있다. 또한 2006년 미국의 ㉣ 범죄율을 비교한 결과 사형 제도를 폐지한 주가 유지하고 있는 주보다 오히려 낮았다. 이는 사형 제도가 범죄 예방 효과가 있을 것이라는 생각이 근거 없는 기대일 뿐임을 말해 준다. 또한 사형 제도는 인간에 대한 너무도 잔인한 제도이다. 사람들은 일부 국가에서 행해지는 돌팔매 처형의 잔인성에는 공감하면서도, 어째서 독극물 주입이나 전기의자 등은 괜찮다고 여기는 것인가? 사람을 죽이는 것에는 좋고 나쁜 방법이 있을 수 없으며 둘의 본질은 같다.

① ㉠은 한 단어이므로 '해묵은'으로 수정해야 한다.
② ㉡의 '건'은 의존 명사이므로 '10만 건'으로 띄어 써야 한다.
③ ㉢은 문맥상 같은 의미인 '좀체'로 바꾸어 쓸 수 있다.
④ ㉣은 한글 맞춤법에 따라 '범죄률'로 수정해야 한다.

도서 200% 활용하기 STRUCTURES

1 다양한 문제 유형으로 구성된 최종모의고사로 NCS 전 유형 학습

제 **1** 회 **필수영역 NCS 최종모의고사**

정답 및 해설 p.002

01 의사소통능력

01 다음 중 담화의 구성요소에 대한 설명으로 적절하지 않은 것은?

① 담화의 의미는 고정되어 있다.
② 담화 내 발화는 통일된 주제로 모여 있어야 한다.
③ 담화에는 화자, 청자, 내용, 맥락이 있어야 한다.
④ 맥락은 담화가 이루어지는 시간, 장소 등
⑤ 독백은 화자와 청자가 같은 담화의 일종

03 다음은 의사소통을 저해하는 요소에 대한 직원들의 대화이다. 적절하지 않은 설명을 하는 직원을 모두 고르면?

> 김대리 : 우리 과장님은 일방적으로 듣기만 하셔서 의사를 파악하기가 정말 힘들어.
> 최대리 : 그래, 표현 능력이 부족하셔서 자신의 의사를 잘 전달하지 못하시는 걸 수도 있어.
> 박주임 : 그래도 일방적으로 듣기만 하는 것은 의사를 수용하는 것이니 소통상 문제가 아니지 않나요? 일방적으로 전달만 하는 분과의 의사소통이 문제인 것 같아요.
> 박사원 : 저는 이전 부서에서 대리님과 대화할 때, 대화내용을 어느 정도 아시는 줄 알았는데 모르고 계셔서 놀란 적이 있어요.
> 임주임 : 전달한 줄 알았거나, 알고 있는 것으로 착각하는 건 평가적이고 판단적인 태도 때문이야.
> 양대리 : 맞아. 말하지 않아도 알 것이라 생각하는 문화는 선입견이나 고정관념의 한 유형이야.

① 김대리 ② 박주임
③ 박사원, 임주임 ④ 박주임, 양대리
⑤ 임주임, 양대리

02 다음 중 A씨의 의사소통을 저해하는 요소로

> A씨 : B씨, 회의 자료 인쇄했어요?
> B씨 : 네? 말씀 안 하셔서 몰랐어요.
> A씨 : 아니, 사람이 이렇게 센스가 없어서

① 의사소통 과정에서의 상호작용 부족
② 경쟁적인 메시지
③ 감정의 억제 부족
④ 의사소통에 대한 잘못된 선입견
⑤ 복잡한 메시지

04 다음 중 빈칸에 공통으로 들어갈 말로 가장 적절한 것은?

> _____은/는 인류에게 끈덕진 동반자였지. 석기시대 사람들은 아침부터 저녁까지 먹거리를 찾아 헤맸을 거야. 그러다가 19세기 후반의 산업혁명으로 생산성이 눈부시게 향상되어 오늘날에는 19세기 같은 '물질적인 결핍'이 사라지게 되었지. 하지만 벌써 없어졌어야 하는 _____ 문제는 아직도 해결되지 못하고 있어..

① 공해 ② 전쟁
③ 인구 ④ 기아
⑤ 공포

▶ 모듈형·피듈형·PSAT형을 중심으로 필수영역 최종모의고사 2회, 핵심영역 최종모의고사 2회, 통합 최종모의고사 2회를 수록하여 문제 유형 파악과 더불어 문제에 대한 이해력을 높일 수 있도록 하였다.

2 인성검사부터 면접까지 한 권으로 최종 마무리

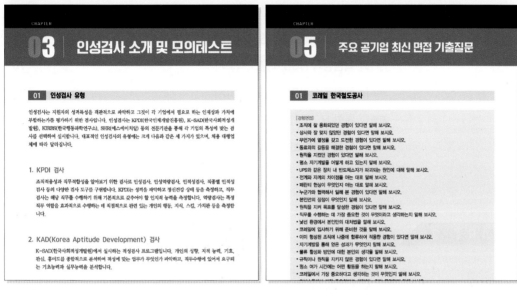

▶ 인성검사 모의테스트를 수록하여 인성검사 유형 및 문항을 확인할 수 있도록 하였다.

▶ 주요 공기업 최신 면접 기출질문을 수록하여 면접에서 나오는 질문을 미리 파악하고 면접에 대비할 수 있도록 하였다.

3 상세한 해설로 정답과 오답을 완벽하게 이해

▶ 정답과 오답에 대한 상세한 해설을 통해 혼자서도 학습이 가능하도록 하였다.

이 책의 차례 CONTENTS

PART 1

최종모의고사

01 의사소통능력

01 다음 중 담화의 구성요소에 대한 설명으로 적절하지 않은 것은?

① 담화의 의미는 고정되어 있다.

② 담화 내 발화는 통일된 주제로 모여 있어야 한다.

③ 담화에는 화자, 청자, 내용, 맥락이 있어야 한다.

④ 맥락은 담화가 이루어지는 시간, 장소 등의 배경이다.

⑤ 독백은 화자와 청자가 같은 담화의 일종으로 볼 수 있다.

02 다음 중 A씨의 의사소통을 저해하는 요소로 가장 적절한 것은?

> A씨 : B씨, 회의 자료 인쇄했어요?
> B씨 : 네? 말씀 안 하셔서 몰랐어요.
> A씨 : 아니, 사람이 이렇게 센스가 없어서야. 그런 건 알아서 해야지.

① 의사소통 과정에서의 상호작용 부족

② 경쟁적인 메시지

③ 감정의 억제 부족

④ 의사소통에 대한 잘못된 선입견

⑤ 복잡한 메시지

03 다음은 의사소통을 저해하는 요소에 대한 직원들의 대화이다. 적절하지 않은 설명을 하는 직원을 모두 고르면?

> 김대리 : 우리 과장님은 일방적으로 듣기만 하셔서 의사를 파악하기가 정말 힘들어.
>
> 최대리 : 그래. 표현 능력이 부족하셔서 자신의 의사를 잘 전달하지 못하시는 걸 수도 있어.
>
> 박주임 : 그래도 일방적으로 듣기만 하는 것은 의사를 수용하는 것이니 소통상 문제가 아니지 않나요? 일방적으로 전달만 하는 분과의 의사소통이 문제인 것 같아요.
>
> 박사원 : 저는 이전 부서에서 대리님과 대화할 때, 대화내용을 어느 정도 아시는 줄 알았는데 모르고 계셔서 놀란 적이 있어요.
>
> 임주임 : 전달한 줄 알았거나, 알고 있는 것으로 착각하는 건 평가적이고 판단적인 태도 때문이야.
>
> 양대리 : 맞아. 말하지 않아도 알 것이라 생각하는 문화는 선입견이나 고정관념의 한 유형이야.

① 김대리   ② 박주임

③ 박사원, 임주임   ④ 박주임, 양대리

⑤ 임주임, 양대리

04 다음 중 빈칸에 공통으로 들어갈 말로 가장 적절한 것은?

> _____은/는 인류에게 끈덕진 동반자였지. 석기시대 사람들은 아침부터 저녁까지 먹거리를 찾아 헤맸을 거야. 그러다가 19세기 후반의 산업혁명으로 생산성이 눈부시게 향상되어 오늘날에는 19세기 같은 '물질적인 결핍'이 사라지게 되었지. 하지만 벌써 없어졌어야 하는 _____ 문제는 아직도 해결되지 못하고 있어.

① 공해   ② 전쟁

③ 인구   ④ 기아

⑤ 공포

05 다음과 같은 의사소통의 갈등 상황을 유발하는 원인으로 가장 적절한 것은?

> 기획팀의 K대리는 팀원 3명과 함께 프로젝트를 수행하고 있다. K대리는 이번 프로젝트를 조금 여유 있게 진행할 것을 팀원들에게 요청하였다. 팀원들은 프로젝트 진행을 위해 회의를 진행하였는데, L사원과 P사원의 의견이 서로 대립하는 바람에 결론을 내리지 못한 채 회의를 마치게 되었다. K대리가 회의 내용을 살펴본 결과 L사원은 프로젝트 기획 단계에서 좀 더 꼼꼼하고 상세한 자료를 모으자는 의견이었고, 반대로 P사원은 시간적 여유를 프로젝트 수정 · 보완 단계에서 사용하자는 의견이었다.

① L사원과 P사원이 K대리의 의견을 서로 다르게 받아들였기 때문이다.
② L사원이 K대리의 고정적 메시지를 잘못 이해하고 있기 때문이다.
③ L사원과 P사원이 자신의 정보를 상대방이 이해하기 어렵게 표현하고 있기 때문이다.
④ L사원과 P사원이 서로 잘못된 정보를 전달하고 있기 때문이다.
⑤ L사원과 P사원이 서로에 대한 선입견을 갖고 있기 때문이다.

06 신입사원 A는 입사 후 처음으로 보고서를 작성하게 되었다. 보고서라는 양식 자체에 대한 이해가 부족하다는 생각이 들어서 인터넷을 통해 보고서에 대해 알아보았다. 다음 중 A사원이 이해한 내용으로 가장 적절한 것은?

① 전문용어는 이해하기 어렵기 때문에 최대한 사용하지 말아야 해.
② 상대가 요구하는 것이 무엇인지 파악하는 것이 가장 중요해. 상대의 선택을 받아야 하니까.
③ 이해를 돕기 위해서 관련 자료는 최대한 많이 첨부하는 것이 좋아.
④ 문서와 관련해서 받을 수 있는 질문에 대비해야 해.
⑤ 한 장에 담아내는 것이 원칙이니까 내용이 너무 길어지지 않게 신경 써야겠어.

07 의사소통이란 두 사람 이상 사이의 상호작용이다. 자신의 의도를 효과적으로 전달하는 것뿐만 아니라 상대의 의도를 제대로 파악하는 것도 매우 중요하다. 그러나 '잘 듣는 것', 즉 '경청'은 단순히 소리를 듣는 것이 아니기 때문에 생각보다 쉽지 않다. 다음 중 효과적으로 경청하는 방법이 아닌 것은?

① 상대방의 메시지를 자신의 삶과 관련시켜 본다.
② 표정, 몸짓 등 말하는 사람의 모든 것에 집중한다.
③ 들은 내용을 요약하는 것은 앞으로의 내용을 예측하는 데도 도움이 된다.
④ 대화 내용에 대해 적극적으로 질문한다.
⑤ 대화 중 상대방이 무엇을 말할 것인가 추측하는 것은 선입견을 갖게 할 가능성이 높기 때문에 지양한다.

08 A사원은 직장 내에서의 의사소통능력 향상 방법에 대한 강연을 들으면서 다음과 같이 메모하였다. 다음 중 A사원이 잘못 작성한 내용은 모두 몇 개인가?

〈2024년 8월 10일 의사소통능력 향상 방법 강연을 듣고...〉

• 의사소통의 저해 요인

… 중략 …

• 의사소통에 있어 자신이나 타인의 느낌을 건설적으로 처리하는 방법
  ㉠ 얼굴을 붉히는 것과 같은 간접적 표현을 피한다.
  ㉡ 자신의 감정을 주체하지 못하고 과격한 행동을 하지 않는다.
  ㉢ 자신의 감정 상태에 대한 책임을 타인에게 전가하지 않는다.
  ㉣ 자신의 감정을 조절하기 위하여 상대방으로 하여금 그의 행동을 변하도록 강요하지 않는다.
  ㉤ 자신의 감정을 명확하게 하지 못할 경우라도 즉각적인 의사소통이 될 수 있도록 노력한다.

---

① 1개
② 2개
③ 3개
④ 4개
⑤ 5개

09 K회사의 신입사원인 A ~ E는 회사에서 문서작성 시 주의해야 할 사항에 대한 교육을 받은 뒤 이에 대해 서로 이야기를 나누었다. 다음 중 잘못된 내용을 이야기하고 있는 사람을 모두 고르면?

> A사원 : 문서를 작성할 때는 주로 '누가, 언제, 어디서, 무엇을, 어떻게, 왜'의 육하원칙에 따라 작성해야 해.
> B사원 : 물론 육하원칙에 따라 글을 작성하는 것도 중요하지만, 되도록 글이 한눈에 들어올 수 있도록 하나의 사안은 한 장의 용지에 작성해야 해.
> C사원 : 글은 한 장의 용지에 작성하되, 자료는 최대한 많이 첨부하여 문서를 이해하는 데 어려움이 없도록 하는 것이 좋아.
> D사원 : 문서를 작성한 후에는 내용을 다시 한 번 검토해 보면서 높임말로 쓰인 부분은 없는지 살펴보고, 있다면 이를 낮춤말인 '해라체'로 고쳐 써야 해.
> E사원 : 특히 문서나 첨부 자료에 금액이나 수량, 일자 등이 사용되었다면 정확하게 쓰였는지 다시 한 번 꼼꼼하게 검토하는 것이 좋겠지.

① A사원, B사원
② A사원, C사원
③ B사원, D사원
④ C사원, D사원
⑤ D사원, E사원

10 다음 글에서 나타나는 경청의 방해요인은?

> 내 친한 친구는 한 번도 약속을 지킨 적이 없던 것 같다. 작년 크리스마스 때의 약속, 지난 주말에 했던 약속 모두 늦게 오거나 당일에 문자로 취소 통보를 했었다. 그 친구가 오늘 학교에서 나에게 다음 주말에 개봉하는 영화를 함께 보러 가자고 했고, 나는 당연히 다음 주에는 그 친구와 만날 수 없을 것이라고 생각했다.

① 판단하기
② 조언하기
③ 언쟁하기
④ 걸러내기
⑤ 비위 맞추기

11 다음 중 의사소통의 종류가 같은 것끼리 연결된 것은?

① 문서이해능력, 문서작성능력

② 의사표현력, 문서이해능력

③ 경청능력, 문서작성능력

④ 문서작성능력, 의사표현력

⑤ 경청능력, 문서이해능력

12 다음은 설득력 있는 의사표현의 지침 중 어떤 내용인가?

> 자기주장을 일단 양보하여 의견의 일치를 보이는 자세를 취함으로써 강경한 태도를 굽히지 않던 상대방을 결국 이쪽으로 끌어올 수 있다.

① 권위 있는 사람의 말이나 작품을 인용하라.

② 자신의 잘못도 솔직하게 인정하라.

③ 변명의 여지를 만들어 주고 설득하라.

④ 침묵을 지키는 사람의 참여도를 높여라.

⑤ 집단의 요구를 거절하려면 개개인의 의견을 물어라.

13 다음 중 전사 프로젝트 회의에 필요한 문서를 작성하는 방법으로 적절하지 않은 것은?

① 임원들이 참여하므로 문장에 여러 내용을 함축하여 자세하게 쓰되, 한자를 활용한다.

② 문서에는 비관적인 문장보다는 낙관적인 문장으로 쓰되, 경어를 사용한다.

③ 연도별 매출 추이는 비교가 가능하게끔 막대그래프로 표현한다.

④ 문서의 서두에 표제를 붙이고 한 장의 용지에 작성을 원칙으로 한다.

⑤ 문서는 사람들이 보기 쉽고, 또한 이해하기 쉬워야 한다.

14 다음 중 효과적인 경청 방법으로 적절하지 않은 것은?

① 말하는 사람의 모든 것에 집중해서 적극적으로 들어야 한다.

② 상대방의 의견에 동조할 수 없더라도 일단 수용한다.

③ 질문에 대한 답이 즉각적으로 이루어질 때만 질문을 한다.

④ 대화의 내용을 주기적으로 요약한다.

⑤ 상대방이 전달하려는 메시지를 자신의 삶, 목적, 경험과 관련시켜 본다.

15 다음 중 가장 적절한 의사표현법을 사용하고 있는 사람은?

① A대리 : (늦잠으로 지각한 후배 사원의 잘못을 지적하며) 오늘도 지각을 했네요. 어제도 늦게 출근하지 않았나요? 왜 항상 지각하는 거죠?

② B대리 : (후배 사원의 고민을 들으며) 방금 뭐라고 이야기했죠? 미안해요. 아까 이야기한 고민에 대해서 어떤 답을 해줘야 할지 생각하고 있었어요.

③ C대리 : (후배 사원의 실수가 발견되어 이를 질책하며) 이번 프로젝트를 위해 많이 노력했다는 것 압니다. 다만, 발신 메일 주소를 한 번 더 확인하는 습관을 갖는 것이 좋겠어요. 앞으로는 더 잘할 거라고 믿어요.

④ D대리 : (거래처 직원에게 변경된 계약서에 서명할 것을 설득하며) 이 정도는 그쪽에 큰 손해 사항도 아니지 않습니까? 지금 서명해주지 않으시면 곤란합니다.

⑤ E대리 : (후배 사원에게 업무를 지시하며) 이번 일은 직접 발로 뛰어야 해요. 특히 빨리 처리해야 하니까 반드시 이 순서대로 진행하세요!

16 다음 기사에 나타난 직장생활에서의 원만한 의사소통을 저해하는 요인으로 가장 적절한 것은?

> 한 취업 포털에서 20 ~ 30대 남녀 직장인 350명에게 설문 조사한 결과 어떤 상사와 대화할 때 가장 답답함을 느끼는지 질문에 직장 내에서 막내에 해당하는 사원급 직장인들은 '주구장창 자기 할 말만 하는 상사(27.3%)'와 대화하기 가장 어렵다고 호소했다. 또 직장 내에서 부하 직원과 상사 간, 그리고 직원들 간에 대화가 잘 이뤄지지 않는 이유에 대해 '일방적으로 상사만 말을 하는 대화방식 및 문화(34.3%)'가 가장 큰 원인이라고 답했다.
> 직장 내 상사와 부하 직원 간의 대화가 원활해지려면 지시나 명령하는 말투가 아닌 의견을 묻는 대화법 사용하기(34.9%), 서로를 존중하는 말투와 호칭 사용하기(31.4%) 등의 기본 대화 예절을 지켜야 한다고 답했다.

① 평가적이며 판단적인 태도
② 선입견과 고정관념
③ 잠재적 의도
④ 미숙한 의사소통 기법
⑤ 과거의 경험

17 광고회사에 근무 중인 A대리는 K전자의 스마트폰 광고 프로젝트를 진행하게 되었고, 마침내 최종 결과물을 발표할 일만 남겨두고 있다. A대리가 광고를 의뢰한 업체의 관계자를 대상으로 프레젠테이션을 진행한다고 할 때, 다음 〈보기〉에서 A대리가 준비해야 할 일을 모두 고르면?

> **보기**
> ㉠ 프레젠테이션할 내용을 완전히 숙지한다.
> ㉡ 프레젠테이션 예행연습을 한다.
> ㉢ 팀원들의 니즈를 파악한다.
> ㉣ 프레젠테이션에 활용할 다양한 시청각 기자재를 준비한다.
> ㉤ 요점을 구체적이면서도 자세하게 전달할 수 있도록 연습한다.

① ㉠, ㉡
② ㉡, ㉢
③ ㉠, ㉡, ㉢
④ ㉠, ㉡, ㉣
⑤ ㉡, ㉣, ㉤

18 P대리는 잘못된 의사소통 방식으로 회사 내 후배 직원들로부터 좋지 않은 평가를 받고 있다. 후배 직원들의 하소연을 들은 L부장은 P대리에게 의사 표현에서의 오해를 풀 수 있는 방법에 대해 이야기해 주고자 한다. 다음 중 L부장이 P대리에게 해줄 조언으로 적절하지 않은 것은?

① 후배 직원들에게 자주 질문하고, 그들의 이야기에 귀를 기울여 들으려고 노력해 보는 것도 좋겠어.

② 후배 직원들의 잘못을 비판하기보다는 먼저 칭찬할 모습을 찾아보는 것도 좋은 방법이지.

③ 후배 직원이 말하는게 마음에 들지 않더라도 경청하도록 연습해 보는 것은 어떨까?

④ 중의적인 표현은 상대방의 기분을 상하게 할 수 있으므로 단정적인 말을 사용하는 것이 좋아.

⑤ 강압적인 명령 어투는 후배 직원들의 반항을 일으키는 불씨가 될 수 있으므로 명령하는 듯한 말은 사용하지 않는 것이 좋아.

19 다음 사례에 나타난 A씨의 문제점으로 가장 적절한 것은?

> 안 좋은 일이 발생하면 항상 자신을 탓하는 편인 A씨는 친구가 약속 시간에 늦는 경우에도 "내가 빨리 나온 게 죄지."라고 말한다. 또한 A씨는 평소 사소한 실수에도 '죄송합니다, 미안합니다.' 등의 표현을 입에 달고 산다. 다른 사람에 의해 발생한 실수에도 자신이 미안해하는 탓에 A씨를 잘 모르는 사람들은 A씨를 예의 바른 사람으로 평가한다. 그러나 A씨를 오랫동안 지켜본 사람들은 A씨의 그런 태도가 오히려 A씨의 이미지를 부정적으로 만들고 있다고 이야기한다.

① 무엇을 보든지 부정적으로 평가를 내린다.

② 상대의 말에 공감을 하지 않는다.

③ 낮은 자존감과 열등감으로 자기 자신을 대한다.

④ 자신의 대화 패턴을 제대로 이해하지 못한다.

⑤ 불필요한 어휘나 거부감을 주는 표현을 자주 사용한다.

20 다음은 직장에서 문서를 작성할 경우 지켜야 하는 문서작성 원칙이다. 문서작성 원칙에 대해 잘못 이해하고 있는 사람은?

〈문서작성의 원칙〉

1. 문장은 짧고, 간결하게 작성하도록 한다.
2. 상대방이 이해하기 쉽게 쓴다.
3. 중요하지 않은 경우 한자의 사용을 자제해야 한다.
4. 간결체로 작성한다.
5. 문장은 긍정문의 형식으로 써야 한다.
6. 간단한 표제를 붙인다.
7. 문서의 주요한 내용을 먼저 쓰도록 한다.

---

① A : 문장에서 끊을 수 있는 부분은 가능한 한 끊어서 짧은 문장으로 작성하되, 실질적인 내용을 담아 작성해야 해.

② B : 상대방이 이해하기 어려운 글은 좋은 글이 아니야. 우회적인 표현이나 현혹적인 문구는 되도록 삭제하는 것이 좋겠어.

③ C : 문장은 되도록 자세하게 작성하여 빠른 이해를 돕도록 하고, 문장마다 행을 바꿔 문서가 깔끔하게 보이도록 해야겠군.

④ D : 표제는 문서의 내용을 일목요연하게 파악할 수 있게 도와줘. 간단한 표제를 붙인다면 상대방이 내용을 쉽게 이해할 수 있을 거야.

⑤ E : 일반적인 글과 달리 직장에서 작성하는 문서에서는 결론을 먼저 쓰는 것이 좋겠군.

21 조종석을 포함하여 칸 수가 10량인 A열차가 길이 500m인 터널을 지나는 데 16초가 걸렸다. 이 열차보다 길이가 40m 짧은 B열차가 같은 터널을 10m/s 더 빠른 속력으로 지나는 데 12초가 걸렸다면, 다음 중 A열차 1량의 길이는?(단, 연결부위 길이는 고려하지 않는다)

① 10m   ② 11m

③ 12m   ④ 13m

⑤ 14m

22 비가 온 다음 날 비가 올 확률은 $\frac{1}{3}$, 비가 안 온 다음 날 비가 올 확률은 $\frac{1}{8}$ 이다. 내일 비가 올 확률이 $\frac{1}{5}$ 일 때, 모레 비가 안 올 확률은?

① $\frac{1}{4}$ ② $\frac{5}{6}$

③ $\frac{5}{7}$ ④ $\frac{6}{11}$

⑤ $\frac{7}{11}$

23 철수는 다음과 같은 길을 따라 A에서 C까지 최단 거리로 이동을 하려고 한다. 이때, 최단 거리로 이동을 하는 동안 점 B를 지나며 이동하는 경우의 수는?

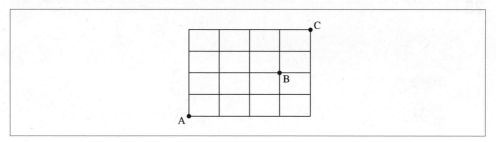

① 12가지

② 15가지

③ 24가지

④ 28가지

⑤ 30가지

24 A기업은 B복사기 업체에서 복사지를 구입하고 있다. A기업은 복사지 20,000장을 구매하면 10개월 동안 사용한다. B복사기 업체는 복사지 16,000장을 사용한 후에 미리 연락을 달라고 하였다. A기업이 현재, 지난 10개월보다 두 배의 복사지를 사용해야 한다면 지금부터 몇 개월 후에 연락해야 하는가?(단, 매달 사용하는 복사지 수는 같다)

① 2개월   ② 3개월

③ 4개월   ④ 5개월

⑤ 6개월

25

$$-2 \quad \frac{7}{2} \quad -4 \quad \frac{21}{2} \quad -6 \quad (\quad)$$

① -2

② $-\dfrac{1}{2}$

③ $\dfrac{54}{2}$

④ $\dfrac{63}{2}$

⑤ $\dfrac{74}{3}$

26

$$0.8 \quad 2.0 \quad 1.0 \quad 2.2 \quad 1.1 \quad (\quad) \quad 1.15$$

① 2.0

② 2.3

③ 2.6

④ 2.9

⑤ 3.1

27

$$-81 \quad -30 \quad -27 \quad -21 \quad -9 \quad -12 \quad (\quad)$$

① -3

② -1

③ 0

④ 1

⑤ 2

28 동석이는 같은 날 서로 다른 인터넷 쇼핑몰 A, B에서 상품을 주문했다. A쇼핑몰의 상품은 오늘 오전에 도착할 예정이고, B쇼핑몰의 상품은 내일 오전에 도착할 예정이다. 택배가 정시에 도착할 확률은 $\frac{1}{3}$, 늦게 도착할 확률은 $\frac{1}{2}$ 이라고 할 때, A쇼핑몰의 상품은 예정대로 도착하고, B쇼핑몰의 상품은 예정보다 늦게 도착할 확률은?

① $\frac{1}{6}$

② $\frac{1}{3}$

③ $\frac{2}{3}$

④ $\frac{5}{6}$

⑤ $\frac{3}{5}$

29 어느 과수원에서 작년에 생산된 사과와 배의 개수를 모두 합하면 500개였다. 올해는 작년보다 사과의 생산량은 절반으로 감소하고 배의 생산량은 두 배로 증가하였다. 올해 사과와 배의 개수를 합하여 모두 700개를 생산했을 때, 올해 생산한 사과의 개수는?

① 100개

② 200개

③ 300개

④ 400개

⑤ 500개

30 K사는 신입사원 연수를 위해 숙소를 배정하려고 한다. 한 숙소를 4명씩 사용하면 8명이 남고, 5명씩 사용하면 숙소가 5개가 남고 한 개의 숙소는 4명이 사용하게 된다. 이때 숙소의 수를 a개, 전체 신입사원 수를 b명이라고 할 때 $b - a$는?

① 105   ② 110

③ 115   ④ 120

⑤ 125

31 K공사에서 2024년 신입사원을 채용하기 위해 필기시험을 진행하였다. 시험 결과 합격자 전체평균이 83.35점이고, 이 중 남성 합격자의 평균은 82점, 여성 합격자의 평균은 85점이었다. 합격자 전체 인원이 40명일 때, 남성과 여성 합격자는 각각 몇 명인가?

	남성 합격자	여성 합격자
①	22명	18명
②	18명	22명
③	23명	17명
④	17명	23명
⑤	21명	19명

32 A사원은 콘퍼런스에 참석하기로 했다. 공항버스, 비행기, 시외버스를 모두 이용하여 도착한다고 할 때, A사원이 콘퍼런스에 제시간에 도착하지 못할 확률은?(단, 소수점 이하는 버림한다)

> • 공항버스를 타고 제시간에 □□공항에 도착할 확률은 95%이다.
> • □□공항에서 비행기를 타고 제시간에 ○○공항에 도착할 확률은 88%이다.
> • ○○공항에서 시외버스를 타고 제시간에 콘퍼런스에 도착할 확률은 92%이다.

① 20%　　　　　　　　　　② 23%

③ 25%　　　　　　　　　　④ 28%

⑤ 30%

PART 1

33 A, B 두 명이 호텔에 묵으려고 한다. 선택할 수 있는 호텔 방이 301, 302, 303호 3개일 때, 호텔 방을 선택할 수 있는 경우의 수는?(단, 한 명당 한 방만 선택할 수 있고, 둘 중 한 명이 방을 선택을 하지 않거나 두 명 모두 방을 선택하지 않을 수도 있다)

① 10가지　　　　　　　　　② 11가지

③ 12가지　　　　　　　　　④ 13가지

⑤ 14가지

34 다음 〈조건〉에 따라 〈보기〉의 값을 구하면?

조건

- 기호 ◇는 그 기호의 양측의 수의 차를 제곱하는 연산이다.
- 기호 ☆은 그 기호의 우측의 수에 5를 곱한 뒤, 좌측의 수에서 빼는 연산이다.

보기

$$(1 ◇ 4) ☆ 2$$

① -1
③ -5
⑤ 10

② 2
④ 8

35 다음 〈보기〉에서 10진법에 대한 내용으로 옳은 것을 모두 고르면?

보기

ㄱ. 10진법이란 1, 10, 100, 1000, …과 같이 10배마다 새로운 자리로 옮겨가는 기수법을 의미한다.
ㄴ. 10진법에서 수를 취급할 때에는 한 자리의 수가 0부터 시작해서 0, 1, 2, 3, 4, 5, 6, 7, 8, 9로 증가하여 10으로 될 때마다 자리올림을 한다.
ㄷ. 2진법으로 나타낸 수인 10001을 10진법으로 나타내면 17이다.

① ㄴ
② ㄱ, ㄴ
③ ㄱ, ㄷ
④ ㄴ, ㄷ
⑤ ㄱ, ㄴ, ㄷ

36 다음 중 브레인스토밍의 진행방법에 대한 설명으로 적절하지 않은 것은?

① 구성원들이 다양한 의견을 개진할 수 있도록 진행할 수 있는 리더를 선출한다.

② 구성원의 얼굴을 볼 수 있도록 좌석을 배치한다.

③ 논의 주제를 구체적이고 명확하게 정의한다.

④ 모든 발언 내용을 기록한다.

⑤ 단일 분야의 8 ~ 10명 정도의 사람들로 구성한다.

37 다음 중 비판적 사고의 개발을 위해 필요한 요소들과 이에 대한 설명으로 적절한 것을 〈보기〉에서 모두 고르면?

> 보기
>
> ㄱ. 지적 호기심 : 육하원칙에 따라 질문을 제기한다.
> ㄴ. 융통성 : 편견이나 선입견에 의해 결정을 내리는 것을 지양한다.
> ㄷ. 체계성 : 결론에 이르기까지 논리적 일관성을 유지한다.
> ㄹ. 개방성 : 고정성, 독단적 태도 혹은 경직성을 배격한다.
> ㅁ. 지적 정직성 : 충분한 근거가 있다면 그 내용을 진실로 받아들인다.

① ㄱ, ㄴ, ㄹ   ② ㄱ, ㄴ, ㅁ

③ ㄱ, ㄷ, ㅁ   ④ ㄴ, ㄷ, ㅁ

⑤ ㄷ, ㄹ, ㅁ

38 다음 중 논리적 사고 개발방법에 대해 바르게 설명한 사람을 모두 고르면?

> 하은 : So What 기법과 피라미드 구조는 모두 논리적 사고를 개발하기 위한 방법들이야.
> 성민 : So What 기법은 하위의 사실이나 현상으로부터 사고하여 상위의 주장을 만들어 가는 방법이야.
> 가연 : 피라미드 구조는 보조 메시지들 중 핵심 정보를 선별하여 최종적 메시지를 도출해 내는 방법이야.
> 희원 : So What 기법은 주어진 정보에 대해 자문자답 형식으로 의미 있는 정보를 도출해 나가는
> 방법이야.

① 하은, 희원
② 하은, 가연
③ 성민, 가연
④ 성민, 희원
⑤ 가연, 희원

39 K회사의 A사원은 신제품을 개발하여 중국시장에 진출하고자 한다. A사원의 상사가 3C 분석 결과를 건네며, 이를 사업 계획에 반영하고 향후 해결해야 할 K회사의 전략 과제가 무엇인지 정리하여 보고하라는 지시를 내렸다. 다음 중 3C 분석 결과에 따라 K회사에서 해결해야 할 전략 과제로 적절하지 않은 것은?

〈K회사 3C 분석 결과〉

고객(Customer)	경쟁사(Competitor)	자사(Company)
• 매년 10%씩 성장하는 중국시장 • 20 ~ 30대 젊은 층이 중심 • 온라인 구매가 약 80% 이상 • 인간공학 지향	• 중국기업들의 압도적인 시장점유 • 중국기업들 간의 치열한 가격경쟁 • A/S 및 사후관리 취약 • 생산 및 유통망 노하우 보유	• 국내시장 점유율 1위 • A/S 등 고객서비스 부문 우수 • 해외 판매망 취약 • 온라인 구매시스템 미흡(보안, 편의 등) • 높은 생산원가 구조 • 높은 기술개발력

① 중국시장의 판매유통망 구축
② 온라인 구매 시스템 강화
③ 고객서비스 부문 강화
④ 원가 절감을 통한 가격경쟁력 강화
⑤ 인간공학을 기반으로 한 제품 개발 강화

40 문제 해결을 위해서는 전체를 각각의 요소로 나누어 분석하는 분석적 사고가 필요하다. 지향하는 문제 유형에 따라 분석적 사고가 다르게 요구된다고 할 때, 다음 중 (가) ~ (다)에 들어갈 말을 순서대로 바르게 나열한 것은?

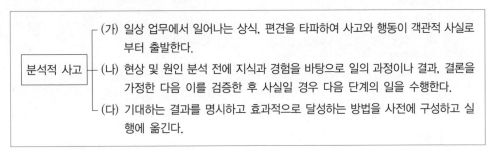

분석적 사고 ─ (가) 일상 업무에서 일어나는 상식, 편견을 타파하여 사고와 행동이 객관적 사실로부터 출발한다.
(나) 현상 및 원인 분석 전에 지식과 경험을 바탕으로 일의 과정이나 결과, 결론을 가정한 다음 이를 검증한 후 사실일 경우 다음 단계의 일을 수행한다.
(다) 기대하는 결과를 명시하고 효과적으로 달성하는 방법을 사전에 구성하고 실행에 옮긴다.

	(가)	(나)	(다)
①	사실 지향의 문제	가설 지향의 문제	성과 지향의 문제
②	사실 지향의 문제	성과 지향의 문제	가설 지향의 문제
③	성과 지향의 문제	가설 지향의 문제	사실 지향의 문제
④	성과 지향의 문제	사실 지향의 문제	가설 지향의 문제
⑤	가설 지향의 문제	사실 지향의 문제	성과 지향의 문제

41 다음은 창의적 사고에 대한 설명이다. 빈칸에 들어갈 말로 적절하지 않은 것은?

창의적 사고란 당면한 문제를 해결하기 위해 이미 알고 있는 경험지식을 해체하여 새로운 아이디어를 다시 도출하는 것을 말한다. 즉, 창의적 사고는 개인이 가지고 있는 경험과 지식을 통해 새로운 가치 있는 아이디어로 다시 결합함으로써 참신한 아이디어를 산출하는 힘을 의미하며, _____ 특징을 지닌다.

① 발산적
② 독창성
③ 가치 지향성
④ 다양성
⑤ 통상적

42 다음 〈보기〉에서 NCS의 능력단위 3요소로 옳은 것을 모두 고르면?

> **보기**
>
> ㉠ 능력   ㉡ 역량
> ㉢ 지식   ㉣ 태도
> ㉤ 인성   ㉥ 기술
> ㉦ 적합성

① ㉠, ㉢, ㉥   ② ㉠, ㉣, ㉦
③ ㉡, ㉢, ㉤   ④ ㉡, ㉤, ㉦
⑤ ㉢, ㉣, ㉥

43 다음 중 비판적 사고를 개발하기 위한 태도로 적절하지 않은 것은?

① 주관성   ② 개방성
③ 융통성   ④ 지속성
⑤ 체계성

44 다음 글에서 말하는 '문제점'에 대해 바르게 이야기한 사람은 누구인가?

> 문제란 목표와 현실과의 차이이다. 한 마디로 목표는 '어떻게 되었으면 좋겠는가?'라는 전망을 말하고, 현 상황은 '어떻게 되어 있는가?'라는 상태를 말한다. 여기서 차이는 목표와 현재 상황이 어긋났음을 의미한다. 문제점이란 '무엇 때문에 목표와 어긋났는가?'라는 질문에 대한 답변이다. 다시 말하면 문제점은 문제가 아니라 원인이다.

① 지혜 : 매출 목표를 100억 원으로 정했지만, 60억 원밖에 달성하지 못했어.
② 미란 : 교육훈련 시간이 부족해서 인력의 조기전력화가 불가능해졌어.
③ 건우 : 공사착공 후 13개월이 지났는데도 진척률이 95%밖에 안 돼.
④ 경현 : 태블릿 PC 생산 목표를 4만 대에서 3만 대로 줄일 수밖에 없었어.
⑤ 연준 : 해외 공장에서 상반기 65% 이상 생산이 목표였지만 50% 미만이었어.

45 다음 중 창의적 사고의 의미에 대한 설명으로 적절하지 않은 것은?
① 발산적 사고로서 아이디어가 많고 다양한 것이다.
② 기존의 정보는 제외하고 새로운 정보만을 사용한다.
③ 유용하고 적절하며 가치가 있어야 한다.
④ 통상적인 것이 아니라 기발한 것이다.
⑤ 기존의 정보를 특정한 요구조건에 맞거나 유용하도록 새롭게 조합한 것이다.

46 사내 봉사 동아리 다섯 명이 주말을 포함한 일주일 동안 각자 하루를 골라 봉사를 하러 간다. 다음 〈조건〉에 따를 때 항상 옳지 않은 것은?

> **조건**
> • A, B, C, D, E 다섯 학생은 일주일 동안 정해진 요일에 혼자서 봉사를 하러 간다.
> • A는 B보다 빠른 요일에 봉사를 하러 간다.
> • E는 C가 봉사를 다녀오고 이틀 후에 봉사를 하러 간다.
> • B와 D는 평일에 봉사를 하러 간다.
> • C는 목요일에 봉사를 하러 가지 않는다.
> • A는 월요일, 화요일 중에 봉사를 하러 간다.

① B가 화요일에 봉사를 하러 간다면 토요일에 봉사를 하러 가는 사람은 없다.

② D가 금요일에 봉사를 하러 간다면 다섯 명은 모두 평일에 봉사를 하러 간다.

③ D가 A보다 빨리 봉사를 하러 간다면 B는 금요일에 봉사를 하러 가지 않는다.

④ E가 수요일에 봉사를 하러 간다면 토요일에 봉사를 하러 가는 사람이 있다.

⑤ C가 A보다 빨리 봉사를 하러 간다면 D는 목요일에 봉사를 하러 갈 수 있다.

47 다음 글은 어떤 창의적 사고를 개발하는 방법에 대한 설명인가?

> '신차 출시'라는 같은 주제에 대해서 판매방법, 판매대상 등의 힌트를 통해 사고 방향을 미리 정해서 발상한다. 이때, 판매방법이라는 힌트에 대해서는 '신규 해외 수출 지역을 물색한다.'라는 아이디어를 떠올릴 수 있을 것이다.

① 자유 연상법   ② 강제 연상법

③ 비교 발상법   ④ 비교 연상법

⑤ 자유 발상법

48 다음 중 논리적 사고에 대한 설명으로 옳은 것은?

① 다른 사람을 공감시키기 어렵다.

② 짧은 시간에 사고를 할 수 있다.

③ 행동을 하고 생각하게 한다.

④ 주위를 설득하는 일이 어렵다.

⑤ 직장생활에서 요구되는 능력으로 볼 수 없다.

49 다음 중 문제해결을 위한 기본요소가 아닌 것은?

① 체계적인 교육훈련

② 문제관련 지식에 대한 가용성

③ 문제에 대한 추상적 접근

④ 문제해결자의 도전의식과 끈기

⑤ 문제해결 방법에 대한 지식

50 다음 중 문제해결의 장애요소가 아닌 것은?

① 문제를 철저하게 분석하지 않는 경우

② 다양한 발상을 하려는 경우

③ 쉽게 떠오르는 단순한 정보에 의지하는 경우

④ 너무 많은 자료를 수집하려고 노력하는 경우

⑤ 고정관념에 얽매이는 경우

---

01 다음 글의 내용으로 적절한 것을 〈보기〉에서 모두 고르면?

> 지역 주민들로 이루어진 작은 집단에 국한된 고대 종교에서는 성찬을 계기로 신자들이 함께 모일수 있었다. 그 중에서도 특히 고대 셈족에게 성찬은 신의 식탁에 공동으로 참석해서 형제의 관계를 맺음을 의미했다. 사람들은 실제로 자신의 몫만을 배타적으로 먹고 마심에도 불구하고, 같은 것을 먹고 마신다는 생각을 통해서 공동의 피와 살을 만든다는 원시적인 표상이 만들어진다. 빵을 예수의 몸과 동일시한 기독교의 성찬식에 이르러서 신화의 토대 위에 비로소 '공동 식사'라는 것의 새로운 의미가 형성되고 이를 통해서 참가자들 사이에 고유한 연결 방식이 창출되었다. 이러한 공동 식사 중에는 모든 참가자가 각기 자기만의 부분을 차지하는 것이 아니라, 전체를 분할하지 않고 누구나 함께 공유한다는 생각을 함으로써 식사 자체의 이기주의적 배타성이 극복된다.
>
> 공동 식사는 흔히 행해지는 원초적 행위를 사회적 상호 작용의 영역과 초개인적 의미의 영역으로 고양시킨다는 이유 때문에 과거 여러 시기에서 막대한 사회적 가치를 획득했다. 식탁 공동체의 금지 조항들이 이를 명백히 보여 준다. 이를테면 11세기의 케임브리지 길드는 길드 구성원을 살해한 자와 함께 먹고 마시는 사람에게 무거운 형벌을 가했다. 또한 강한 반유대적 성향 때문에 1267년의 비엔나 공의회는 기독교인들은 유대인들과 같이 식사를 할 수 없다고 규정했다. 그리고 인도에서는 낮은 카스트에 속하는 사람과 함께 식사를 함으로써 자신과 자신의 카스트를 더럽히는 사람은 때로 죽임을 당하기까지 했다. 서구 중세의 모든 길드에서는 공동으로 먹고 마시는 일이 오늘날 우리가 상상할 수 없을 정도로 중요했다. 아마도 중세 사람들은 존재의 불확실성 가운데서 유일하게 눈에 보이는 확고함을 같이 모여서 먹고 마시는 데서 찾았을 것이다. 당시의 공동 식사는 중세 사람들이 언제나 공동체에 소속되어 있다는 확신을 얻을 수 있는 상징이었던 것이다.

> **보기**
>
> ㄱ. 개별 집단에서 각기 이루어지는 공동 식사는 집단 간의 배타적인 경계를 강화시켜 주는 역할을 한다.
> ㄴ. 일반적으로 공동 식사는 성스러운 음식을 공유함으로써 새로운 종교가 창출되는 계기로 작용했다.
> ㄷ. 공동 식사는 식사가 본질적으로 이타적인 행위임을 잘 보여 주는 사례이다.

① ㄱ   ② ㄷ
③ ㄱ, ㄴ   ④ ㄴ, ㄷ
⑤ ㄱ, ㄴ, ㄷ

02 다음 글의 내용으로 적절하지 않은 것은?

동남아시아 고전 시대의 통치 체제를 설명할 때 통상 사용되는 용어는 만다라이다. 만다라는 본래 동심원을 뜻하는 불교 용어인데 동남아의 통치 체제를 설명하기 위해 차용되었다. 통치 체제로서의 만다라는 내부로부터 외부로 점차 나아갈수록 왕의 세력이 약화되는 모습을 형상화한 여러 개의 동심원들이 배열되어 있는 형태를 뜻한다. 간단하게 말해서 만다라는 왕의 힘이 유동적으로 움직이는 공간을 뜻하기 때문에 만다라적 통치 체제에서는 국경 개념이 희미해진다.

한 왕의 세력 범주 내에 있는 백성들은 왕에게 충성을 바치고 부역과 조세의 의무를 지지만, 만일 왕이 하늘로부터 위임 받은 카리스마를 상실했다고 판단되면 외곽의 동심원에 있는 백성들부터 느슨한 경계를 넘어 다른 만다라로의 이주가 자유롭게 일어났다. 만다라적 통치 체제에서의 왕은 백성들에게 카리스마를 유지하기 위해 자신이 하늘로부터 계시를 받은 자, 즉 신과 인간의 중간자임을 보여 주는 화려한 제왕의 의식, 군무행진 등을 정기적으로 시행했다. 또한 각종 보석과 마법이 담겨 있다고 여겨지는 무기들을 보유하여 권위를 과시했다.

이러한 만다라적 통치 체제로 미루어 볼 때, 캄보디아의 앙코르와트 사원을 통해 유추해 볼 수 있는 앙코르 왕국의 왕권은 예외적이라고 평가되었다. 유명한 역사학자 토인비는 거대한 앙코르와트 사원 근처에 놓인 바레이라 불리는 저수지를 농업을 위한 관개시설이라 보고 앙코르와트를 이집트의 피라미드 건설과 같은 맥락으로 이해했다. 그는 농업을 위한 관개의 필요라는 도전을 받아 앙코르인이 저수지 건설이라는 응전을 한 것으로 보았다. 그 결과로 앙코르의 왕은 중앙 집중화된 왕권의 기초를 다졌고, 왕국의 막강한 정치력을 앙코르와트 사원을 통해 드러내고 있다고 분석했다.

그런데 몇 년 전 토인비의 의견을 뒤집는 학설이 제기되었다. 액커라는 지리학자는 바레이의 용량을 재어 보고는 그것이 관개시설로 사용될 만큼의 규모가 아니며, 바레이가 사원을 정 4방으로 둘러싼 위치를 보건대 앙코르와트 사원은 종교적인 목적과 관련이 있다는 소견을 내었다. 그의 의견에 따르면 앙코르와트 사원 부근의 바레이는 힌두교의 신들이 산다는 인도의 메루산(히말라야산) 주변에 있는 네 개의 호수를 상징화한 것이다. 앙코르의 왕은 사원 건립을 통해서 신과 인간의 중개자 역할을 자처하였다고 본 것이다.

① 만다라적 통치 체제에서는 정치적 영향력의 경계가 고정되어 있지 않다.
② 토인비는 앙코르 왕국이 강력한 중앙 집중화를 이룬 왕국이었다고 보았다.
③ 액커는 바레이의 규모를 근거로 그 용도에 대해 토인비와는 다른 해석을 하였다.
④ 만다라적 통치 체제에서의 왕은 백성들에게 신과 동일한 존재로 인식되기를 원했다.
⑤ 앙코르와트 사원은 정치적 상징물로 파악되기도 하고, 종교적 상징물로 파악되기도 한다.

03 다음 글의 핵심 내용으로 가장 적절한 것은?

> BMO 금속 및 광업 관련 리서치 보고서에 따르면 최근 가격 강세를 지속해 온 알루미늄, 구리, 니켈 등 산업금속들이 4분기 중 공급부족 심화와 가격 상승세가 전망된다. 산업금속이란, 산업에 필수적으로 사용되는 금속들을 말하는데, 앞서 제시한 알루미늄, 구리, 니켈뿐만 아니라 비교적 단단한 금속에 속하는 은이나 금 등도 모두 산업에 많이 사용될 수 있는 금속이므로 산업금속의 카테고리에 속한다고 할 수 있다. 이러한 산업금속은 물품을 생산하는 기계의 부품으로서 필요하기도 하고, 전자제품 등의 소재로 쓰이기도 하므로 특정 분야의 산업이 활성화되면 특정 금속의 가격이 뛰거나 심각한 공급난을 겪기도 한다.
>
> 지난 4일 금융투자업계에 따르면 최근 전세계적인 경제 회복 조짐과 함께 탈 탄소 트렌드, 즉 '그린 열풍'에 따른 수요 증가로 산업금속 가격이 초강세이다. 런던금속거래소에서 발표한 자료에 따르면 올해 들어 지난달까지 알루미늄은 20.7%, 구리가 47.8%, 니켈은 15.9% 각각 가격이 상승했다. 자료에서도 알 수 있듯이 구리 수요를 필두로 알루미늄, 니켈 등 전반적인 산업금속 섹터의 수요량이 증가하였다. 이는 전기자동차 산업의 확충과 관련이 있다. 전기자동차의 핵심적인 부품인 배터리를 만드는 데 구리와 니켈이 사용되기 때문이다. 이때, 배터리 소재 중 니켈의 비중을 높이면 배터리의 용량을 키울 수 있으나 배터리의 안정성이 저하된다. 기존의 전기자동차 배터리는 니켈의 사용량이 높았기 때문에 더욱 안정성 문제가 제기되어 왔다. 그래서 연구 끝에 적정량의 구리를 배합하는 것이 배터리 성능과 안정성을 모두 향상시키기 위해서 중요하다는 것을 밝혀내었다. 구리가 전기자동차 산업의 핵심 금속인 셈이다.
>
> 이처럼 전기자동차와 배터리 등 친환경 산업에 필수적인 금속들의 수요는 증가하는 반면 세계 각국의 환경 규제 강화로 인해 금속의 생산은 오히려 감소하고 있기 때문에 산업금속에 대한 공급난과 가격 인상이 우려되고 있다.

① 전기자동차의 배터리 성능을 향상하는 기술
② 세계적인 '그린 열풍' 현상 발생의 원인
③ 필수적인 산업금속 공급난으로 인한 문제
④ 전기자동차 확충에 따른 구리 수요 증가 상황
⑤ 탈 탄소 산업의 대표 주자인 전기자동차산업

04 다음 글의 빈칸에 들어갈 내용으로 가장 적절한 것은?

MZ세대 직장인을 중심으로 '조용한 사직'이 유행하고 있다. '조용한 사직'이라는 신조어는 2022년 7월 한 미국인이 SNS에 소개하면서 큰 호응을 얻은 것으로 실제로 퇴사하진 않지만 최소한의 일만 하는 업무 태도를 말한다. 실제로 MZ세대 직장인은 '적당히 하자.'라는 생각으로 주어진 업무는 하되 업무를 더 찾아서 하거나 스트레스를 받을 수준으로 많은 일을 맡지 않고, 사내 행사도 꼭 필요할 때만 참여해 일과 삶을 철저히 분리하고 있다.

한 채용플랫폼의 설문조사 결과에 따르면 직장인 10명 중 7명이 '월급 받는 만큼만 일하면 끝'이라고 답했고, 20대 응답자 중 78.5%, 30대 응답자 중 77.1%가 '받은 만큼만 일한다.'라고 답했다. 설문조사 결과 연령대가 높아질수록 그 비율은 감소해 젊은 층을 중심으로 이 같은 인식이 확산하고 있음을 짐작할 수 있다.

이러한 인식이 확산하는 데는 인플레이션으로 인한 임금 감소, '돈을 많이 모아도 집 한 채를 살 수 있을까?' 등과 같은 전반적인 경제적 불만이 기저에 있다고 전문가들은 말했다. 또 MZ세대가 노력에 상응하는 보상을 받고 있는지에 민감하게 반응하는 특성을 가지고 있는 것도 한몫 하고 있다. 문제점은 이러한 '조용한 사직' 분위기가 기업의 전반적인 생산성 저하로 이어지고 있는 것이다. 이에 맞서 기업도 '조용한 사직'으로 대응하는 게으른 직원에게 업무를 주지 않는 '조용한 해고'를 하는 상황이 발생하고 있다. 이에 전문가들은 MZ세대 직장인을 나태하다고 구분 짓는 사고방식은 잘못되었다고 지적하며, 기업 차원에서는 "_____"이, 개인 차원에서는 "스스로 일과 삶을 잘 조율하는 현명함을 만드는 것"이 필요하다고 언급했다.

① 직원이 일한 만큼 급여를 올려 주는 것
② 직원이 스트레스를 받지 않게 적당량의 업무를 배당하는 것
③ 젊은 세대의 채용을 신중히 하는 것
④ 젊은 세대의 특성을 이해하고 온전히 받아들이는 것
⑤ 젊은 세대가 함께할 수 있도록 분위기를 만드는 것

05 다음 글의 내용으로 가장 적절한 것은?

> 무선으로 전력을 주고받으면, 전원을 직접 연결하는 유선보다 효율은 떨어지지만 전자 제품을 자유롭게 이동하며 사용할 수 있는 장점이 있다. 이처럼 무선으로 전력을 주고받을 수 있도록 전자기를 활용하여 전기를 공급하거나 이용하는 기술이 무선 전력 전송 방식인데 대표적으로 '자기 유도 방식'과 '자기 공명 방식' 두 가지를 들 수 있다.
>
> 자기 유도 방식은 변압기의 원리와 유사하다. 변압기는 네모 모양의 철심 좌우에 코일을 감아, 1차 코일에 '+, −' 극성이 바뀌는 교류 전류를 보내면 마치 자석을 운동시켜서 자기장을 형성하는 것처럼 1차 코일에서도 자기장을 형성한다. 이 자기장에 의해 2차 코일에 전류가 만들어지는데 이 전류를 유도전류라 한다. 변압기는 자기장의 에너지를 잘 전달할 수 있는 철심이 있으나, 자기 유도 방식은 철심이 없이 무선 전력 전송을 하는 것이다.
>
> 이러한 자기 유도 방식은 전력 전송 효율이 90% 이상으로 매우 높다는 장점이 있다. 하지만 1차 코일에 해당하는 송신부와 2차 코일에 해당하는 수신부가 수 센티미터 이상 떨어지거나 송신부와 수신부의 중심이 일치하지 않게 되면 전력 전송 효율이 급격히 저하된다는 문제점이 있다. 휴대전화 같은 경우, 충전 패드에 휴대전화를 올려놓는 방식으로 거리 문제를 해결하고 충전 패드 전체에 코일을 배치하여 송수신부 간 전송 효율을 높임으로써 무선 충전이 가능하도록 하였다. 다만 휴대전화는 직류 전류를 사용하기 때문에 충전 단계 전에 1차 코일로부터 2차 코일에 유도된 교류 전류를 직류 전류로 변환해 주는 정류기가 필요하다.
>
> 두 번째 전송 방식은 자기 공명 방식이다. 다양한 소리굽쇠 중에 하나를 두드리면 동일한 고유 진동수를 가지는 소리굽쇠가 같이 진동하는 물리적 현상이 공명이다. 자기장에 공명이 일어나도록 1차 코일과 공진기를 설계하여 공진 주파수를 만든다. 이후 2차 코일과 공진기를 설계하여 공진 주파수가 전달되도록 하는 것이 자기 공명 방식의 원리이다.
>
> 이러한 특성으로 인해 자기 공명 방식은 자기 유도 방식과 달리 수 미터가량 근거리 전력 전송이 가능하다는 장점이 있다. 이 방식이 상용화된다면, 전원을 연결하지 않아도 송신부와 공명되는 여러 전자 제품을 사용하거나 충전할 수 있다. 그러나 실험 단계의 코일 크기로는 일반 가전제품에 적용할 수 없으므로 코일을 소형화해야 할 필요가 있다. 따라서 이를 해결하기 위한 연구가 필요하다.

① 자기 유도 방식은 변압기의 핵심인 유도 전류와 철심을 이용한 방식이다.

② 자기 공명 방식에서 2차 코일은 공진 주파수를 생성하는 역할을 한다.

③ 휴대전화와 자기 유도 방식의 '2차 코일'은 모두 직류 전류 방식이다.

④ 자기 유도 방식을 사용하면 무선 전력 전송임에도 어떠한 환경에서든 유실되는 전력이 많이 없다는 장점이 있다.

⑤ 자기 공명 방식에서 해결이 시급한 것은 전력을 생산하는 데 필요한 코일의 크기가 너무 크다는 것이다.

06 다음 글의 논지를 강화하기 위한 내용으로 적절하지 않은 것은?

> 뉴턴은 이렇게 말했다. "플라톤은 내 친구이다. 아리스토텔레스는 내 친구이다. 하지만 진리야말로 누구보다 소중한 내 친구이다." 케임브리지에서 뉴턴에게 새로운 전환점을 준 사람이 있다. 수학자이며 당대 최고의 교수였던 아이작 배로우(Isaac Barrow)였다. 배로우는 뉴턴에게 수학과 기하학을 가르치고 그의 탁월함을 발견하여 후원자가 됐다. 이처럼 뉴턴은 타고난 천재가 아니라, 자신의 피나는 노력과 위대한 스승들의 도움을 통해 키워진 것이다.
>
> 뉴턴이 시대를 관통하는 천재로 여겨진 시작은 "사과는 왜 땅에 수직으로 떨어질까?"라는 질문이었다. 이 질문을 던진 지 20여 년이 지나고 마침내 모든 물체가 땅으로 떨어지는 것은 지구 중력에 의한 만유인력 때문이라는 사실을 발견한 것이 계기가 되었다. 사과가 떨어지는 것을 관찰하여 온갖 질문을 던지고, 새로운 가설을 만든 후에 그것을 증명하기 위해 오랜 시간 연구하고 실험을 한 결과가 위대한 발견으로 이어진 것이다. 위대한 발명이나 발견은 어느 한 순간 섬광처럼 오는 것이 아니다. 시작 단계의 작은 아이디어가 질문과 논쟁을 통해 점차 다른 아이디어들과 충돌하고 합쳐지면서 숙성의 시간을 갖고, 그런 후에야 세상에 유익한 발명이나 발견이 나오는 것이다.
>
> 이전부터 천재가 선천적인 것인지, 후천적인 것인지에 대한 논란은 계속되어 왔다. 과거에는 천재가 신적인 영감을 받아 선천적으로 탄생한다는 주장이 힘을 얻었다. 플라톤의 저서 『이온』에도 음유시인이 기술이나 지식이 아닌 신적인 힘과 영감을 받는 존재임이 언급된다. 그러나 아리스토텔레스의 『시학』은 『이온』과 조금 다른 관점을 취하고 있다. 기본적으로 시가 모방미학이라는 입장은 같지만, 아리스토텔레스는 이것이 신적인 힘을 모방한 것이 아닌 인간의 모방이라고 믿었다.
>
> 최근 연구에 의하면 천재라 불리는 모든 사람들은 타고난 것이 아니고 후천적인 학습을 통해 자신의 수준을 점차 더 높은 단계로 발전시킨 것이라고 한다. 선천적 재능과 후천적 학습을 모두 거친 절충적 천재가 각광받는 것이다. 이것이 우리에게 주는 시사점은 비록 지금은 창의적이지 않더라도 꾸준히 포기하지 말고 창의성을 개발하고 실현하는 방법을 배워서 실천한다면 모두가 창의적인 사람이 될 수 있다는 교훈이다. 타고난 천재가 아니고 훈련과 노력으로 새롭게 태어나는 창재(창의적인 인재)로 거듭나야 한다.

① 칸트는 천재가 선천적인 것이라고 하였다.

② 세계적인 발레리나 강수진은 고된 연습으로 발이 기형적으로 변해버렸다.

③ 신적인 것보다 연습이 영감을 가져다주는 경우가 있다.

④ 뉴턴뿐만 아니라 아인슈타인 역시 끊임없는 연구와 노력을 통해 천재로 인정받았다.

⑤ 1만 시간의 법칙은 한 분야에서 전문가가 되기 위해서는 최소 1만 시간의 훈련이 필요하다는 것이다.

07 다음 글의 내용으로 가장 적절한 것은?

레드와인이란 포도 과육을 압착하여 과즙을 만든 뒤, 여기에 포도 껍질과 씨를 넣고 양조통에서 일정시간 발효시켜 당분을 제거한 주류를 말한다. 이 과정에서 포도 껍질과 씨앗 등에 있던 탄닌 성분이 우러나게 되면서 레드와인은 특유의 떫고 신맛이 생긴다.

레드와인은 원재료인 포도의 품종에 따라 붉은색에서 보라색까지 색상에 차이가 생기는데, 이러한 차이는 특히 포도껍질과 관련이 있다. 또한 포도의 재배 환경에 따라 산도와 향, 와인 색상에도 차이가 생기는데, 날씨가 더울수록 산도는 약해지고 향은 진해진다.

이렇게 만들어진 레드와인은 적정량을 섭취하게 되면 항산화 성분을 얻을 수 있어 인체에 유익한 영향을 준다. 레드와인의 섭취를 통해 얻은 항산화 성분의 대표적인 효능으로는 혈관질환의 개선, 인지기능의 향상, 호흡기관의 보호, 암 예방이 있다.

이 외에도 지질 산화를 감소시키고 혈관 내벽을 두껍게 만들어 주기 때문에 고혈압과 관련된 심혈관계 질환에 도움이 되고, 세포의 노화를 감소시켜 치매와 세포 파괴 위험을 낮출 수 있다. 또한 소염 살균효과도 가지고 있어 호흡기에 환경 오염물질이 침투하지 않도록 보호하고, 폐에 악성 종양이 생기는 것도 예방한다.

① 레드와인은 포도에서 과육만을 추출하여 만든다.

② 기온이 높은 환경에서 재배한 포도로 만든 와인일수록 레드와인 특유의 신맛이 강해진다.

③ 진한 향의 레드와인을 선호할 경우 더운 지역의 포도로 제조한 것을 구매해야 한다.

④ 같은 품종의 포도로 만든 레드와인의 색상은 동일하다.

⑤ 심혈관질환이 있는 모든 환자에게 일정량의 레드와인 섭취는 유익한 영향을 준다.

08 다음 글의 제목으로 가장 적절한 것은?

> 중세 유럽에서는 토지나 자원을 왕실이 소유하고 있었다. 사람들은 이러한 토지나 자원을 이용하려면 일정한 비용을 지불해야 했다. 예를 들어 광산을 개발하거나 수산물을 얻는 사람들은 해당 자원의 이용에 대한 비용을 왕실에 지불하였고 이는 왕실의 권력과 부의 유지를 돕는 동시에 국가의 재정을 보충하는 역할을 하였는데 이때 지불한 비용이 바로 로열티이다.
>
> 로열티의 개념은 산업 혁명과 함께 발전하였다. 산업 혁명을 통해 특허, 상표 등의 지적 재산권이 보호되기 시작하면서 기업들은 이러한 권리를 보유한 개인이나 조직에게 사용에 대한 보상을 지불하였다. 지적 재산권은 기업이 특정 기술, 디자인, 상표 등을 보유하고 있을 때 그들에게 독점적인 권리를 제공하는데, 이러한 지적 재산권의 보호와 보상을 위해 로열티 제도가 도입되었다.
>
> 로열티는 기업과 지적 재산권 소유자 간의 계약에 의해 설정되는 형태로 발전하였다. 기업이 특정 제품을 판매하거나 특정 기술을 이용하는 경우 지적 재산권 소유자에게 계약에 따라 정해진 로열티를 지불한다. 이로써 지적 재산권을 보유한 개인이나 조직은 자신들의 창작물이나 기술의 사용에 대한 보상을 받을 수 있으며, 기업들은 이러한 지적 재산권의 이용을 허가받아 경쟁 우위를 확보할 수 있게 되었다.
>
> 현재 로열티는 제품 판매나 라이선스, 저작물의 이용 등 다양한 형태로 나타나며 지적 재산권의 보호와 경제적 가치를 확보하는 중요한 수단으로 작용하고 있다. 로열티는 지식과 창조성의 보상으로서의 역할을 수행하며 기업들의 연구 개발을 촉진하고 혁신을 격려한다. 이처럼 로열티 제도는 기업과 지적 재산권 소유자 간의 협력과 혁신적인 경제 발전에 기여하는 중요한 구조적 요소이다.

① 지적 재산권을 보호하는 방법
② 로열티 지급 시 유의사항
③ 지적 재산권의 정의
④ 로열티 제도의 유래와 발전
⑤ 로열티 제도의 모순

다음 문단을 논리적 순서대로 바르게 나열한 것은?

> (가) 매년 수백만 톤의 황산이 애팔래치아 산맥에서 오하이오 강으로 흘러들어 간다. 이 황산은 강을 붉게 물들이고 산성으로 변화시킨다. 이렇듯 강이 붉게 물드는 것은 티오바실러스라는 세균으로 인해 생성된 침전물 때문이다. 철2가 이온(Fe^{2+})과 철3가 이온(Fe^{3+})의 용해도가 이러한 침전물의 생성에 중요한 역할을 한다.
>
> (나) 애팔래치아 산맥의 석탄 광산에 있는 황철광에는 이황화철(FeS_2)이 함유되어 있다. 티오바실러스는 이 황철광에 포함된 이황화철(FeS_2)을 산화시켜 철2가 이온(Fe^{2+})과 강한 산인 황산을 만든다. 이 과정에서 티오바실러스는 일차적으로 에너지를 얻는다. 일단 만들어진 철2가 이온(Fe^{2+})은 티오바실러스에 의해 다시 철3가 이온(Fe^{3+})으로 산화되는데, 이 과정에서 또 다시 티오바실러스는 에너지를 이차적으로 얻는다.
>
> (다) 이황화철(FeS_2)의 산화는 다음과 같이 가속된다. 티오바실러스에 의해 생성된 황산은 황철광을 녹이게 된다. 황철광이 녹으면 황철광 안에 들어 있던 이황화철(FeS_2)은 티오바실러스와 공기 중의 산소에 더 노출되어 화학반응이 폭발적으로 증가하게 된다. 티오바실러스의 생장과 번식에는 이와 같이 에너지의 원료가 되는 이황화철(FeS_2)과 산소 그리고 세포 구성에 필요한 무기질이 꼭 필요하다. 이러한 환경조건이 자연적으로 완비된 광산 지역에서는 일반적인 방법으로 티오바실러스의 생장을 억제하기가 힘들다. 이황화철(FeS_2)과 무기질이 다량으로 광산에 있으므로 이 경우 오하이오 강의 오염을 막기 위한 방법은 광산을 밀폐시켜 산소의 공급을 차단하는 것뿐이다.
>
> (라) 철2가 이온(Fe^{2+})은 강한 산(pH 3.0 이하)에서 물에 녹은 상태를 유지한다. 그러한 철2가 이온(Fe^{2+})은 자연 상태에서 pH 4.0 ~ 5.0 사이가 되어야 철3가 이온(Fe^{3+})으로 산화된다. 놀랍게도 티오바실러스는 강한 산에서 잘 자라고 강한 산에 있는 철2가 이온(Fe^{2+})을 적극적으로 산화시켜 철3가 이온(Fe^{3+})을 만든다. 그리고 물에 녹지 않는 철3가 이온(Fe^{3+})은 다른 무기 이온과 결합하여 붉은 침전물을 만든다. 환경에 영향을 미칠 정도로 다량의 붉은 침전물을 만들기 위해서는 엄청난 양의 철2가 이온(Fe^{2+})과 강한 산이 있어야 한다. 이것들은 어떻게 만들어지는 것일까?

① (가) – (나) – (라) – (다)
② (가) – (라) – (나) – (다)
③ (라) – (가) – (다) – (나)
④ (라) – (나) – (가) – (다)
⑤ (라) – (나) – (다) – (가)

10 다음 글의 서술 방식으로 가장 적절한 것은?

> 현대의 도시에서는 정말 다양한 형태를 가진 건축물들을 볼 수 있다. 건물의 형태뿐만 아니라 건물 외벽에 주로 사용된 소재 또한 유리나 콘크리트 등으로 다양하다. 이렇듯 현대에는 몇 가지로 규정하는 것이 아예 불가능할 만큼 다양한 건축양식이 존재한다. 그러나 다양하고 복잡한 현대의 건축양식에 비해 고대의 건축양식은 매우 제한적이었다.
>
> 그리스 시기에는 주주식, 주열식, 원형식 신전을 중심으로 몇 가지의 공통된 건축양식을 보인다. 이러한 신전 중심의 그리스 건축양식은 시기가 지나면서 다른 건축물에 영향을 주었다. 신전에만 쓰이던 건축양식이 점차 다른 건물들의 건축에도 사용이 되며 확대되었던 것이다. 대표적으로 그리스 연못은 신전에 쓰이던 기둥의 양식들을 바탕으로 회랑을 구성하기도 하였다.
>
> 헬레니즘 시기를 맞이하면서 건축양식을 포함하여 예술 분야가 더욱 발전함에 따라 고대 그리스 시기에 비해 다양한 건축양식이 생겨났다. 이뿐만 아니라 건축 기술이 발달하면서 조금 더 다양한 형태의 건축이 가능해졌다. 다층구조나 창문이 있는 벽을 포함한 건축양식 등 필요에 따라서 실용적이고 실측적인 건축양식이 나오기 시작한 것이다. 또한 연극의 유행으로 극장이나 무대 등의 건축양식도 등장하기 시작하였다.
>
> 로마 시대에 이르러서는 원형 경기장이나 온천, 목욕탕 등 특수한 목적을 가진 건축물들에도 아름다운 건축양식이 적용되었다. 현재에도 많은 사람들이 관광지로서 찾을 만큼, 로마 시민들의 위락시설들에는 다양하고 아름다운 건축양식들이 적용되었다.

① 역사적 순서대로 주제의 변천에 대해서 서술하고 있다.

② 전문가의 말을 인용하여 신뢰도를 높이고 있다.

③ 비유적인 표현 방법을 사용하여 문학적인 느낌을 주고 있다.

④ 현대에서 찾을 수 있는 건축물의 예시를 들어 독자의 이해를 돕고 있다.

⑤ 시대별 건축양식의 장단점을 분석하고 있다.

11 다음 글에서 나타나는 '아재 개그'에 대한 견해로 적절하지 않은 것은?

아재 개그는 '아재'가 하는 개그입니다. 아재의 의미가 '아저씨의 낮춤말' 정도로 해석이 되니, 나이가 좀 있는 남자가 실없는 농담, 웃긴 이야기를 하는 것이라 할 수 있습니다. 일본에서는 비슷한 상황에서 '오야지 개그'라는 표현을 합니다. 오야지가 아버지라는 의미이니까 '아버지의 농담'이라는 뜻입니다. 나이 든 남자의 농담은 국경을 초월해서 어색한 것 같습니다. 그래도 웃기려고 애쓰는 아재들의 마음은 이해해 주면 좋겠습니다. 어쩌면 나이 든 남자가 자신이 살아있음을 느끼는 순간이라고 할 수도 있습니다. 자신이 세상에 기여하는 방법이라고 믿기도 합니다. 세상을 밝게 만든다는 거죠. 그런 면에서 아재 개그가 자랑스럽네요.

아재 개그를 보면 하는 사람은 무지 웃긴데 듣는 사람의 반응은 제각각입니다. 보통은 헛웃음을 웃는 경우가 많고, 얼굴 표정이 잠시 굳어 있는 경우도 있습니다. 어이가 없다는 반응이지요. 하지만 대부분의 경우는 어떤 모습으로든 서로 웃게 됩니다. 싱겁다는 반응도 나옵니다. 그래서일까요? 아재 개그는 여러 번 생각하면 웃긴 경우도 많습니다. 어이없다고 이야기해 놓고서는 다른 사람에게 전달하는 경우도 있습니다. 누가 이렇게 어이없는 아재 개그를 했다고 말입니다. 뜻밖에도 아재 개그는 이렇게 파급력도 있습니다.

아재 개그의 주요 소재는 말장난입니다. 한자로 이야기할 때는 언어유희(言語遊戲)라고도 합니다. 비슷한 발음의 단어를 이용해서 웃기는 거죠. 동음이의어는 오래 전부터 개그의 소재가 되었습니다. '친구가 군대에서 전역했어요.'라는 아들의 이야기를 듣고, '점심은 안 했냐?'라고 반응하면 아재 개그가 됩니다. 처음에는 무슨 이야기인지 몰라 어리둥절하다가 표정이 잠시 굳는 거죠.

예측이 되는 말장난은 아재 개그에도 속하지 못합니다. 그렇게 말할 줄 알았다는 게 아재 개그에서는 가장 치명적인 반응입니다. 청자의 허점을 찌르는 빠른 말장난이 핵심입니다. 어이없지만 웃어줄 만한 개그여야 합니다. 그런 의미에서라면 아재 개그는 언어 감각이 좋아야 할 수 있습니다. 타고난 거라고도 할 수 있습니다. 아재 개그에 천재적인 사람도 있습니다. 그런 사람은 예능계로 나가거나 글을 써야 할 겁니다.

물론 아재 개그는 노력도 필요합니다. 아재 개그를 하는 사람에게 물어보면 생각나는 아재 개그를 다 말하는 게 아닙니다. 고민 끝에 열 개 중 몇 개만 입 밖으로 내 놓는 겁니다. 너무 많이 아재 개그를 하면 사람들의 반응이 차갑습니다. 아재 개그계에서 퇴출될 수도 있습니다. 아재들의 피나는 노력이 아재 개그를 오래 가게 합니다. 치고 빠질 줄도 알아야 합니다.

① 아재 개그는 실없는 농담이나 어느 정도의 파급력도 가지고 있다.
② 아재 개그 중에서는 몇 번 생각해야 웃긴 것들이 있다.
③ 아재 개그를 너무 많이 하는 것은 오히려 분위기를 굳게 만들 수 있다.
④ 아재 개그에는 동음이의어나 발음의 유사성을 활용한 말장난이 많다.
⑤ 아재 개그를 잘하기 위해서는 노력이 중요하지 타고난 능력이 중요하지는 않다.

12 다음 글의 밑줄 친 ⑤ ~ ⑩의 수정 방안으로 적절하지 않은 것은?

교열(校閱)을 '남이 써 놓은 글의 오자와 탈자를 바로잡는 작업' 쯤으로 생각하는 사람이 많을 것이다. ⑤ 즉, 교열은 독자들이 쉽게 이해할 수 있도록 눈높이에 맞게 문장을 다듬는 것이다. 아울러 글쓴이가 잘못 알고 있는 지식도 바르게 수정하며 글쓴이 특유의 어조를 지켜 줘야 하고 언어적 습관도 유지해줘야 한다. 이처럼 교열은 폭넓은 상식과 풍부한 언어적 지식으로 '업무'를 처리해야 하는 ⑥ 단순한 과정이다.

교열자에게 가장 필요한 자질은 첫째, 폭넓은 우리말 지식이다. 그것은 기본 중의 기본이다. 둘째, 인문, 과학, 기술, 문화 등에 대한 풍부한 상식이다. 인터넷에도 숱한 거짓 정보가 떠다닌다. 예를 들어 '달에서 볼 수 있는 지구의 유일한 인공 구조물은'이라는 질문에 대부분의 사람은 '만리장성'이라고 답한다. 그러나 실제로 달에서 ⑥ 맨 눈으로 볼 수 있는 지구의 인공 구조물은 없다. 이처럼 교열자는 자기만의 다양한 거름 장치로 이러한 ⑧ 잘못된 오류들을 찾아내 바로잡아 주어야 한다. 셋째, 글쓰기 실력 역시 빼놓을 수 없는 교열자의 자질이다. 교열자의 능력은 글쓴이의 거친 문장, 잔뜩 꼬인 문장을 부드럽고 매끈하게 다듬을 때 빛난다. 그런 일을 하기 위해서는 교열자 스스로가 글을 쓰는 요령을 알고 있어야 한다. 작문 실력이 없으면 거친 문장과 꼬인 문장을 알기 힘들고, 이를 다듬기는 더욱 힘들다.

교열은 힘들고 지겨운 과정이다. 하지만 ⑩ 출간된 책을 접하게 되면 삶의 보람을 느끼게 된다.

① ⑤ : 앞 문장과의 관계를 고려하여 '그러나'로 고친다.
② ⑥ : 문맥에 어울리지 않으므로 '복잡한'으로 고친다.
③ ⑥ : 띄어쓰기가 올바르지 않으므로 '맨눈'으로 고친다.
④ ⑧ : 의미가 중복되므로 '잘못된'을 삭제한다.
⑤ ⑩ : 필요한 문장 성분이 생략되었으므로 앞에 '독자는'을 추가한다.

13 다음 글에서 〈보기〉의 문장이 들어갈 위치로 가장 적절한 곳은?

그럼 이제부터 제형에 따른 특징과 복용 시 주의점을 알아보겠습니다. 먼저 산제나 액제는 복용해야 하는 용량에 맞게 미세하게 조절이 가능합니다. 그리고 정제나 캡슐제에 비해 노인이나 소아가 약을 삼키기 쉽고 약효도 빠르게 나타납니다. (가) 캡슐제는 캡슐로 약물을 감싸서 자극이 강한 약물을 복용할 때 생기는 불편을 줄일 수 있고, 정제로 만들면 약효가 떨어질 수 있는 경우에 사용되어 약효를 유지할 수 있습니다. (나) 하지만 캡슐제는 캡슐이 목구멍이나 식도에 달라붙을 수 있기 때문에 충분한 양의 물과 함께 복용해야 합니다. (다)

그리고 정제는 일정한 형태로 압축되어 있어 산제나 액제에 비해 보관이 간편하고 정량을 복용하기 쉽습니다. 정제는 약물의 성분이 빠르게 방출되는 속방정과 서서히 지속적으로 방출되는 서방정으로 구분할 수 있습니다. (라) 서방정은 오랜 시간 일정하게 약의 효과를 유지할 수 있어 복용 횟수를 줄일 수 있습니다. 그런데 서방정은 함부로 쪼개거나 씹어서 먹으면 안 됩니다. 왜냐하면 약물의 방출 속도가 달라져 부작용의 위험이 커질 수 있기 때문입니다.

오늘 강연 내용은 유익하셨나요? 이번 강연이 약에 대한 이해를 높일 수 있는 계기가 되었으면 합니다. 또한 약과 관련해 더 궁금한 내용이 있다면 '온라인 의약 도서관'을 통해 찾아보실 수 있습니다. (마) 마지막으로 상세한 복약 정보는 꼭 의사나 약사에게 확인하시기 바랍니다. 경청해 주셔서 감사합니다.

보기

하지만 이 둘은 정제에 비해 변질되기 쉬우므로 특히 보관에 주의해야 하고 복용 전 변질 여부를 잘 확인해야 합니다.

① (가) ② (나)
③ (다) ④ (라)
⑤ (마)

14 다음 글에 대한 반론으로 가장 적절한 것은?

어떤 모델이든지 상품의 특성에 적합한 이미지를 갖는 인물이어야 광고 효과가 제대로 나타날 수 있다. 예를 들어, 자동차, 카메라, 공기 청정기, 치약과 같은 상품의 경우에는 자체의 성능이나 효능이 중요하므로 대체로 전문성과 신뢰성을 갖춘 모델이 적합하다. 이와 달리 상품이 주는 감성적인 느낌이 중요한 보석, 초콜릿, 여행 등과 같은 상품은 매력성과 친근성을 갖춘 모델이 잘 어울린다. 그런데 유명인이 그들의 이미지에 상관없이 여러 유형의 상품 광고에 출연하면 모델의 이미지와 상품의 특성이 어울리지 않는 경우가 많아 광고 효과가 나타나지 않을 수 있다.

유명인의 중복 출연이 소비자가 모델을 상품과 연결시켜 기억하기 어렵게 한다는 점도 광고 효과에 부정적인 영향을 미친다. 유명인의 이미지가 여러 상품으로 분산되면 광고 모델과 상품 간의 결합력이 약해질 것이다. 이는 유명인 광고 모델의 긍정적인 이미지를 광고 상품에 전이하여 얻을 수 있는 광고 효과를 기대하기 어렵게 만든다.

또한 유명인의 중복 출연 광고는 광고 메시지에 대한 신뢰를 얻기 힘들다. 유명인 광고 모델이 여러 광고에 중복하여 출연하면, 그 모델이 경제적인 이익만을 추구한다는 이미지가 소비자에게 강하게 각인된다. 그러면 소비자들은 유명인 광고 모델의 진실성을 의심하게 되어 광고 메시지가 객관성을 결여하고 있다고 생각하게 될 것이다.

유명인 모델의 광고 효과를 높이기 위해서는 유명인이 자신과 잘 어울리는 한 상품의 광고에만 지속적으로 나오는 것이 좋다. 이렇게 할 경우 상품의 인지도가 높아지고, 상품을 기억하기 쉬워지며, 광고 메시지에 대한 신뢰도가 제고된다. 유명인의 유명세가 상품에 전이되고 소비자가 유명인이 진실하다고 믿게 되기 때문이다.

① 광고 효과를 높이기 위해서는 제품의 이미지와 맞는 모델을 골라야 한다.
② 연예인이 여러 광고의 모델일 경우 소비자들은 광고 브랜드에 대한 신뢰를 잃게 된다.
③ 유명 연예인이 많은 광고에 출연하게 되면 소비자들은 모델과 상품 간의 연관성을 찾지 못한다.
④ 사람들은 특정 인물이 광고에 출연한 것만으로 특정 브랜드를 선택하지 않는다.
⑤ 유명인이 한 광고에만 지속적으로 나올 경우 긍정적인 효과를 기대할 수 있다.

15 '고령화 사회에 대비하자.'라는 주제로 글을 쓰기 위해 (가) 개요를 작성하였다가 (나) 개요로 고쳤다고 할 때, 다음 중 개요를 고친 이유로 가장 적절한 것은?

(가)

Ⅰ. 서론 : 고령화 사회로의 진입
Ⅱ. 본론
    1. 고령화 사회의 실태
        (1) 인구 증가율 마이너스
        (2) 초고속 고령화 사회로의 진입
    2. 고령화 사회의 문제점
        (1) 사회 비용 증가
        (2) 인구 감소로 인한 문제 발생
    3. 고령화 사회 해결 방안
        (1) 노인에게 일자리 제공
        (2) 국민 연금제도의 개편
        (3) 법과 제도의 개선
Ⅲ. 결론 : 고령화 사회 대비 강조

(나)

Ⅰ. 서론 : 고령화 사회의 심각성
Ⅱ. 본론
    1. 고령화 사회의 실태
        (1) 인구 증가율 마이너스
        (2) 초고속 고령화 사회로의 진입
    2. 고령화 사회의 문제점
        (1) 의료・복지 비용 증가
        (2) 노동력 공급 감소
        (3) 노동 생산성 저하
    3. 고령화 사회 해결 방안
        (1) 노인에게 일자리 제공
        (2) 국민연금제도의 개편
        (3) 법과 제도의 개선
Ⅲ. 결론 : 고령화 사회 대비 촉구

---

① 문제 상황을 보는 관점이 다양함을 드러내기 위해서이다.
② 문제 상황을 구체화하여 주제의 설득력을 높이기 위해서이다.
③ 문제 해결과정에 발생할 불필요한 논쟁을 피하기 위해서이다.
④ 논의 대상의 범위를 보다 구체적으로 한정하기 위해서이다.
⑤ 문제 해결책의 범위를 보다 폭넓게 확장하기 위해서이다.

16 다음 글의 표를 수정한 내용으로 적절한 것을 〈보기〉에서 모두 고르면?

○○부는 철새로 인한 국내 야생 조류 및 가금류 조류인플루엔자(Avian Influenza, AI) 바이러스 감염 확산 여부를 추적 조사하고 있다. AI 바이러스는 병원성 정도에 따라 고병원성과 저병원성 AI 바이러스로 구분한다. 발표 자료에 따르면, 2020년 10월 25일 충남 천안시에서는 야생 조류 분변에서 고병원성 AI 바이러스가 검출되었으며 이는 2018년 2월 1일 충남 아산시에서 검출된 이래 2년 8개월 만의 검출 사례였다.

최근 야생 조류 고병원성 AI 바이러스 검출 사례는 2020년 10월 25일부터 11월 21일까지 경기도에서 3건, 충남에서 2건이 발표되었고, 가금류 고병원성 AI 바이러스 검출 사례는 전국에서 총 3건이 발표되었다. 같은 기간에 야생 조류 저병원성 AI 바이러스 검출 후 발표된 사례는 전국에 총 8건이다. 또한 채집된 의심 야생 조류의 분변 검사 결과, 고병원성·저병원성 AI 바이러스 모두에 해당하지 않아 바이러스 미분리로 분류된 사례는 총 7건이다. 야생 조류 AI 바이러스 검출 현황은 고병원성 AI, 저병원성 AI, 검사 중으로 분류하고 바이러스 미분리는 야생 조류 AI 바이러스 검출 현황에 포함하지 않는다. 야생 조류 AI 바이러스가 검출되고 나서 고병원성 여부를 확인하기 위해 정밀 검사를 하는 데 상당한 기간이 소요되므로, 아직 검사 중인 것이 9건이다. 그중 하나인 제주도 하도리의 경우 11월 22일 고병원성 AI 바이러스 검출 여부를 발표할 예정이다.

○○부 주무관 갑은 2020년 10월 25일부터 11월 21일까지 발표된 야생 조류 AI 바이러스 검출 현황을 아래와 같이 표로 작성하였으나 검출 현황을 적절히 반영하지 않아 수정이 필요하다.

〈야생 조류 AI 바이러스 검출 현황〉

고병원성 AI	저병원성 AI	검사 중	바이러스 미분리
8건	8건	9건	7건

※ 기간 : 2020년 10월 25일 ~ 2020년 11월 21일

> **보기**
>
> ㄱ. 고병원성 AI 항목의 "8건"을 "5건"으로 수정한다.
> ㄴ. 검사 중 항목의 "9건"을 "8건"으로 수정한다.
> ㄷ. "바이러스 미분리" 항목을 삭제한다.

① ㄱ
② ㄴ
③ ㄱ, ㄷ
④ ㄴ, ㄷ
⑤ ㄱ, ㄴ, ㄷ

17 다음 글의 빈칸에 들어갈 내용으로 가장 적절한 것은?

1993년 착공한 '동해남부선(이하 동해선) 복선 전철화 사업' 부전 – 일광 1단계 구간(28.5km)의 개통식이 2016년 12월 29일 오후 2시 신해운대역에서 진행되었다. 다음날인 12월 30일 오전 5시 30분에는 부전역과 일광역에서 첫 운행의 기적 소리가 울려 퍼졌다. 시작은 광역철도 사업으로 착공을 했지만 2003년 6월, 부산시의 공사비용 부담 문제 등으로 표류하다 국비로 건설하는 일반철도 사업으로 전환하여 우여곡절 끝에 개통한 것이다.

1단계 구간(부전 – 일광)에는 14개의 현대화 철도역사가 들어섰으며 교대역, 벡스코역, 거제역에서 부산도시철도 1, 2, 3호선과 환승할 수 있다. 출퇴근 시간인 7 ~ 9시, 18 ~ 20시에는 배차 간격이 15분이며, 그 외 시간에는 배차 간격 30분으로 운행된다. 부산 주요 도심을 통과하는 이 구간을 시내버스로 이동할 경우 약 1시간 40분이 소요되지만, 전철을 타면 37분이 소요되어 동부산권 접근성이 높아졌다. 이로써 _____

① 부산 도심 교통난도 크게 해소될 것으로 기대된다.
② 부산 관광이 활기를 띨 것으로 예상된다.
③ 철도 이용객이 증가할 것으로 생각된다.
④ 철도 이용객의 만족도가 올라갈 것으로 기대된다.
⑤ 부산 전철화 사업에 진전이 있을 것으로 생각된다.

18 다음 글을 통해 역모기지론 정책이 효과적으로 시행될 수 있는 조건을 〈보기〉에서 모두 고르면?

정부가 2007년부터 역모기지론*을 도입한다고 발표하였다. 역모기지론을 이용할 수 있는 대상자는 공시가격 8억 원 이하 주택을 한 채만 소유하고 있는 만 65세 이상의 중산·서민층으로 한정된다. 역모기지론 운영 방법에 의하면, 담보로 맡긴 주택가격과 가입 당시의 연령에 따라 매월 지급받는 금액이 달라진다. 주택가격이 높을수록, 가입 당시의 연령이 높을수록 받는 금액이 많아진다. 월 지급금액 산정은 일반 주택담보대출 때처럼 감정가(시세 수준)를 기초로 한다. 예를 들어, 감정가 8억 원짜리 주택을 만 70세에 맡기면 매달 198만 원을 받게 되고, 같은 주택을 만 65세에 맡기면 매달 186만 원을 받게 된다. 감정가 5억 원짜리 주택을 소유하고 있는 고령자가 역모기지론을 신청하면 가입연령에 따라 월 수령액은 △만 65세 93만 원, △만 68세 107만 원, △만 70세 118만 원 등이 된다. 월 수령액은 5년마다 주택시세를 재평가하여 조정된다.

정부가 역모기지론 이용자에게 부여하는 혜택은 △등록세 면제, △국민주택채권매입의무 면제, △재산세 25% 감면, △대출이자비용 200만 원 한도 내 소득공제 등이다. 다만, 등록세 면제는 감정가 5억 원 이하 주택에 해당되며, 나머지 3개의 혜택은 감정가 5억 원 이하, 국민주택규모(전용면적 85m² 이하), 연간 소득 1,000만 원 이하의 조건을 모두 갖추어야 한다.

* 역모기지론 : 주택을 소유하고 있으나 일정 소득 이하의 고령자에게 소유주택을 담보로 매월 또는 일정 기간마다 노후생활자금을 연금 형식으로 대출하는 금융상품

보기

㉠ 현재 주택을 소유한 노년층은 대부분 청장년기에 노후 생활을 위한 소득 축적 기회가 적었고, 현재도 특별한 소득이 없다.

㉡ 만 65세 이상인 가구주의 주택 소유 비율은 80%로서 만 30세 미만의 24%, 30대의 47%, 40대의 67%에 비하여 매우 높다.

㉢ 한 은행의 조사에 따르면, 만 65세 이상의 노인들이 보유하고 있는 주택의 공시가격은 대부분이 8억 원 이하인 것으로 나타났다.

㉣ 어떤 연구기관의 조사에 따르면, 86%에 달하는 노인들이 양로원이나 기타 사회복지시설을 이용하는 것보다 자기 집에 그대로 머물러 살기를 원한다고 응답했다.

① ㉠, ㉡
② ㉡, ㉢
③ ㉠, ㉡, ㉢
④ ㉡, ㉢, ㉣
⑤ ㉠, ㉡, ㉢, ㉣

19 다음 글에 대한 설명으로 가장 적절한 것은?

> 보름달 중에 가장 크게 보이는 보름달을 슈퍼문이라고 한다. 이때 보름달이 크게 보이는 이유는 달이 평소보다 지구에 가까이 있기 때문이다. 슈퍼문이 되려면 보름달이 되는 시점과 달이 지구에 가장 가까워지는 시점이 일치하여야 한다. 달의 공전 궤도가 완벽한 원이라면 지구에서 달까지의 거리가 항상 똑같을 것이다. 하지만 실제로는 타원 궤도여서 달이 지구에 가까워지거나 멀어지는 현상이 생긴다. 유독 달만 그런 것은 아니고 태양계의 모든 행성이 태양을 중심으로 타원 궤도로 돈다. 이것이 바로 그 유명한 케플러의 행성운동 제1법칙이다.
>
> 지구와 달의 평균 거리는 약 38만km인 반면 슈퍼문일 때는 그 거리가 35만 7,000km 정도로 가까워진다. 달의 반지름은 약 1,737km이므로, 지구와 달의 거리가 평균 정도일 때 지구에서 보름달을 바라보는 시각도*는 0.52도 정도인 반면, 슈퍼문일 때는 시각도가 0.56도로 커진다. 반대로 보름달이 가장 작게 보일 때, 다시 말해 보름달이 지구에서 제일 멀 때는 그 거리가 약 40만km여서 보름달을 보는 시각도가 0.49도로 작아진다.
>
> 밀물과 썰물이 생기는 원인은 지구에 작용하는 달과 태양의 중력 때문인데, 달이 태양보다는 지구에 훨씬 더 가깝기 때문에 더 큰 영향을 미친다. 달이 지구에 가까워지면 평소 달이 지구를 당기는 힘보다 더 강하게 지구를 당긴다. 그리고 달의 중력이 더 강하게 작용하면, 달을 향한 쪽의 해수면은 평상시보다 더 높아진다. 실제 우리나라에서도 슈퍼문일 때 제주도 등 해안가에 바닷물이 평소보다 더 높게 밀려 들어와서 일부 지역이 침수 피해를 겪기도 했다.
>
> 한편 달의 중력 때문에 높아진 해수면이 지구와 함께 자전을 하다보면 지구의 자전을 방해하게 된다. 일종의 브레이크가 걸리는 셈이다. 이 때문에 지구의 자전 속도가 느려지게 되고 그 결과 하루의 길이에 미세하게 차이가 생긴다. 실제 연구 결과에 따르면 100만 년에 17초 정도씩 길어지는 효과가 생긴다고 한다.
>
> *시각도 : 물체의 양끝에서 눈의 결합점을 향하여 그은 두 선이 이루는 각

① 지구에서 태양까지의 거리는 1년 동안 항상 일정하다.

② 해수면의 높이는 지구와 달의 거리와 관계가 없다.

③ 달이 지구에서 멀어지면 궤도에서 벗어나지 않기 위해 평소보다 더 강하게 지구를 잡아당긴다.

④ 달의 중력 때문에 지구가 자전하는 속도는 점점 빨라지고 있다.

⑤ 지구와 달의 거리가 36만km 정도인 경우, 지구에서 보름달을 바라보는 시각도는 0.49도보다 크다.

20 다음 글의 내용으로 적절하지 않은 것은?

시간 예술이라고 지칭되는 음악에서 템포의 완급은 대단히 중요하다. 동일곡이지만 템포의 기준을 어떻게 잡아서 재현해 내느냐에 따라서 그 음악의 악상은 달라진다. 그런데 이처럼 중요한 템포의 인지 감각도 문화권에 따라, 혹은 민족에 따라서 상이할 수 있으니, 동일한 속도의 음악을 듣고도 누구는 빠르게 느끼는 데 비해서 누구는 느린 것으로 인지하는 것이다. 결국 문화권에 따라서 템포의 인지 감각이 다를 수도 있다는 사실은 바꿔 말해서 서로 문화적 배경이 다르면 사람에 따라 적절하다고 생각하는 모데라토의 템포도 큰 차이가 있을 수 있다는 말과 같다.

한국의 전통 음악은 서양 고전 음악에 비해서 비교적 속도가 느린 것이 분명하다. 대표적 정악곡(正樂曲)인 '수제천(壽齊天)'이나 '상령산(上靈山)' 등의 음악을 들어보면 수긍할 것이다. 또한 이 같은 구체적인 음악의 예가 아니더라도 국악의 첫인상을 일단 '느리다'고 간주해 버리는 일반의 통념을 보더라도 전래의 한국 음악이 보편적인 서구 음악에 비해서 느린 것은 틀림없다고 하겠다.

그런데 한국의 전통 음악이 서구 음악에 비해서 상대적으로 속도가 느린 이유는 무엇일까? 이에 대한 해답도 여러 가지 문화적 혹은 민족적인 특질과 연결해서 생각할 때 결코 간단한 문제가 아니겠지만, 여기서는 일단 템포의 계량적 단위인 박(beat)의 준거를 어디에 두느냐에 따라서 템포 관념의 차등이 생겼다는 가설하에 설명을 하기로 한다.

한국의 전통 문화를 보면 그 저변의 잠재의식 속에는 호흡을 중시하는 징후가 역력함을 알 수 있는데, 이 점은 심장의 고동을 중시하는 서양과는 상당히 다른 특성이다. 우리의 문화 속에는 호흡에 얽힌 생활 용어가 한두 가지가 아니다. 숨을 한 번 내쉬고 들이마시는 동안을 하나의 시간 단위로 설정하여 일식간(一息間) 혹은 이식간(二息間)이니 하는 양식척(量息尺)을 써 왔다. 그리고 감정이 격양되었을 때는 긴 호흡을 해서 감정을 누그러뜨리거나 건강을 위해 단전 호흡법을 수련한다. 이것은 모두 호흡을 중시하고 호흡에 뿌리를 둔 문화 양식의 예들이다. 더욱이 심장의 정지를 사망으로 단정하는 서양과는 달리 우리의 경우에는 '숨이 끊어졌다.'는 말로 유명을 달리했음을 표현한다. 이와 같이 확실히 호흡의 문제는 모든 생리 현상에서부터 문화 현상에 이르기까지 우리의 의식 저변에 두루 퍼져있는 민족의 공통적 문화소가 아닐 수 없다.

이와 같은 동서양 간의 상호 이질적인 의식 성향을 염두에 두고 각자의 음악을 관찰해 보면, 서양의 템포 개념은 맥박, 곧 심장의 고동에 기준을 두고 있으며, 우리의 그것은 호흡의 주기, 즉 폐부의 운동에 뿌리를 두고 있음을 알 수 있다. 서양의 경우 박자의 단위인 박을 비트(beat), 혹은 펄스(pulse)라고 한다. 펄스라는 말이 곧 인체의 맥박을 의미하듯이 서양음악은 원초적으로 심장을 기준으로 출발한 것이다. 이에 비해 한국의 전통 음악은 모음 변화를 일으켜 가면서까지 길게 끌며 호흡의 리듬을 타고 있음을 볼 때, 근원적으로 호흡에 뿌리를 둔 음악임을 알 수 있다. 결국 한국음악에서 안온한 마음을 느낄 수 있는 모데라토의 기준 속도는, 1분간의 심장 박동 수와 호흡의 주기와의 차이처럼, 서양 음악의 그것에 비하면 무려 3배쯤 느린 것임을 알 수 있다.

① 각 민족의 문화에는 민족의식이 반영되어 있다.
② 서양 음악은 심장 박동 수를 박자의 준거로 삼았다.
③ 템포의 완급을 바꾸어도 동일곡의 악상은 변하지 않는다.
④ 우리 음악은 서양 음악에 비해 상대적으로 느리다.
⑤ 우리 음악의 박자는 호흡 주기에 뿌리를 두고 있다.

21 다음은 제54회 전국기능경기대회 지역별 결과 자료이다. 이에 대한 설명으로 옳은 것은?

〈제54회 전국기능경기대회 지역별 결과표〉

(단위 : 개)

지역＼상	금메달	은메달	동메달	최우수상	우수상	장려상
합계(점)	3,200	2,170	900	1,640	780	1,120
서울	2	5		10		
부산	9		11	3	4	
대구	2					16
인천			1	2	15	
울산	3				7	18
대전	7		3	8		
제주		10				
경기도	13	1				22
경상도	4	8		12		
충청도		7		6		

※ 합계는 전체 참가지역의 각 메달 및 상의 점수합계이다.

① 메달 한 개당 점수는 금메달은 80점, 은메달은 70점, 동메달은 60점이다.
② 메달 및 상을 가장 많이 획득한 지역은 경상도이다.
③ 전국기능경기대회 결과표에서 메달 및 상 중 동메달 개수가 가장 많다.
④ 울산 지역에서 획득한 메달 및 상의 총점은 800점이다.
⑤ 장려상을 획득한 지역 중 금·은·동메달 총 개수가 가장 적은 지역은 대전이다.

22 다음은 세계 음악시장의 규모에 대한 자료이다. 〈조건〉에 근거하여 2024년의 음악시장 규모를 구하면?(단, 소수점 둘째 자리에서 반올림한다)

〈세계 음악시장 규모〉

(단위 : 백만 달러)

구분		2019년	2020년	2021년	2022년	2023년
공연음악	후원	5,930	6,008	6,097	6,197	6,305
	티켓 판매	20,240	20,688	21,165	21,703	22,324
	소계	26,170	26,696	27,262	27,900	28,629
음반	디지털	8,719	9,432	10,180	10,905	11,544
	다운로드	5,743	5,986	6,258	6,520	6,755
	스트리밍	1,530	2,148	2,692	3,174	3,557
	모바일	1,447	1,298	1,230	1,212	1,233
	오프라인 음반	12,716	11,287	10,171	9,270	8,551
	소계	30,155	30,151	30,531	31,081	31,640
합계		56,325	56,847	57,793	58,981	60,269

조건

- 2024년에 후원금은 2023년보다 1억 1천 8백만 달러, 티켓 판매는 2023년보다 7억 4천만 달러가 증가할 것으로 예상된다.
- 스트리밍 시장의 경우 빠르게 성장하는 추세로, 2024년의 스트리밍 시장 규모는 2019년의 스트리밍 시장 규모의 2.5배가 될 것으로 예상된다.
- 오프라인 음반 시장은 점점 감소하는 추세로, 2024년의 오프라인 음반 시장의 규모는 2023년 대비 6%의 감소율을 보일 것으로 예상된다.

	공연음악	스트리밍	오프라인 음반
①	29,487백만 달러	3,711백만 달러	8,037.9백만 달러
②	29,487백만 달러	3,825백만 달러	8,037.9백만 달러
③	29,685백만 달러	3,825백만 달러	7,998.4백만 달러
④	29,685백만 달러	4,371백만 달러	7,998.4백만 달러
⑤	29,685백만 달러	3,825백만 달러	8,037.9백만 달러

23 다음은 어린이 안전지킴이집 현황에 대한 자료이다. 이에 대한 설명으로 옳지 않은 것을 〈보기〉에서 모두 고르면?

〈어린이 안전지킴이집 현황〉

(단위 : 개)

구분		2019년	2020년	2021년	2022년	2023년
선정위치별	유치원	2,151	1,731	1,516	1,381	1,373
	학교	10,799	9,107	7,875	7,700	7,270
	아파트단지	2,730	2,390	2,359	2,460	2,356
	놀이터	777	818	708	665	627
	공원	1,044	896	893	958	918
	통학로	6,593	7,040	7,050	7,348	7,661
	합계	24,094	21,982	20,401	20,512	20,205
선정업소 형태별	24시 편의점	3,013	2,653	2,575	2,528	2,542
	약국	1,898	1,708	1,628	1,631	1,546
	문구점	4,311	3,840	3,285	3,137	3,012
	상가	9,173	7,707	6,999	6,783	6,770
	기타	5,699	6,074	5,914	6,433	6,335
	합계	24,094	21,982	20,401	20,512	20,205

보기

㉠ 선정위치별 어린이 안전지킴이집의 경우 통학로를 제외한 모든 곳에서 매년 감소하고 있다.

㉡ 선정업소 형태별 어린이 안전지킴이집의 수가 2019년 대비 2023년에 가장 많이 감소한 업소는 상가이다.

㉢ 2022년 대비 2023년의 학교 안전지킴이집의 감소율은 2022년 대비 2023년의 유치원 안전지킴이집의 감소율의 10배 이상이다.

㉣ 2023년 선정업소 형태별 안전지킴이집 중에서 24시 편의점의 개수가 차지하는 비중은 2022년보다 감소하였다.

① ㉠, ㉡

② ㉠, ㉣

③ ㉡, ㉢

④ ㉠, ㉡, ㉣

⑤ ㉠, ㉢, ㉣

24 다음은 연도별 국가지정문화재 현황을 나타낸 자료이다. 이에 대한 설명으로 옳은 것을 〈보기〉에서 모두 고르면?

〈연도별 국가지정문화재 현황〉

(단위 : 건)

구분	2018년	2019년	2020년	2021년	2022년	2023년
합계	3,385	3,459	3,513	3,583	3,622	3,877
국보	314	315	315	315	317	328
보물	1,710	1,758	1,774	1,813	1,842	2,060
사적	479	483	485	488	491	495
명승	82	89	106	109	109	109
천연기념물	422	429	434	454	455	456
국가무형문화재	114	116	119	120	122	135
중요민속문화재	264	269	280	284	286	294

보기

㉠ 2019년에서 2023년 사이 전년 대비 전체 국가지정문화재가 가장 많이 증가한 해는 2023년이다.
㉡ 국보 문화재는 2018년에 비해 2023년에 지정된 건수가 증가했으며, 전체 국가지정문화재에서 차지하는 비중 또한 증가했다.
㉢ 2018년 대비 2023년의 국가지정문화재 건수의 증가율이 가장 높은 문화재 종류는 명승 문화재이다.
㉣ 조사기간 중 사적 문화재 지정 건수는 매해 국가무형문화재 지정 건수의 4배가 넘는 수치를 보이고 있다.

① ㉠, ㉡
② ㉠, ㉢
③ ㉡, ㉢
④ ㉡, ㉣
⑤ ㉢, ㉣

25 다음은 국제우편 접수 매출액 현황 자료이다. 이에 대한 해석으로 옳지 않은 것은?

〈국제우편 접수 매출액 현황〉

(단위 : 백만 원)

구분	2019년	2020년	2021년	2022년	2023년 계	2023년 1/4분기	2023년 2/4분기	2023년 3/4분기	2023년 4/4분기
국제통상	16,595	17,002	19,717	26,397	34,012	7,677	7,552	8,000	10,783
국제소포	17,397	17,629	19,794	20,239	21,124	5,125	4,551	5,283	6,165
국제특급	163,767	192,377	229,012	243,416	269,674	62,784	60,288	61,668	84,934
합계	197,759	227,008	268,523	290,052	324,810	75,586	72,391	74,951	101,882

① 2023년 4/4분기 매출액이 2023년 다른 분기에 비해 가장 높다.

② 2023년 국제소포 분야 매출액의 2019년 대비 증가율은 10% 미만이다.

③ 2023년 매출액 증가율이 2019년 대비 가장 큰 분야는 국제통상 분야의 매출액이다.

④ 2022년 국제통상 분야의 매출액 비율은 10% 미만이다.

⑤ 2023년 총매출액에서 2/4분기 매출액이 차지하고 있는 비율은 20% 이상이다.

26 K통신사 대리점에서 근무하는 귀하는 판매율을 높이기 위해 핸드폰을 구매한 고객에게 사은품을 나누어 주는 이벤트를 실시하고자 한다. 본사로부터 할당받은 예산은 총 5백만 원이며, 예산 내에서 고객 1명당 2가지 사은품을 증정하고자 한다. 고객 만족도 대비 비용이 낮은 순으로 상품을 확보하였을 때, 최대 몇 명의 고객에게 사은품을 전달할 수 있는가?

상품명	개당 구매비용(원)	확보 가능한 최대물량(개)	상품 고객 만족도(점)
차량용 방향제	7,000	300	5
식용유 세트	10,000	80	4
유리용기 세트	6,000	200	6
32GB USB	5,000	180	4
머그컵 세트	10,000	80	5
육아 관련 도서	8,800	120	4
핸드폰 충전기	7,500	150	3

① 360명

② 370명

③ 380명

④ 390명

⑤ 400명

27 다음은 2023년 9월 인천국제공항 원인별 지연 및 결항 통계 자료이다. 이를 해석한 내용으로 옳은 것은?(단, 소수점 첫째 자리에서 반올림한다)

〈2023년 9월 인천국제공항 원인별 지연 및 결항 통계〉

(단위 : 편)

구분	기상	A/C 접속	A/C 정비	여객처리 및 승무원관련	복합원인	기타	합계
지연	118	1,676	117	33	2	1,040	2,986
결항	17	4	10	0	0	39	70

① 기상으로 지연된 경우는 기상으로 결항된 경우의 약 5배이다.

② 기타를 제외하고 항공편 지연과 결항에서 가장 높은 비중을 차지하고 있는 원인이 같다.

③ 9월에 인천국제공항을 이용하는 비행기가 지연되었을 확률은 98%이다.

④ 9월 한 달간 인천국제공항 날씨는 좋은 편이었다.

⑤ 항공기 지연 중 A/C 정비가 차지하는 비율은 결항 중 기상이 차지하는 비율의 $\frac{1}{6}$ 수준이다.

28 다음은 A, B국의 에너지원 수입액에 대한 자료이다. 이에 대한 설명으로 옳은 것은?

〈A, B국의 에너지원 수입액〉

(단위 : 달러)

구분	연도	1983년	2003년	2023년
A국	석유	74	49.9	29.5
	석탄	82.4	60.8	28
	LNG	29.2	54.3	79.9
B국	석유	75	39	39
	석탄	44	19.2	7.1
	LNG	30	62	102

① 1983년의 석유 수입액은 A국이 B국보다 많다.

② 2003년의 A국의 석유 및 석탄의 수입액의 합은 LNG 수입액의 2배보다 적다.

③ 2023년의 석탄 수입액은 A국이 B국의 4배보다 적다.

④ 1983년 대비 2022년의 LNG 수입액의 증가율은 A국이 B국보다 크다.

⑤ 1983년 대비 2022년의 석탄 수입액의 감소율은 A국이 B국보다 크다.

※ 다음은 환경지표와 관련된 통계 자료이다. 이어지는 질문에 답하시오. [29~30]

〈녹색제품 구매 현황〉

(단위 : 백만 원)

구분	총구매액(A)	녹색제품 구매액(B)	비율
2021년	1,800	1,700	94%
2022년	3,100	2,900	㉠%
2023년	3,000	2,400	80%

※ 지속가능한 소비를 촉진하고 친환경경영 실천을 강화하기 위해 환경표지인증 제품 등의 녹색제품 구매를 적극 실천한다.
※ 비율은 (B/A)×100으로 계산하며, 소수점 첫째 자리에서 반올림한다.

〈온실가스 감축〉

구분	2021년	2022년	2023년
온실가스 배출량(tCO_2eq)	1,604,000	1,546,000	1,542,000
에너지 사용량(TJ)	30,000	29,000	30,000

※ 온실가스 및 에너지 감축을 위한 전사 온실가스 및 에너지 관리 체계를 구축하여 운영하고 있다.

〈수질관리〉

(단위 : m^3)

구분	2021년	2022년	2023년
오수처리량(객차)	70,000	61,000	27,000
폐수처리량	208,000	204,000	207,000

※ 철도차량 등의 수선, 세차, 세척과정에서 발생되는 폐수와 열차 화장실에서 발생되는 오수, 차량검수시설과 역 운영시설 등에서 발생되는 생활하수로 구분되며, 모든 오염원은 처리시설을 통해 기준 이내로 관리한다.

29 다음 중 자료를 이해한 내용으로 옳지 않은 것은?

① ㉠에 들어갈 수치는 94이다.

② 온실가스 배출량은 2021년부터 매년 줄어들었다.

③ 폐수처리량이 가장 적었던 연도에 오수처리량도 가장 적었다.

④ 2021 ~ 2023년 동안 녹색제품 구매액의 평균은 약 23억 3,300만 원이다.

⑤ 에너지 사용량의 전년 대비 증감률의 절댓값은 2022년보다 2023년이 더 크다.

30 다음 〈조건〉은 환경지표점수 산출 기준이다. 가장 점수가 높은 년도와 그해의 환경지표점수를 바르게 짝지은 것은?

> **조건**
>
> • 녹색제품 구매액 : 20억 원 미만이면 5점, 20억 원 이상이면 10점
> • 에너지 사용량 : 30,000TJ 이상이면 5점, 30,000TJ 미만이면 10점
> • 폐수처리량 : 205,000m³ 초과이면 5점, 205,000m³ 이하이면 10점

① 2021년 – 25점　　　　　　　　　② 2022년 – 20점

③ 2022년 – 30점　　　　　　　　　④ 2023년 – 25점

⑤ 2023년 – 30점

31 다음은 A ~ F국의 2023년 GDP와 GDP 대비 국가자산총액을 나타낸 자료이다. 이에 대한 설명으로 옳은 것을 〈보기〉에서 모두 고르면?

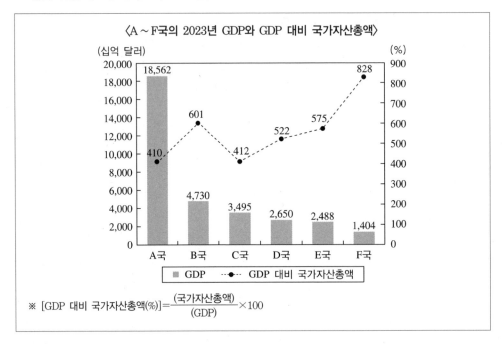

$$\text{※ [GDP 대비 국가자산총액(\%)]} = \frac{\text{(국가자산총액)}}{\text{(GDP)}} \times 100$$

보기

ㄱ. GDP가 높은 국가일수록 GDP 대비 국가자산총액이 작다.
ㄴ. A국의 GDP는 나머지 5개국 GDP의 합보다 크다.
ㄷ. 국가자산총액은 F국이 D국보다 크다.

① ㄱ   ② ㄴ
③ ㄷ   ④ ㄱ, ㄴ
⑤ ㄴ, ㄷ

32 다음은 K기업 체육대회 결과 자료이다. 이에 대한 설명으로 옳은 것을 〈보기〉에서 모두 고르면?

〈종목별 체육대회 결과〉

- K기업은 청팀과 백팀으로 나누어 체육대회를 진행하였다.
- 각 팀에 속한 부서의 점수의 합산하여 청팀과 백팀의 최종점수를 산정하며, 최종점수가 더 높은 쪽이 승리한다.
- 종목별로 부서들이 획득한 승점은 다음과 같다.

구분		청팀			백팀		
		재정팀	운영팀	기획팀	전략팀	기술팀	지원팀
구기 종목	축구	590	742	610	930	124	248
	배구	470	784	842	865	170	443
육상 종목	50m 달리기	471	854	301	441	653	321
	100m 달리기	320	372	511	405	912	350

보기

ㄱ. 모든 종목에서 가장 높은 승점을 획득한 부서는 운영팀이며, 가장 낮은 승점을 획득한 부서는 기술팀이다.

ㄴ. 청팀이 축구에서 획득한 승점은 청팀이 구기종목에서 획득한 승점의 45% 미만이다.

ㄷ. 체육대회 결과, 백팀의 최종점수는 청팀의 최종점수의 75% 이상이다.

ㄹ. 백팀이 구기종목에서 획득한 승점은 백팀이 육상종목에서 획득한 승점의 85% 이상이다.

① ㄱ, ㄴ   ② ㄱ, ㄷ

③ ㄴ, ㄷ   ④ ㄴ, ㄹ

⑤ ㄷ, ㄹ

※ 다음은 K카페의 커피 종류별 하루 평균 판매량 비율과 한 잔당 가격을 나타낸 그래프이다. 이어지는 질문에 답하시오. [33~34]

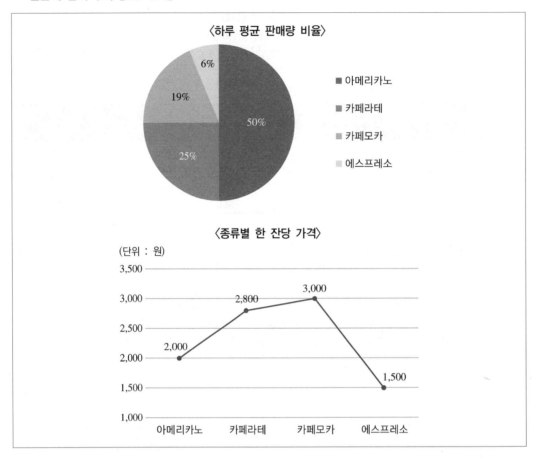

33　K카페가 하루 평균 200잔의 커피를 판매한다고 할 때, 카페라테는 에스프레소보다 하루에 몇 잔이 더 팔리는가?

① 38잔　　　　　　　　　　　② 40잔
③ 41잔　　　　　　　　　　　④ 42잔
⑤ 45잔

34　K카페에서 어느 날 음료를 총 180잔을 팔았다고 할 때, 이날의 아메리카노의 매출은?(단, 매출량은 하루 평균 판매량 비율을 따른다)

① 150,000원　　　　　　　　② 165,000원
③ 180,000원　　　　　　　　④ 200,000원
⑤ 205,000원

35 다음은 A씨의 보유 반찬 및 칼로리 정보와 A씨의 하루 식단에 대한 자료이다. A씨가 하루에 섭취하는 총 열량은?

〈A씨의 보유 반찬 및 칼로리 정보〉

반찬	현미밥	미역국	고등어구이	시금치나물	버섯구이	블루베리
무게(g)	300	500	400	100	150	80
열량(kcal)	540	440	760	25	90	40
반찬	우유식빵	사과잼	된장찌개	갈비찜	깍두기	연근조림
무게(g)	100	40	200	200	50	100
열량(kcal)	350	110	176	597	50	96

〈A씨의 하루 식단〉

구분	식단
아침	우유식빵 80g, 사과잼 40g, 블루베리 60g
점심	현미밥 200g, 갈비찜 200g, 된장찌개 100g, 버섯구이 50g, 시금치나물 20g
저녁	현미밥 100g, 미역국 200g, 고등어구이 150g, 깍두기 50g, 연근조림 50g

① 1,940kcal

② 2,120kcal

③ 2,239kcal

④ 2,352kcal

⑤ 2,520kcal

※ 다음은 K사의 냉장고에 사용되는 기호와 주문된 상품이다. 이어지는 질문에 답하시오. [36~38]

〈기호〉

기능		설치형태		용량(L)		도어	
김치보관	RC	프리 스탠딩	F	840	84	4도어	TE
독립냉각	EF	키친 핏	C	605	60	2도어	DA
가변형	RQ	빌트인	B	584	58	1도어	DE
메탈쿨링	AX	–	–	486	48	–	–
다용도	ED	–	–	313	31	–	–

AXRQB58DA	
AX, RQ	기능(복수선택 가능) → 메탈쿨링, 가변형 기능
B	설치형태 → 빌트인
58	용량 → 584L
DA	도어 → 2도어

〈주문된 상품〉

RCF84TE	EDC60DE	RQB31DA	AXEFC48TE
AXF31DE	EFB60DE	RQEDF84TE	EDC58DA
EFRQB60TE	AXF31DA	EFC48DA	RCEDB84TE

36 다음 고객이 주문한 상품은 무엇인가?

> 안녕하세요? 냉장고를 주문하려고요. 커버는 온도의 변화가 적은 메탈쿨링이 유행하던데 저도 그거 사용하려고요. 기존 냉장고를 교체할 거여서 프리 스탠딩 형태가 맞을 것 같아요. 또 저 혼자 사니까 가장 작은 용량으로 문도 1개면 될 것 같은데 혹시 이번 주 안에 배달이 되나요?

① EDC60DE　　　　　　　　　② AXF31DE

③ AXEFC48TE　　　　　　　　④ AXF31DA

⑤ RCEDB84TE

37 배달이 밀려서 주문된 상품 중 가변형 기능과 키친 핏 형태의 상품은 배송이 늦어진다고 할 때, 배송이 늦어지는 상품은 몇 개인가?

① 5개　　　　　　　　　　　　② 6개

③ 7개　　　　　　　　　　　　④ 8개

⑤ 9개

38 K사는 주문된 정보를 바탕으로 판매현황을 작성하려 한다. 다음 중 기능, 용량, 도어 각각 가장 인기가 없는 것의 기호로 옳은 것은?(단, 설치형태는 판매현황에 작성하지 않았다)

① RC48DE　　　　　　　　　　② RQ58DA

③ RQ58DE　　　　　　　　　　④ RC58DE

⑤ RC58DA

※ 김대리는 사내 메신저의 보안을 위해 암호화 규칙을 만들어 동료들과 대화하기로 하였다. 이어지는 질문에 답하시오. [39~40]

〈암호화 규칙〉

• 한글 자음은 사전 순서에 따라 바로 뒤의 한글 자음으로 변환한다.
  예 ㄱ → ㄴ … ㅎ → ㄱ
• 쌍자음의 경우 자음 두 개로 풀어 표기한다.
  예 ㄲ → ㄴㄴ
• 한글 모음은 사전 순서에 따라 알파벳 a, b, c …으로 변환한다.
  예 ㅏ → a, ㅐ → b … ㅢ → t, ㅣ → u
• 겹받침의 경우 풀어 표기한다.
  예 맑다 → ㅂaㅁㄴㄹa
• 공백은 0으로 표현한다.

---

39 메신저를 통해 김대리가 오늘 점심 메뉴로 'ㄴㅂㅋuㅊㅊuㄴb'를 먹자고 했을 때, 김대리가 말한 메뉴는?

① 김치김밥
② 김치찌개
③ 계란말이
④ 된장찌개
⑤ 부대찌개

40 김대리는 이번 주 금요일의 사내 워크숍에서 사용할 조별 구호를 '존중과 배려'로 결정하였고, 메신저를 통해 조원들에게 알리려고 한다. 다음 중 김대리가 전달할 구호를 암호화 규칙에 따라 바르게 변환한 것은?

① ㅊiㄷㅊuㅈㄴjㅅbㅁg
② ㅊiㄷㅊnㅈㄴjㅅbㅁg
③ ㅊiㄷㅊnㅈㄴj0ㅅbㅁg
④ ㅊiㄷㅊnㅈㄴia0ㅅbㅁg
⑤ ㅊiㄷㅊuㅈㄴia0ㅅbㅁg

41 조선시대에는 12시진(정시법)과 '초(初)', '정(正)', '한시진(2시간)' 등의 표현을 통해 시간을 나타내었다. 다음 중 조선시대의 시간과 현대의 시간에 대한 비교로 옳지 않은 것은?

〈12시진〉

조선시대 시간		현대 시간	조선시대 시간		현대 시간
자(子)시	초(初)	23시 1분~60분	오(午)시	초(初)	11시 1분~60분
	정(正)	24시 1분~60분		정(正)	12시 1분~60분
축(丑)시	초(初)	1시 1분~60분	미(未)시	초(初)	13시 1분~60분
	정(正)	2시 1분~60분		정(正)	14시 1분~60분
인(寅)시	초(初)	3시 1분~60분	신(申)시	초(初)	15시 1분~60분
	정(正)	4시 1분~60분		정(正)	16시 1분~60분
묘(卯)시	초(初)	5시 1분~60분	유(酉)시	초(初)	17시 1분~60분
	정(正)	6시 1분~60분		정(正)	18시 1분~60분
진(辰)시	초(初)	7시 1분~60분	술(戌)시	초(初)	19시 1분~60분
	정(正)	8시 1분~60분		정(正)	20시 1분~60분
사(巳)시	초(初)	9시 1분~60분	해(亥)시	초(初)	21시 1분~60분
	정(正)	10시 1분~60분		정(正)	22시 1분~60분

① 한 초등학교의 점심 시간이 오후 1시부터 2시까지라면, 조선시대 시간으로 미(未)시에 해당한다.

② 조선시대에 어떤 사건이 인(寅)시에 발생하였다면, 현대 시간으로는 오전 3시와 5시 사이에 발생한 것이다.

③ 현대인이 오후 2시부터 4시 30분까지 운동을 하였다면, 조선시대 시간으로 미(未)시부터 유(酉)시까지 운동을 한 것이다.

④ 축구 경기가 연장 없이 각각 45분의 전반전과 후반전으로 진행되었다면, 조선시대 시간으로 한시진이 채 되지 않은 것이다.

⑤ 현대인이 오후 8시 30분에 저녁을 먹었다면, 조선시대 시간으로 술(戌)시 정(正)에 저녁을 먹은 것이다.

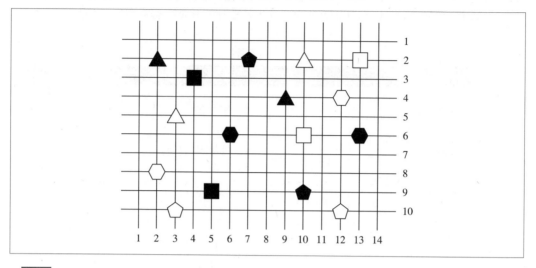

조건

1. W는 White, B는 Black이다.
2. 알파벳 뒤에 숫자는 도형의 각의 개수이다.
3. 좌표는 도형이 위치해 있는 열과 행을 가리킨다.

42 다음 중 그림에 대한 좌표로 옳은 것은?

① W3(3, 6)
② B3(8, 4)
③ W5(13, 6)
④ B6(2, 8)
⑤ W6(12, 4)

43 다음 중 그림과 일치하지 않은 좌표는?

① B4(5, 9), B5(7, 2), B6(13, 6)
② W3(3, 5), W4(10, 6), W5(12, 10)
③ W4(13, 2), W5(3, 10), W6(13, 6)
④ B3(2, 2), B3(9, 4), B6(6, 6)
⑤ W4(10, 6), B5(7, 2), B6(6, 6)

44 다음은 고용노동부에서 제공하는 퇴직금 산정 기준과, K공사 직원 5명의 관련 정보이다. 다섯 명 모두 미사용 연차 일수가 5일일 때, 퇴직금이 두 번째로 적은 직원은?(단, 모든 계산은 소수점 첫째 자리에서 반올림한다)

〈퇴직금 산정 기준〉

- (퇴직금)=(1일 평균임금)$\times 30 \times \dfrac{(근속연수)}{(1년)}$

- (1일 평균임금)=$(A+B+C) \div 90$
  - A=(3개월간의 임금 총액)=[(기본급)+(기타수당)]$\times 3$

  - B=(연간 상여금)$\times \dfrac{(3개월)}{(12개월)}$

  - C=(연차수당)$\times$(미사용 연차 일수)$\times \dfrac{(3개월)}{(12개월)}$

〈K공사 직원 퇴직금 관련 정보〉

구분	근속연수	기본급	기타수당	연차수당	연간 상여금
최과장	12년	3,000,000원	–	140,000원	1,800,000원
박과장	10년	2,700,000원	–	115,000원	1,500,000원
홍대리	8년	2,500,000원	450,000원	125,000원	1,350,000원
신대리	6년	2,400,000원	600,000원	97,500원	1,200,000원
양주임	3년	2,100,000원	–	85,000원	900,000원

① 최과장
② 박과장
③ 홍대리
④ 신대리
⑤ 양주임

45 K기업은 가전전시회에서 자사의 제품을 출품하기로 하였다. 자사의 제품을 보다 효과적으로 홍보하기 위하여 다음과 같이 행사장의 A ~ G 중 세 곳에서 홍보판촉물을 배부하기로 하였다. 가장 많은 사람들에게 홍보판촉물을 나눠 줄 수 있는 위치는?

- 전시관은 제1전시관 → 제2전시관 → 제3전시관 → 제4전시관 순서로 배정되어 있다.
- 행사장 출입구는 한 곳이며, 다른 곳으로는 출입이 불가능하다.
- 방문객은 행사장 출입구로 들어와서 시계 반대 방향으로 돌며, 4개의 전시관 중 2개의 전시관만을 골라 관람한다.
- 방문객은 자신이 원하는 2개의 전시관을 모두 관람하면 행사장 출입구를 통해 나가기 때문에 한 바퀴를 초과해서 도는 방문객은 없다.
- 방문객은 전시관 입구로 들어가면 출구로 나오기 때문에 전시관의 입구와 출구 사이에 있는 외부 통로를 동시에 지나치지 않는다.
- 행사장에는 시간당 평균 400명이 방문하며, 각 전시관의 시간당 평균 방문객 수는 다음과 같다.

제1전시관	제2전시관	제3전시관	제4전시관
100명	250명	150명	300명

행사장 출입구

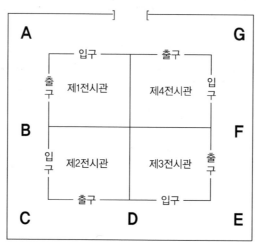

① A, B, C
② A, D, G
③ B, C, E
④ B, D, F
⑤ C, D, G

46 K공단에서 근무하고 있는 김인턴은 경기본부로 파견 근무를 나가고자 한다. 〈조건〉에 따라 파견일을 결정할 때, 다음 중 김인턴이 경기본부 파견 근무를 갈 수 있는 기간으로 옳은 것은?

<10월 달력>

일요일	월요일	화요일	수요일	목요일	금요일	토요일
				1	2	3
4	5	6	7	8	9	10
11	12	13	14	15	16	17
18	19	20	21	22	23	24
25	26	27	28	29	30	31

조건

- 김인턴은 10월 중에 경기본부로 파견 근무를 나간다.
- 파견 근무는 2일 동안 진행되며, 이틀 동안 연이어 진행하여야 한다.
- 파견 근무는 주중에만 진행된다.
- 김인턴은 10월 1일부터 10월 7일까지 연수에 참석하므로 해당 기간에는 근무를 진행할 수 없다.
- 김인턴은 10월 27일부터는 부서이동을 하므로, 27일부터는 파견 근무를 포함한 모든 담당 업무를 후임자에게 인계하여야 한다.
- 김인턴은 목요일마다 H본부로 출장을 가며, 출장일에는 파견 근무를 수행할 수 없다.

① 10월 6 ~ 7일
② 10월 11 ~ 12일
③ 10월 14 ~ 15일
④ 10월 20 ~ 21일
⑤ 10월 27 ~ 28일

47 K제품을 운송하는 Q씨는 업무상 편의를 위해 고객의 주문 내역을 임의의 기호로 기록하고 있다. 다음과 같은 주문 전화가 왔을 때 Q씨가 기록한 기호로 옳은 것은?

〈임의기호〉

재료	연강	고강도강	초고강도강	후열처리강
	MS	HSS	AHSS	PHTS
판매량	낱개	1묶음	1box	1set
	01	10	11	00
지역	서울	경기남부	경기북부	인천
	E	S	N	W
윤활유 사용	청정작용	냉각작용	윤활작용	밀폐작용
	P	C	I	S
용도	베어링	스프링	타이어코드	기계구조
	SB	SS	ST	SM

※ Q씨는 [재료] – [판매량] – [지역] – [윤활유 사용] – [용도]의 순서로 기호를 기록한다.

〈주문전화〉

어이~ Q씨 나야, 나. 인천 지점에서 같이 일했던 P. 내가 필요한 것이 있어서 전화했어. 일단 서울 지점의 B씨가 스프링으로 사용할 제품이 필요하다고 하는데 한 박스 정도면 될 것 같아. 이전에 주문했던 대로 연강에 윤활용으로 윤활유를 사용한 제품으로 부탁하네. 나는 이번에 경기 남쪽으로 가는데 거기에 있는 내 사무실 알지? 거기로 초고강도강 타이어코드용으로 1세트 보내줘. 튼실한 걸로 밀폐용 윤활유 사용해서 부탁해. 저번에 냉각용으로 사용한 제품은 생각보다 좋진 않았어.

① MS11EISB, AHSS00SSST　　　② MS11EISS, AHSS00SSST

③ MS11EISS, HSS00SSST　　　④ MS11WISS, AHSS10SSST

⑤ MS11EISS, AHSS00SCST

48 갑은 효율적인 월급 관리를 위해 펀드에 가입하고자 한다. A ~ D펀드 중에 하나를 골라 가입하려고 하는데, 안정적이고 우수한 펀드에 가입하기 위해 〈조건〉에 따라 비교하여 다음과 같은 결과를 얻었다. 〈보기〉에서 옳은 것을 모두 고르면?

> **조건**
> - 두 펀드를 비교하여 우열을 가릴 수 있으면 우수한 쪽에는 5점, 아닌 쪽에는 2점을 부여한다.
> - 두 펀드를 비교하여 어느 한 쪽이 우수하다고 말할 수 없는 경우에는 둘 다 0점을 부여한다.
> - 각 펀드는 다른 펀드 중 두 개를 골라 총 4번의 비교를 했다.
> - 총합의 점수로는 우열을 가릴 수 없으며 각 펀드와의 비교를 통해서만 우열을 가릴 수 있다.

〈결과〉

A펀드	B펀드	C펀드	D펀드
7점	7점	4점	10점

> **보기**
> ㄱ. D펀드는 C펀드보다 우수하다.
> ㄴ. B펀드가 D펀드보다 우수하다고 말할 수 없다.
> ㄷ. A펀드와 B펀드의 우열을 가릴 수 있으면 A ~ D까지의 우열순위를 매길 수 있다.

① ㄱ
② ㄱ, ㄴ
③ ㄱ, ㄷ
④ ㄴ, ㄷ
⑤ ㄱ, ㄴ, ㄷ

49 K공사에 근무하는 A대리는 국내 자율주행자동차 산업에 대한 SWOT 분석 결과에 따라 국내 자율주행자동차 산업 발달을 위한 방안을 고안하는 중이다. A대리가 SWOT 분석에 의한 경영전략에 따라 판단하였다고 할 때, 다음 〈보기〉 중 SWOT 분석에 의한 경영전략에 맞춘 판단으로 적절하지 않은 것을 모두 고르면?

〈국내 자율주행자동차 산업에 대한 SWOT 분석 결과〉

구분	분석 결과
강점(Strength)	• 민간 자율주행기술 R&D지원을 위한 대규모 예산 확보 • 국내외에서 우수한 평가를 받는 국내 자동차기업 존재
약점(Weakness)	• 국내 민간기업의 자율주행기술 투자 미비 • 기술적 안전성 확보 미비
기회(Opportunity)	• 국가의 지속적 자율주행자동차 R&D 지원법안 본회의 통과 • 완성도 있는 자율주행기술을 갖춘 외국 기업들의 등장
위협(Threat)	• 자율주행차에 대한 국민들의 심리적 거부감 • 자율주행차에 대한 국가의 과도한 규제

〈SWOT 분석에 의한 경영전략〉

• SO전략 : 기회를 이용해 강점을 활용하는 전략
• ST전략 : 강점을 활용하여 위협을 최소화하거나 극복하는 전략
• WO전략 : 기회를 활용하여 약점을 보완하는 전략
• WT전략 : 약점을 최소화하고 위협을 회피하는 전략

보기

ㄱ. 자율주행기술 수준이 우수한 외국 기업과의 기술이전협약을 통해 국내 우수 자동차기업들의 자율주행기술 연구 및 상용화 수준을 향상시키려는 전략은 SO전략에 해당한다.
ㄴ. 민간의 자율주행기술 R&D를 적극 지원하여 자율주행기술의 안전성을 높이려는 전략은 ST전략에 해당한다.
ㄷ. 자율주행자동차 R&D를 지원하는 법률을 토대로 국내 기업의 기술개발을 적극 지원하여 안전성을 확보하려는 전략은 WO전략에 해당한다.
ㄹ. 자율주행기술개발에 대한 국내기업의 투자가 부족하므로 국가기관이 주도하여 기술개발을 추진하는 전략은 WT전략에 해당한다.

① ㄱ, ㄴ ② ㄱ, ㄷ
③ ㄴ, ㄷ ④ ㄴ, ㄹ
⑤ ㄱ, ㄴ, ㄹ

50 다음은 도서코드(ISBN)에 대한 자료이다. 도서코드가 아래와 같을 때, 주문한 도서에 대한 설명으로 옳은 것은?

〈[예시] 도서코드(ISBN)〉

국제표준도서번호					부가기호		
접두부	국가번호	발행자번호	서명식별번호	체크기호	독자대상	발행형태	내용분류
123	12	1234567		1	1	1	123

*국제표준도서번호는 5개의 군으로 나누어지고 군마다 '–'로 구분한다.

〈도서코드(ISBN) 세부사항〉

접두부	국가번호	발행자번호	서명식별번호	체크기호
978 또는 979	한국 89 미국 05 중국 72 일본 40 프랑스 22	발행자번호 – 서명식별번호 7자리 숫자 예 8491 – 208 : 발행자번호가 8491번인 출판사에서 208번째 발행한 책		0 ~ 9

독자대상	발행형태	내용분류
0 교양 1 실용 2 여성 3 (예비) 4 청소년 5 중고등 학습참고서 6 초등 학습참고서 7 아동 8 (예비) 9 전문	0 문고본 1 사전 2 신서판 3 단행본 4 전집 5 (예비) 6 도감 7 그림책, 만화 8 혼합자료, 점자자료, 전자책, 마이크로자료 9 (예비)	030 백과사전 100 철학 170 심리학 200 종교 360 법학 470 생명과학 680 연극 710 한국어 770 스페인어 740 영미문학 720 유럽사

〈주문도서〉

978 – 05 – 441 – 1011 – 3 14710

① 한국에서 출판한 도서이다.

② 441번째 발행된 도서이다.

③ 발행자번호는 총 7자리이다.

④ 한 권으로만 출판되지는 않았다.

⑤ 한국어로 되어있다.

01 의사소통능력

01 다음 글에서 밑줄 친 ⊙∼◎의 수정 방안으로 적절하지 않은 것은?

'오투오(O2O; Online to Off-line) 서비스'는 모바일 기기를 통해 소비자와 사업자를 유기적으로 이어주는 서비스를 말한다. 어디에서든 실시간으로 서비스가 가능하다는 편리함 때문에 최근 오투오 서비스의 이용자가 증가하고 있다. 스마트폰에 설치된 앱으로 택시를 부르거나 배달 음식을 주문하는 것 등이 대표적인 예이다.

오투오 서비스 운영 업체는 스마트폰에 설치된 앱을 매개로 소비자와 사업자에게 필요한 서비스를 ⊙ 제공받고 있다. 이를 통해 소비자는 시간이나 비용을 절약할 수 있게 되었고, 사업자는 홍보 및 유통 비용을 줄일 수 있게 되었다. 이처럼 소비자와 사업자 모두에게 경제적으로 유리한 환경이 조성되어 서비스 이용자가 ⓒ 증가함으로써, 오투오 서비스 운영 업체도 많은 수익을 낼 수 있게 되었다.

ⓒ 게다가 오투오 서비스 시장이 성장하면서 여러 문제들이 발생하고 있다. ② 또한 오투오 서비스 운영 업체의 경우에는 오프라인으로 유사한 서비스를 제공하는 기존 업체와의 갈등이 발생하고 있다. 소비자의 경우 신뢰성이 떨어지는 정보나 기대에 부응하지 못하는 서비스를 제공받는 사례가 늘어나고 있고, 사업자의 경우 관련 법규가 미비하여 수수료 문제로 오투오 서비스 운영 업체와 마찰이 생기는 사례도 증가하고 있다.

이를 해결하기 위해 소비자는 오투오 서비스에서 제공한 정보가 믿을 만한 것인지를 ◎ 꼼꼼이 따져 합리적으로 소비하는 태도가 필요하고, 사업자는 수수료와 관련된 오투오 서비스 운영 업체와의 마찰을 해결하기 위한 다양한 방법을 강구해야 한다. 오투오 서비스 운영 업체 역시 기존 업체들과의 갈등을 조정하기 위한 구체적인 노력들이 필요하다.

스마트폰 사용자가 늘어나고 있는 추세를 고려할 때, 오투오 서비스 산업의 성장을 저해하는 문제점들을 해결해 나가면 앞으로 오투오 서비스 시장 규모는 더 커질 것으로 예상된다.

① ⊙ : 문맥을 고려하여 '제공하고'로 고친다.
② ⓒ : 격조사의 쓰임이 적절하지 않으므로 '증가함으로서'로 고친다.
③ ⓒ : 앞 문단과의 내용을 고려하여 '하지만'으로 고친다.
④ ② : 글의 흐름을 고려하여 뒤의 문장과 위치를 바꾼다.
⑤ ◎ : 맞춤법에 어긋나므로 '꼼꼼히'로 고친다.

02 다음 빈칸에 들어갈 문장을 〈보기〉에서 골라 순서대로 바르게 나열한 것은?

어떤 한 규범은 그와 다른 규범보다 강하거나 약할 수 있다. 예를 들어, "재산을 빼앗지 말라."는 규범은 "부동산을 빼앗지 말라."는 규범보다 강하다. 다른 이의 재산을 빼앗지 않는 사람이라면 누구든지 부동산 또한 빼앗지 않을 것이지만, 그 역은 성립하지 않기 때문이다. 한편, "재산을 빼앗지 말라."는 규범은 "해를 끼치지 말라."는 규범보다 약하다. 다른 이에게 해를 끼치지 않는 사람이라면 누구든지 재산을 빼앗지 않을 것이지만, 그 역은 성립하지 않기 때문이다. 그렇다고 해서 모든 규범이 위의 두 예처럼 어떤 다른 규범보다 강하다거나 약하다고 말할 수 있는 것은 아니다. 예를 들어, "재산을 빼앗지 말라."는 규범은 "운동 전에는 몸풀기를 충분히 하라."는 일종의 규범에 비해 약하지도 강하지도 않다. 다른 이의 재산에 대한 규범을 준수하는 사람이라도 운동에 앞서 몸풀기를 게을리 할 수 있으며, 또 동시에 운동에 앞서 충분히 몸풀기하는 사람이라도 다른 이의 재산에 대한 규범을 어길 수 있기 때문이다.

규범 간의 이와 같은 강·약 비교는 일종의 규범인 교통법규에도 적용될 수 있다. 예를 들어, "도로에서는 시속 110km 이하로 운전하라."는 _____보다 약하다. "도로의 교량 구간에서는 시속 80km 이하로 운전하라."는 "도로에서는 시속 110km 이하로 운전하라."보다는 약하다고 할 수 없지만, _____보다는 약하다. 한편, "도로의 교량 구간에서는 100m 이상의 차간 거리를 유지한 채 시속 80km 이하로 운전하라."는 "도로의 교량 구간에서는 시속 80km 이하로 운전하라."보다는 강하지만 _____보다는 강하다고 할 수 없다.

> **보기**
> ㉠ "도로의 교량 구간에서는 시속 70km 이하로 운전하라."
> ㉡ "도로에서는 시속 80km 이하로 운전하라."
> ㉢ "도로의 교량 구간에서는 90m 이상의 차간 거리를 유지한 채 시속 90km 이하로 운전하라."

① ㉠ – ㉡ – ㉢ ② ㉠ – ㉢ – ㉡
③ ㉡ – ㉠ – ㉢ ④ ㉡ – ㉢ – ㉠
⑤ ㉢ – ㉡ – ㉠

03 다음은 K공사 사보에 게시된 내용 중 일부이다. 이를 이해한 내용으로 적절하지 않은 것은?

리더는 자신이 가진 권위로 인해 쉽게 힘에 의존하는 경우가 있는데 이런 리더를 권위적이라 부른다. 대화나 공감보다는 힘을 앞세워 문제를 해결하려 하거나, 구성원들과 인간적인 측면의 교류보다는 권력을 가진 상위자로서 대접받고 싶어 한다는 말이다. 이는 개인의 성향과도 밀접한 관련이 있지만 그렇지 않은 사람도 분위기에 휩쓸리다 보면 자신도 모르는 사이에 권위주의적으로 바뀔 수 있다. 리더십은 개인의 스타일 외에 조직문화에 의해서도 영향을 받기 때문이다

종종 신문 지상을 장식하는 기업들처럼 '시키면 시키는 대로 하는' 조직문화에서 리더의 명령은 절대적인 힘을 가질 수밖에 없다. 구성원들이 리더의 요구사항에 적절하게 대응하지 못하는 경우 리더는 권위에 대한 유혹을 느낀다. 이러한 과정에서 구성원들에게 욕설이나 협박, 인간적인 모욕감을 안겨주는 일이 일어날 수 있다. 그러다 보면 해야 할 말이 있어도 입을 꼭 다물고 말을 하지 않는 '침묵 효과'나 무엇을 해도 소용이 없을 것이라 여겨 저항 없이 시킨 일만 하는 '학습된 무기력'의 증상이 구성원들에게 나타날 수 있다.

조직에서 성과를 끌어내기 위한 가장 좋은 방법은 구성원들 스스로 목표를 인식하고 자발적으로 맡은 일에 전념함으로써 성과를 창출해 내도록 만드는 것이다. 리더가 구성원들의 머리와 가슴을 사로잡아 스스로 업무에 헌신하도록 만들어야 하는데 그러자면 리더는 덕(德)을 베풀 줄 알아야 한다. 한비자는 '덕(德)은 득(得)이다.'라고 말했다. 이는 덕이 단순히 도덕적인 품성을 갖추는 것뿐만 아니라 덕을 갖추면 얻는 것이 있다는 것을 나타낸다. 여기에서 얻을 수 있는 것이란 무엇일까? 다름 아닌 '사람'이다. 리더가 덕을 베풀면 구성원들은 마음을 열고 리더의 편이 된다. 구성원들이 리더의 편이 되면 강압적인 지시나 욕설이 아니어도 스스로 해야 할 일을 찾아 가치를 창출할 수 있게 된다.

권위는 자신도 모르는 사이에 외부로 드러날 수 있지만 분명한 한계를 가질 수밖에 없다. 처음에는 구성원들의 복종을 가져올 수 있겠지만 그것에 익숙해지면 더욱 강력한 권위 없이는 그들을 통제할 수 없게 된다. 반발을 불러일으키고 일정 수준이 넘어서게 되면 더 이상 리더가 가진 권위는 통하지 않게 된다. 그렇게 되면 리더는 더욱 강력한 권위에 의지하고 싶은 욕망이 생기게 되고 그것이 욕설이나 인격적인 모욕 등의 형태로 표출될 수밖에 없다. 이러한 것이 조직의 문화로 굳어지게 되면 그 조직은 권위 없이 움직일 수 없는 비효율적인 집단이 되고 만다. 아이오와 대학의 연구에 따르면 권위적인 리더가 이끄는 조직의 생산성은 높은 편이지만 리더가 자리를 비우게 되면 생산성은 급격히 떨어진다고 한다. 그러므로 리더는 구성원을 다루는 데 있어 권위를 제한적으로 사용하지 않으면 안 된다.

① 리더가 덕을 바탕으로 행동하면 이는 리더에 대한 충성으로 이어지게 된다.
② 권위적인 행동은 구성원들의 생산성을 떨어뜨리므로 하지 않아야 한다.
③ 리더의 강압적인 행동이나 욕설은 구성원들의 침묵과 학습된 무기력을 초래할 수 있다.
④ 덕으로 조직을 이끌면 구성원들로부터 긍정적인 감정을 얻게 된다.
⑤ 지속적으로 권위적인 행동을 하는 것은 구성원의 긴장을 야기하므로 좋지 않다.

04 다음 글의 서술 전개 방식으로 가장 적절한 것은?

식물명에는 몇 가지 작명 원리가 있다. 가장 흔한 건 생김새를 보고 짓는 것이다. 그중 동물에 비유해서 지어진 이름이 많다. 강아지 꼬리를 닮은 풀이면 강아지풀, 호랑이 꼬리를 닮으면 범꼬리, 잎에 털이 부숭한 모양이 노루의 귀 같아서 노루귀, 열매가 매의 발톱처럼 뾰족해서 매발톱, 마디가 소의 무릎처럼 굵어져서 쇠무릎, 호랑이 눈을 닮은 버드나무라 해서 호랑버들이라고 부르는 것들이 그렇다.

물건에 비유해 붙이기도 한다. 혼례식 때 켜는 초롱을 닮았다 하여 초롱꽃, 조롱조롱 매달린 꽃이 은방울을 닮아서 은방울꽃, 꽃이 피기 전의 꽃봉오리가 붓 같아서 붓꽃, 꽃대 한 줄기로 올라오는 모습이 홀아비처럼 외로워 보여서 홀아비꽃대로 불리는 것이 그렇다.

생김새나 쓰임새가 아닌 다른 특징에 의해 짓기도 한다. 애기똥풀이나 피나물은 잎을 자르면 나오는 액을 보고 지은 이름이다. 식물명에 '애기'가 들어가면 대개 기본종에 비해 작거나 앙증맞은 경우를 일컫는다. 애기나리, 애기중의무릇, 애기부들, 애기메꽃처럼 말이다. 그와 달리 애기똥풀의 '애기'는 진짜 애기를 가리킨다. 자르면 나오는 노란 액이 애기의 똥 같아서 붙여진 이름인 것이다. 피나물은 잎을 자르면 정말로 핏빛 액이 나온다.

향기가 이름이 된 경우도 있다. 오이풀을 비벼 보면 싱그러운 오이 향이 손에 묻어난다. 생강나무에서는 알싸한 생강 향기가 난다. 분꽃나무의 꽃에서는 여자의 화장품처럼 분내가 풍겨 온다. 누리장나무는 고기의 누린내가 나서 붙여진 이름이다.

소리 때문에 지어진 경우도 있다. 한지를 만드는 데 썼던 닥나무는 가지를 꺾으면 딱 하는 소리가 나서 딱나무로 불리다가 닥나무가 됐다. 꽝꽝나무는 불 속에 던져 넣으면 "꽝꽝" 하는 소리가 난다고 해서 붙여졌다. 나무에서 정말로 그런 소리가 나는지는 몰라도 잎을 태워 보면 "빵" 하는 소리가 난다. 자작나무도 소리로 인해 붙여진 이름이다. 자작나무의 껍질에는 지방분이 많아 불을 붙이면 "자자자작" 하는 소리를 내면서 탄다. 기름이 귀했던 옛날에는 자작나무 기름으로 신방의 불을 밝혔다.

① 다양한 관점들을 제시한 뒤 예를 들어 설명하고 있다.
② 대상들을 분류한 뒤 예를 들어 설명하고 있다.
③ 여러 가지 대상들의 원리에 대해 설명하고 있다.
④ 현상에 대한 해결방안에 대해 제시하고 있다.
⑤ 대상에 대한 옳은 예와 옳지 않은 예를 제시하고 있다.

모르모트(Marmotte)는 신약 등의 생체실험 시 사람 대신 동물실험에 쓰이는 쥐와 같은 설치류의 통칭이다. 흔히 '모르모트'라는 말을 들으면 실험체 이미지가 떠오르는 이유가 이 때문이며, 각 계층에서 실험적으로 쓰이는 모습을 비유적으로 표현할 때 '실험쥐', '모르모트' 등을 사용한다.

모르모트는 '마멋(Marmot)'에서 유래된 말이다. 더 정확하게 말하면 네덜란드에서 기니피그를 마멋이란 동물로 착각하여 마멋이라 불렀고, 일본으로 전파되어 국내로 들어오며 모르모트는 기니피그를 칭하는 말이 되었다. 즉, 모르모트는 기니피그를 칭하는 말이지만 모르모트의 어원인 마멋과는 다른 동물이라 다소 혼동의 여지가 있는 상황이 된 것이다.

기니피그는 이름만 들어서는 돼지의 일종으로 생각될 수 있으나 실제로 기니피그는 돼지보다 쥐에 가까운 설치류이며 애완용 쥐로 잘 알려진 햄스터와는 다른 독특한 매력으로 햄스터와 더불어 애완용으로 키우는 사람들도 있으며 쥐에 가깝다는 특성상 실험용으로 쓰이기도 한다.

기니피그와 같은 쥐가 동물실험에 쓰이는 비율은 원숭이, 돼지 등에 비해 압도적으로 높다. 그렇다면 동물실험에서 인간과 유사하다고 알려진 원숭이나 침팬지 등의 영장류를 쓰지 않고 외형부터 인간과 동떨어져 있으며 더러움의 상징 중 하나인 쥐를 동물실험으로 쓰는 이유는 무엇일까? 의외로 쥐는 인간의 유전자와 매우 흡사하다고 한다. 쥐와 인간은 약 99% 정도 유사한 유전자를 가졌으며 약 300개의 유전자만이 다르다는 연구 결과도 있다. 심지어 인간과 쥐의 유전자 지도를 대조하여 새로 발견한 사람의 유전자가 1,000개 이상이라는 자료도 있다.

뛰어난 번식력 또한 실험용으로 쓰이는 이유 중 하나이다. 쥐는 한 번 새끼를 낳을 때 적게는 5마리에서 많게는 15마리도 넘게 새끼를 낳을 수 있으며 임신 기간 또한 30일 미만으로 짧고 새끼를 낳은 후에도 바로 임신이 가능한 생물로 알려져 있다. 또한 한 세대가 2~3년으로 짧아 어떤 약물이 세대 간에 미치는 영향을 빠르게 조사할 수 있다는 점 또한 실험 대상으로서 적합한 조건이다.

_____ ㉠ _____ 동물윤리적인 관점에서 동물실험은 반갑지 않은 면이다. 신약 개발을 위한 동물실험은 꽤 오랫동안 동물보호단체들이 끊임없이 던져 온 문제이며, 시민의식도 성장하면서 동물실험의 필요성에 대한 시민들의 생각 또한 달라졌다. 2021년 농림축산검역본부의 동물실험윤리위원회 운영 및 동물실험 실태조사에 따르면 동물실험에 쓰인 동물의 수는 쥐만 하더라도 연 약 347만 마리이며 이는 전체 동물실험의 약 71%이며 실험에 쓰였던 다른 동물의 수까지 합치면 그 수는 결코 무시할 수 없다. 이에 농림축산검역본부는 동물실험에 대한 지침을 발표하였다. 동물실험 진행 시 규정에 따른 동물실험계획서를 먼저 제출하여 승인 후에 비로소 동물실험을 진행할 수 있도록 한 것이다. 게다가 최근 2022년 12월 미국 FDA는 신약 개발 시 동물실험 의무조항을 폐지하기까지 하였다.

단순 동물을 향한 연민만으로 동물실험을 반대하는 사람이 있는 것은 아니다. 아무리 인간과 유사한 동물로 안정성을 검증했다 하더라도 인간과 동물은 엄연히 다른 종이므로 예상치 못한 위험요인이 도사릴 수 있다는 것이다. 실제로 1950년대 독일에서는 '㉡ 탈리도마이드'라는 약품이 쥐를 통한 동물실험으로 안정성이 입증되어 약으로서 대중들에게 시판되었다. 하지만 판매 후 유통된 5년간 전 세계에서 약 12,000명의 기형아를 출산하게 된 원인으로 지목되었고 임산부 복용이 금지되었으며 현재 매우 제한적으로 사용되고 있다. 이는 인류 역사상 손에 꼽을 만한 약물 부작용 사건으로 남게 되었다.

05 다음 중 빈칸 ㉠에 들어갈 접속어로 가장 적절한 것은?

① 예를 들면   ② 그랬더니
③ 또한   ④ 왜냐하면
⑤ 하지만

06 다음 중 윗글을 읽고 이해한 내용으로 적절하지 않은 것은?

① 실험실에서 동물실험에 쓰이는 설치류의 통칭은 '모르모트'이다.
② 기니피그와 마멋은 다른 종이다.
③ 쥐와 인류의 유전자는 300여 개의 유전자가 같을 정도로 매우 유사하다.
④ 2022년 상반기까지는 미국 FDA에서도 동물실험을 통해 안정성을 검증해야만 했다.
⑤ 동물실험을 거쳐 안정성을 입증한 약물도 사람에게 치명적일 수 있다.

07 다음 중 밑줄 친 ㉡과 유사한 사례로 적절하지 않은 것은?

① A푸드점은 자재관리 비용 절약을 위해 매출 실적이 저조한 햄버거 5개의 판매를 중단하였다.
② 1950년대 미국에서는 방사성 물질을 이용한 원자력 실험 장난감을 출시하였으나 소아백혈병 발병률이 크게 늘면서 해당 장난감 판매가 금지되었다.
③ 카페인이 청소년에게 부정적인 영향을 끼친다는 연구 결과가 나오면서 교내 매점에서는 고카페인 음료를 판매할 수 없게 되었다.
④ 수은의 유해성이 끊임없이 지적되어 2020년 이후로 모든 제품의 수은 사용이 단계적으로 금지되었다.
⑤ 불에 잘 타지 않고 내마모성과 내부식성이 강한 석면은 오랫동안 쓰인 건축자재였으나 그 위험성이 알려지며 발암물질로 지정되고 2009년부터 사용이 금지되었다.

소독이란 물체의 표면 및 그 내부에 있는 병원균을 죽여 전파력 또는 감염력을 없애는 것이다. 이때, 소독의 가장 안전한 형태로는 멸균이 있다. 멸균이란 대상으로 하는 물체의 표면 또는 그 내부에 분포하는 모든 세균을 완전히 죽여 무균의 상태로 만드는 조작으로, 살아있는 세포뿐만 아니라 포자, 박테리아, 바이러스 등을 완전히 파괴하거나 제거하는 것이다.

물리적 멸균법은 열, 햇빛, 자외선, 초단파 따위를 이용하여 균을 죽여 없애는 방법이다. 열(Heat)에 의한 멸균에는 건열 방식과 습열 방식이 있는데, 건열 방식은 소각과 건식오븐을 사용하여 멸균하는 방식이다. 건열 방식이 활용되는 예로는 미생물 실험실에서 사용하는 많은 종류의 기구를 물 없이 멸균하는 것이 있다. 이는 습열 방식을 활용했을 때 유리를 포함하는 기구가 파손되거나 금속 재질로 이루어진 기구가 습기에 의해 부식할 가능성을 보완한 방법이다. 그러나 건열 방식은 습열 방식에 비해 멸균 속도가 느리고 효율이 떨어지며, 열에 약한 플라스틱이나 고무제품은 대상물의 변성이 이루어져 사용할 수 없다. 예를 들어 많은 세균의 내생포자는 습열 멸균 온도 조건(121℃)에서는 5분 이내에 사멸되나, 건열 방식을 활용할 경우 이보다 더 높은 온도(160℃)에서도 약 2시간 정도가 지나야 사멸되는 양상을 나타낸다. 반면, 습열 방식은 바이러스, 세균, 진균 등의 미생물들을 손쉽게 사멸시킨다. 습열은 효소 및 구조단백질 등의 필수 단백질의 변성을 유발하고, 핵산을 분해하며 세포막을 파괴하여 미생물을 사멸시킨다. 끓는 물에 약 10분간 노출하면 대개의 영양세포나 진핵포자를 충분히 죽일 수 있으나, 100℃의 끓는 물에서는 세균의 내생포자를 사멸시키지는 못한다. 따라서 물을 끓여서 하는 열처리는 _____ 멸균을 시키기 위해서는 100℃가 넘는 온도(일반적으로 121℃)에서 압력(약 $1.1kg/cm^2$)을 가해 주는 고압증기멸균기를 이용한다. 고압증기멸균기는 물을 끓여 증기를 발생시키고 발생한 증기와 압력에 의해 멸균을 시키는 장치이다. 고압증기멸균기 내부가 적정 온도와 압력(121℃, 약 $1.1kg/cm^2$)에 이를 때까지 뜨거운 포화 증기를 계속 유입시킨다. 해당 온도에서 포화 증기는 15분 이내에 모든 영양세포와 내생포자를 사멸시킨다. 고압증기멸균기에 의해 사멸되는 미생물은 고압에 의해서라기보다는 고압하에서 수증기가 얻을 수 있는 높은 온도에 의해 사멸되는 것이다.

① 더 많은 세균을 사멸시킬 수 있다.
② 멸균 과정에서 더 많은 비용이 소요된다.
③ 멸균 과정에서 더 많은 시간이 소요된다.
④ 소독을 시킬 수는 있으나, 멸균을 시킬 수는 없다.
⑤ 멸균을 시킬 수는 있으나, 소독을 시킬 수는 없다.

09 다음은 신입사원 A가 작성한 보고서의 일부이다. A사원의 보고서를 확인한 B대리는 띄어쓰기가 적절하게 사용되지 않은 것을 보고, A사원에게 문서 작성 시 유의해야 할 띄어쓰기에 대해 조언을 하려고 한다. B대리가 조언할 내용으로 적절하지 않은 것은?

> 국내의 한 운송 업체는 총 무게가 만톤에 달하는 고대 유적을 안전한 장소로 이전하는 해외 프로젝트에 성공하였습니다.
> 이번 프로젝트는 댐 건설로 인해 수몰 위기에 처한 지역의 고대 유적을 약 5km 가량 떨어진 문화공원으로 옮기는 문화유적 이송 프로젝트입니다.
> 운송 업체 관계자인 김민관 씨는 "글로벌 종합물류 기업에 걸맞은 시너지 효과를 창출하기 위해 더욱 더 노력하겠다."라고 말했습니다.

① 접사는 뒷말과 붙여 써야 하므로 '전체를 합한'의 뜻을 나타내는 접사인 '총'은 '총무게'와 같이 붙여 써야 합니다.

② 단위를 나타내는 명사는 앞말과 띄어 써야 하므로 '만톤'은 '만 톤'으로 띄어 써야 합니다.

③ '-여, -쯤, -가량'과 같은 접미사는 앞말과 붙여 써야 하므로 '5km 가량'은 '5km가량'으로 붙여 써야 합니다.

④ 성과 이름 그리고 이에 덧붙는 호칭어, 관직명 등은 모두 붙여 써야 하므로 '김민관 씨'는 '김민관 씨'와 같이 붙여 써야 합니다.

⑤ 한 단어는 붙여 써야 하므로 '더욱'을 강조하는 단어인 '더욱더'는 붙여 써야 합니다.

10 직장생활에서 필요한 의사소통능력을 문서적인 의사소통능력으로서의 문서이해능력과 문서작성능력, 언어적인 의사소통능력으로서의 경청능력, 의사표현력으로 구분할 수 있다. 다음 사례에 필요한 의사소통능력을 종류에 따라 바르게 구분한 것은?

출판사에 근무하는 K대리는 오늘 아침 출근하자마자 오늘의 주요 업무를 다음과 같이 정리하였다.

〈주요 업무〉

㉠ 입사 지원 이력서 메일 확인
㉡ 팀 회의 – 팀원 담당 업무 지시
㉢ 금일 출간 도서 발주서 작성
㉣ 유선 연락을 통한 채용 면접 일정 안내
㉤ 퇴근 전 업무 일지 작성

	문서적인 의사소통	언어적인 의사소통
①	㉠, ㉤	㉡, ㉢, ㉣
②	㉠, ㉢, ㉣	㉡, ㉤
③	㉠, ㉢, ㉤	㉡, ㉣
④	㉡, ㉢, ㉤	㉠, ㉣
⑤	㉡, ㉣, ㉤	㉠, ㉢

11 다음 자료는 K사 피자 1판 주문 시 구매 방식별 할인 혜택과 비용을 나타낸 것이다. 이를 근거로 정가가 12,500원인 K사 피자 1판을 가장 싸게 살 수 있는 구매 방식은?

〈구매 방식별 할인 혜택과 비용〉

구매 방식	할인 혜택과 비용
스마트폰앱	정가의 25% 할인
전화	정가에서 1,000원 할인 후, 할인된 가격의 10% 추가 할인
회원카드와 쿠폰	회원카드로 정가의 10% 할인 후, 할인된 가격의 15%를 쿠폰으로 추가 할인
직접 방문	정가의 30% 할인. 교통비용 1,000원 발생
교환권	K사 피자 1판 교환권 구매비용 10,000원 발생

※ 구매 방식은 한 가지만 선택함

① 스마트폰앱　　　　　　　　　　　② 전화
③ 회원카드와 쿠폰　　　　　　　　　④ 직접 방문
⑤ 교환권

12 다음은 성별 국민연금 가입자 현황이다. 다음 자료를 보고 올바르게 이해한 것은?

〈성별 국민연금 가입자 수〉

(단위 : 명)

구분	사업장 가입자	지역 가입자	임의 가입자	임의계속 가입자	합계
남성	8,059,994	3,861,478	50,353	166,499	12,138,324
여성	5,775,011	3,448,700	284,127	296,644	9,804,482
합계	13,835,005	7,310,178	334,480	463,143	21,942,806

① 남성 사업장 가입자 수는 남성 지역 가입자 수의 2배 미만이다.
② 여성 사업장 가입자 수는 나머지 여성 가입자 수를 모두 합친 것보다 적다.
③ 전체 지역 가입자 수는 전체 사업장 가입자 수의 50% 미만이다.
④ 전체 가입자 중 여성 가입자 수의 비율은 40% 이상이다.
⑤ 가입자 수가 많은 순서대로 나열하면 '사업장 가입자 – 지역 가입자 – 임의 가입자 – 임의계속 가입자' 순서이다.

13 다음은 방송통신위원회가 발표한 2023년 지상파방송의 프로그램 수출입 현황이다. 프로그램 수입에서 영국이 차지하는 비율은?(단, 비율은 소수점 둘째 자리에서 반올림한다)

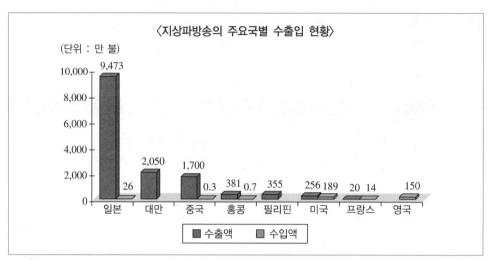

① 45.2%
② 43.8%
③ 41.1%
④ 39.5%
⑤ 37.7%

14 지하철이 A역에는 3분마다 오고, B역에는 2분마다 오고, C역에는 4분마다 온다. 지하철이 오전 4시 30분에 처음으로 A, B, C역에 동시에 도착했다면, 5번째로 세 지하철역에서 지하철이 동시에 도착하는 시각은 언제인가?

① 4시 45분
② 5시
③ 5시 15분
④ 5시 18분
⑤ 5시 20분

15 다음은 K기업의 매출액과 분기별 매출액의 영업팀 구성비를 나타낸 자료이다. 연간 영업팀의 매출 순위와 1위 팀이 기록한 연 매출액을 차례대로 나열한 것은?

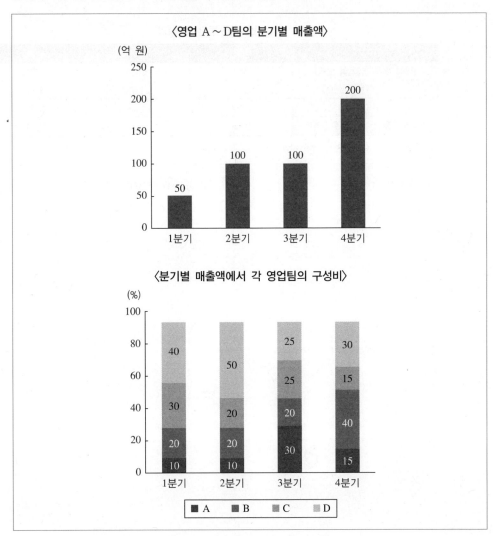

〈영업 A~D팀의 분기별 매출액〉

〈분기별 매출액에서 각 영업팀의 구성비〉

① A-B-C-D, 120억 원   ② B-A-C-D, 120억 원

③ B-A-D-C, 155억 원   ④ D-B-A-C, 120억 원

⑤ D-B-C-A, 155억 원

16 다음은 기술개발 투자 현황 자료이다. 이를 근거로 일본의 GDP 총액을 산출하면 얼마인가?(단, 소수점 이하는 버림한다)

〈기술개발 투자 및 성과〉

구분	한국	미국	일본
R&D 투자 총액(억 달러)	313	3,688	1,508
매율	1.0	11.78	4.82
GDP 대비(%)	3.37	2.68	3.44
(기술수출액)÷(기술도입액)	0.45	1.70	3.71

※ GDP 대비 : GDP 총액 대비 R&D 투자 총액의 비율

① 26,906억 달러   ② 31,047억 달러

③ 37,208억 달러   ④ 43,837억 달러

⑤ 45,326억 달러

17 수학시험에서 민수는 101점, 현아는 105점, 윤진이는 108점을 받았다. 성재의 점수까지 합친 평균이 105점일 때 성재의 점수는?

① 105점   ② 106점

③ 107점   ④ 108점

⑤ 109점

18 K회사는 신입사원들을 대상으로 3개월 동안 의무적으로 강연을 듣게 하였다. 강연은 월요일과 수요일에 1회씩 열리고 금요일에는 격주로 1회씩 열리고 8월 1일이 월요일이라고 할 때, 처음 강연을 들은 신입사원들이 13번째 강연을 듣는 날은?(단, 강연을 시작한 첫 주의 금요일에는 강연이 열리지 않았다)

① 8월 31일   ② 9월 2일
③ 9월 5일   ④ 9월 7일
⑤ 9월 9일

PART 1

19 다음은 전 산업 노동생산성을 비교한 자료이다. 이에 대한 설명으로 옳지 않은 것은?

〈전 산업 노동생산성 비교〉

(단위 : US$/PPP)

구분		2019년	2020년	2021년	2022년	2023년
한국	노동생산성	44,103	45,787	47,536	48,333	48,627
	노동생산성 지수	92.78	96.32	100.0	101.68	102.30
일본	노동생산성	54,251	55,116	56,209	55,749	53,017
	노동생산성 지수	96.52	98.06	100.0	99.18	94.32
독일	노동생산성	56,570	58,116	58,686	58,454	55,702
	노동생산성 지수	96.39	99.03	100.0	99.60	94.92
미국	노동생산성	77,444	78,052	78,700	79,032	79,876
	노동생산성 지수	98.40	99.18	100.0	100.42	101.49
중국	노동생산성	6,514	7,276	8,247	N/A	9,733
	노동생산성 지수	78.99	88.23	100.0	N/A	118.02

※ N/A(Not Available) – 참고 예상 수치 없음
※ 노동생산성 지수는 2018년을 기준으로 한다.

① 2021년을 기점으로 볼 때, 2019년 독일의 노동생산성 지수는 일본보다 약간 앞서 있었다.
② 독일, 일본의 노동생산성은 2021년을 기점으로 하향 추세를 보이고 있다.
③ 2019년에 비해 2023년에 노동생산성이 4,000포인트 이상 변동된 나라는 1개뿐이다.
④ 2020년의 각 나라의 노동생산성 지수가 전년에 비해 가장 크게 변한 나라와 가장 적게 변한 나라의 증감량의 차이는 8포인트 이상이다.
⑤ 우리나라의 전 산업 노동생산성 지수는 소폭의 상승세이나, 중국은 상대적으로 큰 폭으로 상승하는 추세이다.

20 다음은 2023년 A ~ E 테니스 팀의 선수 인원수 및 총연봉과 각각의 전년 대비 증가율을 나타낸 자료이다. 이에 대한 설명으로 옳지 않은 것은?

〈2023년 테니스 팀 A ~ E의 선수 인원수 및 총연봉〉

(단위 : 명, 억 원)

테니스 팀	선수 인원수	총연봉
A	5	15
B	10	25
C	10	24
D	6	30
E	6	24

※ (팀 선수 평균 연봉)= $\dfrac{\text{(총연봉)}}{\text{(선수 인원수)}}$

〈2023년 테니스 팀 A ~ E의 선수 인원수 및 총연봉의 전년 대비 증가율〉

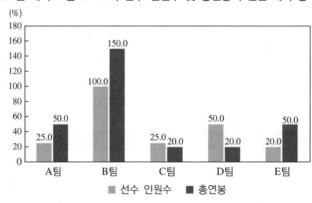

① 2023년의 테니스 팀 선수당 평균 연봉은 D팀이 가장 많다.

② 2023년의 C팀과 D팀의 전년 대비 증가한 선수 인원수는 동일하다.

③ 2023년의 A팀의 팀 선수 평균 연봉은 전년 대비 증가하였다.

④ 2023년의 선수 인원수가 전년 대비 가장 많이 증가한 팀은 총연봉도 가장 많이 증가하였다.

⑤ 2022년의 총연봉은 A팀이 E팀보다 많다.

21 K씨는 콘텍트 렌즈를 구매하려 한다. 아래 표를 보고 가격을 비교하여 1년 동안 가장 적은 비용으로 사용할 수 있는 렌즈는 무엇인가?(단, 1년 동안 똑같은 제품만을 사용하며 1년은 52주이다)

렌즈	가격	착용기한	서비스
A	30,000원	1달	–
B	45,000원	2달	1+1
C	20,000원	1달	1+2(3월, 7월, 11월에만)
D	5,000원	1주	–
E	65,000원	2달	1+2

① A ② B

③ C ④ D

⑤ E

22 표준 업무시간이 80시간인 업무를 각 부서에 할당해 본 결과가 다음과 같을 때, 업무효율이 가장 높은 부서는?

〈부서별 업무시간 분석결과〉

구분		A	B	C	D	E
투입 인원(명)		2	3	4	3	5
개인별 업무시간(시간)		41	30	22	27	17
회의	횟수(회)	3	2	1	2	3
	소요시간(시간/회)	1	2	4	1	2

- (업무효율)$=\dfrac{(표준\ 업무시간)}{(총\ 투입시간)}$
- (총투입시간)=(개인별 투입시간)×(투입 인원)
  ※ 개인별 투입시간 : (개인별 업무시간)+(회의 횟수)×(회의 소요시간)
- 부서원은 업무를 분담하여 동시에 수행할 수 있음
- 투입된 인원의 개인별 업무능력과 인원당 소요시간은 동일함

① A부서 ② B부서

③ C부서 ④ D부서

⑤ E부서

23 다음은 대형마트 이용자를 대상으로 소비자 만족도를 조사한 결과이다. 이에 대한 설명으로 옳은 것은?(단, 소수점 둘째 자리에서 반올림한다)

<대형마트 업체별 소비자 만족도>

(단위 : 점 / 5점 만점)

업체명	종합만족도	서비스 품질					서비스 쇼핑 체험
		쇼핑 체험 편리성	상품경쟁력	매장환경 / 시설	고객접점 직원	고객관리	
A마트	3.72	3.97	3.83	3.94	3.70	3.64	3.48
B마트	3.53	3.84	3.54	3.72	3.57	3.58	3.37
C마트	3.64	3.96	3.73	3.87	3.63	3.66	3.45
D마트	3.56	3.77	3.75	3.44	3.61	3.42	3.33

<대형마트 인터넷 / 모바일쇼핑 소비자 만족도>

(단위 : %, 점 / 5점 만점)

분야별 이용 만족도	이용률	A마트	B마트	C마트	D마트
인터넷쇼핑	65.4	3.88	3.80	3.88	3.64
모바일쇼핑	34.6	3.95	3.83	3.91	3.69

① 인터넷쇼핑과 모바일쇼핑의 소비자 만족도가 가장 큰 차이를 보이는 곳은 D마트이다.

② 종합만족도는 5점 만점에 평균 3.61점이며, 업체별로는 A마트가 가장 높고, C마트, B마트, D마트 순서로 나타났다.

③ 서비스 품질 부문에 있어 대형마트는 평균적으로 쇼핑 체험 편리성에 대한 만족도가 상대적으로 가장 높게 평가되었으며, 반대로 고객접점직원 서비스가 가장 낮게 평가되었다.

④ 대형마트를 이용하면서 느낀 감정이나 기분을 반영한 서비스 쇼핑 체험 부문의 만족도는 평균 3.41점으로, 서비스 품질 부문들보다 낮았다.

⑤ 대형마트 인터넷쇼핑 이용률이 65.4%로 모바일쇼핑에 비해 높으나, 만족도에서는 모바일쇼핑이 평균 0.1점 더 높게 평가되었다.

24. 출장을 가는 K사원은 오후 2시에 출발하는 KTX를 타기 위해 오후 12시 30분에 역에 도착하였다. K사원은 남은 시간을 이용하여 음식을 포장해 오려고 하는데, 역에서 음식점까지의 거리는 아래와 같으며, 음식을 포장하는 데 15분이 걸린다고 한다. K사원이 시속 3km로 걸어서 갔다 올 때, 구입할 수 있는 음식의 종류는?

음식점	G김밥	P빵집	N버거	M만두	B도시락
거리	2km	1.9km	1.8km	1.95km	1.7km

① 김밥, 빵
② 김밥, 햄버거
③ 빵, 만두
④ 만두, 도시락
⑤ 햄버거, 도시락

25. 다음은 연도별 평균 기온 추이를 나타낸 자료이다. 이에 대한 설명으로 옳지 않은 것은?(단, 각 계절의 날짜 수는 모두 같다고 가정한다)

〈연도별 평균 기온 추이〉

(단위 : ℃)

구분	2019년	2020년	2021년	2022년	2023년
연평균	13.3	12.9	12.5	12.4	12.4
봄	12.5	12.6	10.8	10.7	12.2
여름	23.7	23.3	24.9	24.0	24.7
가을	15.2	14.8	14.5	15.3	13.7
겨울	1.9	0.7	−0.4	( )	−1.0

① 2023년의 봄의 평균 기온은 2021년보다 1.4℃ 상승했다.
② 2022년의 겨울의 평균 기온은 −0.4℃이다.
③ 연평균 기온은 2022년까지 감소하는 추이를 보이고 있다.
④ 가을의 평균 기온은 계속해서 감소하고 있다.
⑤ 2023년에 가을의 평균 기온이 전년 대비 감소한 정도는 여름의 평균 기온이 전년 대비 상승한 정도를 초과한다.

26 K대학은 광수, 소민, 지은, 진구 중에서 국비 장학생을 선발할 예정이다. 이때, 적어도 광수는 장학생으로 선정될 것이다. 왜냐하면 진구가 선정되지 않으면 광수가 선정되기 때문이다. 이와 같은 가정이 성립하기 위해 추가되어야 하는 전제로 옳은 것을 〈보기〉에서 모두 고르면?

> **보기**
> ㄱ. 소민이가 선정된다.
> ㄴ. 지은이가 선정되면 진구는 선정되지 않는다.
> ㄷ. 지은이가 선정된다.
> ㄹ. 지은이가 선정되면 소민이가 선정된다.

① ㄱ, ㄴ   ② ㄱ, ㄹ
③ ㄴ, ㄷ   ④ ㄱ, ㄴ, ㄷ
⑤ ㄱ, ㄷ, ㄹ

27 K대리는 다음 분기에 참여할 연수프로그램을 결정하고자 한다. 〈조건〉에 따라 프로그램을 결정할 때, 반드시 참인 것은?

> **조건**
> • 다음 분기 연수프로그램으로는 혁신역량강화, 조직문화, 전략적 결정, 일과 가정, 공사융합전략, 미래가치교육 6개가 있다.
> • K대리는 혁신역량강화에 참여하면, 조직문화에 참여하지 않는다.
> • K대리는 일과 가정에 참여하지 않으면, 미래가치교육에 참여한다.
> • K대리는 혁신역량강화와 미래가치교육 중 한 가지만 참여한다.
> • K대리는 조직문화, 전략적 결정, 공사융합전략 중 두 가지에 참여한다.
> • K대리는 조직문화에 참여한다.

① K대리가 참여할 프로그램 수는 최대 4개이다.
② K대리가 전략적 결정에 참여할 경우, 일과 가정에는 참여하지 않는다.
③ K대리는 혁신역량강화에 참여하고, 일과 가정에 참여하지 않는다.
④ K대리는 전략적 결정과 공사융합전략에 모두 참여한다.
⑤ K대리는 최소 2개의 프로그램에 참여한다.

28 다음은 의류 생산공장의 생산 코드 부여 방식에 대한 자료이다. 이를 참고할 때 〈보기〉에 해당하지 않는 생산 코드는?

〈의류 생산 코드〉

- 생산 코드 부여 방식은 [종류] – [색상] – [제조일] – [공장지역] – [수량] 순으로 16자리이다.
- 종류

티셔츠	스커트	청바지	원피스
OT	OH	OJ	OP

- 색상

검정색	붉은색	푸른색	노란색	흰색	회색
BK	RD	BL	YL	WH	GR

- 제조일

해당연도	월	일
마지막 두 자리 숫자 예 2023 → 23	01 ~ 12	01 ~ 31

- 공장지역

서울	수원	전주	창원
475	869	935	753

- 수량

100벌 이상 150벌 미만	150장 이상 200벌 미만	200장 이상 250벌 미만	250장 이상	50벌 추가 생산
aaa	aab	aba	baa	ccc

〈예시〉

– 2023년 5월 16일에 수원 공장에서 검정 청바지 170벌을 생산하였다.
– 청바지 생산 코드 : OJBK – 230516 – 869aab

보기

㉠ 2022년 12월 4일에 붉은색 스커트를 창원 공장에서 120벌 생산했다.
㉡ 회색 티셔츠를 추가로 50벌을 서울 공장에서 2023년 1월 24일에 생산했다.
㉢ 생산날짜가 2022년 7월 5일인 푸른색 원피스는 창원 공장에서 227벌 생산되었다.
㉣ 흰색 청바지를 전주 공장에서 265벌을 납품일(2023년 7월 23일) 전날에 생산했다.
㉤ 티셔츠와 스커트를 노란색으로 178벌씩 수원 공장에서 2023년 4월 30일에 생산했다.

① OPGR – 230124 – 475ccc
② OJWH – 230722 – 935baa
③ OHRD – 221204 – 753aaa
④ OHYL – 230430 – 869aab
⑤ OPBL – 220705 – 753aba

29 K공장에서 제조하는 볼트의 일련번호는 다음과 같이 구성된다. 일련번호는 형태 – 허용압력 – 직경 – 재질 – 용도 순으로 표시할 때, 다음 중 직경이 14mm이고, 자동차에 쓰이는 스테인리스 볼트의 일련번호로 옳은 것은?

형태	나사형	육각	팔각	별
	SC	HX	OT	ST
허용압력(kg/cm^2)	10 ~ 20	21 ~ 40	41~60	61 이상
	L	M	H	P
직경(mm)	8	10	12	14
	008	010	012	014
재질	플라스틱	크롬 도금	스테인리스	티타늄
	P	CP	SS	Ti
용도	항공기	선박	자동차	일반
	A001	S010	M110	E100

① SCP014TiE100
② OTH014SSS010
③ STM012CPM110
④ HXL014SSM110
⑤ SCM012TiM110

30 K공사에서는 직원들을 해외로 파견하고자 한다. 제시된 파견 조건이 항상 참일 때, 다음 〈보기〉 중 반드시 참인 것을 모두 고르면?

〈파견 조건〉
• A대리가 인도네시아로 파견되지 않는다면, E주임은 몽골로 파견되지 않는다.
• D주임이 뉴질랜드로 파견된다면, B대리는 우즈베키스탄으로 파견된다.
• C주임은 아일랜드로 파견된다.
• E주임이 몽골로 파견되거나, C주임이 아일랜드로 파견되지 않는다.
• A대리가 인도네시아로 파견되지 않거나, B대리가 우즈베키스탄으로 파견되지 않는다.

보기
ㄱ. B대리는 우즈베키스탄으로 파견되지 않는다.
ㄴ. D주임은 뉴질랜드로 파견되지 않는다.
ㄷ. A대리는 인도네시아로 파견되고, E주임은 몽골로 파견되지 않는다.
ㄹ. C주임과 E주임은 같은 국가로 파견된다.

① ㄱ, ㄴ
② ㄱ, ㄷ
③ ㄴ, ㄷ
④ ㄴ, ㄹ
⑤ ㄷ, ㄹ

31 철수는 장미에게 "43 41 54"의 문자를 전송하였다. 장미는 문자가 16진법으로 표현된 것을 발견하고 아래의 아스키 코드표를 이용하여 해독을 진행하려고 한다. 철수가 장미에게 보낸 문자의 의미는 무엇인가?

문자	아스키	문자	아스키	문자	아스키	문자	아스키
A	65	H	72	O	79	V	86
B	66	I	73	P	80	W	87
C	67	J	74	Q	81	X	88
D	68	K	75	R	82	Y	89
E	69	L	76	S	83	Z	90
F	70	M	77	T	84	–	–
G	71	N	78	U	85	–	–

① CAT
② SIX
③ BEE
④ CUP
⑤ SUN

32 K공사에서는 냉방 효율을 위하여 층별 에어컨 수와 종류를 조정하려고 한다. 판매하는 구형 에어컨과 구입하는 신형 에어컨의 수를 최소화하고자 할 때, 다음 중 에어컨을 사고팔 때 드는 비용으로 옳은 것은?

〈냉방 효율 조정 방안〉

구분	조건	조건 미충족 시 조정 방안
1	층별 전기료 월 75만 원 미만	구형 에어컨을 판매
2	층별 구형 에어컨 대비 신형 에어컨 비율 $\frac{1}{2}$ 이상 유지	신형 에어컨을 구입

※ 구형 에어컨 1대 전기료는 월 5만 원이고, 신형 에어컨 1대 전기료는 월 3만 원이다.
※ 구형 에어컨 1대 중고 판매가는 10만 원이고, 신형 에어컨 1대 가격은 50만 원이다.
※ 조건과 조정 방안은 1번부터 적용하며 2번 적용 후 1번 조정 방안을 다시 적용하지 않는다.

〈층별 냉방시설 현황〉

(단위 : 대)

구분	1층	2층	3층	4층	5층
구형	10	13	15	11	12
신형	4	5	7	6	5

① 50만 원
② 55만 원
③ 60만 원
④ 65만 원
⑤ 70만 원

33 다음은 K은행에 대한 SWOT 분석 결과이다. 빈칸 ㉠~㉢에 들어갈 내용으로 적절하지 않은 것은?

〈K은행 SWOT 분석 결과〉

구분	분석 결과
강점 (Strength)	• 안정적 경영상태 및 자금흐름 • 풍부한 오프라인 인프라
약점 (Weakness)	• 담보 중심의 방어적 대출운영으로 인한 혁신기업 발굴 및 투자 가능성 저조 • 은행업계의 저조한 디지털 전환 적응력
기회 (Opportunity)	• 테크핀 기업들의 성장으로 인해 협업 기회 풍부
위협 (Threat)	• 핀테크 및 테크핀 기업들의 금융업 점유율 확대

〈K은행 SWOT 대응 전략〉

구분	강점(Strength)	약점(Weakness)
기회 (Opportunity)	• 안정적 자금상태를 기반으로 혁신적 기술을 갖춘 테크핀과의 협업을 통해 실적을 증대시킨다.	• 테크핀 기업과의 협업을 통해 혁신적 문화를 학습하여 디지털 전환을 위한 문화적 개선을 추진한다. • ____㉠____
위협 (Threat)	• ____㉡____	• 전당포식 대출운영 기조를 변경하여 혁신 금융기업으로부터 점유율을 방어한다. • ____㉢____

① ㉠ : 테크핀 기업의 기업운영 방식을 벤치마킹 후 현재 운영방식에 융합하여 디지털 전환에 필요한 혁신동력을 배양한다.

② ㉠ : 금융혁신 기업과의 협업을 통해 혁신기업의 특성을 파악하고, 이를 조기에 파악할 수 있는 안목을 키워 도전적 대출 운영에 반영한다.

③ ㉡ : 신생 금융기업에 비해 풍부한 오프라인 인프라를 바탕으로, 아직 오프라인 채널을 주로 이용하는 고령층 고객에 대한 점유율 우위를 선점한다.

④ ㉢ : 조직문화를 개방적으로 혁신하여 디지털 전환에의 적응력을 제고해 급성장하는 금융업 신생기업으로부터 점유율 우위를 확보한다.

⑤ ㉢ : 풍부한 자본을 토대로 한 온라인 채널 투자를 통해 핀테크 및 테크핀 기업의 점유율 확보로부터 방어한다.

34 다음은 불만고객 응대를 위한 8단계 프로세스이다. 이를 참고하여 고객 상담을 하고 있는 상담사가 '감사와 공감을 표시' 단계에서 언급해야 할 발언으로 가장 적절한 것은?

〈불만고객 응대를 위한 8단계 프로세스〉

경청 → 감사와 공감 표시 → 사과 → 해결약속 → 정보파악 → 신속처리 → 처리확인과 사과 → 피드백

① 고객님, 혹시 어떤 부분이 불편하셨는지 구체적으로 말씀해 주시면 감사하겠습니다.

② 이렇게 전화 주셔서 너무 감사합니다. 비도 오고 날도 추운데 고생 많으셨겠습니다.

③ 고객님이 말씀하신 내용이 어떤 내용인지 정확히 확인한 후 바로 도움을 드리도록 하겠습니다.

④ 내용을 확인하는 데 약 1분 정도 시간이 소요될 수 있는 점 양해 부탁드립니다.

⑤ 고객님, 불편하신 점 처리 끝났고요. 처리 과정 및 서비스 만족도 설문해 주시면 감사하겠습니다.

PART 1

35 문제 해결을 위해 개인에게 요구되는 기본 요소를 다섯 가지로 나누어 볼 때, 다음 사례에서 문제 해결에 어려움을 겪고 있는 A씨에게 부족한 기본 요소는 무엇인가?

스마트폰 앱을 개발하는 A씨는 관련 지식을 바탕으로 다양한 앱을 개발하기 위해 노력하고 있지만, 큰 성공을 거두지는 못하고 있다. A씨는 처음에 사용자 맞춤형 정보를 제공하는 앱을 개발하여 사용자들의 관심을 끌었으나, 사람들의 관심은 오래가지 못했다. 결국 A씨가 개발한 앱은 광고성 정보만 제공하는 플랫폼으로 전락하고 말았다. 광고비로 많은 수익을 얻은 경쟁사의 앱을 따라잡기 위해 처음 개발할 때의 목적과 비전을 쉽게 포기해 버렸기 때문이다. A씨가 최초의 비전을 끝까지 추구하지 못하고 중간에 경로를 변경해 실패한 사례는 이외에도 많았다. A씨는 자신이 유연하고 변화에 개방된 자세를 견지하고 있다고 생각했지만, 사실은 자신의 아이디어에 대한 확신과 계속해서 추진할 수 있는 자세가 부족한 것이었다.

① 체계적인 교육훈련

② 문제 해결 방법에 대한 지식

③ 문제 관련 지식에 대한 가용성

④ 문제 해결자의 도전 의식과 끈기

⑤ 문제에 대한 체계적인 접근

36 K중학교 백일장에 참여한 A~E학생에게 다음 〈조건〉에 따라 점수를 부여할 때, 점수가 가장 높은 학생은?

〈K중학교 백일장 채점표〉

학생	오탈자(건)	글자 수(자)	주제의 적합성	글의통일성	가독성
A	33	654	A	A	C
B	7	476	B	B	B
C	28	332	B	B	C
D	25	572	A	A	A
E	12	786	C	B	A

조건

• 기본 점수는 80점이다.
• 오탈자가 10건 이상일 때 1점을 감점하고, 5건이 추가될 때마다 1점을 추가로 감점한다.
• 전체 글자 수 350자 미만일 때 10점을 감점하고, 600자 이상일 때 1점을 부여하며, 25자가 추가될 때마다 1점을 추가로 부여한다.
• 주제의 적합성, 글의 통일성, 가독성을 A, B, C등급으로 나누며 등급 개수에 따라 추가점수를 부여한다.
 − A등급 3개 : 25점
 − A등급 2개, B등급 1개 : 20점
 − A등급 2개, C등급 1개 : 15점
 − A등급 1개, B등급 2개 또는 A등급, B등급, C등급 1개 : 10점
 − B등급 3개 : 5점

예 오탈자 46건, 전체 글자 수 626자, 주제의 적합성, 글의 통일성, 가독성이 각각 A, B, A일 때 점수는 80−8+2+20=94점이다.

① A
② B
③ C
④ D
⑤ E

37 다음은 콘크리트 유형별 기준강도 및 시험체 강도 판정결과에 대한 자료이다. 빈칸 (가) ~ (다)에 해당하는 강도 판정결과를 순서대로 바르게 나열한 것은?

〈콘크리트 유형별 기준강도 및 시험체 강도 판정결과〉

(단위 : MPa)

콘크리트 유형 \ 구분	기준강도	시험체 강도				강도 판정결과
		시험체 1	시험체 2	시험체 3	평균	
A	24	22.8	29.0	20.8		(가)
B	27	26.1	25.0	28.1		불합격
C	35	36.9	36.8	31.6		(나)
D	40	36.4	36.3	47.6	40.1	합격
E	45	40.3	49.4	46.8		(다)

※ 강도 판정결과는 '합격'과 '불합격'으로 구분된다.

〈판정기준〉

다음 조건을 모두 만족하는 경우에만 강도 판정결과가 '합격'이다.
• 시험체 강도의 평균은 기준강도 이상이어야 한다.
• 기준강도가 35MPa 초과인 경우에는 각 시험체 강도가 모두 기준강도의 90% 이상이어야 한다.
• 기준강도가 35MPa 이하인 경우에는 각 시험체 강도가 모두 기준강도에서 3.5MPa을 뺀 값 이상이어야 한다.

	(가)	(나)	(다)
①	합격	합격	합격
②	합격	합격	불합격
③	합격	불합격	불합격
④	불합격	합격	합격
⑤	불합격	합격	불합격

※ K공사는 신입사원 채용 안내를 위한 현수막을 설치하려고 한다. 다음 자료를 보고 이어지는 질문에 답하시오. [38~39]

• 현수막 설치 일자 : 3월 28일 월요일 ~ 4월 5일 화요일
• 현수막 설치 후보 장소

구분		공사 본관	A고등학교	B대학교	C마트	D주유소
게시 가능 기간		4월 내	3월 내	평일	4월 내 평일	4월 3일 이전
하루 평균 유동인구		200명	240명	280명	300명	250명
1일 게시비용	평일	8만 원	10만 원	12만 원	26만 원	9만 원
	주말	13만 원	7만 원	10만 원	20만 원	11만 원
설치비용		250만 원	280만 원	240만 원	200만 원	220만 원

• 장소 선정 기준
1) 하루 평균 유동인구가 가장 많은 곳
2) 게시 가능한 기간이 제일 긴 곳
3) 총비용[(총 게시비용)+(설치비용)+(철거비용)]이 가장 적게 드는 곳
※ 선정 기준에 따라 장소마다 1개씩 총 3개의 현수막을 설치하되, 장소가 중복될 경우 설치 현수막 수가 줄어들 수 있다(예) 하루 평균 유동인구가 가장 많은 곳과 게시 가능 기간이 제일 긴 곳, 총비용이 가장 적게 드는 곳이 모두 동일 장소일 경우 1개의 현수막만 설치한다).
※ 설치비용은 한 번만 지불하며, 설치비용의 20%인 철거비용을 별도로 지불해야 한다.

38 다음 중 현수막이 설치될 장소를 모두 고르면?

① 공사 본관, C마트
② 공사 본관, D주유소
③ 공사 본관, B대학교
④ B대학교, C마트
⑤ B대학교, C마트, D주유소

39 현수막 게시 지침이 변경됨에 따라 4월 1일부터 4월 5일까지 하루 평균 유동인구가 상대적으로 많은 2곳에 현수막을 설치하기로 결정하였다. 다음 중 현수막 설치 과정에 필요한 총비용은?

① 588만 원
② 642만 원
③ 668만 원
④ 702만 원
⑤ 748만 원

40 다음 글과 상황을 근거로 판단할 때, K복지관에 채용될 2명의 후보자는?

> K복지관은 청소년업무 담당자 2명을 채용하고자 한다. 청소년업무 담당자들은 심리상담, 위기청소년지원, 진학지도, 지역안전망구축 등 4가지 업무를 수행해야 한다. 채용되는 2명은 서로 다른 업무를 맡아 4가지 업무를 빠짐없이 분담해야 한다.
>
> 4가지 업무에 관련된 직무역량으로는 의사소통역량, 대인관계역량, 문제해결역량, 정보수집역량, 자원관리역량 등 5가지가 있다. 각 업무를 수행하기 위해서는 반드시 해당 업무에 필요한 직무역량을 모두 갖춰야 한다. 아래는 이를 표로 정리한 것이다.

업무	필요 직무역량
심리상담	의사소통역량, 대인관계역량
위기청소년지원	의사소통역량, 문제해결역량
진학지도	문제해결역량, 정보수집역량
지역안전망구축	대인관계역량, 자원관리역량

〈상황〉

- K복지관의 채용후보자는 4명(갑, 을, 병, 정)이며, 각 채용후보자는 5가지 직무역량 중 3가지씩을 갖추고 있다.
- 자원관리역량은 병을 제외한 모든 채용후보자가 갖추고 있다.
- 정이 진학지도업무를 제외한 모든 업무를 수행하려면, 의사소통역량만 추가로 갖추면 된다.
- 갑은 심리상담업무를 수행할 수 있고, 을과 병은 진학지도업무를 수행할 수 있다.
- 대인관계역량을 갖춘 채용후보자는 2명이다.

① 갑, 을   ② 갑, 병
③ 을, 병   ④ 을, 정
⑤ 병, 정

41 다음 중 자원의 낭비요인인 (가) ~ (라)에 해당하는 〈보기〉의 사례를 순서대로 바르게 나열한 것은?

〈자원의 낭비요인〉

(가) 비계획적 행동 : 자원을 어떻게 활용할 것인가에 대한 계획 없이 충동적이고 즉흥적으로 행동하여 자원을 낭비하게 된다.

(나) 편리성 추구 : 자원을 편한 방향으로만 활용하는 것을 의미하며, 물적자원뿐만 아니라 시간, 돈의 낭비를 초래할 수 있다.

(다) 자원에 대한 인식 부재 : 자신이 가지고 있는 중요한 자원을 인식하지 못하는 것으로, 무의식적으로 중요한 자원을 낭비하게 된다.

(라) 노하우 부족 : 자원관리의 중요성을 인식하면서도 자원관리에 대한 경험이나 노하우가 부족한 경우를 말한다.

보기

㉠ A는 가까운 거리에 있는 패스트푸드점을 직접 방문하지 않고 배달 앱을 통해 배달료를 지불하고 음식을 주문한다.

㉡ B는 의자를 만들어 달라는 고객의 주문에 공방에 남은 재료와 주문할 재료를 떠올리고는 일주일 안으로 완료될 것이라고 이야기하였지만, 생각지 못하게 재료의 배송 기간이 길어져 제작 시간이 부족해 약속된 기한을 지키지 못하였다.

㉢ 현재 수습사원인 C는 처음으로 프로젝트를 담당하게 되면서 나름대로 계획을 세우고 열심히 수행했지만, 예상치 못한 상황이 발생하자 당황하여 처음 계획했던 대로 진행할 수 없었고 결국 아쉬움을 남긴 채 프로젝트를 완성하였다.

㉣ D는 TV에서 홈쇼핑 채널을 시청하면서 품절이 임박했다는 쇼호스트의 말을 듣고는 무작정 유럽 여행 상품을 구매하였다.

	(가)	(나)	(다)	(라)
①	㉡	㉣	㉠	㉢
②	㉢	㉠	㉡	㉣
③	㉢	㉣	㉡	㉠
④	㉣	㉠	㉡	㉢
⑤	㉣	㉢	㉡	㉠

42 다음 세 아파트의 부하율의 평균은 50%이다. 전력수급 안정을 위해 수요관리를 하려한다. 부하율 향상을 통한 원가절감을 하려 할 때 부하율의 평균이 80%가 되려면 C아파트가 사용해야 될 전력사용량은 증가량은 얼마인가?(단, A, B아파트는 전력사용량과 최대전력은 변화가 없다)

> 〈부하율 50% 전력사용량〉
>
> • 아파트 A : 전력사용량 60
> • 아파트 B : 전력사용량 40
> • 아파트 C : 전력사용량 ( )
> • 최대전력 100
>
> ※ $[부하율(\%)] = \dfrac{(평균전력)}{(최대전력)} \times 100$

① 30 ② 40

③ 60 ④ 70

⑤ 80

43 다음 글의 밑줄 친 '이것'에 대해 바르게 이해한 사람을 〈보기〉에서 모두 고르면?

> 이것은 과제를 수행하기 위해 소비된 비용 중 생산에 직접 관련되지 않은 비용을 말한다. 과제에 따라 매우 다양하게 발생하며, 과제가 수행되는 상황에 따라서도 다양하게 나타날 수 있다. 여기에는 보험료, 건물관리비, 광고비, 각종 공과금 등이 포함되며, 이러한 비용을 적절히 예측하여 계획을 세우고 관리하는 것이 중요하다.

> **보기**
>
> 창수 : '이것'의 구성은 과제를 위해 활동이나 과업을 수행하는 사람들에게 지급되는 비용도 포함이군.
> 장원 : '이것'은 직접비용에 상대되는 비용을 뜻해.
> 휘동 : 기업의 사무비품비가 '이것'에 포함되겠군.
> 경원 : 개인의 보험료도 '이것'에 포함돼.

① 창수, 장원 ② 창수, 휘동

③ 장원, 휘동 ④ 창수, 장원, 경원

⑤ 장원, 휘동, 경원

44 최대리는 노트북을 사고자 K전자제품 홈페이지에 방문하였다. 노트북 5개를 최종 후보로 선정 후 〈조건〉에 따라 점수를 부여하여 점수가 가장 높은 제품을 고를 때, 최대리가 고른 노트북은?

〈노트북 최종 후보〉

구분	A노트북	B노트북	C노트북	D노트북	E노트북
저장용량 / 저장매체	512GB / HDD	128GB / SDD	1,024GB / HDD	128GB / SDD	256GB / SDD
배터리 지속시간	최장 10시간	최장 14시간	최장 8시간	최장 13시간	최장 12시간
무게	2kg	1.2kg	2.3kg	1.5kg	1.8kg
가격	120만 원	70만 원	135만 원	90만 원	85만 원

조건
- 항목별 만점은 5점이며 그다음 순위에는 4점, 3점, 2점, 1점을 부여한다.
- 순위가 같으면 같은 점수를 부여하며, 그다음 순위는 더 낮은 점수를 부여한다. 예를 들어, 4위가 두 개면 두 개 모두 4점을 부여하고 그다음은 2점을 부여한다.
- 저장용량이 가장 많은 노트북에 만점을 부여한다.
- 배터리 지속시간이 가장 긴 노트북에 만점을 부여한다.
- 무게가 가장 가벼운 노트북에 만점을 부여한다.
- 가격이 가장 저렴한 노트북에 만점을 부여한다.
- 저장매체가 SDD일 경우 3점을 추가로 부여한다.

① A노트북
② B노트북
③ C노트북
④ D노트북
⑤ E노트북

45 다음은 주중과 주말 교통상황을 나타낸 자료이다. 이에 대한 설명으로 옳은 것을 〈보기〉에서 모두 고르면?

〈주중·주말 예상 교통량〉

(단위 : 만 대)

구분	전국	수도권 → 지방	지방 → 수도권
주말 교통량	490	50	51
주중 교통량	380	42	35

〈대도시 간 예상 최대 소요시간〉

구분	서울 – 대전	서울 – 부산	서울 – 광주	서울 – 강릉	남양주 – 양양
주말	2시간 40분	5시간 40분	4시간 20분	3시간 20분	2시간 20분
주중	1시간 40분	4시간 30분	3시간 20분	2시간 40분	1시간 50분

보기

ㄱ. 대도시 간 예상 최대 소요시간은 모든 구간에서 주중이 주말보다 적게 걸린다.
ㄴ. 주중 전국 교통량 중 수도권에서 지방으로 가는 교통량의 비율은 10% 이상이다.
ㄷ. 지방에서 수도권으로 가는 주말 예상 교통량은 주중 예상 교통량보다 30% 미만으로 많다.
ㄹ. 서울 – 광주 구간 주중 예상 최대 소요시간은 서울 – 강릉 구간 주말 예상 최대 소요시간과 같다.

① ㄱ, ㄴ
② ㄴ, ㄷ
③ ㄷ, ㄹ
④ ㄱ, ㄴ, ㄹ
⑤ ㄴ, ㄷ, ㄹ

46 K기업은 작업을 위해 A기업으로부터 2월 14일에 트랙터 2대를 빌려 2월 24일까지 전체 작업을 마치고자 한다. 작업을 빨리 끝내기 위해 트랙터 2대를 추가로 대여하여 20일까지 작업을 끝내려고 할 때, 트랙터는 언제 추가로 빌릴 수 있으며, 대여료는 총 얼마인가?(단, A기업이 보유한 총 트랙터는 8대이며, 정비 완료된 트랙터가 출고된 당일에는 기계점검 등의 이유로 대여가 불가하다)

- 트랙터 1대 대여 시간 : 오전 10시 ~ 오후 4시
- 트랙터 1대 대여 비용 : 1일 기준 12,000원
- 4일 이상 대여 시 : 전체 금액에서 10% 할인

〈K기업 트랙터 입·출고 현황〉

29	30	31	2/1	2	3	4
					B기업 대여 (3대)	
5	6	7	8	9	10	11
					C기업 대여 (1대)	
12	13	14	15	16	17	18
	트랙터 정비 입고 (2대)				정비완료 트랙터 출고 예정(2대)	
19	20	21	22	23	24	25
				B기업 반납 예정 (3대)		
26	27	28	3/1	2	3	4
	C기업 반납 예정 (1대)					

① 17일, 72,000원

② 17일, 151,200원

③ 18일, 202,400원

④ 18일, 223,200원

⑤ 18일, 302,000원

47 다음은 K회사의 당직 근무 규칙과 이번 주 당직 근무자들의 일정표이다. 당직 근무 규칙에 따라 이번 주에 당직 근무 일정을 추가해야 하는 사람으로 옳은 것은?

〈당직 근무 규칙〉

• 1일 당직 근무 최소 인원은 오전 1명, 오후 2명으로 총 3명이다.
• 1일 최대 6명을 넘길 수 없다.
• 같은 날 오전·오후 당직 근무는 서로 다른 사람이 해야 한다.
• 오전 또는 오후 당직을 모두 포함하여 당직 근무는 주당 3회 이상 5회 미만으로 해야 한다.

〈당직 근무 일정〉

성명	일정	성명	일정
공주원	월 오전 / 수 오후 / 목 오전	최민관	월 오후 / 화 오후 / 토 오전 / 일 오전
이지유	월 오후 / 화 오전 / 금 오전 / 일 오후	이영유	수 오전 / 화 오후 / 금 오후 / 토 오후
강리환	수 오전 / 목 오전 / 토 오후	지한준	월 오전 / 수 오후 / 금 오전
최유리	화 오전 / 목 오전 / 토 오후	강지공	수 오후 / 화 오후 / 금 오후 / 토 오전
이건율	목 오전 / 일 오전	김민정	월 오전 / 수 오후 / 토 오전 / 일 오후

① 공주원
② 이지유
③ 최유리
④ 지한준
⑤ 김민정

48 K공사에서 승진 대상자 후보 중 2명을 승진시키려고 한다. 승진의 조건은 동료평가에서 '하'를 받지 않고 합산점수가 높은 순이다. 합산점수는 100점 만점의 점수로 환산한 승진시험 성적, 영어 성적, 성과 평가의 수치를 합산한다. 승진시험의 만점은 100점, 영어 성적의 만점은 500점, 성과 평가의 만점은 200점이라고 할 때, 승진 대상자 2명은?

〈K공사 승진 대상자 후보 평가 현황〉

(단위 : 점)

구분	승진시험 성적	영어 성적	동료 평가	성과 평가
A	80	400	중	120
B	80	350	상	150
C	65	500	상	120
D	70	400	중	100
E	95	450	하	185
F	75	400	중	160
G	80	350	중	190
H	70	300	상	180
I	100	400	하	160
J	75	400	상	140
K	90	250	중	180

① A, C
② B, K
③ E, I
④ F, G
⑤ H, D

49 K통신사 멤버십 회원인 B씨는 ○○랜드 K통신사 멤버십 할인 이벤트를 보고 우대쿠폰을 출력해 아내와 15살 아들, 7살 딸과 ○○랜드로 가족 나들이를 가기로 했다. B씨 가족이 주간권을 구매할 때와 야간권을 구매할 때 받는 할인금액의 차이는?

〈○○랜드 K통신사 멤버십 할인 이벤트〉

- K통신사 멤버십 카드 소지 시 본인은 정상가의 40%를 할인받을 수 있습니다.
- K통신사 멤버십 카드 우대쿠폰을 통해 동반 3인까지 10%를 할인받을 수 있습니다.
- ○○랜드 이용권 정상가는 아래와 같습니다.

구분	주간권(종일)	야간권(17시 이후)
대인	54,000원	45,000원
청소년	46,000원	39,000원
소인	43,000원	36,000원

※ 소인 : 36개월 ~ 만 12세
※ 청소년 : 만 13세 ~ 만 18세

① 5,900원   ② 6,100원
③ 6,300원   ④ 6,500원
⑤ 6,700원

50 K공사에서는 투자 대안을 마련하기 위해 투자대상을 검토할 때, 기대수익률(Expected Profit Rate)과 표준편차(Standard Deviation)를 이용한다. 특히, 표준편차는 투자 대안의 위험수준을 평가하는 데 활용된다. 바람직한 투자 대안을 평가하는 데 있어서는 지배원리를 적용하며, 위험한 단위당 기대수익률이 높은 투자 대안을 선호한다. 다음 중 K공사의 투자 대안에 대한 설명으로 옳은 것은?

〈K공사 투자 대안〉

투자 대안	A	B	C	D	E	F	G
기대수익률(%)	8	10	6	5	8	6	12
표준편차(%)	5	5	4	2	4	3	7

※ 지배원리란 동일한 기대수익률이면 최소의 위험을, 동일한 위험이면 최대의 수익률을 가지는 포트폴리오를 선택하는 원리를 말한다.

① 투자 대안 A와 E, C와 F는 동일한 기대수익률이 예상되기 때문에 서로 우열을 가릴 수 없다.
② 투자 대안 A, B, C, D 중에서 어느 것이 낫다고 평가할 수는 없다.
③ 투자 대안 G가 기대수익률이 가장 높기 때문에 가장 바람직한 대안이다.
④ 위험 한 단위당 기대수익률이 같은 투자 대안은 E와 F이다.
⑤ 투자 대안 E는 B와 G에 비해 우월하다.

01 의사소통능력

01 다음 글의 밑줄 친 ㉠~㉤을 바꾸어 쓸 때 적절하지 않은 것은?

> 적혈구는 일정한 수명을 가지고 있어서 그 수와 관계없이 총 적혈구의 약 0.8% 정도는 매일 몸 안에서 파괴된다. 파괴된 적혈구로부터 빌리루빈이라는 물질이 유리되고, 이 빌리루빈은 여러 생화학적 대사 과정을 통해 간과 소장에서 다른 물질로 변환된 후에 대변과 소변을 통해 배설된다. ㉠ <u>소변의 색깔을 통해 건강상태를 확인할 수 있다.</u>
> 적혈구로부터 유리된 빌리루빈이라는 액체는 강한 지용성 물질이어서 혈액의 주요 구성물질인 물에 ㉡ <u>용해되지</u> 않는다. 이런 빌리루빈을 비결합 빌리루빈이라고 하며, 혈액 내에서 비결합 빌리루빈은 알부민이라는 혈액 단백질에 부착된 상태로 혈류를 따라 간으로 이동한다. 간에서 비결합 빌리루빈은 담즙을 만드는 간세포에 흡수되고 글루쿠론산과 결합하여 물에 잘 녹는 수용성 물질인 결합 빌리루빈으로 바뀌게 된다. 결합 빌리루빈의 대부분은 간세포에서 만들어져 담관을 통해 ㉢ <u>분비돼는</u> 담즙에 포함되어 소장으로 배출되지만 일부는 다시 혈액으로 되돌려 보내져 혈액 내에서 알부민과 결합하지 않고 혈류를 따라 순환한다.
> 간세포에서 분비된 담즙을 통해 소장으로 들어온 결합 빌리루빈의 절반은 장세균의 작용에 의해 소장에서 흡수되어 혈액으로 이동하는 유로빌리노젠으로 전환된다. 나머지 절반의 결합 빌리루빈은 소장에서 흡수되지 않고 대변에 포함되어 배설된다. 혈액으로 이동한 유로빌리노젠의 일부분은 혈액이 신장을 통과할 때 혈액으로부터 여과되어 신장으로 이동한 후 소변으로 배설된다. 하지만 대부분의 혈액 내 유로빌리노젠은 간으로 이동하여 간세포에서 만든 담즙을 통해 소장으로 배출되어 대변을 통해 배설된다.
> 빌리루빈의 대사와 배설에 장애가 있을 때 여러 임상 증상이 나타날 수 있다. ㉣ <u>그러나</u> 빌리루빈이나 빌리루빈 대사물의 양을 측정한 후, 그 값을 정상치와 비교하면 임상 증상을 일으키는 원인이 되는 질병이나 문제를 ㉤ <u>추측할수</u> 있다.

① ㉠ : 글의 통일성을 해치고 있으므로 삭제한다.

② ㉡ : 문맥에 흐름을 고려하여 '융해되지'로 수정한다.

③ ㉢ : 맞춤법에 어긋나므로 '분비되는'으로 수정한다.

④ ㉣ : 문장을 자연스럽게 연결하기 위해 '따라서'로 고친다.

⑤ ㉤ : 띄어쓰기가 올바르지 않으므로 '추측할 수'로 수정한다.

02 다음 글의 주된 내용 전개 방식으로 가장 적절한 것은?

생활 속 보안을 위해 우리들이 가장 먼저 생각해야 하는 것은 무엇일까? 그것은 우리가 무엇을 가지고 있으며, 그 가치가 얼마나 되는지 확인하는 것이다. 그 가치가 얼마인지 정확히 모르겠다면, 그것을 잃어버렸을 때 어떤 일이 벌어질지 생각해보자.

만약 당신이 기업연구소에서 일하고 있고, 몇 년 동안 쌓인 연구 자료가 컴퓨터에 저장되어 있다고 가정해볼 때, 컴퓨터 속에는 구하기 힘든 각종 연구보고서, 논문, 발표자료, 회사의 기밀자료, 도면 등이 저장되어 있을 것이다. 열심히 연구하던 중에 잠깐 메일을 확인하다가 당신의 호기심을 자극하는 제목의 전자메일을 클릭한 뒤, 그 메일의 첨부파일을 열어보는 것만으로도 당신의 컴퓨터는 랜섬웨어에 감염될 수 있다. 몇 년 동안 쌓아두었던 연구자료가 모두 암호화되어서 열어 볼 수 없는 상황이 벌어질 수 있다는 것이다.

또 크리스마스 카드가 도착했다는 문자가 수신된 상황을 가정해 보자. 문자를 보고 흥분되고 기대되는 마음에 문자 속 인터넷주소(URL)를 클릭했더니, 크리스마스 카드를 보려면 앱을 설치하라고 한다. '좀 번거롭기는 하지만, 뭐 어때?'라는 마음으로 그 앱을 설치하면 스마트폰에 있는 당신의 모든 정보는 해커들의 손에 들어갈 수 있다. 당신의 연락처, 동영상, 사진, 통화 내역, 문자 메시지, 인증서 등이 해커의 손에 들어가고, 그 내용 중 공개되어서는 안 될 정보를 가지고 협박한다면 어떻게 되겠는가?

그렇다면 랜섬웨어에 대한 대비책은 무엇일까? 첫째, 철저한 백업이다. 백업이야말로 여러 가지 재난적인 상황에 효과적인 대비책이다. 둘째, 잘 알고 있는 사람이 보낸 메일이 아니라면 첨부파일 다운로드나 실행에 주의한다. 셋째, 인터넷에서 받은 실행 파일은 위변조를 확인한 뒤 설치한다. 그리고 스미싱 문자에 대한 대비책은 문자로 전송된 경로를 클릭하거나 출처가 확인되지 않은 앱을 설치하지 않는 것이다. 문자로 전송된 경로를 클릭하는 것만으로도 악성코드가 스마트폰에 설치되어 해킹을 당할 수 있으므로 문자 속 URL을 클릭하지 말아야 한다.

현재 새로운 해킹 기술들이 계속 나오고 있지만, 간단한 원칙만 실천해도 해킹당할 가능성이 확 낮아진다. 컴퓨터는 정해진 일을 위해서만 쓰는 것. 스마트폰에 남들이 보면 안 되는 사항을 저장해놓지 않는 것만으로도 우선은 안심이다. 내 것을 지키기 위해서는 내가 무엇을 가지고 있는지 그 가치를 제대로 알고 있어야 한다. 그리고 하지 말라고 주의를 주는 행위를 할 때는 주의를 기울여야 한다.

① 대상에 대한 장점을 부각시켜 상대방을 설득하고 있다.
② 두 가지 상반되는 주장을 비교하여 제시하고 있다.
③ 문제 상황에 대해 사례를 들어 설명하고, 그에 대한 대책 방안을 제시하고 있다.
④ 대상에 대한 옳은 예와 옳지 않은 예를 제시하고 있다.
⑤ 사건이 가지는 역사적 의의와 시사점에 대해 서술하고 있다.

03 다음 글의 내용으로 적절하지 않은 것은?

일반적으로 문화는 '생활양식' 또는 '인류의 진화로 이룩된 모든 것'이라는 포괄적인 개념을 갖고 있다. 이렇게 본다면 언어는 문화의 하위 개념에 속하는 것이다. 그러나 언어는 문화의 하위 개념에 속하면서도 문화 자체를 표현하여 그것을 전파·전승하는 기능도 한다. 이로 보아 언어에는 그것을 사용하는 민족의 문화와 세계 인식이 녹아있다고 할 수 있다. 가령 '사촌'이라고 할 때, 영어에서는 'Cousin'으로 이를 통칭(通稱)하는 것을 우리말에서는 친·외, 고종·이종 등으로 구분하고 있다. 친족 관계에 대한 표현에서 우리말이 영어보다 좀 더 섬세하게 되어 있는 것이다. 이것은 친족 관계를 좀 더 자세히 표현하여 차별 내지 분별하려 한 우리 문화와 그것을 필요로 하지 않는 영어권 문화의 차이에서 기인한 것이다.

문화에 따른 이러한 언어의 차이는 낱말에서만이 아니라 어순(語順)에서도 나타난다. 우리말은 영어와 주술 구조가 다르다. 우리는 주어 다음에 목적어, 그 뒤에 서술어가 온다. 이에 비해 영어에서는 주어 다음에 서술어, 그 뒤에 목적어가 온다. 우리말의 경우 '나는 너를 사랑한다.'라고 할 때, '나'와 '너'를 먼저 밝히고, 그 다음에 '나의 생각'을 밝히는 것에 비하여, 영어에서는 '나'가 나오고, 그 다음에 '나의 생각'이 나온 뒤에 목적어인 '너'가 나온다. 이러한 어순의 차이는 결국 나의 의사보다 상대방에 대한 관심을 먼저 보이는 우리와 나의 의사를 밝히는 것이 먼저인 영어를 사용하는 사람들의 문화 차이에서 기인한 것이다. 대화를 할 때 다른 사람을 대우하는 것에서도 이런 점을 발견할 수 있다.

손자가 할아버지에게 무엇을 부탁하는 경우를 생각해 보자. 이 경우 영어에서는 'You do it, please.'라고 하고, 우리말에서는 '할아버지께서 해주세요.'라고 한다. 영어에서는 상대방이 누구냐에 관계없이 상대방을 가리킬 때 'You'라는 지칭어를 사용하고, 서술어로는 'do'를 사용한다. 그런데 우리말에서는 상대방을 가리킬 때, 무조건 영어의 'You'에 대응하는 '당신(너)'이라는 말만을 쓰는 것은 아니고 상대에 따라 지칭어를 달리 사용한다. 뿐만 아니라, 영어의 'do'에 대응하는 서술어도 상대에 따라 '해 주어라, 해 주게, 해 주오, 해 주십시오, 해 줘, 해 줘요'로 높임의 표현을 달리한다. 이는 우리말이 서열을 중시하는 전통적인 유교 문화를 반영하고 있기 때문이다. 언어는 단순한 음성기호 이상의 의미를 지니고 있다. 앞의 예에서 알 수 있듯이 언어에는 그 언어를 사용하는 민족의 문화가 용해되어 있다. 따라서 우리 민족이 한국어라는 구체적인 언어를 사용한다는 것은 단순히 지구상에 있는 여러 언어 가운데 개별 언어 한 가지를 쓴다는 사실만을 의미하지는 않는다. 한국어에는 우리 민족의 문화와 세계 인식이 녹아있기 때문이다. 따라서 우리말에 대한 애정은 우리 문화에 대한 사랑이요, 우리의 정체성을 살릴 수 있는 길일 것이다.

① 언어는 문화를 표현하고 전파·전승하는 기능을 한다.
② 문화의 하위 개념인 언어는 문화와 밀접한 관련이 있다.
③ 영어에 비해 우리말은 친족 관계를 나타내는 표현이 다양하다.
④ 우리말에 높임 표현이 발달한 것은 서열을 중시하는 문화가 반영된 것이다.
⑤ 우리말의 문장 표현에서는 상대방에 대한 관심보다는 나의 생각을 우선시한다.

04 다음 글을 토대로 〈보기〉를 바르게 해석한 것은?

> 제2차 세계대전이 끝나고 나서 미국과 소련 및 그 동맹국들 사이에서 공공연하게 전개된 제한적 대결 상태를 냉전이라고 한다. 냉전의 기원에 대한 논의는 냉전이 시작된 직후부터 최근까지 계속 진행되었다. 이는 단순히 냉전의 발발 시기와 이유에 대한 논의만이 아니라, 그 책임 소재를 묻는 것이기도 하다. 그 연구의 결과를 편의상 세 가지로 나누어 볼 수 있다.
>
> 가장 먼저 나타난 전통주의는 냉전을 유발한 근본적 책임이 소련의 팽창주의에 있다고 보았다. 소련은 세계를 공산화하기 위한 계획을 수립했고, 이 계획을 실행하기 위해 특히 동유럽 지역을 시작으로 적극적인 팽창 정책을 수행하였다. 그리고 미국이 자유 민주주의 세계를 지켜야 한다는 도덕적 책임감에 기초하여 그에 대한 봉쇄 정책을 추구하는 와중에 냉전이 발생했다고 본다. 그리고 미국의 봉쇄 정책이 성공적으로 수행된 결과 냉전이 종식되었다는 것이 이들의 입장이다.
>
> 여기에 비판을 가한 수정주의는 기본적으로 냉전의 책임이 미국 쪽에 있고, 미국의 정책은 경제적 동기에서 비롯했다고 주장했다. 즉, 미국은 전후 세계를 자신들이 주도해 나가야 한다고 생각했고, 전쟁 중에 급증한 생산력을 유지할 수 있는 시장을 얻기 위해 세계를 개방 경제 체제로 만들고자 했다. 그러므로 미국 정책 수립의 기저에 깔린 것은 이념이 아니라는 것이다. 무엇보다 소련은 미국에 비해 국력이 미약했으므로 적극적 팽창 정책을 수행할 능력이 없었다는 것이 수정주의의 기본적 입장이었다. 오히려 미국이 유럽에서 공격적인 정책을 수행했고, 소련은 이에 대응했다는 것이다.

보기

탈수정주의는 냉전의 책임을 일방적으로 어느 한쪽에 부과해서는 안 된다고 보았다. 즉, 냉전은 양국이 추진한 정책의 '상호 작용'에 의해 발생했다는 것이다. 또 경제를 중심으로만 냉전을 보아서는 안 되며 안보 문제 등도 같이 고려하여 파악해야 한다고 보았다. 소련의 목적은 주로 안보 면에서 제한적으로 추구되었는데, 미국은 소련의 행동에 과잉 반응했고, 이것이 상황을 악화시켰다는 것이다. 이로 인해 냉전책임론은 크게 후퇴하고 구체적인 정책 형성에 대한 연구가 부각되었다.

---

① 탈수정주의는 전통주의와 마찬가지로 냉전의 책임을 소련에게 부여하고 있다.
② 탈수정주의는 수정주의와 마찬가지로 냉전의 책임을 미국에게 부여하고 있다.
③ 탈수정주의와 달리 전통주의는 미국의 봉쇄 정책으로 인해 냉전이 발생했다고 본다.
④ 탈수정주의와 달리 수정주의는 소련의 적극적인 팽창 정책을 냉전의 원인으로 본다.
⑤ 수정주의와 탈수정주의 모두 냉전을 파악하는 데 있어 경제적인 측면을 고려한다.

05 다음 문단을 논리적 순서대로 바르게 나열한 것은?

> (가) 그런데 '의사, 변호사, 사장' 등은 그 직업이나 직책에 있는 모든 사람을 가리키는 것이어야 함에도 불구하고, 실제로는 남성을 가리키는 데 주로 사용되고, 여성을 가리킬 때는 '여의사, 여변호사, 여사장' 등이 따로 사용되고 있다. 즉, 여성을 예외적인 경우로 취급함으로써 남녀차별의 가치관을 이 말들에 반영하고 있는 것이다.
>
> (나) 언어에는 사회상의 다양한 측면이 반영되어 있다. 그렇기 때문에 남성과 여성의 차이도 언어에 반영되어 있다. 한편 우리 사회는 꾸준히 양성평등을 향해서 변화하고 있지만, 언어의 변화 속도는 사회의 변화 속도를 따라가지 못한다. 따라서 국어에는 남녀차별의 사회상을 알게 해 주는 증거들이 있다.
>
> (다) 오늘날 남녀의 사회적 위치가 과거와 다르고 지금 이 순간에도 계속 변하고 있다. 여성의 사회적 지위 향상의 결과가 앞으로 언어에 반영되겠지만, 현재 언어에 남아 있는 과거의 흔적은 우리 스스로의 노력으로 지워감으로써 남녀의 '차이'가 더 이상 '차별'이 되지 않도록 노력을 기울여야 하겠다.
>
> (라) 우리말에는 그 자체에 성별을 구분해 주는 문법적 요소가 없다. 따라서 남성을 지칭하는 말과 여성을 지칭하는 말, 통틀어 지칭하는 말이 따로 존재해야 하지만, 국어에는 그런 경우도 있고 그렇지 않은 경우도 있다. 예를 들어 '아버지'와 '어머니'는 서로 대등하게 사용되고, '어린이'도 남녀를 구별하지 않고 가리킬 때 쓰인다.

① (나) – (가) – (라) – (다)
② (나) – (라) – (가) – (다)
③ (다) – (가) – (라) – (나)
④ (다) – (나) – (라) – (가)
⑤ (다) – (라) – (나) – (가)

06 다음 글의 주장에 대한 반박으로 적절하지 않은 것은?

프랑크푸르트학파는 대중문화의 정치적 기능을 중요하게 본다. 20세기 들어 서구 자본주의 사회에서 혁명이 불가능하게 된 이유 가운데 하나는 바로 대중문화가 대중들을 사회의 권위에 순응하게 함으로써 사회를 유지하는 기능을 하고 있기 때문이라는 것이다. 이 순응의 기능은 두 방향으로 진행된다. 한편으로 대중문화는 대중들에게 자극적인 오락거리를 제공함으로써 정신적인 도피를 유도하여 정치에 무관심하도록 만든다는 것이다. 유명한 3S(Sex, Screen, Sports)는 바로 현실도피와 마취를 일으키는 대표적인 도구들이다. 다른 한편으로 대중문화는 자본주의적 가치관과 이데올로기를 은연 중에 대중들이 받아들이게 하는 적극적인 세뇌 작용을 한다는 것이다. 영화나 드라마, 광고나 대중음악의 내용이 규격화되어 현재의 지배적인 가치관을 지속해서 주입함으로써, 대중은 현재의 문제를 인식하고 더 나은 상태로 생각할 수 있는 부정의 능력을 상실한 일차원적 인간으로 살아가게 된다는 것이다. 프랑크푸르트학파의 대표자 가운데 한 사람인 아도르노(Adorno)는 특별히 「대중음악에 대하여」라는 글에서 대중음악이 어떻게 이러한 기능을 수행하는지 분석했다. 그의 분석에 따르면, 대중음악은 우선 규격화되어 누구나 쉽고 익숙하게 들을 수 있는 특징을 가진다. 그리고 이런 익숙함은 어려움 없는 수동적인 청취를 조장하여, 자본주의 안에서의 지루한 노동의 피난처 구실을 한다. 그리고 나아가 대중음악의 소비자들이 기존 질서에 심리적으로 적응하게 함으로써 사회적 접착제의 역할을 한다.

① 대중문화의 영역은 지배계급이 헤게모니를 얻고자 하는 시도와 이에 대한 반대 움직임이 서로 얽혀 있는 곳으로 보아야 한다.

② 대중문화를 소비하는 대중이 문화 산물을 생산한 사람이 의도하는 그대로 문화 산물을 소비하는 존재에 불과하다는 생각은 현실과 맞지 않는다.

③ 대중문화는 지배 이데올로기를 강요하는 지배문화로만 구성되는 것도 아니고, 이에 저항하여 자발적으로 발생한 저항문화로만 구성되는 것도 아니다.

④ 대중의 평균적 취향에 맞추어 높은 질을 유지하는 것이 어렵다 하더라도 19세기까지의 대중이 즐겼던 문화에 비하면 현대의 대중문화는 훨씬 수준 높고 진보된 것으로 평가할 수 있다.

⑤ 발표되는 음악의 80%가 인기를 얻는 데 실패하고, 80% 이상의 영화가 엄청난 광고에도 불구하고 흥행에 실패한다는 사실은 대중이 단순히 수동적인 존재가 아니라는 것을 단적으로 드러내 보여주는 예이다.

07 다음 글의 논증을 약화하는 것을 〈보기〉에서 모두 고르면?

인간 본성은 기나긴 진화 과정의 결과로 생긴 복잡한 전체다. 여기서 '복잡한 전체'란 그 전체가 단순한 부분들의 합보다 더 크다는 의미이다. 인간을 인간답게 만드는 것, 즉 인간에게 존엄성을 부여하는 것은 인간이 갖고 있는 개별적인 요소들이 아니라 이것들이 모여 만들어 내는 복잡한 전체이다. 또한 인간 본성이라는 복잡한 전체를 구성하고 있는 하부 체계들은 상호 간에 극단적으로 밀접하게 연관되어 있다. 따라서 그중 일부라도 인위적으로 변경하면, 이는 불가피하게 전체의 통일성을 무너지게 한다. 이 때문에 과학기술을 이용해 인간 본성을 인위적으로 변경하여 지금의 인간을 보다 향상된 인간으로 만들려는 시도는 금지되어야 한다. 이런 시도를 하는 사람들은 인간이 가져야 할 훌륭함이 무엇인지 스스로 잘 안다고 생각하며, 거기에 부합하지 않는 특성들을 선택해 이를 개선하고자 한다. 그러나 인간 본성의 '좋은' 특성은 '나쁜' 특성과 밀접하게 연결되어 있기 때문에, 후자를 개선하려는 시도는 전자에 대해서도 영향을 미칠 수밖에 없다. 예를 들어, 우리가 질투심을 느끼지 못한다면 사랑 또한 느끼지 못하게 된다는 것이다. 사랑을 느끼지 못하는 인간들이 살아가는 사회에서 어떤 불행이 펼쳐질지 우리는 가늠조차 할 수 없다. 즉, 인간 본성을 선별적으로 개선하려 들면, 복잡한 전체를 무너뜨리는 위험성이 불가피하게 발생하게 된다. 따라서 우리는 인간 본성을 구성하는 어떠한 특성에 대해서도 그것을 인위적으로 개선하려는 시도에 반대해야 한다.

보기

㉠ 인간 본성은 인간이 갖는 도덕적 지위와 존엄성의 궁극적 근거이다.
㉡ 모든 인간은 자신을 포함하여 인간 본성을 지닌 모든 존재가 지금의 상태보다 더 훌륭하게 되길 희망한다.
㉢ 인간 본성의 하부 체계는 상호 분리된 모듈들로 구성되어 있기 때문에 인간 본성의 특정 부분을 인위적으로 변경하더라도 그 변화는 모듈 내로 제한된다.

---

① ㉠
② ㉢
③ ㉠, ㉡
④ ㉡, ㉢
⑤ ㉠, ㉡, ㉢

08 다음 글의 내용으로 적절하지 않은 것은?

아무리 튤립이 귀하다 한들 알뿌리 하나의 값이 요즈음 돈으로 쳐서 45만 원이 넘는 수준까지 치솟을 수 있을까? 엄지손가락만한 크기의 메추리알 하나의 값이 달걀 한 꾸러미 값보다도 더 비싸질 수 있을까? 이 두 물음에 대한 대답은 모두 '그렇다'이다.

역사책을 보면 1636년 네덜란드에서는 튤립 알뿌리 하나의 값이 정말로 그 수준으로 뛰어오른 적이 있었다. 그리고 그때를 기억하는 사람은 알겠지만, 실제로 1950년대 말 우리나라에서 한때 메추리알 값이 그렇게까지 비쌌던 적이 있었다.

어떤 상품의 가격은 기본적으로 수요와 공급의 힘에 의해 결정된다. 시장에 참여하고 있는 경제 주체들은 자신이 갖고 있는 정보를 기초로 하여 수요와 공급을 결정한다. 이들이 똑같은 정보를 함께 갖고 있으며 이 정보가 아주 틀린 것이 아닌 한, 상품의 가격은 어떤 기본적인 수준에서 크게 벗어나지 않을 것이라고 예상할 수 있다. 예를 들어 튤립 알뿌리 하나의 값은 수선화 알뿌리 하나의 값과 비슷하고, 메추리알 하나는 달걀 하나보다 더 쌀 것으로 짐작해도 무방하다는 말이다.

그러나 현실에서는 사람들이 서로 다른 정보를 갖고 시장에 참여하는 경우가 많다. 어떤 사람은 특정한 정보를 갖고 있는데 거래 상대방은 그 정보를 갖고 있지 못한 경우도 있다. 뿐만 아니라 거래에 참여하는 목적이나 재산 등의 측면에서 큰 차이가 존재하는 것이 보통이다. 이런 경우에는 어떤 상품의 가격이 우리의 상식으로는 도저히 이해하기 힘든 수준까지 일시적으로 뛰어오르는 현상이 나타날 가능성이 있다. 이런 현상은 특히 투기의 대상이 되는 자산의 경우에 자주 목격되는데, 우리는 이를 '거품(Bubbles)'이라고 부른다.

일반적으로 거품은 어떤 상품(특히 자산)의 가격이 지속적으로 급격히 상승하는 현상을 가리킨다. 이와 같은 지속적인 가격 상승이 일어나는 이유는 애초에 생긴 가격 상승이 추가적인 가격 상승의 기대로 이어져 투기 바람이 형성되기 때문이다. 어떤 상품의 가격이 올라 그것을 미리 사둔 사람이 재미를 보았다는 소문이 돌면 너도나도 사려고 달려들기 때문에 가격이 천정부지*로 뛰어오르게 된다. 물론 이 같은 거품이 무한정 커질 수는 없고 언젠가는 터져 정상적인 상태로 돌아올 수밖에 없다. 이때 거품이 터지는 충격으로 인해 경제에 심각한 위기가 닥칠 수도 있다.

*천정부지 : 물가 따위가 한 없이 오르기만 함을 비유적으로 이르는 말

① 거품은 투기의 대상이 되는 자산에서 자주 일어난다.
② 거품이 터지면 경제에 심각한 위기를 초래할 수 있다.
③ 거래에 참여하는 사람의 목적이나 재산에 큰 차이가 없다면 거품이 일어날 수 있다.
④ 상품의 가격이 일반적인 상식으로는 이해되지 않는 수준까지 일시적으로 상승할 수도 있다.
⑤ 일반적으로 시장에 참여하고 있는 경제 주체들은 자신의 정보를 바탕으로 수요와 공급을 결정한다.

특허권은 발명에 대한 정보의 소유자가 특허 출원 및 담당관청의 심사를 통하여 획득한 특허를 일정 기간 독점적으로 사용할 수 있는 법률상 권리를 말한다. 한편 영업 비밀은 생산 방법, 판매 방법, 그 밖에 영업 활동에 유용한 기술상 또는 경영상의 정보 등으로, 일정 조건을 갖추면 법으로 보호받을 수 있다. 법으로 보호되는 특허권과 영업 비밀은 모두 지식 재산인데, 정보 통신 기술(ICT) 산업은 이 같은 지식 재산을 기반으로 창출된다. 지식 재산 보호 문제와 더불어 최근에는 ICT 다국적 기업이 지식 재산으로 거두는 수입에 대한 과세 문제가 불거지고 있다.

일부 국가에서는 ICT 다국적 기업에 대해 디지털세 도입을 진행 중이다. ⊙ 디지털세는 이를 도입한 국가에서 ICT 다국적 기업이 거둔 수입에 대해 부과하는 세금이다. 디지털세의 배경에는 법인세 감소에 대한 각국의 우려가 있다. 법인세는 국가가 기업으로부터 걷는 세금 중 가장 중요한 것으로, 재화나 서비스의 판매 등을 통해 거둔 수입에서 제반 비용을 제외하고 남은 이윤에 대해 부과하는 세금이라 할 수 있다.

많은 ICT 다국적 기업이 법인세율이 현저하게 낮은 국가에 자회사를 설립하고 그 자회사에 이윤을 몰아 주는 방식으로 법인세를 회피한다는 비판이 있었다. 예를 들면 ICT 다국적 기업 Z사는 법인세율이 매우 낮은 A국에 자회사를 세워 특허의 사용 권한을 부여한다. 그리고 법인세율이 A국보다 높은 B국에 설립된 Z사의 자회사에서 특허 사용으로 수입이 발생하면 Z사는 B국의 자회사로 하여금 A국의 자회사에 특허 사용에 대한 수수료인 로열티를 지출하도록 한다. 그 결과 Z사는 B국의 자회사에 법인세가 부과될 이윤을 최소화한다. ICT 다국적 기업의 본사를 많이 보유한 국가에서도 해당 기업에 대한 법인세 징수는 문제가 된다. 그러나 그중 어떤 국가들은 ICT 다국적 기업의 활동이 해당 산업에서 자국이 주도권을 유지하는 데 중요하기 때문에라도 디지털세 도입에는 방어적이다.

ICT 산업을 주도하는 국가에서 더 중요한 문제는 ICT 지식 재산 보호의 국제적 강화일 수 있다. 이론적으로 봤을 때 지식 재산의 보호가 약할수록 유용한 지식 창출의 유인이 저해되어 지식의 진보가 정체되고, 지식 재산의 보호가 강할수록 해당 지식에 대한 접근을 막아 소수의 사람만이 혜택을 보게 된다. 전자로 발생한 손해를 유인 비용, 후자로 발생한 손해를 접근 비용이라고 한다면, 지식 재산 보호의 최적 수준은 두 비용의 합이 최소가 될 때일 것이다. 각국은 그 수준에서 자국의 지식 재산 보호 수준을 설정한다. 특허 보호 정도와 국민 소득의 관계를 보여 주는 한 연구에서는 국민 소득이 일정 수준 이상인 상태에서는 국민 소득이 증가할수록 특허 보호 정도가 강해지는 경향이 있지만, 가장 낮은 소득 수준을 벗어난 국가들은 그들보다 소득 수준이 낮은 국가들보다 오히려 특허 보호가 약한 것으로 나타났다. 이는 지식 재산 보호의 최적 수준에 대해서도 국가별 입장이 다름을 시사한다.

09 다음 중 윗글에서 언급하지 않은 것은?

① 영업 비밀의 범위

② 디지털세를 도입하게 된 배경

③ 법으로 보호되는 특허권과 영업 비밀의 공통점

④ 영업 비밀이 법적 보호 대상으로 인정받기 위한 절차

⑤ 이론적으로 지식 재산 보호의 최적 수준을 설정하는 기준

10 다음 중 밑줄 친 ㉠에 대한 설명으로 적절하지 않은 것은?

① ICT 다국적 기업이 여러 국가에 자회사를 설립하는 것과 관련이 있다.

② 도입된 국가에서 ICT 다국적 기업이 거둔 수입에 대해 부과된다.

③ 지식 재산 보호와는 관련이 없다.

④ 법인세 감소에 대한 우려가 디지털세를 도입하게 된 배경이다.

⑤ ICT 다국적 기업의 본사를 많이 보유한 국가 중에는 디지털세 도입에 방어적인 곳이 있다.

11 고등학생 A는 13세 동생, 40대 부모님, 65세 할머니와 함께 박물관에 가려고 한다. 주말에 입장할 때와 주중에 입장할 때의 요금 차이는?

<표>

〈박물관 입장료〉

구분	주말	주중
어른	20,000원	18,000원
중·고등학생	15,000원	13,000원
어린이	11,000원	10,000원

※ 어린이 : 3세 이상 13세 이하
※ 경로 : 65세 이상은 50% 할인

① 8,000원 ② 9,000원
③ 10,000원 ④ 11,000원
⑤ 12,000원

12 다음은 K국의 2019 ~ 2023년 부양인구비를 나타낸 자료이다. 2023년의 15세 미만 인구 대비 65세 이상 인구의 비율은?(단, 비율은 소수점 둘째 자리에서 반올림한다)

〈부양인구비〉

구분	2019년	2020년	2021년	2022년	2023년
부양비	37.3	36.9	36.8	36.8	36.9
유소년부양비	22.2	21.4	20.7	20.1	19.5
노년부양비	15.2	15.6	16.1	16.7	17.3

※ (유소년부양비)$=\dfrac{(15세\ 미만\ 인구)}{(15 \sim 64세\ 인구)}\times100$

※ (노년부양비)$=\dfrac{(65세\ 이상\ 인구)}{(15 \sim 64세\ 인구)}\times100$

① 72.4% ② 77.6%
③ 81.5% ④ 88.7%
⑤ 90.1%

13 다음은 소나무재선충병 발생지역에 대한 자료이다. 이를 참고할 때 고사한 소나무 수가 가장 많은 발생지역은?

〈소나무재선충병 발생지역별 소나무 수〉

(단위 : 천 그루)

발생지역	소나무 수
거제	1,590
경주	2,981
제주	1,201
청도	279
포항	2,312

〈소나무재선충병 발생지역별 감염률 및 고사율〉

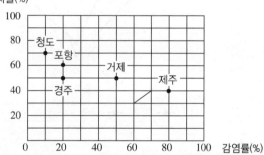

- $[\text{감염률}(\%)] = \dfrac{(\text{발생지역의 감염된 소나무 수})}{(\text{발생지역의 소나무 수})} \times 100$

- $[\text{고사율}(\%)] = \dfrac{(\text{발생지역의 고사한 소나무 수})}{(\text{발생지역의 감염된 소나무 수})} \times 100$

① 거제   ② 경주

③ 제주   ④ 청도

⑤ 포항

14 다음은 한국, 미국, 일본, 프랑스가 화장품산업 경쟁력 4대 분야에서 획득한 점수에 대한 자료이다. 이에 대한 설명으로 옳은 것은?

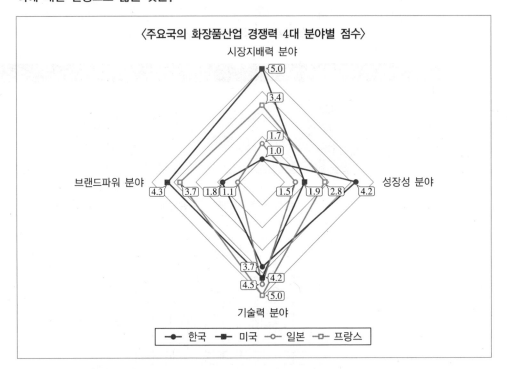

① 기술력 분야에서는 한국의 점수가 가장 높다.

② 성장성 분야에서 점수가 가장 높은 국가는 시장지배력 분야에서도 점수가 가장 높다.

③ 브랜드파워 분야에서 각국 점수 중 최댓값과 최솟값의 차이는 3 이하이다.

④ 미국이 4대 분야에서 획득한 점수의 합은 프랑스가 4대 분야에서 획득한 점수의 합보다 높다.

⑤ 시장지배력 분야의 점수는 일본이 프랑스보다 높지만 미국보다는 낮다.

15 다음은 2019 ~ 2023년 4종목의 스포츠에 대한 경기 수를 나타낸 자료이다. 이에 대한 설명으로 옳지 않은 것은?

<국내 연도별 스포츠 경기 수>

(단위 : 회)

구분	2019년	2020년	2021년	2022년	2023년
농구	413	403	403	403	410
야구	432	442	425	433	432
배구	226	226	227	230	230
축구	228	230	231	233	233

① 농구의 경기 수는 2020년의 전년 대비 감소율이 2023년의 전년 대비 증가율보다 높다.
② 2019년의 농구와 배구의 경기 수 차이는 야구와 축구의 경기 수 차이의 90% 이상이다.
③ 2019년부터 2023년까지의 야구의 평균 경기 수는 축구 평균 경기 수의 2배 이하이다.
④ 2020년부터 2022년까지 경기 수가 증가하는 스포츠는 1종목이다.
⑤ 2023년의 경기 수가 5년 동안의 종목별 평균 경기 수보다 적은 스포츠는 1종목이다.

16 다음 중 자료를 판단한 내용으로 옳지 않은 것은?(단, 증감률은 전년 대비 수치이다)

<천연가스 생산·내수·수출 현황>

(단위 : TOE, %)

구분		2019년	2020년	2021년	2022년	2023년
생산	생산량	4,086,308	3,826,682	3,512,926	4,271,741	4,657,094
	증감률	6.4	−6.4	−8.2	21.6	9.0
내수	생산량	1,219,335	1,154,483	1,394,000	1,465,426	1,474,637
	증감률	4.7	−5.3	20.7	5.1	0.6
수출	생산량	2,847,138	2,683,965	2,148,862	2,772,107	3,151,708
	증감률	7.5	−5.7	−19.9	29.0	13.7

① 2019년에는 전년 대비 생산, 내수, 수출이 모두 증가했다.
② 내수가 가장 큰 폭으로 증가한 해에는 생산과 수출이 모두 감소했다.
③ 수출이 증가했던 해는 생산과 내수도 증가했다.
④ 생산이 증가한 해에도 내수나 수출이 감소한 해가 있다.
⑤ 수출이 가장 큰 폭으로 증가한 해에는 생산도 가장 큰 폭으로 증가했다.

17 다음은 K그룹 직원 250명을 대상으로 조사한 자료이다. 이에 대한 설명으로 옳은 것은?(단, 소수점 첫째 자리에서 버림한다)

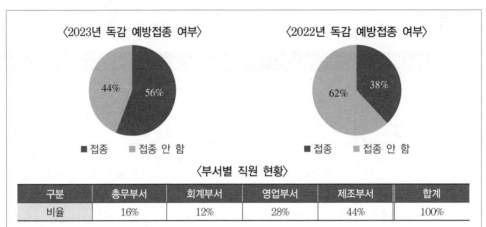

〈2023년 독감 예방접종 여부〉 44% 56% ■접종 ■접종 안 함

〈2022년 독감 예방접종 여부〉 62% 38% ■접종 ■접종 안 함

〈부서별 직원 현황〉

구분	총무부서	회계부서	영업부서	제조부서	합계
비율	16%	12%	28%	44%	100%

※ 제시된 것 외의 부서는 없다.
※ 2022년과 2023년 부서별 직원 현황은 변동이 없다.

① 2022년 대비 2023년에 예방접종을 한 직원의 수는 49% 이상 증가했다.

② 2022년의 독감 예방접종자가 2023년에도 예방접종을 했다면, 2022년에는 예방접종을 하지 않았지만 2023년에 예방접종을 한 직원은 총 54명이다.

③ 2022년에 예방접종을 하지 않은 직원들을 대상으로 2023년의 독감 예방접종 여부를 조사한 자료라고 한다면, 2022년과 2023년 모두 예방접종을 하지 않은 직원은 총 65명이다.

④ 2022년과 2023년의 독감 예방접종 여부가 총무부서에 대한 자료라고 할 때, 총무부서 직원 중 예방접종을 한 직원은 2022년 대비 2023년에 약 7명 증가했다.

⑤ 제조부서를 제외한 모든 부서 직원들이 2023년에 예방접종을 했다고 할 때, 제조부서 중 예방접종을 한 직원의 비율은 2%이다.

18 다음은 중학생의 주당 운동시간 현황을 조사한 자료이다. 이에 대한 설명으로 옳은 것을 〈보기〉에서 모두 고르면?

<중학생의 주당 운동시간 현황>

(단위 : %, 명)

구분		남학생			여학생		
		1학년	2학년	3학년	1학년	2학년	3학년
1시간 미만	비율	10.0	5.7	7.6	18.8	19.2	25.1
	인원수	118	66	87	221	217	281
1시간 이상 2시간 미만	비율	22.2	20.4	19.7	26.6	31.3	29.3
	인원수	261	235	224	312	353	328
2시간 이상 3시간 미만	비율	21.8	20.9	24.1	20.7	18.0	21.6
	인원수	256	241	274	243	203	242
3시간 이상 4시간 미만	비율	34.8	34.0	23.4	30.0	27.3	14.0
	인원수	409	392	266	353	308	157
4시간 이상	비율	11.2	19.0	25.2	3.9	4.2	10.0
	인원수	132	219	287	46	47	112
합계	비율	100.0	100.0	100.0	100.0	100.0	100.0
	인원수	1,176	1,153	1,138	1,175	1,128	1,120

보기

㉠ 1시간 미만 운동하는 3학년 남학생 수는 4시간 이상 운동하는 1학년 여학생 수보다 많다.
㉡ 동일 학년의 남학생과 여학생을 비교하면, 남학생 중 1시간 미만 운동하는 남학생의 비율이 여학생 중 1시간 미만 운동하는 여학생의 비율보다 각 학년에서 모두 낮다.
㉢ 남학생과 여학생 각각, 학년이 높아질수록 3시간 이상 운동하는 학생의 비율이 낮아진다.
㉣ 모든 학년별 남학생과 여학생 각각에서, 3시간 이상 4시간 미만 운동하는 학생의 비율이 4시간 이상 운동하는 학생의 비율보다 높다.

① ㉠, ㉡
② ㉠, ㉣
③ ㉡, ㉢
④ ㉢, ㉣
⑤ ㉠, ㉡, ㉢

※ 다음은 교육부에서 발표한 고등학생의 졸업 후 진로 계획에 대한 자료이다. 이어지는 질문에 답하시오 (단, 소수점 둘째 자리에서 반올림한다). [19~20]

〈고등학생의 졸업 후 진로 계획〉

진로＼학교유형	일반고		과학고·외고·국제고		예술·체육고		마이스터고		특성화고	
	빈도 (명)	비율 (%)	빈도 (명)	비율 (%)	빈도 (명)	비율 (%)	빈도 (명)	비율 (%)	빈도 (명)	비율 (%)
대학 진학	6,773	80.7	164	84.3	80	82.1	3	3.7	512	31.1
취업	457	5.4	11	5.7	3	3.3	64	80.2	752	45.6
창업	118	1.4	5	2.6	5	5.6	1	1.4	37	2.2
기타 (군 입대, 해외 유학)	297	3.5	5	2.4	3	2.7	6	8.1	86	5.3
진로 미결정	749	9.0	10	5.0	6	6.3	5	6.6	260	15.8

19 다음 중 고등학생의 졸업 후 진로 계획에 대한 설명으로 옳은 것은?

① 졸업 후 창업하는 졸업생들 중 특성화고 졸업생이 차지하는 비율은 20% 이상이다.

② 졸업생들 중 대학 진학률이 가장 높은 학교유형과 창업률이 가장 높은 학교유형은 동일하다.

③ 진로를 결정하지 않은 졸업생 수가 가장 많은 학교유형은 예술·체육고이다.

④ 일반고 졸업생 중 졸업 후 대학에 진학하는 졸업생의 수는 특성화고 졸업생 중 대학에 진학하는 졸업생 수의 14배 이상이다.

⑤ 졸업 후 군 입대를 하거나 해외 유학을 가는 졸업생들 중 과학고·외고·국제고와 마이스터고 졸업생들이 차지하는 비율은 5% 이상이다.

20 다음은 고등학생의 졸업 후 진로 계획에 대한 보고서의 일부이다. 밑줄 친 내용 중 옳은 것을 모두 고르면?

지난 8일, 진학점검부는 일반고, 과학고・외고・국제고, 예술・체육고, 마이스터고, 특성화고 졸업생들의 졸업 후 진로 계획에 대한 조사결과를 발표하였다. 진학점검부는 졸업생들의 졸업 후 진로를 크게 대학 진학, 취업, 창업, 기타(군 입대, 해외 유학), 진로 미결정으로 구분하여 조사하였다. 이에 따르면, ㉠ 모든 유형의 학교에서 졸업 후 대학에 진학한 졸업생 수가 가장 많았다. 진로를 결정하지 않은 학생들도 모든 유형의 학교를 통틀어 1,000명이 넘는 등 상당히 많았고, ㉡ 졸업 후 취업한 인원은 모든 유형의 학교를 통틀어 총 1,200명이 넘었다. 창업에 뛰어든 졸업생들은 비교적 적은 숫자였다.

학교유형별로 보면, ㉢ 일반고의 경우 졸업 후 취업한 졸업생 수는 창업한 졸업생 수의 4배가 넘었다. 반면, 예술・체육고의 경우 창업한 졸업생 수가 취업한 졸업생 수보다 많았다. ㉣ 특성화고의 경우 진로를 결정하지 않은 졸업생 수가 대학에 진학한 졸업생 수의 40% 이상이었다. 과학고・외고・국제고 졸업생들의 경우 $\frac{4}{5}$ 이상이 대학으로 진학하였다.

① ㉠, ㉡ 　　　　　　　　　② ㉠, ㉢

③ ㉡, ㉢ 　　　　　　　　　④ ㉡, ㉣

⑤ ㉢, ㉣

21 다음은 K패스트푸드점의 메인·스낵·음료 메뉴의 영양성분표이다. 이에 대한 설명으로 옳은 것은?(단, 소수점 둘째 자리에서 반올림한다)

〈메인 메뉴 단위당 영양성분표〉

메뉴 \ 구분	중량(g)	열량(kcal)	성분함량			
			당(g)	단백질(g)	포화지방(g)	나트륨(mg)
치즈버거	114	297	7	15	7	758
햄버거	100	248	6	13	5	500
새우버거	197	395	9	15	5	882
치킨버거	163	374	6	15	5	719
불고기버거	155	399	13	16	2	760
칠리버거	228	443	7	22	5	972
베이컨버거	242	513	15	26	13	1,200
스페셜버거	213	505	8	26	12	1,059

〈스낵 메뉴 단위당 영양성분표〉

메뉴 \ 구분	중량(g)	열량(kcal)	성분함량			
			당(g)	단백질(g)	포화지방(g)	나트륨(mg)
감자튀김	114	352	0	4	4	181
조각치킨	68	165	0	10	3	313
치즈스틱	47	172	0	6	6	267

〈음료 메뉴 단위당 영양성분표〉

메뉴 \ 구분	중량(g)	열량(kcal)	성분함량			
			당(g)	단백질(g)	포화지방(g)	나트륨(mg)
콜라	425	143	34	0	0	19
커피	400	10	0	0	0	0
우유	200	130	9	6	5	100
오렌지주스	175	84	18	0	0	5

① 중량 대비 열량의 비율이 가장 낮은 메인 메뉴는 새우버거이다.
② 모든 메인 메뉴는 나트륨 함량이 당 함량의 50배 이상이다.
③ 메인 메뉴 각각의 단위당 중량은 모든 스낵 메뉴의 단위당 중량 합보다 작다.
④ 서로 다른 두 메인 메뉴를 한 단위씩 주문한다면, 총 단백질 함량은 항상 총 포화지방 함량의 2배 이상이다.
⑤ 메인 메뉴, 스낵 메뉴 및 음료 메뉴에서 한 단위씩 주문하여 총 열량이 500kcal 이하가 되도록 할 때 주문할 수 있는 음료 메뉴는 커피뿐이다.

22 다음은 상업용 무인기 국내 시장 판매량 및 수출입량과 매출액을 나타낸 자료이다. 이에 대한 설명으로 옳은 것을 〈보기〉에서 모두 고르면?

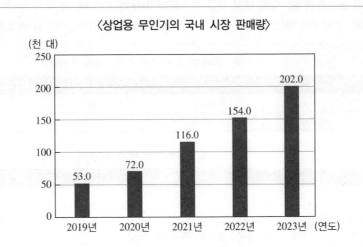

〈상업용 무인기의 국내 시장 판매량〉

(천 대)

- 2019년: 53.0
- 2020년: 72.0
- 2021년: 116.0
- 2022년: 154.0
- 2023년: 202.0

〈상업용 무인기 수출입량〉

(단위 : 천 대)

구분	2019년	2020년	2021년	2022년	2023년
수출량	1.2	2.5	18.0	67.0	240.0
수입량	1.1	2.0	3.5	4.2	5.0

※ 수출량은 국내 시장 판매량에 포함되지 않음
※ 수입량은 당해 연도 국내 시장에서 모두 판매됨

〈K사의 상업용 무인기 매출액〉

(단위 : 백만 달러)

구분	2019년	2020년	2021년	2022년	2023년
매출액	4.3	43.0	304.4	1,203.1	4,348.4

> **보기**
>
> ㄱ. 2023년의 상업용 무인기의 국내 시장 판매량 대비 수입량의 비율은 3.0% 이하이다.
> ㄴ. 2020 ~ 2023년 동안 상업용 무인기 국내 시장 판매량의 전년 대비 증가율이 가장 큰 해는 2021년이다.
> ㄷ. 2020 ~ 2023년 동안 상업용 무인기 수입량의 전년 대비 증가율이 가장 작은 해에는 상업용 무인기 수출량의 전년 대비 증가율이 가장 크다.
> ㄹ. 2021년의 상업용 무인기 수출량의 전년 대비 증가율과 2021년의 K사의 상업용 무인기 매출액의 전년 대비 증가율의 차이는 30% 이하이다.

① ㄱ, ㄴ
② ㄷ, ㄹ
③ ㄱ, ㄴ, ㄷ
④ ㄱ, ㄴ, ㄹ
⑤ ㄴ, ㄷ, ㄹ

23 K국 정부에서는 지나친 음주와 흡연으로 인한 사회문제의 발생을 막기 위해 술과 담배에 세금을 부과하려고 한다. 이때 부과할 수 있는 세금에는 종가세와 정액세가 있다. 술과 담배를 즐기는 A씨의 소비량과 술, 담배 예상 세금 부과량이 아래와 같을 때, 조세 수입 극대화를 위해서 술과 담배에 부과해야 하는 세금의 종류와 이때의 조세 총수입을 순서대로 바르게 나열한 것은?

〈술, 담배 가격 및 A씨의 술, 담배 소비량〉

구분	가격	현재 소비량	세금 부과 후 예상 소비량
술	2,000원	50병	20병
담배	4,500원	100갑	100갑

〈술, 담배 예상 세금 부과량〉

구분	종가세하의 예상 세율	정액세하의 예상 개당 세액
술	20%	300원
담배		800원

※ 종가세 : 가격의 일정 비율을 세금으로 부과하는 제도
※ 정액세 : 가격과 상관없이 판매될 때마다 일정한 액수의 세금을 부과하는 제도

	술	담배	조세 총수입
①	정액세	종가세	99,000원
②	정액세	종가세	96,000원
③	정액세	정액세	86,000원
④	종가세	정액세	88,000원
⑤	종가세	종가세	98,000원

24 다음은 국가별 이산화탄소 배출량에 대한 자료이다. 〈조건〉에 따라 빈칸 ㉠ ~ ㉣에 해당하는 국가 명을 순서대로 바르게 나열한 것은?

〈국가별 이산화탄소 배출량〉

(단위 : 백만 CO_2톤)

구분	1997년	2007년	2017년	2022년	2023년
일본	1,041	1,141	1,112	1,230	1,189
미국	4,803	5,642	5,347	5,103	5,176
㉠	232	432	551	572	568
㉡	171	312	498	535	556
㉢	151	235	419	471	507
독일	940	812	759	764	723
인도	530	890	1,594	1,853	2,020
㉣	420	516	526	550	555
중국	2,076	3,086	7,707	8,980	9,087
러시아	2,163	1,474	1,529	1,535	1,468

조건

• 한국과 캐나다는 제시된 5개 연도의 이산화탄소 배출량 순위에서 8위를 두 번 했다.
• 사우디의 2022년 대비 2023년의 이산화탄소 배출량 증가율은 5% 이상이다.
• 이란과 한국의 이산화탄소 배출량의 합은 2017년부터 이란과 캐나다의 배출량의 합보다 많아진다.

① 캐나다, 이란, 사우디, 한국
② 한국, 사우디, 이란, 캐나다
③ 한국, 이란, 캐나다, 사우디
④ 이란, 한국, 사우디, 캐나다
⑤ 한국, 이란, 사우디, 캐나다

25 다음은 2019년부터 2023년까지의 전국 주택보급률을 나타낸 자료이다. 이에 대한 설명으로 옳지 않은 것은?

〈전국 주택보급률〉

(단위 : 천 호, 천 가구, %)

구분		2019년	2020년	2021년	2022년	2023년
전국	가구 수	19,111	19,368	19,674	19,979	20,343
	주택 수	19,559	19,877	20,313	20,818	21,310
	주택보급률	102.3	102.6	103.3	104.2	104.8
서울	가구 수	3,785	3,785	3,813	3,840	3,896
	주택 수	3,633	3,644	3,672	3,682	3,739
	주택보급률	96	96.3	96.3	95.9	96
부산	가구 수	1,336	1,344	1,354	1,364	1,377
	주택 수	1,370	1,376	1,396	1,413	1,439
	주택보급률	102.6	102.3	103.1	103.6	104.5
대구	가구 수	929	936	948	958	969
	주택 수	943	966	988	996	1,001
	주택보급률	101.6	103.3	104.3	104	103.3
인천	가구 수	1,045	1,063	1,080	1,095	1,121
	주택 수	1,055	1,073	1,084	1,108	1,123
	주택보급률	101	100.9	100.4	101.2	100.2
광주	가구 수	567	569	576	579	587
	주택 수	587	595	606	617	628
	주택보급률	103.5	104.5	105.3	106.6	107
대전	가구 수	583	591	598	602	609
	주택 수	595	601	605	612	618
	주택보급률	102.2	101.7	101.2	101.6	101.4

① 5년간 서울을 제외한 5개 도시 중 가구 수가 가장 많이 증가한 도시는 인천이다.

② 5년간 가구 수보다 주택 수가 더 많이 늘어난 도시는 부산, 광주이다.

③ 2021년의 서울의 가구 수는 대구, 인천, 광주, 대전 가구 수를 합친 것보다 많다.

④ 2022년의 서울과 부산 그리고 대구의 가구 수는 전국 가구 수의 30% 이상이다.

⑤ 5년간 6개 주요 도시의 가구 수와 주택 수는 모두 증가하는 추세이다.

26 K공단은 현재 모든 사원과 연봉 협상을 하는 중이다. 연봉은 전년도 성과지표에 따라서 결정되고 직원들의 성과지표가 다음과 같을 때, 가장 많은 연봉을 받을 사원은 누구인가?

〈성과지표별 가중치〉

(단위 : 원)

성과지표	수익 실적	업무 태도	영어 실력	동료 평가	발전 가능성
가중치	3,000,000	2,000,000	1,000,000	1,500,000	1,000,000

〈사원별 성과지표 결과〉

구분	수익 실적	업무 태도	영어 실력	동료 평가	발전 가능성
A사원	3	3	4	4	4
B사원	3	3	3	4	4
C사원	5	2	2	3	2
D사원	3	3	2	2	5
E사원	4	2	5	3	3

※ (당해 연도 연봉)＝3,000,000원＋(성과금)
※ 성과금은 각 성과지표와 그에 해당하는 가중치를 곱한 뒤 모두 더한다.
※ 성과지표의 평균이 3.5 이상인 경우 당해 연도 연봉에 1,000,000원이 추가된다.

① A사원   ② B사원
③ C사원   ④ D사원
⑤ E사원

27 경영기획실에서 근무하는 귀하는 매년 부서별 사업계획을 정리하는 업무를 맡고 있다. 부서별 사업계획을 간략하게 정리한 보고서를 보고 귀하가 할 수 있는 생각으로 가장 적절한 것은?

〈사업별 기간 및 소요예산〉

- A사업 : 총 사업기간은 2년으로, 첫해에는 1조 원, 둘째 해에는 4조 원의 예산이 필요하다.
- B사업 : 총 사업기간은 3년으로, 첫해에는 15조 원, 둘째 해에는 18조 원, 셋째 해에는 21조 원의 예산이 필요하다.
- C사업 : 총 사업기간은 1년으로, 총 소요예산은 15조 원이다.
- D사업 : 총 사업기간은 2년으로, 첫해에는 15조 원, 둘째 해에는 8조 원의 예산이 필요하다.
- E사업 : 총 사업기간은 3년으로, 첫해에는 6조 원, 둘째 해에는 12조 원, 셋째 해에는 24조 원의 예산이 필요하다.

올해를 포함한 향후 5년간 위의 5개 사업에 투자할 수 있는 예산은 아래와 같다.

〈연도별 가용예산〉

(단위 : 조 원)

1차 연도(올해)	2차 연도	3차 연도	4차 연도	5차 연도
20	24	28.8	34.5	41.5

〈규정〉

- 모든 사업은 한번 시작하면 완료될 때까지 중단할 수 없다.
- 예산은 당해 사업연도에 남아도 상관없다.
- 각 사업연도의 예산은 이월될 수 없다.
- 모든 사업을 향후 5년 이내에 반드시 완료한다.

---

① B사업을 세 번째 해에 시작하고 C사업을 최종연도에 시행한다.
② A사업과 D사업을 첫해에 동시에 시작한다.
③ 첫해에는 E사업만 시작한다.
④ D사업을 첫해에 시작한다.
⑤ 첫해에 E사업과 A사업을 같이 시작한다.

28 면접시험에서 순서대로 면접을 진행한 응시자들이 다음 〈조건〉에 따라 평가 점수가 가장 높은 6명이 합격할 때, 합격자를 높은 점수의 순서대로 바르게 나열한 것은?(단, 동점인 경우 먼저 면접시험을 진행한 응시자를 우선으로 한다)

조건

- 면접관 5명이 부여한 점수 중 최고점과 최저점을 제외한 나머지 면접관 3명이 부여한 점수의 평균과 보훈 가점의 합으로 평가한다.
- 최고점과 최저점이 1개 이상일 때는 1명의 점수만 제외한다.
- 소수점 셋째 자리에서 반올림한다.
- 면접은 알파벳 순서대로 진행하였다.

〈지원자 면접 점수〉

(단위 : 점)

구분	면접관 1	면접관 2	면접관 3	면접관 4	면접관 5	보훈 가점
A	80	85	70	75	90	−
B	75	90	85	75	100	5
C	70	95	85	85	85	−
D	75	80	90	85	80	−
E	80	90	95	100	85	5
F	85	75	95	90	80	−
G	80	75	95	90	95	10
H	90	80	80	85	100	−
I	70	80	80	75	85	5
J	85	80	100	75	85	−
K	85	100	70	75	75	5
L	75	90	70	100	70	−

① G−A−C−F−E−L   ② D−A−F−L−H−I

③ E−G−B−C−F−H   ④ G−E−B−C−F−H

⑤ G−A−B−F−E−L

29 K가스공사에 대한 SWOT 분석 결과가 다음과 같을 때, SWOT 대응 전략으로 적절한 것을 〈보기〉에서 모두 고르면?

〈K가스공사 SWOT 분석 결과〉

구분	분석 결과
강점(Strength)	• 해외 가스공급기관 대비 높은 LNG 구매력 • 세계적으로 우수한 배관 인프라
약점(Weakness)	• 타 연료 대비 높은 단가
기회(Opportunity)	• 북아시아 가스관 사업 추진 논의 지속 • 수소 자원 개발 고도화 추진중
위협(Threat)	• 천연가스에 대한 수요 감소 추세 • 원전 재가동 확대 전망에 따른 에너지 점유율 감소 가능성

보기

ㄱ. 해외 기관 대비 LNG 확보가 용이하다는 점을 근거로 북아시아 가스관 사업 추진 시 우수한 효율을 이용하는 것은 SO전략에 해당한다.
ㄴ. 지속적으로 감소할 것으로 전망되는 천연가스 수요를 북아시아 가스관 사업을 통해 확보하는 것은 ST전략에 해당한다.
ㄷ. 수소 자원 개발을 고도화하여 다른 연료 대비 상대적으로 높았던 공급단가를 낮추려는 R&D 사업 추진은 WO전략에 해당한다.
ㄹ. 높은 LNG 확보 능력을 이용해 상대적으로 높은 가스 공급단가가 더욱 상승하는 것을 방지하는 것은 WT전략에 해당한다.

① ㄱ, ㄴ
② ㄱ, ㄷ
③ ㄴ, ㄷ
④ ㄴ, ㄹ
⑤ ㄷ, ㄹ

30 다음은 K공단이 공개한 부패공직자 사건 및 징계 현황이다. 이에 대한 설명으로 옳지 않은 것을 〈보기〉에서 모두 고르면?

〈부패공직자 사건 및 징계 현황〉

구분	부패행위 유형	부패금액	징계종류	처분일	고발 여부
1	이권개입 및 직위의 사적사용	23만 원	감봉 1월	2018.06.19.	미고발
2	직무관련자로부터 금품 및 향응 수수	75만 원	해임	2019.05.20.	미고발
3	직무관련자로부터 향응 수수	6만 원	견책	2020.12.22.	미고발
4	직무관련자로부터 금품 및 향응 수수	11만 원	감봉 1개월	2021.02.04.	미고발
5	직무관련자로부터 금품 수수	40만 원가량	경고 (무혐의 처분, 징계시효 말소)	2022.03.06.	미고발
6	직권남용(직위의 사적이용)	–	해임	2022.05.24.	고발
7	직무관련자로부터 금품 수수	526만 원	해임	2022.09.17.	고발
8	직무관련자로부터 금품 수수 등	300만 원	해임	2023.05.18.	고발

보기

ㄱ. K공단에서 해당 사건의 부패금액이 일정 수준 이상인 경우 고발한 것으로 해석할 수 있다.
ㄴ. 해임당한 공직자들은 모두 고발되었다.
ㄷ. 직무관련자로부터 금품을 수수한 사건은 총 5건 있었다.
ㄹ. 동일한 부패행위 유형에 해당하더라도 다른 징계처분을 받을 수 있다.

① ㄱ, ㄴ
② ㄱ, ㄷ
③ ㄴ, ㄷ
④ ㄴ, ㄹ
⑤ ㄷ, ㄹ

PART 1

31 K공사의 평가지원팀 A팀장, B대리, C대리, D주임, E주임, F주임, G사원, H사원 8명은 기차를 이용해 대전으로 출장을 가려고 한다. 아래 〈조건〉에 따라 직원들의 좌석이 배정될 때, 팀원들이 앉을 좌석에 대한 설명으로 옳지 않은 것을 〈보기〉에서 모두 고르면?(단, 이웃하여 앉는다는 것은 두 사람 사이에 복도를 두지 않고 양옆으로 붙어 앉는 것을 의미한다)

〈기차 좌석표〉

앞

			복도		
창가	1(가)	1(나)		1(다)	1(라)	창가
	2(가)	2(나)		2(다)	2(라)	

뒤

조건
- 팀장은 반드시 두 번째 줄에 앉는다.
- D주임은 2(다) 석에 앉는다.
- 주임끼리는 이웃하여 앉지 않는다.
- 사원은 (나) 열 혹은 (다) 열에만 앉을 수 있다.
- 팀장은 대리와 이웃하여 앉는다.
- F주임은 업무상 지시를 위해 H사원과 이웃하여 앉아야 한다.
- B대리는 창가 쪽 자리에 앉는다.

보기
ㄱ. E주임은 1(가) 석에 앉는다.
ㄴ. C대리는 (라) 열에 앉는다.
ㄷ. G사원은 E주임과 이웃하여 앉는다.
ㄹ. A팀장의 앞 좌석에는 G사원 혹은 H사원이 앉는다.

① ㄱ
② ㄱ, ㄹ
③ ㄴ, ㄷ
④ ㄷ, ㄹ
⑤ ㄱ, ㄴ, ㄹ

※ K공사의 별관 신축을 위한 건설업체 입찰에 A ~ F업체가 참여하였다. 다음은 입찰기준에 따른 업체별 점수와 업체별 입찰 비용을 나타낸 자료이다. 이어지는 질문에 답하시오. [32~33]

〈업체별 입찰기준 점수〉

입찰업체	경영평가 점수	시공실적 점수	친환경소재 점수
A	18점	11점	15점
B	14점	15점	17점
C	17점	13점	13점
D	16점	12점	14점
E	13점	10점	17점
F	16점	14점	16점

〈업체별 입찰 비용〉

(단위 : 억 원)

A	B	C	D	E	F
16.9	17.4	17.1	12.9	14.5	15.2

32 K공사는 비용이 17억 원 이하인 업체 중, 경영평가 점수와 시공실적 점수의 반영비율을 1 : 2의 가중치로 합산한 값이 가장 높은 3개 업체를 1차로 선정한다. 1차 선정업체 중 친환경소재 점수가 가장 높은 곳을 최종 선정한다고 할 때, 최종 선정될 업체는?

① A업체
② B업체
③ D업체
④ E업체
⑤ F업체

33 K공사가 외부 권고로 인해 선정방식을 변경하였다. 새로운 방식에 따르면, 비용이 17억 2천만 원 이하인 업체 중, 시공실적 점수와 친환경소재 점수의 반영비율을 3 : 2의 가중치로 합산한 값이 가장 높은 2개 업체를 1차로 선정한다. 1차 선정업체 중 입찰 비용이 가장 낮은 곳을 최종 선정한다고 할 때, 최종 선정될 업체는?

① A업체
② C업체
③ D업체
④ E업체
⑤ F업체

34 K공단의 D과장은 우리나라 사람들의 해외취업을 돕기 위해 박람회를 열고자 한다. 제시된 〈조건〉이 다음과 같을 때, D과장이 박람회 장소로 선택할 나라는?

조건

- K공단의 해외 EPS센터가 있는 나라여야 한다.
  - 해외 EPS센터(15개국) : 필리핀, 태국, 인도네시아, 베트남, 스리랑카, 몽골, 우즈베키스탄, 파키스탄, 캄보디아, 중국, 방글라데시, 키르기스스탄, 네팔, 미얀마, 동티모르
- 100개 이상의 한국 기업이 진출해 있어야 한다.

〈국가별 상황〉

국가	경쟁력	비고
인도네시아	한국 기업이 100개 이상 진출해 있으며, 안정적인 정치 및 경제 구조를 가지고 있다.	두 번의 박람회를 열었으나 실제 취업까지 연결되는 성과가 미미하였다.
아랍에미리트	아랍에미리트 자유무역지역에 다양한 다국적 기업이 진출해 있다.	석유가스산업, 금융산업에는 외국 기업의 진출이 불가하다.
중국	한국 기업이 170개 이상 진출해 있으며, 현지 기업의 80% 이상이 우리나라 사람의 고용을 원한다.	중국 청년의 실업률이 높아 사회문제가 되고 있다.
미얀마	많은 수의 한인이 거주 중이며, 한류 열풍이 거세게 불고 있다.	쿠데타와 내전으로 우리나라 사람들의 치안이 보장되지 않는다.
베트남	여성의 사회진출이 높고 정치, 경제, 사회 각 분야에서 많은 여성이 활약 중이다.	한국 기업 진출을 위한 인프라 구축이 잘 되어 있다.

① 인도네시아   ② 아랍에미리트
③ 중국   ④ 미얀마
⑤ 베트남

35 K프랜차이즈 카페에서는 디저트로 빵, 케이크, 마카롱, 쿠키를 판매하고 있다. 최근 각 지점에서 디저트를 섭취하고 땅콩 알레르기가 발생했다는 민원이 제기되었다. 해당 디저트에는 모두 땅콩이 들어가지 않으며, 땅콩을 사용한 제품과 인접한 시설에서 제조하고 있다. 다음 자료를 참고할 때, 반드시 거짓인 경우는?

- 땅콩 알레르기 유발 원인이 된 디저트는 빵, 케이크, 마카롱, 쿠키 중 하나이다.
- 각 지점에서 땅콩 알레르기가 있는 손님이 섭취한 디저트와 알레르기 유무는 다음과 같다.

A지점	빵과 케이크를 먹고, 마카롱과 쿠키를 먹지 않은 경우, 알레르기가 발생했다.
B지점	빵과 마카롱을 먹고, 케이크와 쿠키를 먹지 않은 경우, 알레르기가 발생하지 않았다.
C지점	빵과 쿠키를 먹고, 케이크와 마카롱을 먹지 않은 경우, 알레르기가 발생했다.
D지점	케이크와 마카롱을 먹고, 빵과 쿠키를 먹지 않은 경우, 알레르기가 발생했다.
E지점	케이크와 쿠키를 먹고, 빵과 마카롱을 먹지 않은 경우, 알레르기가 발생하지 않았다.
F지점	마카롱과 쿠키를 먹고, 빵과 케이크를 먹지 않은 경우, 알레르기가 발생하지 않았다.

① A, B, D지점의 사례만을 고려하면, 케이크가 알레르기 발생 원인이다.

② A, C, E지점의 사례만을 고려하면, 빵이 알레르기 발생 원인이다.

③ B, D, F지점의 사례만을 고려하면, 케이크가 알레르기 발생 원인이다.

④ C, D, F지점의 사례만을 고려하면, 마카롱이 알레르기 발생 원인이다.

⑤ D, E, F지점의 사례만을 고려하면, 쿠키는 알레르기 발생 원인이 아니다.

36 다음 글을 근거로 판단할 때, 〈보기〉에서 옳은 것을 모두 고르면?

사슴은 맹수에게 계속 괴롭힘을 당하자 자신을 맹수로 바꾸어 달라고 산신령에게 빌었다. 사슴을 불쌍하게 여긴 산신령은 사슴에게 남은 수명 중 n년(n은 자연수)을 포기하면 여생을 아래 5가지의 맹수 중 하나로 살 수 있게 해 주겠다고 했다.

사슴으로 살 경우의 1년당 효용은 40이며, 다른 맹수로 살 경우의 1년당 효용과 그 맹수로 살기 위해 사슴이 포기해야 하는 수명은 아래의 표와 같다. 예를 들어 사슴의 남은 수명이 12년일 경우 사슴으로 계속 산다면 $12 \times 40 = 480$의 총효용을 얻지만, 독수리로 사는 것을 선택한다면 $(12-5) \times 50 = 350$의 총효용을 얻는다.

사슴은 여생의 총효용이 줄어드는 선택은 하지 않으며, 포기해야 하는 수명이 사슴의 남은 수명 이상인 맹수는 선택할 수 없다. 1년당 효용이 큰 맹수일수록, 사슴은 그 맹수가 되기 위해 더 많은 수명을 포기해야 한다. 사슴은 자신의 남은 수명과 호랑이로 살 경우, 악어로 살 경우의 포기해야 하는 수명을 알고 있다.

맹수	1년당 효용	포기해야 하는 수명(년)
사자	250	14
호랑이	200	?
곰	170	11
악어	70	?
독수리	50	5

보기

ㄱ. 사슴의 남은 수명이 13년이라면, 사슴은 곰을 선택할 것이다.

ㄴ. 사슴의 남은 수명이 20년이라면, 사슴은 독수리를 선택하지 않을 것이다.

ㄷ. 호랑이로 살기 위해 포기해야 하는 수명이 13년이라면, 사슴의 남은 수명에 따라 사자를 선택했을 때와 호랑이를 선택했을 때의 여생의 총효용이 같은 경우가 있다.

① ㄴ   ② ㄷ

③ ㄱ, ㄴ   ④ ㄴ, ㄷ

⑤ ㄱ, ㄴ, ㄷ

37 K공사 인재개발원에서 근무하는 L사원은 IT전략실의 H주임에게 대관 문의를 받았다. 문의내용과 인재개발원 대관안내 자료를 참고해 계산한 대관료로 옳은 것은?

> H주임 : 안녕하세요. IT전략실 IT운영처에서 근무하는 H주임입니다. 다름이 아니라 다음달 첫째 주 토요일에 인재개발원에서 IT전략실 세미나 행사를 진행하려고 하는데, 대관료 안내를 받으려고 연락드렸습니다. IT기획처와 IT개발처는 같은 곳에서 세미나를 진행하고, IT전략실은 별도로 진행하려고 하는데, 면적이 가장 큰 교육시설과 면적이 2번째로 작은 교육시설을 3시간씩 대관하고 싶습니다. 세미나가 끝난 후 친목도모를 위한 레크리에이션 행사를 3시간 진행하려고 하는데, 다목적홀, 이벤트홀, 체육관 중 가장 저렴한 가격으로 이용할 수 있는 곳을 대관했으면 좋겠습니다. 이렇게 했을 때 대관료는 얼마일까요?

〈K공사 인재개발원 대관안내〉

구분		면적	대관료(원)		비고
			기본 사용료	추가 1시간당 사용료	
교육시설	강의실 (대)	177.81m^2	129,000	64,500	• 기본 사용 시간 : 2시간 • 토, 일, 공휴일 10% 할증
	강의실 (중)	89.27m^2	65,000	32,500	
	강의실 (소)	59.48m^2	44,000	22,000	
	세미나실	132.51m^2	110,000	55,000	
다목적홀		492.25m^2	585,000	195,000	• 기본 사용 시간 : 3시간 • 토, 일, 공휴일 10% 할증
이벤트홀		273.42m^2	330,000	110,000	• 토, 일, 공휴일 이벤트홀 휴관
체육관(5층)		479.95m^2	122,000	61,000	• 기본 사용 시간 : 2시간

① 463,810원

② 473,630원

③ 483,450원

④ 493,270원

⑤ 503,100원

※ 다음은 경조사 지원규정에 따라 이번 달에 지원을 받을 임직원들의 경조사 목록이다. 이어지는 질문에 답하시오. [38~39]

〈임직원 경조사 지원규정〉

- K그룹은 임직원 경조사에 사안별로 다양한 지원을 제공한다.
- 경조사의 범위는 결혼식, 돌잔치, 장례식, 회갑, 결혼기념일, 입학 및 졸업으로 한정한다.
  1. 본인의 결혼식, 자녀의 돌잔치, 부모님 회갑에는 현금과 함께 화환을 제공한다.
  2. 부모의 장례식, 배우자의 장례식에는 현금과 함께 화환을 제공한다.
  3. 위의 1 ~ 2항에 언급하지 않은 사안에는 화환 또는 꽃다발만 제공하는 것으로 한다.

  ※ K그룹에 재직 중인 2인 이상이 경조사 범위(1 ~ 2항)에 관련된 경우 한 명에게는 화환이나 꽃다발을, 다른 한 명에게는 현금을 제공한다.

〈이번 달 임직원 경조사 목록〉

구분	경조사	비고
황지원 대리	부친 장례식	이수현 과장 배우자
최진혁 사원	조모 장례식	–
이수현 과장	장인어른 장례식	황지원 대리 배우자
박성용 부장	본인 결혼식	–
조현우 차장	자녀 돌잔치	–
이강재 대리	배우자 졸업식	최영서 사원 배우자
정우영 대리	결혼기념일	–
이미연 과장	모친 회갑	–
최영서 사원	본인 졸업식	이강인 대리 배우자

38 이번 달 임직원 경조사 목록을 참고할 때, 현금과 화환을 모두 받을 수 있는 사람은 몇 명인가?

① 1명
② 2명
③ 3명
④ 4명
⑤ 5명

39 다음 K그룹 내 경조사 지원에 따른 화환 구매 규정을 토대로 화환을 받는 임직원과 화환 가격이 바르게 묶인 것은?

〈경조사 지원에 따른 화환 구매 규정〉

- 경조사의 범위는 결혼식, 돌잔치, 장례식, 회갑, 결혼기념일, 입학 및 졸업으로 한정하며 해당 경조사에 따라 화환이나 꽃다발을 제공한다.
- 축하화환과 근조화환을 구분하여 제공하되, 경조사에 따라 아래 표에 맞는 금액의 화환 혹은 꽃다발을 제공한다.
- ※ K그룹에 재직 중인 2인 이상이 같은 경조사 범위에 관련된 경우 화환이나 꽃다발은 1회만 제공한다.

〈화환 가격표〉

경조사	종류	가격
결혼식	축하화환	82,000원
장례식	근조화환	95,000원
돌잔치	축하화환	73,000원
회갑	축하화환	80,000원
결혼기념일	축하화환	79,000원
입학 및 졸업	축하화환	56,000원

---

① 최영서 사원 – 79,000원
② 정우영 대리 – 80,000원
③ 이미연 과장 – 95,000원
④ 박성용 부장 – 82,000원
⑤ 황지원 대리 – 56,000원

40 K제약회사에 근무하는 A대리는 의약품 특허출원과 관련하여 다음과 같이 보고서를 작성하였다. A대리가 상사에게 보고서를 제출하기 전에 최종 검토를 하고자 할 때, 보고서의 밑줄 친 (가) ~ (라) 중 수정이 필요한 부분은?

〈보고서 내용 일부〉

2021년부터 2023년까지 의약품의 특허출원은 (가) 매년 감소하였다. 그러나 기타 의약품이 전체 의약품 특허출원에서 차지하는 비중은 매년 증가하여 2023년에는 전체 의약품 특허출원의 (나) 25% 이상을 차지하였다. 다국적기업의 의약품별 특허출원 현황을 살펴보면, 원료 의약품에서 다국적기업 특허출원이 차지하는 비중은 다른 의약품에 비해 매년 그 비중이 높아져 2023년에는 (다) 20% 이상을 차지하게 되었다. 한편 2023년의 다국적기업에서 출원한 완제 의약품 특허출원 중 다이어트제 출원은 (라) 11%였다.

〈의약품별 특허출원 현황〉

(단위 : 건)

구분＼연도	2021년	2022년	2023년
완제 의약품	7,137	4,394	2,999
원료 의약품	1,757	797	500
기타 의약품	2,236	1,517	1,220
합계	11,130	6,708	4,719

〈의약품별 특허출원 중 다국적기업 출원 현황〉

(단위 : 건)

구분＼연도	2021년	2022년	2023년
완제 의약품	404	284	200
원료 의약품	274	149	103
기타 의약품	215	170	141
합계	893	603	444

〈완제 의약품 특허출원 중 다이어트제 출원 현황〉

(단위 : 건)

구분	2021년	2022년	2023년
출원건수	53	32	22

① (가)
② (나)
③ (다)
④ (라)
⑤ 없음

41 자동차 회사에서 기계설비를 담당하는 귀하는 12월 주말근무표 초안을 작성하였는데, 이를 토대로 대체근무자를 미리 반영하려고 한다. 다음 중 귀하가 배정한 인원으로 옳지 않은 것은?

- 주말근무 규정
  ① 1 ~ 3팀은 순차적으로 주말근무를 실시한다.
  ② 주말근무 후에는 차주 월요일(토요일 근무자) 및 화요일(일요일 근무자)을 휴무일로 한다.
  ③ 주말 이틀 연속 근무는 금한다.
  ④ 주말근무 예정자가 개인사정으로 인하여 근무가 어렵다면, 해당 주 휴무이거나 혹은 근무가 없는 팀의 일원 1명과 대체한다.

- 12월 주말 근무표

구분	1주 차		2주 차		3주 차		4주 차	
	5일(토)	6일(일)	12일(토)	13일(일)	19일(토)	20일(일)	26일(토)	27일(일)
근무자	1팀	2팀	3팀	1팀	2팀	3팀	1팀	2팀

- 기계설비팀 명단
  1팀 : 강단해(팀장), 마징가, 차도선, 이방원, 황이성, 강의찬
  2팀 : 사차원(팀장), 박정훈, 이도균, 김선우, 정선동, 박아천
  3팀 : 마강수(팀장), 이정래, 하선오, 이광수, 김동수, 김대호

	휴무예정일자	휴무예정자	사유	대체근무자	대체근무일
①	12/5(토)	차도선	가족여행	하선오	12/12(토)
②	12/12(토)	이정래	지인 결혼식	박정훈	12/27(일)
③	12/19(토)	이도균	건강검진	이방원	12/13(일)
④	12/20(일)	이광수	가족여행	강의찬	12/26(토)
⑤	12/27(일)	박아천	개인사정	김대호	12/12(토)

42 K공사 인력지원실 인사부의 P사원은 직원들의 근무평정 업무를 수행하고 있다. 가점평정 기준표를 참고했을 때, P사원이 H과장에게 부여해야 할 가점은?

〈가점평정 기준표〉

구분		내용	가점	인정 범위	비고
근무경력		본부 근무 1개월(본부, 연구원, 인재개발원 또는 정부부처 파견근무기간 포함)	0.03점 (최대 1.8점)	1.8점	동일 근무기간에 다른 근무경력 가점과 원거리, 장거리 및 특수지
		지역본부 근무 1개월(지역본부 파견근무기간 포함)	0.015점 (최대 0.9점)	1.8점	가점이 중복될 경우 원거리, 장거리 및 특수지 근무가점은 $\frac{1}{2}$만 인정
		원거리 근무 1개월	0.035점 (최대 0.84점)		
		장거리 근무 1개월	0.025점 (최대 0.6점)		
		특수지 근무 1개월	0.02점 (최대 0.48점)		
내부평가		내부평가결과 최상위 10%	월 0.012점	0.5점	현 직급에 누적됨 (승진 후 소멸)
		내부평가결과 차상위 10%	월 0.01점		
제안	제안상 결정 시	금상	0.25점	0.5점	수상 당시 직급에 한정함
		은상	0.15점		
		동상	0.1점		
	시행 결과평가	탁월	0.25점	0.5점	제안상 수상 당시 직급에 한정함
		우수	0.15점		

〈H과장 가점평정 사항〉

• 입사 후 36개월 동안 본부에서 연구원으로 근무
• 지역본부에서 24개월 근무
　－ 지역본부에서 24개월 근무 중 특수지에서 12개월 동안 파견근무
• 본부로 복귀 후 현재까지 총 23개월 근무
• 팀장(직급 : 과장)으로 승진 후 현재까지
　－ 내부평가결과 최상위 10% 총 12회
　－ 내부평가결과 차상위 10% 총 6회
　－ 금상 2회, 은상 1회, 동상 1회 수상
　－ 시행결과평가 탁월 2회, 우수 1회

① 3.284점
② 3.454점
③ 3.604점
④ 3.854점
⑤ 3.974점

43 K공사는 직원용 컴퓨터를 교체하려고 한다. 다음 중 〈조건〉을 만족하는 컴퓨터로 옳은 것은?

〈컴퓨터별 가격 현황〉

구분	A컴퓨터	B컴퓨터	C컴퓨터	D컴퓨터	E컴퓨터
모니터	20만 원	23만 원	20만 원	19만 원	18만 원
본체	70만 원	64만 원	60만 원	54만 원	52만 원
SET	80만 원	75만 원	70만 원	66만 원	65만 원
성능평가	중	상	중	중	하
할인혜택	–	SET로 15대 이상 구매 시 총금액에서 100만 원 할인	모니터 10대 초과 구매 시 초과 대수 15% 할인	–	–

조건

- 예산은 1,000만 원이다.
- 교체할 직원용 컴퓨터는 모니터와 본체 각각 15대이다.
- 성능평가에서 '중' 이상을 받은 컴퓨터로 교체한다.
- 컴퓨터 구매는 SET 또는 모니터와 본체 따로 구매할 수 있다.

① A컴퓨터 ② B컴퓨터
③ C컴퓨터 ④ D컴퓨터
⑤ E컴퓨터

제4회 핵심영역 NCS 최종모의고사 • **145**

44 다음은 직원들의 이번 주 추가근무 계획표이다. 하루에 5명 이상 추가근무를 할 수 없고, 직원들은 일주일에 10시간을 초과하여 추가근무를 할 수 없다고 한다. 한 사람만 추가근무 일정을 수정할 수 있을 때, 규칙에 어긋난 요일과 그 날에 속한 사람 중 변경해야 할 직원을 순서대로 바르게 나열한 것은?(단, 주말은 1시간당 1.5시간으로 계산한다)

〈추가근무 계획표〉

성명	추가근무 일정	성명	추가근무 일정
김혜정	월요일 3시간, 금요일 3시간	김재건	수요일 1시간
이설희	토요일 6시간	신혜선	수요일 4시간, 목요일 3시간
임유진	토요일 3시간, 일요일 1시간	한예리	일요일 6시간
박주환	목요일 2시간	정지원	월요일 6시간, 목요일 4시간
이지호	화요일 4시간	최명진	화요일 5시간
김유미	금요일 6시간, 토요일 2시간	김우석	목요일 1시간
이승기	화요일 1시간	차지수	금요일 6시간
정해리	월요일 5시간	이상엽	목요일 6시간, 일요일 3시간

	요일	직원
①	월요일	김혜정
②	화요일	정지원
③	화요일	신혜선
④	목요일	이상엽
⑤	토요일	임유진

45 K공사의 A사원은 법인카드를 사용하여 부장 3명과 대리 2명의 제주 출장을 위해 왕복항공권을 구입하려고 한다. 다음은 항공사별 좌석에 따른 편도 비용에 대한 자료이다. 부장은 비즈니스석, 대리는 이코노미석을 이용한다고 할 때, 가장 저렴하게 항공권을 구입할 수 있는 항공사는?

〈항공사별 좌석 편도 비용 현황〉

항공사	비즈니스석	이코노미석	비고
A항공사	120,000원	85,000원	-
B항공사	130,000원	70,000원	-
C항공사	150,000원	80,000원	왕복권 구매 시 10% 할인
D항공사	130,000원	75,000원	-
E항공사	150,000원	95,000원	법인카드 사용 시 20% 할인

① A항공사
② B항공사
③ C항공사
④ D항공사
⑤ E항공사

46 갑과 을은 0점, 4점, 9점 구간이 구분된 과녁을 놓고 양궁 게임을 하고 있다. 둘은 각각 20발의 화살을 쏘아 0점을 맞힌 개수만 점수표에 기록하였다. 〈조건〉에 근거하여 점수를 추론할 때, 갑과 을의 최종 점수로 가능한 것은?

〈점수표〉

(단위 : 발)

구분	갑	을
0점	6	8
4점		
9점		

조건
• 최종 점수는 각 화살이 맞힌 점수의 합으로 한다.
• 둘이 쏜 화살 중 과녁 밖으로 날아간 것은 하나도 없다.
• 갑과 을이 4점을 맞힌 화살의 개수는 동일하다.

	갑	을
①	51점	62점
②	74점	62점
③	74점	68점
④	86점	68점
⑤	88점	68점

47 다음 자료를 보고 계산한 A고객과 B고객이 내야 할 총액으로 옳은 것은?

구분	금액(원)	비고
전복(1kg)	50,000	–
블루베리(100g)	1,200	–
고구마(100g)	5,000	–
사과(5개)	10,000	–
오렌지(8개)	12,000	–
우유(1L)	3,000	S우유 구매 시 200원 할인
소갈비(600g)	20,000	LA갈비 18,000원
생닭(1마리)	9,000	손질 요청 시 1,000원 추가
배송	3,000	12만 원 이상 구매 시 무료
신선포장	1,500	–
봉투	100	배송 시 무료 제공

※ S카드 결제 시 5% 할인 적용

고객	품목	비고
A	전복(1kg), 블루베리(600g), 고구마(200g), 사과(10개), 오렌지(8개), 우유(1L)	배송, 신선포장, 봉투 1개 필요, 현금 결제
B	블루베리(200g), 오렌지(8개), S우유(1L), 소갈비(600g), 생닭(1마리)	생닭 손질, 봉투 2개 필요, S카드 결제

       A   B

① 106,500원   45,030원

② 105,600원   44,080원

③ 105,600원   45,030원

④ 106,700원   45,030원

⑤ 106,700원   44,080원

48 K공단은 2024년 하반기 인사이동을 통해 품질안전본부의 승진대상자 중 승진할 직원 2명을 선정하고자 한다. 승진자 결정방식 및 승진대상자 정보가 아래와 같을 때, 다음 중 승진하게 되는 직원들로만 바르게 짝지어진 것은?

〈승진자 결정방식〉

- 품질안전본부의 승진대상자인 갑, 을, 병, 정, 무 중 승진점수가 가장 높은 직원 2명이 승진하게 된다.
- 승진점수는 업무실적점수(20점), 사고점수(10점), 근무태도점수(10점), 가점 및 벌점(최대 5점)을 합산하여 산정한다.
- 업무실적점수 산정기준(20점 만점)

등급	A	B	C	D
점수	20	17	13	10

- 사고점수 산정기준(10점 만점)
  - 만점인 10점에서 사고유형 및 건수에 따라 차감하여 계산한다.

구분	1건당 벌점
경미/과실	1점
중대/고의	3점

- 근무태도점수 산정기준(10점 만점)

등급	우수	보통	미흡
점수	10	7	4

- 가점 및 벌점 부여기준 (최대 5점)
  - 무사고(모든 유형의 사고 건수 0건) : 가점 2점
  - 수상실적 : 1회당 가점 2점
  - 사고유형 중 중대/고의 사고 건수 2건 이상 : 벌점 4점

〈승진대상자 정보〉

구분	업무실적등급	사고건수 경미/과실	사고건수 중대/고의	근무태도등급	수상실적
갑	A	-	1	보통	1회
을	B	1	-	우수	2회
병	C	2	-	보통	-
정	A	1	1	미흡	-
무	D	-	-	우수	1회

① 갑, 을

② 갑, 정

③ 을, 병

④ 병, 무

⑤ 정, 무

49 K공사는 사내 요리대회를 진행하고 있다. 최종 관문인 협동심 평가는 이전 평가에서 통과한 참가자 A ~ D 4명이 한 팀이 되어 역할을 나눠 주방에서 제한시간 내에 하나의 요리를 만드는 것이다. 재료손질, 요리보조, 요리, 세팅 및 정리 4개의 역할이 있고, 협동심 평가 후 참가자별 기존 점수에 가산점을 더하여 최종 점수를 계산할 때, 〈조건〉에 따라 역할을 바르게 선정한 것은?

〈참가자별 점수 분포〉

(단위 : 점)

구분	A참가자	B참가자	C참가자	D참가자
기존 점수	90	95	92	97

〈각 역할을 성실히 수행 시 가산점〉

(단위 : 점)

구분	재료손질	요리보조	요리	세팅 및 정리
가산점	5	3	7	9

※ 협동심 평가의 각 역할은 한 명만 수행할 수 있다.

조건

- C참가자는 주부습진이 있어 재료손질 역할을 원하지 않는다.
- A참가자는 깔끔한 성격으로 세팅 및 정리 역할을 원한다.
- D참가자는 손재주가 없어 재료손질 역할을 원하지 않는다.
- B참가자는 적극적인 성격으로 어떤 역할이든지 자신 있다.
- 최종점수는 100점을 넘을 수 없다.

	재료손질	요리보조	요리	세팅 및 정리
①	A	D	C	B
②	B	C	D	A
③	B	D	C	A
④	C	A	D	B
⑤	D	C	A	B

50 K공사에서는 약 2개월 동안 근무할 인턴사원을 선발하고자 다음과 같은 공고를 게시하였다. 이에 지원한 A ~ E 중에서 K공사의 인턴사원으로 가장 적절한 지원자는?

〈인턴 모집 공고〉

• 근무기간 : 약 2개월(6 ~ 8월)
• 자격 요건
  - 1개월 이상 경력자
  - 포토샵 가능자
  - 근무 시간(9 ~ 18시) 이후에도 근무가 가능한 자
• 기타사항
  - 경우에 따라서 인턴 기간이 연장될 수 있음

A지원자	• 경력사항 : 출판사 3개월 근무 • 컴퓨터 활용 능력 中(포토샵, 워드 프로세서) • 대학 휴학 중(9월 복학 예정)
B지원자	• 경력 사항 : 없음 • 포토샵 능력 우수 • 전문대학 졸업
C지원자	• 경력 사항 : 마케팅 회사 1개월 근무 • 컴퓨터 활용 능력 上(포토샵, 워드 프로세서, 파워포인트) • 4년제 대학 졸업
D지원자	• 경력 사항 : 제약 회사 3개월 근무 • 포토샵 가능 • 저녁 근무 불가
E지원자	• 경력 사항 : 마케팅 회사 1개월 근무 • 컴퓨터 활용 능력 中(워드 프로세서, 파워포인트) • 대학 졸업

① A지원자　　　　　　　　　② B지원자
③ C지원자　　　　　　　　　④ D지원자
⑤ E지원자

01 다음은 대화 과정에서 지켜야 할 협력의 원리에 대한 설명이다. 다음을 참고할 때, 〈보기〉의 사례에 대한 설명으로 가장 적절한 것은?

> 협력의 원리란 대화 참여자가 대화의 목적에 최대한 기여할 수 있도록 서로 협력해야 한다는 것으로, 듣는 사람이 요구하지 않은 정보를 불필요하게 많이 제공하거나 대화의 목적이나 주제에 맞지 않는 내용을 말하는 것은 바람직하지 않다. 협력의 원리를 지키기 위해서는 다음과 같은 사항을 고려해야 한다.
> • 양의 격률 : 필요한 만큼만 정보를 제공해야 한다.
> • 질의 격률 : 타당한 근거를 들어 진실한 정보를 제공해야 한다.
> • 관련성의 격률 : 대화의 목적이나 주제와 관련된 것을 말해야 한다.
> • 태도의 격률 : 모호하거나 중의적인 표현을 피하고, 간결하고 조리 있게 말해야 한다.

> ┌─ 보기 ─
> A사원 : 오늘 점심은 어디로 갈까요?
> B대리 : 아무거나 먹읍시다. 오전에 간식을 먹었더니 배가 별로 고프진 않은데, 아무 데나 괜찮습니다.

① B대리는 불필요한 정보를 제공하고 있으므로 양의 격률을 지키지 않았다.
② B대리는 거짓된 정보를 제공하고 있으므로 질의 격률을 지키지 않았다.
③ B대리는 질문에 적합하지 않은 대답을 하고 있으므로 관련성의 격률을 지키지 않았다.
④ B대리는 대답을 명료하게 하지 않고 있으므로 태도의 격률을 지키지 않았다.
⑤ A대리와 B대리는 서로 협력하여 의미 전달을 하고 있으므로 협력의 원리를 따르고 있다.

02 다음 글의 빈칸에 들어갈 문장을 〈보기〉에서 골라 순서대로 바르게 나열한 것은?

『정의론』을 통해 현대 영미 윤리학계에 정의에 대한 화두를 던진 사회철학자 '롤즈'는 전형적인 절차주의적 정의론자이다. 그는 정의로운 사회 체제에 대한 논의를 주도해 온 공리주의가 소수자 및 개인의 권리를 고려하지 못한다는 점에 주목하여 사회계약론적 토대하에 대안적 정의론을 정립하고자 하였다.

롤즈는 개인이 정의로운 제도하에서 자유롭게 자신들의 욕구를 추구하기 위해서는 ___(가)___ 등이 필요하며 이는 사회의 기본 구조를 통해서 최대한 공정하게 분배되어야 한다고 생각했다. 그리고 이를 실현할 수 있는 사회 체제에 대한 논의가, 자유롭고 평등하며 합리적인 개인들이 모두 동의할 수 있는 원리들을 탐구하는 데서 출발해야 한다고 보고 '원초적 상황'의 개념을 제시하였다.

'원초적 상황'은 정의로운 사회 체제의 기본 원칙들을 선택하는 합의 당사자들로 구성된 가설적 상황으로, 이들은 향후 헌법과 하위 규범들이 따라야 하는 가장 근본적인 원리들을 합의한다. '원초적 상황'에서 합의 당사자들은 ___(나)___ 등에 대한 정보를 모르는 상태에 놓이게 되는데 이를 '무지의 베일'이라고 한다. 단, 합의 당사자들은 ___(다)___ 와/과 같은 사회에 대한 일반적 지식을 알고 있으며, 공적으로 합의된 규칙을 준수하고, 합리적인 욕구를 추구할 수 있는 존재로 간주된다. 롤즈는 이러한 '무지의 베일' 상태에서 사회 체제의 기본 원칙들에 만장일치로 합의하는 것이 보장된다고 생각하였다. 또한 무지의 베일을 벗은 후에 겪을지 모를 피해를 우려하여 합의 당사자들이 자신의 피해를 최소화할 수 있는 내용을 계약에 포함시킬 것으로 보았다.

위와 같은 원초적 상황을 전제로 합의 당사자들은 정의의 원칙들을 선택하게 된다. 제1원칙은 모든 사람이 다른 개인들의 자유와 양립 가능한 한도 내에서 '기본적 자유'에 대한 평등한 권리를 갖는다는 것인데, 이를 '자유의 원칙'이라고 한다. 여기서 롤즈가 말하는 '기본적 자유'는 양심과 사고 표현의 자유, 정치적 자유 등을 포함한다.

> **보기**
> ㉠ 자신들의 사회적 계층, 성, 인종, 타고난 재능, 취향
> ㉡ 자유와 권리, 임금과 재산, 권한과 기회
> ㉢ 인간의 본성, 제도의 영향력

	(가)	(나)	(다)
①	㉠	㉡	㉢
②	㉠	㉢	㉡
③	㉡	㉠	㉢
④	㉡	㉢	㉠
⑤	㉢	㉠	㉡

03 다음 문단을 논리적 순서대로 바르게 나열한 것은?

> (가) 동아시아의 문명 형성에 가장 큰 영향력을 끼친 책을 꼽을 때, 그 중에 『논어』가 빠질 수 없다. 『논어』는 공자(B.C. 551 ~ 479)가 제자와 정치인 등을 만나서 나눈 이야기를 담고 있다. 공자의 활동기간으로 따져 보면 『논어』는 지금으로부터 대략 2,500년 전에 쓰인 것이다. 지금의 우리는 한나절에 지구 반대편으로 날아다니고, 여름에 겨울 과일을 먹는 그야말로 공자는 상상할 수도 없는 세상에 살고 있다.
>
> (나) 2,500년 전의 공자와 그가 대화한 사람 역시 우리와 마찬가지로 '호모 사피엔스'이기 때문이다. 2,500년 전의 사람도 배고프면 먹고, 졸리면 자고, 좋은 일이 있으면 기뻐하고, 나쁜 일이 있으면 화를 내는 오늘날의 사람과 다름없었다. 불의를 보면 공분하고, 전쟁보다 평화가 지속되기를 바라고, 예술을 보고 들으며 즐거워했는데, 오늘날의 사람도 마찬가지이다.
>
> (다) 물론 2,500년의 시간으로 인해 달라진 점도 많고 시대와 문화에 따라 '사람다움이 무엇인가?'에 대한 답은 다를 수 있지만, 사람은 돌도 아니고 개도 아니고 사자도 아니라 여전히 사람일 뿐인 것이다. 즉 현재의 인간이 과거보다 자연의 힘을 두려워하지 않고 자연을 합리적으로 설명할 수는 있지만, 인간적 약점을 극복하고 신적인 존재가 될 수는 없는 그저 인간일 뿐인 것이다.
>
> (라) 『논어』의 일부는 여성과 아동, 이민족에 대한 당시의 편견을 드러내고 있어 이처럼 달라진 시대의 흐름에 따라 폐기될 수밖에 없지만, 이를 제외한 부분은 '오래된 미래'로서 읽을 가치가 있는 것이다.
>
> (마) 이론의 생명 주기가 짧은 학문의 경우, 2,500년 전의 책은 역사적 가치가 있을지언정 이론으로서는 폐기 처분이 당연시된다. 그런데 왜 21세기의 우리가 2,500년 전의 『논어』를 지금까지도 읽고, 또 읽어야 할 책으로 간주하고 있는 것일까?

① (가) – (마) – (나) – (다) – (라)   ② (가) – (마) – (나) – (라) – (다)
③ (가) – (마) – (다) – (나) – (라)   ④ (나) – (다) – (가) – (마) – (라)
⑤ (마) – (가) – (나) – (다) – (라)

04 다음 글의 내용 전개 방식으로 가장 적절한 것은?

우리가 어떤 개체의 행동이나 상태 변화를 설명하고 예측하고자 할 때는 물리적 태세, 목적론적 태세, 지향적 태세라는 전략을 활용할 수 있다. 소금을 물에 넣고, 물속의 소금에 어떤 변화가 일어날지 예측하기 위해서는 소금과 물 그리고 그것을 지배하는 물리적 법칙이 필요하다. 이는 대상의 물리적 구성 요소와 그것을 지배하는 법칙을 통해 그 변화를 예측하는 것을 의미한다. 이와 같은 전략을 '물리적 태세'라 한다.

'목적론적 태세'는 개체의 설계 목적이나 기능을 파악하여 그 행동을 설명하고 예측하는 전략이다. 가령 컴퓨터의 〈F8〉 키가 어떤 기능을 하는지 알기만 하면 〈F8〉 키를 누를 때 컴퓨터가 어떤 반응을 보일지 예측할 수 있다. 즉, 〈F8〉 키를 누르면 컴퓨터가 맞춤법을 검사할 것이라고 충분히 예측할 수 있다.

마지막으로 '지향적 태세'는 지향성의 개념을 사용하여 개체의 행동을 설명하고 예측하는 전략이다. 여기서 '지향성'이란 어떤 대상을 향한 개체의 의식, 신념, 욕망 등을 가리킨다. 가령 쥐의 왼쪽에 고양이가 나타났을 경우를 가정해 보자. 쥐의 행동을 예측하기 위해서는 어떤 전략을 사용해야 할까? 물리적 태세를 취해 쥐의 물리적 구성 요소나 쥐의 행동 양식을 지배하는 물리적 법칙을 파악할 수는 없다. 또한, 쥐가 어떤 기능이나 목적을 수행하도록 설계된 개체로 보기도 어려우므로 목적론적 태세도 취할 수 없다. 따라서 우리는 쥐가 살고자 하는 지향성을 지닌 개체라고 전제하고, 그 행동을 예측하는 것이 타당할 것이다. 즉, 쥐는 생존 욕구 때문에 '왼쪽에 고양이가 있으니, 그쪽으로 가면 잡아먹힐 위험이 있다. 그러니 왼쪽으로는 가지 말아야지.'라는 믿음을 가질 것이다. 우리는 쥐가 고양이가 있는 왼쪽으로 가는 행동을 하지 않을 것으로 예측할 수 있다. 그런데 예측 과정에서 선행되어야 하는 것은 쥐가 살아남기 위해 합리적으로 행동하는 개체라는 점을 인식해야 한다는 것이다. 따라서 지향적 태세를 취한다는 것은 예측 대상이 합리적으로 행동하는 개체임을 가정하는 것이다.

유기체는 생존과 번성의 욕구를 성취하기 위한 지향성을 지닌다. 그리고 환경에 성공적으로 적응하기 위해 정보를 수집하고, 축적된 정보에 새로운 정보를 결합하여 가장 합리적이라고 판단되는 행동을 선택한다. 이처럼 대부분의 유기체는 외부 세계와의 관계 속에서 지향성을 지니며 진화해 왔다. 지향적 태세는 우리가 대상을 바라보는 새로운 자세와 관점을 제공했다는 점에서 의의를 찾을 수 있다.

① 구체적 사례를 통해 추상적인 개념을 설명하고 있다.
② 다양한 관점을 소개하면서 이를 서로 절충하고 있다.
③ 전문가의 견해를 토대로 현상의 원인을 분석하고 있다.
④ 기존 이론의 문제점을 밝히고 새로운 이론을 제시하고 있다.
⑤ 시대적 흐름에 따른 핵심 개념의 변화 과정을 규명하고 있다.

05 다음 중 민속문화와 대중문화의 차이로 적절하지 않은 것은?

문화는 하나의 집단을 이루는 사람들의 독특한 전통을 구성하는 관습적 믿음, 사회적 형태, 물질적 특성으로 나타나는 일종의 실체이다. 문화는 모든 사람들의 일상생활에서의 생존활동, 즉 의식주와 관련된 활동들로부터 형성된다. 지리학자들은 특정 사회관습의 기원과 확산, 그리고 특정 사회관습과 다른 사회적 특성들의 통합을 연구하는데, 크게 고립된 촌락 지역에 거주하는, 규모가 작고 동질적인 집단에 의해 전통적으로 공유되는 민속문화(Folk Culture)와, 특정 관습을 공유하는, 규모가 크고 이질적인 사회에서 나타나는 대중문화(Popular Culture)로 구분된다.

다수의 민속문화에 의해 지배되는 경관은 시간의 흐름에 따라 거의 변화하지 않는다. 이에 비해 현대의 통신매체는 대중적 관습이 자주 변화하도록 촉진시킨다. 결과적으로, 민속문화는 특정 시기에 장소마다 다양하게 나타나는 경향이 있지만 대중문화는 특정 장소에서 시기에 따라 달라지는 경향이 크다.

사회적 관습은 문화의 중심지역, 즉 혁신의 발상지에서 유래한다. 민속문화는 흔히 확인되지 않은 기원자를 통해서, 잘 알려지지 않은 시기에, 출처가 밝혀지지 않은 미상의 발상지로부터 발생한다. 민속문화는 고립된 장소로부터 독립적으로 기원하여 여러 개의 발상지를 가질 수 있다. 예를 들어, 민속 노래는 보통 익명으로 작곡되며, 구두로 전파된다. 노래는 환경 조건의 변화에 따라 다음 세대로 전달되며 변형되지만, 그 소재는 대다수 사람들에게 익숙한 일상생활의 사건들로부터 빈번하게 얻어진다.

민속문화와 달리 대중문화는 대부분이 선진국, 특히 북아메리카, 서부 유럽, 일본의 산물이다. 대중음악과 패스트푸드가 대중문화의 좋은 예이다. 대중문화는 산업기술의 진보와 증가된 여가시간이 결합하면서 발생한 것이다. 오늘날 우리가 알고 있는 대중음악은 1900년경에 시작되었다. 그 당시 미국과 서부 유럽에서 대중음악에 의한 엔터테인먼트는 영국에서 뮤직 홀(Music Hall)로 불리고, 미국에서 보드빌(Vaudeville)이라고 불린 버라이어티쇼였다. 음악 산업은 뮤직홀과 보드빌에 노래를 제공하기 위해 뉴욕의 틴 팬 앨리(Tin Pan Alley)라고 알려진 구역에서 발달하였다. 틴 팬 앨리라는 명칭은 송 플러거(Song Plugger : 뉴욕의 파퓰러 송 악보 출판사가 고용한 선전 담당의 피아니스트)라고 불린 사람들이 악보 출판인들에게 음악의 곡조를 들려주기 위해 격렬하게 연타한 피아노 소리로부터 유래하였다.

많은 스포츠가 고립된 민속문화로 시작되었으며, 다른 민속문화처럼 개인의 이동을 통해 확산되었다. 그러나 현대의 조직된 스포츠의 확산은 대중문화의 특징을 보여 준다. 축구는 11세기 잉글랜드에서 민속문화로 시작되었으며, 19세기 전 세계 대중문화의 일부가 되었다. 축구의 기원은 명확하지 않다. 1863년 다수의 영국 축구 클럽들이 경기 규칙을 표준화하고, 프로 리그를 조직하기 위해 풋볼협회(Football Association)를 결성하였다. 풋볼 협회의 'Association'이라는 단어가 축약되어 'Assoc'으로, 그리고 조금 변형되어 마침내 'Soccer'라는 용어가 만들어졌다. 여가시간 동안 조직된 위락 활동을 공장 노동자들에게 제공하기 위해 클럽들은 교회에 의해 조직되었다. 영국에서 스포츠가 공식적인 조직으로 만들어진 것은 축구가 민속문화에서 대중문화로 전환된 것을 나타낸다.

① 민속문화는 규모가 작고, 동질적인 집단에 의해 전통적으로 공유된다.
② 대중문화는 서부 유럽이나 북아메리카 등 선진국에서 발생하였다.
③ 민속문화는 출처가 밝혀지지 않은 미상의 발상지로부터 발생한다.
④ 민속문화는 대중문화로 변하기도 한다.
⑤ 민속문화는 특정 장소에서 시기마다 달라지는 경향이 있지만, 대중문화는 특정 시기에서 장소에 따라 다양해지는 경향이 크다.

06 다음 글의 제목으로 가장 적절한 것은?

영양분이 과도하게 많은 물에서는 오히려 물고기의 생존이 어렵다. 농업용 비료나 하수 등에서 배출되는 질소와 인 등으로 영양분이 많아진 하천의 수온이 상승하면 식물성 플랑크톤이 대량으로 증식하게 된다. 녹색을 띠는 플랑크톤이 수면을 뒤덮으면 물속으로 햇빛이 닿지 못하고 결국 물속의 산소가 고갈되어 물고기는 숨을 쉬기 어려워진다. 즉, 물속의 과도한 영양분이 오히려 물고기의 생존을 위협하는 것이다.

이처럼 부영양화된 물에서의 플랑크톤 증식으로 인한 녹조 현상은 경제발전과 각종 오염물질 배출량의 증가로 인해 심각한 사회문제가 되고 있다. 녹조는 냄새를 유발하는 물질과 함께 독소를 생성하여 수돗물의 수질을 저하시킨다. 특히 독성물질을 배출하는 녹조를 유해 녹조로 지정하여 관리하고 있는 현실을 고려하면 이제 녹조는 생태계뿐만 아니라 먹는 물의 안전까지도 위협한다.

하천의 생태계를 보호하고 우리가 먹는 물을 보호하기 위해서는 녹조의 발생 원인을 사전에 제거해야 한다. 이를 위해서는 무엇보다 생활 속에서의 작은 실천이 중요하다. 질소나 인이 첨가되지 않은 세제를 사용하고, 농가에서는 화학 비료 사용을 최소화하며 하천에 오염된 물이 흘러 들어가지 않도록 철저히 관리하는 노력을 기울여야 한다.

① 물고기의 생존을 위협하는 하천의 수질 오염
② 녹조를 가속화하는 이상 기온 현상
③ 물고기와 인간의 안전을 위협하는 하천의 부영양화
④ 녹조 예방을 위한 정부의 철저한 관리의 필요성
⑤ 수돗물 수질 향상을 위한 기술 개발의 필요성

07 공감적 이해의 단계를 인습적 수준, 기본적 수준, 심층적 수준 세 가지 수준으로 나누어 볼 때, 다음 사례에 나타난 A ~ C는 각각 어느 수준에 해당하는가?

A, B, C는 같은 초등학교에 다니고 있는 아이들의 학부모로, 서로 나이도 비슷하고 취미도 비슷하여 친하게 지내고 있다. 그러나 이 셋은 아이들과 대화할 때 대화 방식에서 큰 차이를 보인다.

초등학생인 아이가 "학교 숙제는 제가 알아서 할게요. 자꾸 집에 오면 숙제부터 먼저 하라고 하시는데 제가 작성한 하루 일과표에 따라 순서대로 할게요."라고 하였을 때, A, B, C는 다음과 같이 이야기하였다.

A : 지난번에도 알아서 하겠다고 해놓고, 결국엔 잊어버려서 학교에 가서 혼나지 않았니? 엄마, 아빠 말 들어서 나쁠 거 하나 없어.

B : 이제 스스로 더 잘 할 수 있다는 이야기구나. 하루 일과표를 지키겠다는 책임감도 갖게 된 것 같구나.

C : 엄마, 아빠가 너무 학교 숙제에 대해서만 이야기해서 기분이 상했구나.

	A	B	C
①	인습적	기본적	심층적
②	인습적	심층적	기본적
③	기본적	인습적	심층적
④	기본적	심층적	인습적
⑤	심층적	인습적	기본적

08 다음 글의 가설을 강화하는 사례가 아닌 것을 〈보기〉에서 모두 고르면?

성염색체만이 개체의 성(性)을 결정하는 요소는 아니다. 일부 파충류의 경우에는 알이 부화되는 동안의 주변 온도에 의해 개체의 성이 결정된다. 예를 들어, 낮은 온도에서는 일부 종은 수컷으로만 발달하고, 일부 종은 암컷으로만 발달한다. 또한, 어떤 종에서는 낮은 온도와 높은 온도에서 모든 개체가 암컷으로만 발달하는 경우도 있다. 그 사이의 온도에서는 특정 온도에 가까워질수록 수컷으로 발달하는 개체의 비율이 증가하다가 결국 그 특정 온도에 이르러서는 모든 개체가 수컷으로 발달하기도 한다.

다음은 온도와 성 결정 간의 상관관계를 설명하기 위해 제시된 가설이다.

〈가설〉

파충류의 성 결정은 B물질을 필요로 한다. B물질은 단백질 '가'에 의해 A물질로, 단백질 '나'에 의해 C물질로 바뀐다. 이때 A물질과 C물질의 비율은 단백질 '가'와 단백질 '나'의 비율과 동일하다. 파충류의 알은 단백질 '가'와 '나' 모두를 가지고 있지만 온도에 따라 각각의 양이 달라진다. 암컷을 생산하는 온도에서 배양된 알에서는 A물질의 농도가 더 높고, 수컷을 생산하는 온도에서 배양된 알에서는 C물질의 농도가 더 높다. 온도의 차에 의해 알의 내부에 A물질과 C물질의 상대적 농도 차이가 발생하고, 이것이 파충류의 성을 결정하는 것이다.

보기

ㄱ. 수컷만 생산하는 온도에서 부화되고 있는 알은 단백질 '가'보다 훨씬 많은 양의 단백질 '나'를 가지고 있다.

ㄴ. B물질의 농도는 수컷만 생산하는 온도에서 부화되고 있는 알보다 암컷만 생산하는 온도에서 부화되고 있는 알에서 더 높다.

ㄷ. 수컷만 생산하는 온도에서 부화되고 있는 알에 고농도의 A물질을 투여하여 C물질보다 그 농도를 높였더니 암컷이 생산되었다.

① ㄱ

② ㄴ

③ ㄷ

④ ㄱ, ㄷ

⑤ ㄴ, ㄷ

09 다음 글에서 밑줄 친 ㉠~㉤의 수정 방안으로 적절하지 않은 것은?

> 심리학자들은 학습 이후 망각이 생기는 심리적 이유를 다음과 같이 설명하고 있다. 앞서 배운 내용이 나중에 공부한 내용을 밀어내는 순행 억제, 뒤에 배운 내용이 앞에서 배운 내용을 기억의 저편으로 밀어내는 역행 억제, 또한 공부한 두 내용이 서로 비슷해 간섭이 일어나는 유사 억제 등이 작용해 기억을 방해했기 때문이라는 것이다. 이러한 망각을 뇌 속에서 어떤 기억을 잃어버린 것으로 이해해서는 ㉠ 안된다. 기억을 담고 있는 세포들은 내용물을 흘려버리지 않는다. 기억들은 여전히 ㉡ 머리속에 있는 것이다. 우리가 뭔가 기억해 내려고 애쓰는데도 찾지 못하는 것은 기억들이 ㉢ 혼재해 있기 때문이다. ㉣ 그리고 학습한 내용을 일정한 원리에 따라 ㉤ 짜임새 있게 체계적으로 잘 정리한다면 학습한 내용을 어렵지 않게 기억해 낼 수 있다.

① ㉠ : 띄어쓰기가 올바르지 않으므로 '안 된다'로 고친다.
② ㉡ : 맞춤법에 어긋나므로 '머릿속에'로 고친다.
③ ㉢ : 문맥에 어울리지 않으므로 '잠재'로 수정한다.
④ ㉣ : 앞 문장과의 관계를 고려하여 '그러므로'로 고친다.
⑤ ㉤ : 의미가 중복되므로 '체계적으로'를 삭제한다.

10 다음 글을 통해 알 수 있는 내용으로 가장 적절한 것은?

네트워크란 구성원들이 위계적이지 않으며 독자적인 의사소통망을 통해 서로 활발히 연결되어 있는 구조라고 할 수 있다. 마약밀매 조직 등에 나타나는 점조직은 기초적인 형태의 네트워크이며, 정교한 형태의 네트워크로는 행위자들이 하나의 행위자에 개별적으로 연결되어 있는 '허브' 조직이나 모든 행위자들이 서로 연결되어 있는 '모든 채널' 조직이 있다. 네트워크가 복잡해질수록 이를 유지하기 위해 의사소통 체계를 구축하는 비용이 커지지만, 정부를 비롯한 외부 세력이 와해시키기도 어렵게 된다. 특정한 지도자가 없고 핵심 기능들이 여러 구성원에 중복 분산되어 있어, 조직 내의 한 지점을 공격해도 전체적인 기능이 조만간 복구되기 때문이다. 이런 네트워크의 구성원들이 이념과 목표를 공유하고 실현하는 데 필요한 것들을 직접 행동에 옮긴다면, 이러한 조직을 상대하기는 더욱 힘들어진다.

네트워크가 반드시 첨단 기술을 전제로 하는 것은 아니며, 서로 연결되어 있기만 하면 그것은 네트워크라 할 수 있다. 그렇지만 인터넷과 통신 기술과 같은 첨단 기술의 발달은 정교한 형태의 네트워크 유지에 필요한 비용을 크게 줄여 놓았다. 이 때문에 세계의 수많은 시민 단체, 범죄 조직, 그리고 테러 단체들이 과거에는 상상할 수 없었던 힘을 발휘하게 되었으며, 정치, 외교, 환경, 범죄에 이르기까지 사회의 모든 부문에 영향력을 미치고 있다. 이렇듯 네트워크를 활용하는 비국가행위자들의 영향력이 확대되면서 국가가 사회에서 차지하는 역할의 비중이 축소되었다. 반면 비국가행위자들은 정보통신 기술의 힘을 얻은 네트워크를 통해 그동안 억눌렸던 자신들의 목소리를 낼 수 있게 되었다. 이러한 변화는 두 얼굴을 가진 야누스이다. 인권과 민주주의, 그리고 평화의 확산을 위해 애쓰는 시민사회 단체들은 네트워크의 힘을 바탕으로 기존의 국가 조직이 손대지 못한 영역에서 긍정적인 변화를 이끌어낼 것이다. 반면 테러 및 범죄 조직 역시 네트워크를 통해 국가의 추격을 피해 가며 전 세계로 그 활동 범위를 넓혀 나갈 것이다. 정보통신 기술의 발달과 네트워크의 등장으로 양쪽 모두 전례 없는 기회를 얻었다. 시민사회 단체들의 긍정적인 측면을 최대한 끌어내 정부의 기능을 보완, 견제하고 테러 및 범죄 조직의 발흥을 막을 수 있는 시스템을 구축하는 것이 시대의 과제가 될 것이다.

① 여러 형태의 네트워크 중 점조직의 결집력이 가장 강하다.

② 네트워크의 확산은 인류 미래에 부정적인 영향보다 긍정적인 영향을 더 크게 미칠 것이다.

③ 네트워크의 외부 공격에 대한 대응력은 조직의 정교성이나 복잡성과는 관계가 없을 것이다.

④ 기초적인 형태의 네트워크는 구성원의 수가 적어질수록 정교한 형태의 네트워크로 발전할 가능성이 크다.

⑤ 정교한 형태의 네트워크 유지에 들어가는 비용이 낮아진 것은 국가가 사회에 미치는 영향력이 약화된 결과를 낳았다.

11 다음 글의 내용으로 적절한 것을 〈보기〉에서 모두 고르면?

유럽 최대의 무역항이자 건축 수도인 로테르담에서는 거대한 말발굽, 혹은 연필깎이를 연상시키는 형상의 건축물이 새로운 랜드마크로 각광받고 있다. 길이 120m, 높이 40m에 10만여 m²규모로 10년의 건축기간을 거쳐 2014년 준공된 주상복합 전통시장 '마켓홀(Market Hall)이 바로 그것이다. 네덜란드의 건축 그룹 엠베에르데베(MVRDV)가 건물의 전체 설계를 맡은 마켓홀은 터널처럼 파낸 건물 중앙부에는 약 100여개의 지역 업체가 들어서 있으며, 시장 위를 둘러싸고 있는 건물에는 228가구의 아파트가 자리 잡고 있다. 양쪽 끝은 대형 유리벽을 설치해 자연광을 받을 수 있도록 하였고, 강한 외풍을 막아내기 위해 테니스 라켓 모양으로 디자인한 뒤 유리를 짜 넣어 건물 내외에서 서로를 감상할 수 있도록 하였다.

마켓홀의 내부에 들어서면 거대하고 화려한 외관 못지않은 거대한 실내 벽화가 손님들을 맞이한다. 1만 1,000m²에 달하는 천장벽화 '풍요의 뿔'은 곡식과 과일, 물고기 등 화려한 이미지로 가득한데, 이 벽화를 그린 네덜란드의 예술가 아르노 코넨과 이리스 호스캄은 시장에서 판매되는 먹을거리가 하늘에서 떨어지는 모습을 표현하기 위해 4,500개의 알루미늄 패널을 사용했다. 특히 이 패널은 작은 구멍이 뚫려있어 실내의 소리를 흡수, 소음을 줄여주는 기능적인 면 또한 갖추었다.

이처럼 현대의 건축기술과 미술이 접목되어 탄생한 마켓홀이 지닌 가장 큰 강점은 전통시장의 활성화와 인근 주민과의 상생에 성공했다는 점이다. 마켓홀은 전통시장의 상설화는 물론 1,200대 이상의 차량을 주차할 수 있는 규모의 주차장을 구비해 이용객의 접근을 용이하게 하고, 마켓홀을 찾은 이들이 자연스레 주변 5일장이나 인근 쇼핑거리로 향하게 하여 로테르담의 지역경제를 활성화하는데 성공했다는 평가를 받고 있다.

보기

ㄱ. 엠베에르데베는 건물 내부에 설치한 4,500개의 알루미늄 패널을 통해 실내의 소리를 흡수하여 소음을 줄일 수 있도록 했다.
ㄴ. 마켓홀은 새로운 랜드마크로 로테르담의 무역 활성화에 크게 기여했다.
ㄷ. 마켓홀의 거대한 천장벽화는 화려한 이미지를 표현한 것은 물론 기능미 또한 갖추었다.
ㄹ. 마켓홀은 이용객들을 유치할 수 있도록 해 로테르담 주민들과의 상생에 성공할 수 있었다.

① ㄱ, ㄴ   ② ㄱ, ㄷ
③ ㄴ, ㄷ   ④ ㄴ, ㄹ
⑤ ㄷ, ㄹ

12 다음 글에 대한 이해로 적절하지 않은 것은?

> 현대 우주론의 출발점은 1917년 아인슈타인이 발표한 정적 우주론이다. 아인슈타인은 우주는 팽창하지도 수축하지도 않는다고 주장했다. 그런데 위 이론의 토대가 된 아인슈타인의 일반 상대성 이론을 면밀히 살핀 러시아의 수학자 프리드만과 벨기에의 신부 르메트르의 생각은 아인슈타인과 달랐다. 프리드만은 1922년 "우주는 극도의 고밀도 상태에서 시작돼 점차 팽창하면서 밀도가 낮아졌다."라는 주장을, 르메트르는 1927년 "우주가 원시 원자들의 폭발로 시작됐다."라는 주장을 각각 논문으로 발표했다. 그러나 아인슈타인은 그들의 논문을 무시해 버렸다.

① 프리드만의 이론과 르메트르의 이론은 양립할 수 없는 관계이다.
② 정적 우주론은 일반상대성이론의 연장선상에 있는 이론이다.
③ 아인슈타인의 정적 우주론에 대한 반론이 제기되었다.
④ 아인슈타인의 이론과 프리드만의 이론은 양립할 수 없는 관계이다.
⑤ 아인슈타인은 프리드만과 르메트르의 주장을 받아들이지 않았다.

13 다음 글의 빈칸에 들어갈 내용으로 가장 적절한 것은?

> 어떻게 그 공이 세 가지가 있다고 말하는가, 그 하나는 직통(直通)이요 다른 하나는 합통(合通)이요 또 다른 하나는 추통(推通)이다. 직통(直通)이라는 것은 많은 여러 물건을 일일이 취하되 순수하고 섞이지 않는 것이다. 합통(合通)이라는 것은 두 물건을 화합하여 아울러서 거두되 그렇고 그렇지 않은 것을 분별한다. 추통(推通)이라는 것은 이 물건으로써 전 물건에 합하고 또 다른 물건에 유추하는 것이다. 직통(直通)은 모두 참되고 오류가 없으니 하나의 사물이 스스로 하나의 사물이 되기 때문이다. 합통(合通)과 추통(推通)은 참도 있고 오류도 있으니 이것으로써 저것에 합하고, 맞는 것도 있고 맞지 않은 것도 있다. ＿＿＿＿＿＿＿＿＿＿＿＿＿＿＿＿＿＿＿ 더욱 많으면 맞지 않은 경우가 있기 때문이다.
>
> — 최한기, 『기학』

① 이것으로 저것에 합하는 것은 참이고, 이것으로 저것을 분별하는 것은 거짓이니
② 이것으로써 저것에 합하고 또 다른 것을 유추하는 데는 위험이 더욱 많으니
③ 이것으로써 저것에 합하는 것은 맞지 않는 것보다 맞는 것이 더욱 많으니
④ 무릇 추통은 다만 사람만이 가능하고 유추하는 데는 위험이 더욱 적으니
⑤ 무릇 추통은 다만 사람은 가능하지만 금수는 추통을 하지 못하니

다음 글의 빈칸 (가) ~ (다)에 들어갈 문장을 〈보기〉에서 골라 논리적 순서대로 바르게 나열한 것은?

_____(가)_____ 다시 말해서 현상학적 측면에서 볼 때 철학도 지식의 내용이 존재하는 어떤 것이라는 점에서는 과학적 지식의 구조와 다를 바가 없다. 존재하는 것과 그 존재하는 무엇으로 의식되는 것과의 사이에는 근본적인 구별이 선다. 백두산의 금덩어리는 누가 그것을 의식하든 말든 그대로 있고, 화성에서 일어나는 여러 가지 물리적 현상도 누가 의식하든 말든 그대로 존재한다. 존재와 의식과의 위와 같은 관계를 우리는 존재차원과 의미차원이란 말로 구별할 수 있을 것이다. 여기서 차원이란 말을 붙인 까닭은 의식 이전의 백두산과 의식 이후의 백두산은 순전히 관점의 문제, 즉 백두산을 생각할 수 있는 차원의 문제이기 때문이다.

현상학적 사고를 존재차원에서 이루어지는 것이라고 말할 수 있다면 분석철학에서 주장하는 사고는 의미차원에서 이루어진다. 바꿔 말하자면 현상학적 측면에서 볼 때 철학은 아무래도 어떤 존재를 인식하는 데 그 근본적인 기능이 있다고 보아야 하는 데 반해서, 분석철학의 측면에서 볼 때 철학은 존재와는 아무런 직접적인 관계가 없이 존재에 대한 이야기, 서술을 대상으로 한다. 구체적으로 말해서 철학은 그것이 서술할 존재의 대상을 갖고 있지 않고, 오직 어떤 존재를 서술한 언어만을 갖고 있다. 그러나 철학이 언어를 사고의 대상으로 삼는다고 말하지만, 철학은 언어학과 다르다.

_____(나)_____ 그래서 언어학은 한 언어의 기원이라든지, 한 언어가 왜 그러한 특정한 기호, 발음 혹은 문법을 갖게 되었는가, 또는 그것들이 각기 어떻게 체계화되는가 등을 알려고 한다.

이에 반해서 분석철학은 언어를 대상으로 하되, 그 언어의 구체적인 면에는 근본적인 관심을 두지 않고 그와 같은 구체적인 언어가 가진 의미를 밝히고자 한다. 여기서 철학의 기능은 한 언어가 가진 개념을 해명하고 이해하는 데 있다. 바꿔 말해서, 철학의 기능은 언어가 서술하는 어떤 존재를 인식하는 데 있지 않고, 그와는 관계없이 한 언어가 무엇인가를 서술하는 경우, 무엇인가의 느낌을 표현하는 경우 또는 그 밖의 경우에 그 언어가 정확히 어떻게 의미가 있는가를 이해하는 데 있다.

_____(다)_____ 개념은 어떤 존재하는 대상을 표상(表象)하는 경우도 많으므로 존재와 그것을 의미하는 개념과는 언뜻 보아서 어떤 인과적 관계가 있는 듯하다.

보기

㉠ 과학에서 말하는 현상과 현상학에서 말하는 현상은 다른 내용을 가지고 있지만, 그러나 그것들은 다 같이 어떤 존재, 즉 우주 안에서 일어나는 사건을 가리킨다.

㉡ 언어학은 과학의 한 분야로서 그 연구의 대상을 하나의 구체적 사물로 취급한다.

㉢ 따라서 분석철학자들은 흔히 말하기를, 철학은 개념의 분석에 지나지 않는다는 주장을 하게 되는 것이다.

① ㉠, ㉡, ㉢
② ㉠, ㉢, ㉡
③ ㉡, ㉠, ㉢
④ ㉡, ㉢, ㉠
⑤ ㉢, ㉡, ㉠

15 다음 공고문을 보고 나눈 대화 내용 중 적절하지 않은 것은?

〈제6회 우리 농산물로 만드는 UCC 공모전〉

우리 농산물로 만드는 나만의 요리 레시피를 공개하세요!
우리 땅에서 자란 제철 농산물로 더 건강한 대한민국 만들기!

◇ 접수기간 : 2024년 8월 19일(월) ~ 8월 23일(금)
◇ 참가대상 : 우리 농산물을 사랑하는 누구나 참여 가능(개인 혹은 2인 1팀으로만 응모 가능)
◇ 대상품목 : 오이, 토마토, 호박, 가지, 풋고추, 파프리카, 참외, 딸기(8개 품목)
　　※ 대상품목을 주재료로 한 요리 레시피를 추천해 주세요.
◇ 작품규격 : avi, mkv, wmv, mp4, mpg, mpeg, flv, mov 형태의 3분 이내(50MB 이하의 동영상)
◇ 접수방법 : UCC 공모전 홈페이지(www.ucc-contest.com)에서 UCC 업로드
◇ 선발방법 : 1차 예선(온라인) 20팀 내외 선발 → 2차 현장(오프라인) 시연 → 수상자 선발 및
　　시상식
◇ 2차 심사 : (현장 요리 시연) 2024년 9월 23일(월)
◇ 시상내역
　　• 최우수상(농협중앙회장상, 1점) : 100만 원 상당 농촌사랑 상품권
　　• 우수상(대한영양사협회 / 한국식생활개발연구회, 각 1점) : 각 70만 원 상당 농촌사랑 상품권
　　• 특별상(현장 평가 시 협의 후 선정, 3점) : 각 50만 원 상당 농촌사랑 상품권
　　• 입상(15점 내외) : 각 30만 원 상당 농촌사랑 상품권
◇ 기타사항
　　• 수상작은 추후 주최기관의 다양한 홍보 콘텐츠에 활용될 수 있습니다(단, 이 경우 수상자와 별
　　　도로 약정하여 정함).
　　• 타 공모전 수상작, 기존 작품, 모방 작품의 경우 수상 취소 및 경품이 반환될 수 있습니다.
　　• 수상작 선정은 전문심사단의 평가로 진행되며 1인 중복 수상은 불가합니다.
　　• 수상자의 경품 제세공과금은 주최 측 부담입니다.
　　• 기타 자세한 내용은 UCC 공모전 홈페이지를 참고하시기 바랍니다.
◇ 문의처
　　농협 요리 UCC 공모전 운영사무국
　　02 - 2000 - 6300, 02 - 555 - 0001(내선번호 : 125)
　　※ 주관 : 농협품목별전국협의회 · 농협중앙회
　　※ 후원 : 대한영양사협회 · 한국식생활개발연구회

---

① A : UCC로 만들 수 있는 대상품목은 오이, 토마토, 호박, 가지, 풋고추, 파프리카, 참외, 딸기
　　　 등 총 8개 품목이야.
② B : 1차 예선 발표는 접수 마감일 일주일 후인 8월 30일이야.
③ C : 혹시 모를 2차 현장 시연을 위해서 요리 연습을 미리 해 둬야겠어.
④ D : 현장 요리 시연은 9월 23일 월요일이야.
⑤ E : UCC 내용은 대상품목을 주재료로 한 추천 요리 레시피야.

※ 다음 자료를 보고 이어지는 질문에 답하시오. [16~17]

〈석유 제품별 소비〉

(단위 : 천 배럴)

구분	2019년	2020년	2021년	2022년	2023년
합계	856,247	924,200	940,083	934,802	931,947
휘발유	76,570	78,926	79,616	79,683	82,750
등유	16,227	19,060	19,006	18,875	17,127
경유	156,367	166,560	168,862	167,039	171,795
경질중유	1,569	1,642	1,574	1,467	1,617
중유	787	840	722	634	431
벙커C유	35,996	45,000	33,522	31,620	21,949
나프타	410,809	430,091	458,350	451,158	438,614
용제	1,388	1,633	1,742	1,614	1,728
항공유	34,358	36,998	38,209	39,856	38,833
LPG	89,866	108,961	105,145	109,780	122,138
아스팔트	10,195	11,461	11,637	10,658	10,540
윤활유	3,945	4,000	4,893	4,675	4,764
부생연료유	2,425	2,531	1,728	1,604	1,551
기타제품	15,745	16,497	15,077	16,139	18,111

16 다음 중 석유 제품별 소비 현황에 대한 설명으로 옳지 않은 것은?

① 휘발유는 2019년부터 2023년까지 소비가 지속적으로 증가 중이다.
② 전체 소비량에서 휘발유가 차지하는 비율은 매년 8% 이상이다.
③ 전체 소비량에서 LPG가 차지하는 비율은 매년 10% 미만이다.
④ 2020년에는 전 제품의 소비량이 전년 대비 증가하였다.
⑤ 부생연료유가 경질중유보다 5년간 총소비량이 더 많다.

17 다음 중 석유 제품별 소비 현황에 대한 설명으로 옳지 않은 것을 〈보기〉에서 모두 고르면?

> **보기**
> ㄱ. 경유의 전년 대비 소비량이 가장 많이 증가한 해는 2020년이다.
> ㄴ. 전체 소비량 중 나프타가 차지하는 비율은 매년 50% 이상이다.
> ㄷ. 전체 소비량 중 벙커C유가 차지하는 비율은 지속적으로 감소 중이다.
> ㄹ. 5년간 소비된 경질중유의 양은 5년간 소비된 용제보다 적다.

① ㄱ, ㄴ   ② ㄱ, ㄷ
③ ㄴ, ㄷ   ④ ㄴ, ㄹ
⑤ ㄷ, ㄹ

18 다음은 지역별 마약류 단속에 대한 자료이다. 이에 대한 설명으로 옳은 것은?

〈지역별 마약류 단속 건수〉

(단위 : 건, %)

구분	대마	코카인	향정신성 의약품	합계	비중
서울	49	18	323	390	22.1
인천 · 경기	55	24	552	631	35.8
부산	6	6	166	178	10.1
울산 · 경남	13	4	129	146	8.3
대구 · 경북	8	1	138	147	8.3
대전 · 충남	20	4	101	125	7.1
강원	13	0	35	48	2.7
전북	1	4	25	30	1.7
광주 · 전남	2	4	38	44	2.5
충북	0	0	21	21	1.2
제주	0	0	4	4	0.2
전체	167	65	1,532	1,764	100.0

※ 수도권은 서울과 인천 · 경기를 합한 지역임
※ 마약류는 대마, 코카인, 향정신성의약품으로만 구성됨

① 대마 단속 전체 건수는 코카인 단속 전체 건수의 3배 이상이다.
② 수도권의 마약류 단속 건수는 마약류 단속 전체 건수의 50% 이상이다.
③ 코카인 단속 건수가 없는 지역은 5곳이다.
④ 향정신성의약품 단속 건수는 대구 · 경북 지역이 광주 · 전남 지역의 4배 이상이다.
⑤ 강원 지역은 향정신성의약품 단속 건수가 대마 단속 건수의 3배 이상이다.

19 다음은 AIIB(Asian Infrastructure Investment Bank)의 지분율 상위 10개 회원국의 지분율과 투표권 비율에 대한 자료이다. 이에 대한 설명으로 옳은 것을 〈보기〉에서 모두 고르면?

〈지분율 상위 10개 회원국의 지분율과 투표권 비율〉

(단위 : %)

회원국	지역	지분율	투표권 비율
중국	A	30.34	26.06
인도	A	8.52	7.51
러시아	B	6.66	5.93
독일	B	4.57	4.15
한국	A	3.81	3.50
호주	A	3.76	3.46
프랑스	B	3.44	3.19
인도네시아	A	3.42	3.17
브라질	B	3.24	3.02
영국	B	3.11	2.91

※ (회원국의 지분율)=$\dfrac{(해당\ 회원국이\ AIIB에\ 출자한\ 자본금)}{(AIIB의\ 자본금\ 총액)}$×100

※ 지분율이 높을수록 투표권 비율이 높아짐

보기

㉠ 지분율 상위 4개 회원국의 투표권 비율을 합하면 40% 이상이다.
㉡ 중국을 제외한 지분율 상위 9개 회원국 중 지분율과 투표권 비율의 차이가 가장 큰 회원국은 인도이다.
㉢ 지분율 상위 10개 회원국 중에서, A지역 회원국의 지분율 합은 B지역 회원국의 지분율 합의 3 배 이상이다.
㉣ AIIB의 자본금 총액이 2,000억 달러라면, 독일과 프랑스가 AIIB에 출자한 자본금의 합은 160 억 달러 이상이다.

① ㉠, ㉡
② ㉡, ㉢
③ ㉢, ㉣
④ ㉠, ㉡, ㉣
⑤ ㉠, ㉢, ㉣

20 다음은 동북아시아 3개국 수도의 30년간의 인구변화를 나타낸 자료이다. 이에 대한 설명으로 옳지 않은 것은?

<동북아시아 3개국 수도 인구수>

(단위 : 천 명)

구분	1993년	2003년	2013년	2023년
서울	9,725	10,342	10,011	9,860
베이징	6,017	8,305	12,813	20,384
도쿄	30,304	33,587	35,622	38,001

① 2013년을 기점으로 인구수가 2번째로 많은 도시가 바뀐다.

② 세 도시 중 해당 기간 동안 인구가 감소한 도시가 있다.

③ 베이징은 해당 기간 동안 언제나 세 도시 중 가장 높은 인구 증가율을 보인다.

④ 연도별 인구가 최소인 도시의 인구수 대비 인구가 최대인 도시의 인구수의 비는 계속 감소한다.

⑤ 해당 기간 동안 인구가 최대인 도시와 인구가 최소인 도시의 인구의 차는 지속적으로 증가한다.

21 경영지원부의 김부장은 사내 소프트볼 대회에 앞서 소프트볼 구장의 잔디 정리를 하려고 한다. 소프트볼 구장에 대한 정보가 다음과 같을 때, 잔디 정리를 해야 할 면적은 얼마인가?

〈잔디 정리 면적〉

다음 그림의 색칠된 부분의 잔디를 정리하여야 한다.

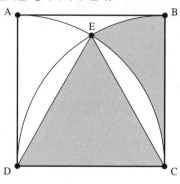

〈소프트볼 구장〉

• 소프트볼 구장은 가로, 세로가 12인 정사각형 모양이다.
• 점 E는 각각 점 C, D에서 부채꼴 모양을 그린 뒤 두 호가 만나는 지점이다.

① $72\sqrt{3} - 12\pi$

② $72\sqrt{3} - 11\pi$

③ $36\sqrt{3} - 12\pi$

④ $36\sqrt{3} - 11\pi$

⑤ $36\sqrt{3} - 10\pi$

22 어떤 회사의 신입사원 채용시험 응시자가 200명이었다. 시험점수의 전체평균은 55점, 합격자의 평균은 70점, 불합격자의 평균은 40점이었다. 합격한 사람은 몇 명인가?

① 70명

② 80명

③ 90명

④ 100명

⑤ 110명

23 K사원은 재직 중인 회사 부근의 거주지로 이사하려고 한다. 회사 근처의 아파트와 빌라 총 세 곳의 월세와 거리를 조사한 K사원은 고정지출비용을 생각하여 거주지를 결정하려고 한다. 자료에 대한 설명으로 옳은 것은?

거주지	월세	거리(편도)
A빌라	280,000원	2.8km
B빌라	250,000원	2.1km
C아파트	300,000원	1.82km

※ 월 출근일 : 20일
※ 교통비 : 1km당 1,000원
※ (고정지출비용)=(월세)+(한 달 왕복 교통비)

① 월 예산이 40만 원일 때, 세 거주지의 고정지출비용은 모두 예산을 초과한다.
② B빌라에 거주할 경우 회사와 집만 왕복한다면, 고정지출비용은 한 달에 334,000원이다.
③ C아파트에서의 교통비가 가장 많이 지출된다.
④ C아파트에 거주한다면, A빌라에 거주할 때보다 한 달 고정지출비용이 20,000원 적게 지출된다.
⑤ B빌라에서 두 달 거주할 경우의 고정지출비용이 A빌라와 C아파트에서의 한 달 고정지출비용을 각각 합한 비용보다 많다.

※ 다음은 대학 평판도에 대한 자료이다. 이어지는 질문에 답하시오. [24~25]

<대학 평판도 지표별 가중치>

지표	지표 설명	가중치
(가)	향후 발전 가능성이 높은 대학	10
(나)	학생 교육이 우수한 대학	5
(다)	입학을 추천하고 싶은 대학	10
(라)	기부하고 싶은 대학	5
(마)	기업의 채용 선호도가 높은 대학	10
(바)	국가·사회 전반에 기여가 큰 대학	5
(사)	지역사회에 기여가 큰 대학	5
가중치 합계		50

<A~H대학의 평판도 지표점수 및 대학 평판도 총점>

(단위 : 점)

지표＼대학	A대학	B대학	C대학	D대학	E대학	F대학	G대학	H대학
(가)	9	8	7	3	6	4	5	8
(나)	6	8	5	8	7	7	8	8
(다)	10	9	10	9		9	10	9
(라)	4	6	6	6				6
(마)	4	6	6	6			8	6
(바)	10	9	10	3	6	4	5	9
(사)	8	6	4		7	8	9	5
대학 평판도 총점					410	365	375	

※ 지표점수는 여론조사 결과를 바탕으로 지표별로 0~10 사이의 점수를 1점 단위로 부여한다.
※ [지표환산점수(점)]=(지표별 가중치)×(지표점수)
※ 대학 평판도 총점은 해당 대학 지표환산점수의 총합이다.

24 다음 중 A~D대학을 대학 평판도 총점이 높은 대학부터 순서대로 바르게 나열한 것은?

① A대학 – B대학 – C대학 – D대학
② A대학 – B대학 – D대학 – C대학
③ B대학 – A대학 – C대학 – D대학
④ B대학 – A대학 – D대학 – C대학
⑤ C대학 – A대학 – B대학 – D대학

25 다음 〈보기〉 중 E ~ H대학의 평판도에 대한 설명으로 옳은 것을 모두 고르면?

> **보기**
>
> ㄱ. E대학은 지표 (다), (라), (마)의 지표점수가 동일하다.
> ㄴ. 지표 (라)의 지표점수는 F대학이 G대학보다 높다.
> ㄷ. H대학은 지표 (나)의 지표환산점수가 지표 (마)의 지표환산점수보다 대학 평판도 총점에서 더 큰 비중을 차지한다.

① ㄴ   ② ㄱ, ㄴ
③ ㄱ, ㄷ   ④ ㄴ, ㄷ
⑤ ㄱ, ㄴ, ㄷ

26 다음은 어느 도시의 버스노선 변동사항에 대한 자료이다. 〈조건〉을 참고하여 A ~ D에 들어갈 노선을 순서대로 바르게 나열한 것은?

〈버스노선 변동사항〉

구분	기존 요금	변동 요금	노선 변동사항
A	1,800원	2,100원	-
B	2,400원	2,400원	-
C	1,600원	1,800원	연장운행
D	2,100원	2,600원	-

> **조건**
>
> • 노선 A, B, C, D는 6번, 42번, 2000번, 3100번 중 하나이다.
> • 변동 후 요금이 가장 비싼 노선은 2000번이다.
> • 요금 변동이 없는 노선은 42번이다.
> • 연장운행을 하기로 결정한 노선은 6번이다.

	A	B	C	D
①	6	42	2000	3100
②	6	42	3100	200
③	3100	6	42	2000
④	3100	42	6	2000
⑤	3100	42	2000	6

27 다음 〈보기〉 중 지역별 지역총생산에 대한 설명으로 옳지 않은 것을 모두 고르면?

〈지역별 지역총생산〉

(단위 : 십억 원, %)

구분	2019년	2020년	2021년	2022년	2023년
전국	869,305	912,926	983,030	1,028,500	1,065,665
서울	208,899	220,135	236,517	248,383	257,598
	(2.2)	(4.3)	(4.4)	(3.0)	(1.7)
부산	48,069	49,434	52,680	56,182	55,526
	(3.0)	(3.4)	(4.6)	(1.0)	(−3.0)
대구	28,756	30,244	32,261	32,714	32,797
	(0.6)	(3.9)	(4.5)	(1.5)	(−4.4)
인천	40,398	43,311	47,780	47,827	50,256
	(3.7)	(6.8)	(7.4)	(1.7)	(0.8)
광주	18,896	20,299	21,281	21,745	22,066
	(6.5)	(6.5)	(3.7)	(−0.6)	(0.3)
대전	20,030	20,802	22,186	23,218	24,211
	(2.6)	(3.4)	(3.2)	(1.5)	(0.5)
울산	41,697	43,214	48,059	52,408	51,271
	(4.6)	(1.9)	(4.6)	(0.2)	(−2.9)
경기	169,315	180,852	193,658	198,948	208,296
	(11.0)	(7.7)	(6.1)	(4.0)	(0.8)

※ ( )은 성장률이다.

보기

㉠ 2019년부터 2023년까지 지역총생산이 가장 많은 곳은 서울이고, 두 번째는 경기이다.
㉡ 2023년 성장률이 감소한 지역의 수는 3개이다.
㉢ 2019년 성장률이 가장 높은 지역은 광주로, 이때의 성장률은 6.5%이다.
㉣ 2021년 인천은 성장률이 가장 높았기 때문에, 전년 대비 총생산 증가량도 가장 많다.

① ㉠, ㉡
② ㉢, ㉣
③ ㉠, ㉡, ㉣
④ ㉡, ㉢, ㉣
⑤ ㉠, ㉡, ㉢, ㉣

28 물속에서 A금속은 실제 질량의 $\dfrac{4}{5}$, B금속은 실제 질량의 $\dfrac{2}{3}$ 가 된다. (A+B)합금의 실제 질량은 58g이고, 물속에선 42g일 때, 합금에 포함된 A금속의 실제 질량은?[단, (A+B)합금은 A금속과 B금속으로만 이루어져 있고, 질량은 보존된다]

① 17g   ② 22g

③ 25g   ④ 30g

⑤ 32g

PART 1

29 다음은 연령대별 골다공증 진료현황을 나타낸 자료이다. 이에 대한 해석으로 옳지 않은 것은?(단, 소수점 첫째 자리에서 반올림한다)

〈연령대별 골다공증 진료현황〉

(단위 : 명)

구분	전체	9세 이하	10대	20대	30대	40대	50대	60대	70대	80대 이상
합계	855,975	44	181	1,666	6,548	21,654	155,029	294,553	275,719	100,581
남성	53,741	21	96	305	1,000	2,747	7,677	12,504	20,780	8,611
여성	802,234	23	85	1,361	5,548	18,907	147,352	282,049	254,939	91,970

① 골다공증 발병이 항상 진료로 이어진다면 여성의 발병률이 남성의 발병률보다 높다.

② 전체 진료인원 중 40대 이하가 차지하는 비율은 약 3.5%이다.

③ 전체 진료인원 중 골다공증 진료인원이 가장 많은 연령은 60대로, 그 비율은 약 34.4%이다.

④ 연령별 골다공증 진료인원이 많은 순서는 남성과 여성 모두 같다.

⑤ 전체 진료인원 중 80대 이상이 차지하는 비율은 약 11.8%이다.

30 다음은 2023년 국가기록원의 비공개기록물 공개 재분류 사업 결과 및 현황이다. 이에 대한 설명으로 옳지 않은 것은?

〈비공개기록물 공개 재분류 사업 결과〉

(단위 : 건)

구분	합계	재분류 결과			
		공개			비공개
		소계	전부공개	부분공개	
합계	2,702,653	1,298,570	169,646	1,128,924	1,404,083
30년 경과 비공개기록물	1,199,421	1,079,690	33,012	1,046,678	119,731
30년 미경과 비공개기록물	1,503,232	218,880	136,634	82,246	1,284,352

〈30년 경과 비공개기록물 중 비공개로 재분류된 기록물의 비공개 사유별 현황〉

(단위 : 건)

합계	비공개 사유						
	법령상 비밀	국방 등 국익침해	국민의 생명 등 공익침해	재판 관련 정보	공정한 업무 수행 지장	개인 사생활 침해	특정인의 이익침해
119,731	619	313	54,329	18,091	24	46,298	57

① 2023년의 비공개기록물 공개 재분류 사업 대상 전체 기록물 중 절반 이상이 다시 비공개로 재분류되었다.

② 30년 경과 비공개기록물 중 전부공개로 재분류된 기록물 건수가 30년 경과 비공개기록물 중 개인 사생활 침해 사유에 해당하여 비공개로 재분류된 기록물 건수보다 적다.

③ 30년 경과 비공개기록물 중 공개로 재분류된 기록물의 비율이 30년 미경과 비공개기록물 중 비공개로 재분류된 기록물의 비율보다 낮다.

④ 재분류 건수가 많은 것부터 순서대로 나열하면, 30년 경과 비공개기록물은 부분공개, 비공개, 전부공개 순서이고 30년 미경과 비공개기록물은 비공개, 전부공개, 부분공개 순서이다.

⑤ 30년 경과 비공개기록물 중 국민의 생명 등 공익침해와 개인 사생활 침해 사유에 해당하여 비공개로 재분류된 기록물 건수의 합은 2023년의 비공개기록물 공개 재분류 사업 대상 전체 기록물의 5% 이하이다.

31 이벤트에 당첨된 A ~ C에게 〈조건〉에 따라 경품을 지급하였다고 할 때, 이에 대한 설명으로 옳은 것을 〈보기〉에서 모두 고르면?

> **조건**
> - 지급된 경품은 냉장고, 세탁기, 에어컨, 청소기가 프리미엄형과 일반형 1대씩이었고, 전자레인지는 1대였다.
> - 당첨자 중 1등은 A, 2등은 B, 3등은 C였으며, 이 순서대로 경품을 3개씩 가져갔다.
> - A는 프리미엄형 경품을 총 2대 골랐는데, 청소기 프리미엄형은 가져가지 않았다.
> - B는 청소기를 고르지 않았다.
> - C가 가져간 경품 중 A와 겹치는 종류가 1개 있다.
> - B와 C가 가져간 경품 중 겹치는 종류가 1개 있다.
> - 한 사람이 같은 종류의 경품을 2개 이상 가져가지 않았다.

> **보기**
> ㉠ C는 반드시 전자레인지를 가져갔을 것이다.
> ㉡ A는 청소기를 가져갔을 수도, 그렇지 않을 수도 있다.
> ㉢ B가 가져간 프리미엄형 경품은 최대 1개이다.
> ㉣ C는 프리미엄형 경품을 가져가지 못했을 것이다.

① ㉠, ㉡
② ㉠, ㉢
③ ㉠, ㉣
④ ㉡, ㉣
⑤ ㉢, ㉣

32 K사는 6층 건물의 모든 층을 사용하고 있으며, 건물에는 기획부, 인사 교육부, 서비스 개선부, 연구・개발부, 해외사업부, 디자인부가 층별로 위치하고 있다. 다음 〈조건〉을 참고할 때 항상 옳은 것은?(단, 6개의 부서는 서로 다른 층에 위치하며, 3층 이하에 위치한 부서의 직원은 출근 시 반드시 계단을 이용해야 한다)

> **조건**
> • 기획부의 문대리는 해외사업부의 이주임보다 높은 층에 근무한다.
> • 인사 교육부는 서비스 개선부와 해외사업부 사이에 위치한다.
> • 디자인부의 김대리는 오늘 아침 엘리베이터에서 서비스 개선부의 조대리를 만났다.
> • 6개의 부서 중 건물의 옥상과 가장 가까이에 위치한 부서는 연구・개발부이다.
> • 연구・개발부의 오사원이 인사 교육부의 박차장에게 휴가 신청서를 제출하기 위해서는 4개의 층을 내려와야 한다.
> • 건물 1층에는 회사에서 운영하는 커피숍이 함께 있다.

① 출근 시 엘리베이터를 탄 디자인부의 김대리는 5층에서 내린다.
② 디자인부의 김대리가 서비스 개선부의 조대리보다 먼저 엘리베이터에서 내린다.
③ 인사 교육부와 커피숍은 같은 층에 위치한다.
④ 기획부의 문대리는 출근 시 반드시 계단을 이용해야 한다.
⑤ 인사 교육부의 박차장은 출근 시 연구・개발부의 오사원을 계단에서 만날 수 없다.

33 다음은 국내 금융기관에 대한 SWOT 분석 자료이다. 이를 통해 SWOT 전략을 세운다고 할 때, 〈보기〉 중 분석 결과에 대응하는 전략과 그 내용이 바르게 짝지어진 것은?

국내 대부분의 예금과 대출을 국내 은행이 차지하고 있을 정도로 국내 금융기관에 대한 우리나라 국민들의 충성도는 높은 편이다. 또한 국내 금융기관은 철저한 신용 리스크 관리로 해외 금융기관과 비교해 자산건전성 지표가 매우 우수한 편이다. 시장 리스크 관리도 해외 선진 금융기관 수준에 도달한 것으로 평가받는다. 국내 금융기관은 외환위기와 글로벌 금융위기 등을 거치며 꾸준히 자산건전성을 강화해 왔기 때문이다.

그러나 은행과 이자 이익에 수익이 편중돼 있다는 점은 국내 금융기관의 가장 큰 약점이 된다. 대부분 예금과 대출 거래 중심의 영업구조로 되어 있기 때문이다. 취약한 해외 비즈니스도 문제로 들 수 있다. 최근 동남아 시장을 중심으로 해외 진출에 박차를 가하고 있지만, 아직은 눈에 띄는 성과가 많지 않은 상황이다.

많은 어려움에도 불구하고 국내 금융기관의 발전 가능성은 아직 무궁무진하다. 우선 해외 시장으로 눈을 돌리면 다양한 기회가 열려 있다. 전 세계 신용·단기 자금 확대, 글로벌 무역 회복세로 국내 금융기관의 해외 진출 여건은 양호한 편이다. 따라서 해외 시장 개척을 통해 어떻게 신규 수익원을 확보하느냐가 성장의 새로운 기회로 작용할 전망이다. IT 기술 발달에 따른 핀테크의 등장도 새로운 기회가 될 수 있다. 국내의 발달된 인터넷과 모바일뱅킹 서비스, IT 인프라를 활용한 새로운 수익 창출 가능성이 열려 있는 것이다.

역설적으로 핀테크의 등장은 오히려 국내 금융기관의 발목을 잡을 수 있다. 블록체인 기술에 기반한 암호화폐, 간편결제와 송금, 로보어드바이저, 인터넷 은행, P2P 대출 등 다양한 핀테크 분야의 새로운 서비스들이 기존 금융 서비스의 대체재로서 출현하고 있기 때문이다. 금융시장 개방에 따른 글로벌 금융기관과의 경쟁 심화도 넘어야 할 산이다. 특히 중국 은행을 비롯한 중국 금융이 급성장하고 있어 이에 대한 대비책 마련이 시급하다.

보기

㉠ SO전략 : 높은 국내 시장점유율을 기반으로 국내 핀테크 사업에 진출한다.
㉡ WO전략 : 위기관리 역량을 강화하여 해외 금융시장에 진출한다.
㉢ ST전략 : 해외 금융기관과 비교해 우수한 자산건전성을 강조하여 글로벌 금융기관과의 경쟁에서 우위를 차지한다.
㉣ WT전략 : 해외 비즈니스 역량을 강화하여 해외 금융시장에 진출한다.

① ㉠, ㉡
② ㉠, ㉢
③ ㉡, ㉢
④ ㉡, ㉣
⑤ ㉢, ㉣

34 다음은 연구원들의 성과급 지급 체계에 대한 자료이다. 이에 따라 포장재연구팀 연구원들에게 성과급을 지급할 때, 가장 많은 성과급을 지급받을 연구원은?

〈연구원 성과급 지급 기준〉

- 성과급은 전년도 연구 종합기여도에 따른 지급률에 기본급을 곱한 금액을 지급한다.

종합기여도	A등급	B등급	C등급	D등급
지급률	40%	35%	25%	20%

- 연구원 학위별 기본급은 다음과 같다.

학위	학사	석사	박사
성과급	200만 원	240만 원	300만 원

- 전년도 종합기여도는 성과점수 구간에 따라 다음과 같이 산정된다.

성과점수	90점 이상 100점 이하	80점 이상 90점 미만	72점 이상 80점 미만	72점 미만
종합기여도	A등급	B등급	C등급	D등급

- 성과점수는 개인연구점수, 팀연구점수, 전략기여점수 가점 및 벌점을 합산하여 산정한다.
  - 개인연구점수, 팀연구점수는 각각 100점 만점으로 산정된다.
- 전략기여점수는 참여한 중점전략프로젝트의 개수에 3을 곱하여 산정한다.
  - 성과점수는 '(개인연구점수)×60%+(팀연구점수)×40%+(전략기여점수)+(가점)−(벌점)'이다.
- 가점 및 벌점 부여기준
  - 전년도 수상내역 1회, 신규획득 자격증 1개당 가점 2점 부여
  - 전년도 징계내역 1회당 다음에 따른 벌점 부여

징계	경고	감봉	정직
벌점	1점	2점	4점

〈포장재연구팀 성과평가〉

구분	학위	개인연구점수	팀연구점수	중점점략프로젝트 참여개수	전년도 상·벌
A연구원	석사	75	85	2	경고 1회
B연구원	박사	80	80	1	–
C연구원	석사	65	85	–	자격증 1개
D연구원	학사	90	75	–	–
E연구원	학사	75	60	3	수상 1개

① A연구원　　　　　　② B연구원
③ C연구원　　　　　　④ D연구원
⑤ E연구원

35 K항공사는 현재 신입사원을 모집하고 있으며, 지원자격은 다음과 같다. 다음 〈보기〉의 지원자 중 K항공사 지원자격에 부합하는 사람은 모두 몇 명인가?

〈K항공사 대졸공채 신입사원 지원자격〉

• 4년제 정규대학 모집대상 전공 중 학사학위 이상 소지한 자(졸업예정자 지원 불가)
• TOEIC 750점 이상인 자(국내 응시 시험에 한함)
• 병역필 또는 면제자로 학업성적이 우수하고, 해외여행에 결격사유가 없는 자
  ※ 공인회계사, 외국어 능통자, 통계 전문가, 전공 관련 자격 보유자 및 장교 출신 지원자 우대

모집분야		대상 전공
일반직	일반관리	• 상경, 법정 계열 • 통계 / 수학, 산업공학, 신문방송, 식품공학(식품 관련 학과) • 중국어, 러시아어, 영어, 일어, 불어, 독어, 서반아어, 포르투갈어, 아랍어
	운항관리	• 항공교통, 천문기상 등 기상 관련 학과 – 운항관리사, 항공교통관제사 등 관련 자격증 소지자 우대
전산직		• 컴퓨터공학, 전산학 등 IT 관련 학과

시설직		• 전기부문 : 전기공학 등 관련 전공
		  – 전기기사, 전기공사기사, 소방설비기사(전기) 관련 자격증 소지자 우대
		• 기계부문 : 기계학과, 건축설비학과 등 관련 전공
		  – 소방설비기사(기계), 전산응용기계제도기사, 건축설비기사, 공조냉동기사, 건설기계기사, 일반기계기사 등 관련 자격증 소지자 우대
		• 건축부문 : 건축공학 관련 전공(현장 경력자 우대)

보기

지원자	지원분야	학력	전공	병역사항	TOEIC 점수	참고사항
A	전산직	대졸	컴퓨터공학	병역필	820점	• 중국어, 일본어 능통자이다. • 일본에서 본 TOEIC 점수를 제출하였다.
B	시설직 (건축부문)	대졸	식품공학	면제	930점	• 건축현장 경력이 있다. • 전기기사 자격증을 소지하고 있다.
C	일반직 (운항관리)	대재	항공교통학	병역필	810점	• 전기공사기사 자격증을 소지하고 있다. • 학업 성적이 우수하다.
D	시설직 (기계부문)	대졸	기계공학	병역필	745점	• 건축설비기사 자격증을 소지하고 있다. • 장교 출신 지원자이다.
E	일반직 (일반관리)	대졸	신문방송학	미필	830점	• 소방설비기사 자격증을 소지하고 있다. • 포르투갈어 능통자이다.

① 1명　　　　　　　　　② 2명
③ 3명　　　　　　　　　④ 4명
⑤ 없음

36 K회사에서는 영업용 차량을 구매하고자 한다. 영업용 차량의 연평균 주행거리는 30,000km이고 향후 5년간 사용할 계획이다. 다음 A~E자동차 중 경비가 가장 적게 들 것으로 예상되는 차는?

〈자동차 리스트〉

구분	사용연료	연비(km/L)	연료탱크 용량(L)	신차구매가(만 원)
A자동차	휘발유	12	60	2,000
B자동차	LPG	8	60	2,200
C자동차	경유	15	50	2,700
D자동차	경유	20	60	3,300
E자동차	휘발유	15	80	2,600

〈연료 종류별 가격〉

종류	리터당 가격(원/L)
휘발유	1,400
LPG	900
경유	1,150

※ (경비)=(신차구매가)+(연료비)
※ 신차구매 결제는 일시불로 함
※ 향후 5년간 연료 가격은 변동이 없는 것으로 가정함

① A자동차 ② B자동차
③ C자동차 ④ D자동차
⑤ E자동차

※ 다음은 K사에 접수된 문의사항에 대한 자료이다. 이어지는 질문에 답하시오. **[37~38]**

〈접수 체계〉

ㄱㄴ	ㅗ	b	01
상품명	제조지	제조일	문의내용

상품		제조지		제조년도		문의내용			
ㄱㄴ	스마트폰	ㅏ	서울	a	2023년	01	환불	11	수리
ㄷㄹ	TV	ㅔ	경기	b	2022년	02	질문	12	방문
ㅁㅂ	컴퓨터	ㅣ	강원	c	2021년	03	불만	13	반송
ㅅㅇ	냉장고	ㅗ	경북	d	2020년	04	예약	14	설치
ㅈㅊ	가습기	ㅜ	전북	e	2019년	05	교환	15	기타

※ 문의내용은 복수선택이 가능하다.

〈접수 현황〉

ㅅㅇㅔb02	ㄷㄹㅏe15	ㅅㅇㅗc15	ㅁㅂㅣb0511
ㄱㄷㅜa03	ㅅㅇㅣb1214	ㅈㅊㅔa02	ㄱㄴㅗc03
ㄷㄹㅣa0103	ㅁㅂㅔd0405	ㄱㄴㅗd0013	ㅅㅇㅏa14

37 2023년 전북에서 제조된 가습기의 예약과 설치 방법에 대한 문의가 접수되었다. 접수 현황에 기재할 내용으로 옳은 것은?

① ㅈㅊㅜa0514

② ㅈㅊㅗa0414

③ ㅈㅊㅜa0414

④ ㅈㅊㅜe0414

⑤ ㅈㅊㅗe0414

38 접수 현황을 처리하는 도중 잘못 접수된 내용들이 발견되었다. 잘못된 접수 현황은 몇 개인가?

① 1개

② 2개

③ 3개

④ 4개

⑤ 5개

39 다음 (가) ~ (다)의 문제해결 방법을 바르게 연결한 것은?

> (가) 상이한 문화적 토양을 가지고 있는 구성원을 가정하고, 서로의 생각을 직설적으로 주장하고 논쟁
>   이나 협상을 통해 서로의 의견을 조정해 가는 방법이다. 이때 논리, 즉 사실과 원칙에 근거한 토론
>   이 중심적 역할을 한다.
> (나) 깊이 있는 커뮤니케이션을 통해 서로의 문제점을 이해하고 공감함으로써 창조적인 문제해결을
>   도모한다. 초기에 생각하지 못했던 창조적인 해결 방법이 도출되고, 동시에 구성원의 동기와
>   팀워크가 강화된다.
> (다) 조직 구성원들을 같은 문화적 토양을 가지고 이심전심으로 서로를 이해하는 상황으로 가정한
>   다. 무언가를 시사하거나 암시를 통하여 의사를 전달하고 기분을 서로 통하게 함으로써 문제해
>   결을 도모하려고 한다.

	(가)	(나)	(다)
①	퍼실리테이션	하드 어프로치	소프트 어프로치
②	소프트 어프로치	하드 어프로치	퍼실리테이션
③	소프트 어프로치	퍼실리테이션	하드 어프로치
④	하드 어프로치	퍼실리테이션	소프트 어프로치
⑤	하드 어프로치	소프트 어프로치	퍼실리테이션

40 형준, 연재, 영호, 소정이가 언어영역, 수리영역, 외국어영역으로 구성된 시험을 본 뒤 채점을 해 보니 〈조건〉과 같은 결과가 나타났다. 다음 중 항상 참인 것은?

> **조건**
>
> ㉠ 형준이는 언어영역에서 1위이고, 수리영역에서는 연재보다 잘했다.
> ㉡ 연재는 수리영역 4위가 아니다.
> ㉢ 소정이는 외국어영역에서 형준이보다 못했다.
> ㉣ 형준이는 외국어영역에서 영호와 연재에게 뒤처졌다.
> ㉤ 영호는 언어영역에서 4위를 했고, 수리영역은 연재보다 못했다.
> ㉥ 동점자는 존재하지 않는다.
> ㉦ 형준이는 수리영역에서 소정이보다 못했다.
> ㉧ 소정이의 외국어영역 순위는 연재의 수리영역 순위에 1을 더한 것과 같다.
> ㉨ 평소에 소정이의 언어영역 점수는 연재의 언어영역 점수보다 좋지 않은 편이었다.

① 언어영역 2위는 영호이다.
② 외국어영역 3위는 형준이다.
③ 영호는 세 과목에서 모두 4위이다.
④ 연재의 언어영역 순위에 1을 더한 값은 소정이의 외국어영역 순위와 같다.
⑤ 소정이는 영호보다 모든 과목에서 순위가 높다.

41 다음은 K공사의 불법하도급 신고 보상 기준에 대한 자료이다. S사원은 이를 통해 불법하도급 신고 보상금의 사례를 제시하고자 한다. 다음 중 S사원이 계산한 불법하도급 공사 계약금액과 그에 대한 보상금을 바르게 짝지은 것은?

〈불법하도급 신고 보상 기준〉

• 송·변전공사 이외 모든 공사(배전공사, 통신공사 등)

불법하도급 공사 계약금액	보상금 지급 기준
5천만 원 이하	5%
5천만 원 초과 3억 원 이하	250만 원＋5천만 원 초과금액의 3%
3억 원 초과 10억 원 이하	1,000만 원＋3억 원 초과금액의 0.5%
10억 원 초과 20억 원 이하	1,350만 원＋10억 원 초과금액의 0.4%
20억 원 초과	1,750만 원＋20억 원 초과금액의 0.2%

• 송·변전공사(관련 토건공사 포함)

불법하도급 공사 계약금액	보상금 지급 기준
5천만 원 이하	5%
5천만 원 초과 3억 원 이하	250만 원＋5천만 원 초과금액의 3%(한도 1,000만 원)
3억 원 초과 10억 원 이하	1,000만 원＋3억 원 초과금액의 0.5%(한도 1,350만 원)
10억 원 초과 100억 원 이하	1,350만 원＋10억 원 초과금액의 0.4%(한도 1,750만 원)

불법하도급 공사 계약금액　　　보상금
① 　배전공사 6천만 원　　　280만 원
② 　송전공사 12억 원　　　1,750만 원
③ 　변전공사 5억 원　　　1,250만 원
④ 　통신공사 23억 원　　　2,220만 원
⑤ 　송전공사 64억 원　　　3,510만 원

42 우유도매업자인 A씨는 소매업체에 납품하기 위해 (가로) 3m×(세로) 2m×(높이) 2m인 냉동 창고에 우유를 가득 채우려고 한다. 다음 〈조건〉을 참고할 때, 냉동 창고를 가득 채우기 위해 드는 비용은?

> **조건**
> • 우유의 1개당 단가는 700원이다.
> • 우유 한 궤짝에 우유가 총 40개가 들어간다.
> • 우유 한 궤짝의 크기는 (가로) 40cm×(세로) 40cm×(높이) 50cm이다.
> • 냉동창고에 우유를 낱개로 채울 수 없다.

① 약 300만 원   ② 약 400만 원
③ 약 500만 원   ④ 약 600만 원
⑤ 약 700만 원

43 다음 중 빈칸에 들어갈 말로 가장 적절한 것은?

> K회사에 근무 중인 S씨는 물품을 효과적으로 관리하기 위해 _____의 원칙에 따라 안 쓰는 이면지를 서랍 하단에 별도로 모아두고 있다.

① 동일성   ② 유사성
③ 구분성   ④ 명료성
⑤ 변별성

44 K사에서는 A ~ N직원 중 면접위원을 선발하고자 한다. 면접위원의 구성 조건이 다음과 같을 때, 적절하지 않은 것은?

〈면접위원 구성 조건〉

- 면접관은 총 6명으로 구성한다.
- 이사 이상의 직급으로 50% 이상 구성해야 한다.
- 인사팀을 제외한 모든 부서는 두 명 이상 선출할 수 없고, 인사팀은 반드시 두 명을 포함한다.
- 모든 면접위원의 입사 후 경력은 3년 이상으로 한다.

직원	직급	부서	입사 후 경력
A	대리	인사팀	2년
B	과장	경영지원팀	5년
C	이사	인사팀	8년
D	과장	인사팀	3년
E	사원	홍보팀	6개월
F	과장	홍보팀	2년
G	이사	고객지원팀	13년
H	사원	경영지원	5개월
I	이사	고객지원팀	2년
J	과장	영업팀	4년
K	대리	홍보팀	4년
L	사원	홍보팀	2년
M	과장	개발팀	3년
N	이사	개발팀	8년

① L사원은 면접위원으로 선출될 수 없다.
② N이사는 반드시 면접위원으로 선출된다.
③ B과장이 면접위원으로 선출됐다면 K대리도 선출된다.
④ 과장은 두 명 이상 선출되었다.
⑤ 모든 부서에서 면접위원이 선출될 수는 없다.

45 해외지사에서 근무 중인 직원들 중 업무성과가 우수한 직원을 선발하여 국내로 초청하고자 한다. 다음의 자료를 토대로 할 때, 각국 직원들을 국내에 도착하는 순서대로 바르게 나열한 것은?

<해외지사별 직원들의 비행 스케줄>

출발지	출발지 기준 이륙시각	비행시간 (출발지 → 대한민국)
독일(뮌헨)	2024년 7월 25일(목) 오후 04:20	11시간 30분
인도(뉴델리)	2024년 7월 25일(목) 오후 10:10	8시간 30분
미국(뉴욕)	2024년 7월 25일(목) 오전 07:40	14시간

<동일 시점에서의 국가별 현지시각>

국가(도시)	현지시각
대한민국(서울)	2024년 7월 25일(목) 오전 06:20
독일(뮌헨)	2024년 7월 24일(수) 오후 11:20
인도(뉴델리)	2024년 7월 25일(목) 오전 03:50
미국(뉴욕)	2024년 7월 24일(수) 오후 05:20

① 인도 – 독일 – 미국
② 인도 – 미국 – 독일
③ 미국 – 독일 – 인도
④ 미국 – 인도 – 독일
⑤ 독일 – 미국 – 인도

K공사에 다니는 W사원은 해외로 출장을 가는데, 이번 달 영국에서 5일 동안 일을 마치고 한국에 돌아와 일주일 후 스페인으로 다시 4일간의 출장을 갈 예정이다. 다음 자료를 참고하여 W사원이 영국과 스페인 출장 시 들어갈 총비용을 A ~ C은행에서 환전할 때 필요한 원화의 최댓값과 최솟값의 차이는 얼마인가?(단, 출장비는 해외여비와 교통비의 합이다)

〈국가별 1일 여비〉

구분	영국	스페인
1일 해외여비	50파운드	60유로

〈국가별 교통비 및 추가 지급비용〉

구분	영국	스페인
교통비(비행시간)	380파운드(12시간)	870유로(14시간)
초과 시간당 추가 지급비용	20파운드	15유로

※ 교통비는 편도 항공권 비용이며, 비행시간도 편도에 해당한다.
※ 편도 비행시간이 10시간을 초과하면 시간당 추가 비용이 지급된다.

〈은행별 환율 현황〉

구분	매매기준율(KRW)	
	원/파운드	원/유로
A은행	1,470	1,320
B은행	1,450	1,330
C은행	1,460	1,310

① 31,900원
② 32,700원
③ 33,500원
④ 34,800원
⑤ 35,200원

47 다음 평가기준과 실적 건수를 바탕으로 평가대상기관 A ~ D 중 최종순위 최상위기관과 최하위기관을 바르게 짝지은 것은?

〈공공시설물 내진보강대책 추진실적 평가기준〉

• 평가요소 및 점수부여

- $(내진성능평가\ 지수) = \dfrac{(내진성능평가\ 실적\ 건수)}{(내진보강대상\ 건수)} \times 100$

- $(내진보강공사\ 지수) = \dfrac{(내진보강공사\ 실적\ 건수)}{(내진보강대상\ 건수)} \times 100$

- 산출된 지수 값에 따른 점수는 아래 표와 같이 부여한다.

구분	지수 값 최상위 1개 기관	지수 값 중위 2개 기관	지수 값 최하위 1개 기관
내진성능평가 점수	5점	3점	1점
내진보강공사 점수	5점	3점	1점

• 최종순위 결정
- 내진성능평가 점수와 내진보강공사 점수의 합이 큰 기관에 높은 순위를 부여한다.
- 합산 점수가 동점인 경우에는 내진보강대상 건수가 많은 기관을 높은 순위로 정한다.

〈평가대상기관의 실적 건수〉

(단위 : 건)

구분	A기관	B기관	C기관	D기관
내진성능평가	82	72	72	83
내진보강공사	91	76	81	96
내진보강대상	100	80	90	100

	최상위기관	최하위기관
①	A기관	B기관
②	B기관	C기관
③	B기관	D기관
④	C기관	D기관
⑤	D기관	C기관

48 K공사에서는 신입사원 2명을 채용하기 위하여 서류와 필기 전형을 통과한 갑 ~ 정 네 명의 최종 면접을 실시하려고 한다. 아래 표와 같이 네 개 부서의 팀장이 각각 네 명을 모두 면접하여 채용 우선순위를 결정하였다. 다음 중 면접 결과에 대한 설명으로 옳은 것을 〈보기〉에서 모두 고르면?

〈면접 결과〉

면접관 순위	인사팀장	경영관리팀장	영업팀장	회계팀장
1순위	을	갑	을	병
2순위	정	을	병	정
3순위	갑	정	정	갑
4순위	병	병	갑	을

※ 우선순위가 높은 사람 순으로 2명을 채용한다.
※ 동점자는 인사, 경영관리, 영업, 회계팀장 순서로 부여한 고순위자로 결정한다.
※ 각 팀장이 매긴 순위에 대한 가중치는 모두 동일하다.

> **보기**
>
> ㉠ '을' 또는 '정' 중 한 명이 입사를 포기하면 '갑'이 채용된다.
> ㉡ 인사팀장이 '을'과 '정'의 순위를 바꿨다면 '갑'이 채용된다.
> ㉢ 경영관리팀장이 '갑'과 '병'의 순위를 바꿨다면 '정'은 채용되지 못한다.

① ㉠
③ ㉠, ㉢
⑤ ㉠, ㉡, ㉢

② ㉠, ㉡
④ ㉡, ㉢

49 다음은 6개 광종의 위험도와 경제성 점수에 대한 자료이다. 분류기준을 이용하여 광종을 분류할 때, 〈보기〉 중 옳은 것을 모두 고르면?

〈6개 광종의 위험도와 경제성 점수〉

(단위 : 점)

구분	금광	은광	동광	연광	아연광	철광
위험도	2.5	4.0	2.5	2.7	3.0	3.5
경제성	3.0	3.5	2.5	2.7	3.5	4.0

〈분류기준〉

위험도와 경제성 점수가 모두 3.0점을 초과하면 비축필요광종으로 분류하고, 위험도와 경제성 점수 중 하나는 3.0점 초과, 다른 하나는 2.5점 초과 3.0점 이하인 경우에는 주시광종으로 분류하며, 그 외는 비축제외광종으로 분류한다.

> **보기**
>
> ㉠ 주시광종으로 분류되는 광종은 1종류이다.
> ㉡ 비축필요광종으로 분류되는 광종은 은광, 아연광, 철광이다.
> ㉢ 모든 광종의 위험도와 경제성 점수가 현재보다 각각 20% 증가하면, 비축필요광종으로 분류되는 광종은 4종류가 된다.
> ㉣ 주시광종 분류기준을 위험도와 경제성 점수 중 하나는 3.0점 초과, 다른 하나는 2.5점 이상 3.0점 이하로 변경한다면, 금광과 아연광은 주시광종으로 분류된다.

① ㉠, ㉢
② ㉠, ㉣
③ ㉢, ㉣
④ ㉠, ㉡, ㉢
⑤ ㉡, ㉢, ㉣

50 K공사는 직원들의 여가를 위해 하반기 동안 다양한 프로그램을 운영하고자 한다. 운영할 프로그램은 후보들을 대상으로 한 수요도 조사 결과를 통해 결정된다. 다음 〈조건〉에 따라 프로그램을 선정할 때, 운영될 프로그램들을 바르게 짝지은 것은?

〈프로그램 후보〉

구분	프로그램명	인기 점수	필요성 점수
운동	강변 자전거 타기	6	5
진로	나만의 책 쓰기	5	7
여가	자수교실	4	2
운동	필라테스	7	6
교양	독서토론	6	4
여가	볼링모임	8	3

※ 수요도 조사에는 전 직원이 참여하였다.

조건
- 수요도는 인기 점수와 필요성 점수에 가점을 적용한 후, 2 : 1의 가중치에 따라 합산하여 판단한다.
- 각 프로그램의 인기 점수와 필요성 점수는 10점 만점으로 하여 전 직원들이 부여한 점수의 평균값이다.
- 단일 분야에 하나의 프로그램만 있는 경우, 그 프로그램의 필요성 점수에 2점을 가산한다.
- 단일 분야에 복수의 프로그램이 있는 경우, 분야별로 필요성 점수가 가장 낮은 프로그램은 후보에서 탈락한다.
- 수요도 점수가 동점일 경우, 인기 점수가 높은 프로그램을 우선시한다.
- 수요도 점수가 가장 높은 2개의 프로그램을 선정한다.

① 강변 자전거 타기, 볼링모임
② 나만의 책 쓰기, 필라테스
③ 자수교실, 독서토론
④ 필라테스, 볼링모임
⑤ 독서토론, 볼링모임

51 다음 글을 읽고 A사원에게 필요한 능력으로 가장 적절한 것은?

> 신입사원인 A사원은 최근 고민이 생겼다. 충분히 해낼 수 있을 것으로 예상한 업무를 익숙하지 않은 업무조건으로 인해 제시간에 완료하지 못했고, 이로 인해 B과장으로부터 문책을 당했기 때문이다. 이 사건 이후 A사원은 크게 위축되어 자신의 능력에 회의감을 가지게 되었고, 주어진 업무를 완수할 수 없을 것 같다는 불안감에 업무효율이 떨어지게 되었다.

① 자기관리   ② 자아존중감
③ 경력개발   ④ 강인성
⑤ 낙관주의

52 다음 사례에서 K씨가 자신의 목표를 달성하지 못한 이유로 가장 적절한 것은?

> 극장에서 미소지기로 근무하는 K씨는 친절 사원으로 선발된 다른 직원들을 보면서 자신도 이달의 친절왕이 되겠다는 목표를 설정하고, 여러 정보들을 수집하여 구체적인 계획을 세웠다. 그러나 K씨의 무뚝뚝한 표정과 말투로 인해 친절왕은커녕 고객들의 불평·불만만 쌓여갔다. 사실 K씨는 오래전부터 사람을 대하는 서비스업이 자신에게 적합하지 않다는 생각을 하고 있었다.

① 자신감이 부족하여 자기개발과 관련된 결정을 제대로 하지 못하였다.
② 회사 내의 경력기회 및 직무 가능성 등에 대해 충분히 알아보지 않았다.
③ 다른 직업이나 회사 밖의 기회에 대해 충분히 알아보지 않았다.
④ 자신의 흥미·적성 등을 제대로 파악하지 못하였다.
⑤ 둘러싼 주변상황의 제약으로 인해 어려움을 겪었다.

53 다음 중 정의에 따른 경력개발 방법으로 적절하지 않은 것을 〈보기〉에서 모두 고르면?

〈정의〉

경력개발이란 개인이 경력목표와 전략을 수립하고 실행하며 피드백하는 과정으로 직업인이 한 조직의 구성원으로서 조직과 상호작용하며, 자신의 경력을 개발해 나가는 것이다.

보기

㉠ 영업직에 필요한 것은 사교성일 수도 있지만, 무엇보다 사람에 대한 믿음과 성실함이 기본이어야 한다고 생각한다. 영업팀에서 10년째 근무 중인 나는 인맥을 쌓기 위해 오랜 기간 인연을 지속한 사람들을 놓치지 않으려고 노력하였다.

㉡ 전략기획팀에서 근무하고 있는 나는 앞으로 회사가 나아갈 방향을 설정하는 업무를 주로 하고 있다. 따라서 시대의 흐름을 놓쳐서는 안 된다. 나의 이러한 감각을 배양하기 위해 전문 서적을 탐독하고, 경영환경 변화에 대한 공부를 끊임없이 하고 있다. 그리고 시대에 뒤떨어지지 않기 위해 최신 IT 기기 및 기술을 습득하고 있다.

㉢ 나는 지난달부터 체력단련을 위해 헬스를 하고 있다. 자동차 동호회 활동을 통해 취미활동도 게을리 하지 않는다.

㉣ 직장 생활도 중요하지만, 개인적인 삶을 풍요롭게 할 필요가 있다. 회사는 내가 필요한 것과 내삶을 윤택하게 하는 데 도움을 주는 요소이다. 그러므로 회사 내의 활동이나 모임 등에 집중하기보다는 나를 위한 투자(운동, 개인학습 등)에 소홀하지 않아야 한다.

① ㉠, ㉡
② ㉠, ㉢
③ ㉡, ㉢
④ ㉡, ㉣
⑤ ㉢, ㉣

54 다음 시트에서 [A2:A4] 영역의 데이터를 이용하여 [C2:C4] 영역처럼 표시하려고 할 때, [C2] 셀에 입력할 수식으로 옳은 것은?

	A	B	C
1	주소	사원 수	출신지
2	서귀포시	10	서귀포
3	여의도동	90	여의도
4	김포시	50	김포

① $=\text{LEFT}(A2,\text{LEN}(A2)-1)$

② $=\text{RIGHT}(A2,\text{LENGTH}(A2))-1$

③ $=\text{MID}(A2,1,\text{VALUE}(A2))$

④ $=\text{LEFT}(A2,\text{TRIM}(A2))-1$

⑤ $=\text{MID}(A2,\text{LENGTH}(A3))$

55 다음 중 워크시트의 [머리글 / 바닥글] 설정에 대한 설명으로 옳지 않은 것은?

① 숨기기 취소 대화상자에서 숨기기 기능에 체크하면 워크시트가 숨겨진다.

② 첫 페이지, 홀수 페이지, 짝수 페이지의 머리글 / 바닥글 내용을 다르게 지정할 수 있다.

③ 머리글 / 바닥글에 그림을 삽입하고, 그림 서식을 지정할 수 있다.

④ '페이지 나누기 미리보기' 상태에서는 미리 정의된 머리글이나 바닥글을 선택하여 쉽게 추가할 수 있다.

⑤ '페이지 레이아웃' 보기 상태에서는 워크시트 페이지 위쪽이나 아래쪽을 클릭하여 머리글 / 바닥글을 추가할 수 있다.

56 다음 시트에서 [E2:E7] 영역처럼 표시하려고 할 때, [E2] 셀에 입력할 수식으로 옳은 것은?

◢	A	B	C	D	E
1	순번	이름	주민등록번호	생년월일	백넘버
2	1	박민석 11	831121-1092823	831121	11
3	2	최성영 20	890213-1928432	890213	20
4	3	이형범 21	911219-1223457	911219	21
5	4	임정호 26	870211-1098432	870211	26
6	5	박준영 28	850923-1212121	850923	28
7	6	김민욱 44	880429-1984323	880429	44

① = MID(B2,5,2)

② = LEFT(B2,2)

③ = RIGHT(B2,5,2)

④ = MID(B2,5)

⑤ = LEFT(B2,5,2)

57 K공사 인사부에 근무하는 김대리는 신입사원들의 교육점수를 다음과 같이 정리한 후 VLOOKUP 함수를 이용해 교육점수별 등급을 입력하려고 한다. [E2:F8]의 데이터 값을 이용해 (A) 셀에 함수식을 입력한 후 자동 채우기 핸들로 사원들의 교육점수별 등급을 입력할 때, (A) 셀에 입력해야 할 함수식으로 옳은 것은?

	A	B	C	D	E	F
1	사원	교육점수	등급		교육점수	등급
2	최덕철	100	(A)		100	A
3	이만강	95			95	B
4	김주상	95			90	C
5	장황배	70			85	D
6	정동렬	75			80	E
7	소광팔	90			75	F
8	신용만	85			70	G
9	구본탁	80				

① =VLOOKUP(B2,E2:F8,2,1)

② =VLOOKUP(B2,E2:F8,2,0)

③ =VLOOKUP(B2,$E$2:$F$8,2,0)

④ =VLOOKUP(B2,$E$2:$F$8,1,0)

⑤ =VLOOKUP(B2,$E$2:$F$8,1,1)

※ PC방에서 아르바이트를 하는 K군은 모니터에 이상이 있다는 손님의 문의에 대응할 수 있도록 모니터 설명서를 찾아보았다. 다음 모니터 설명서를 보고 이어지는 질문에 답하시오. **[58~59]**

〈고장신고 전 확인사항〉

고장내용	확인사항
화면이 나오지 않아요.	• 모니터 전원 코드가 전원과 바르게 연결되어 있는지 확인해 주세요. • 전원 버튼이 꺼져 있는지 확인해 주세요. • [입력] 설정이 바르게 되어 있는지 확인해 주세요. • PC와 모니터가 바르게 연결되어 있는지 확인해 주세요. • 모니터가 절전모드로 전환되어 있는지 확인해 주세요.
"UNKNOWN DEVICE" 문구가 뜹니다.	• 자사 홈페이지의 모니터 드라이브를 설치해 주세요. (http://www.*******.**.**)
화면이 흐려요.	• 권장 해상도로 설정되어 있는지 확인해 주세요. • 그래픽카드 성능에 따라 권장 해상도 지원이 불가능할 수 있으니 그래픽카드 제조사에 문의해 주세요.
화면에 잔상이 남아 있어요.	• 모니터를 꺼도 잔상이 남으면 고장신고로 접수해 주세요. (고정된 특정 화면을 장기간 사용하면 모니터에 손상을 줄 수 있습니다) • 몇 개의 빨간색, 파란색, 초록색, 흰색, 검은색 점이 보이는 것은 정상이므로 안심하고 사용하셔도 됩니다.
소리가 나오지 않아요.	• 모니터가 스피커 단자와 바르게 연결되어 있는지 확인해 주세요. • 볼륨 설정이 낮거나 음소거 모드로 되어 있는지 확인해 주세요.
모니터 기능이 잠겨 있어요.	• [메뉴] – [잠금 해제]를 통해 잠금을 해제해 주세요.

58 다음 중 화면이 나오지 않는다는 손님의 문의를 받았을 때의 대응 방안으로 적절하지 않은 것은?

① 모니터 전원이 켜져 있는지 확인한다.

② 모니터 드라이브를 설치한다.

③ 모니터와 PC가 바르게 연결되어 있는지 확인한다.

④ 모니터가 전원에 연결되어 있는지 확인한다.

⑤ 모니터 입력 설정이 바르게 설정되어 있는지 확인한다.

59 다음 중 고장신고를 접수해야 하는 상황은?

① 특정 소프트웨어에서 소리가 나오지 않는다.

② 화면에 몇 개의 반점이 보인다.

③ 화면이 흐리게 보인다.

④ 모니터 일부 기능을 사용할 수 없다.

⑤ 모니터를 꺼도 잔상이 남아 있다.

60 다음 글을 바탕으로 고소 작업자들에게 주의를 환기시킬 수 있는 표어로 가장 적절한 것은?

고소 작업이란 '고소'에서 바로 알 수 있듯이 높은 곳에서의 작업이다. 조금 더 정확하게 정의하면 넘어져 땅에 떨어질 때 부상의 위험이 있는 장소에서의 작업을 일컬으며, 보통 2m 이상에서의 작업을 고소 작업으로 본다.

고소 작업을 진행할 때에는 다양한 작업대를 사용하게 되며, 안전에 유의하지 않고 사용할 때 부상을 입을 수 있고 심한 경우 사망에 이를 수 있다. 작업대 위에서의 추락, 작업대와 작업 공간 등의 사이에서 끼임, 작업대 자체의 넘어짐 등 고소작업대로 인한 다양한 사고는 끊임없이 발생하고 있다. 고용노동부와 한국산업안전보건공단에서 2012년부터 2020년까지 발생한 고소작업대 사고를 집계하여 발표한 '고소작업대 안전관리 매뉴얼'에 따르면 추락 사고는 100건 넘게 집계되었으며, 끼임 사고는 약 40건이 집계되었고, 작업대가 넘어지면서 발생한 사고도 약 20건으로 집계되었다고 한다. 추락 사고는 대개 안전 난간의 관리 소홀로 인한 사고로 밝혀졌으며, 끼임 사고는 대개 작업자의 부주의로 인한 사고로 밝혀졌다.

이런 사고를 예방하기 위해서 임대인은 기구의 유지보수에 힘써야 하며, 기기 조작자가 적절한 자격을 갖춘 자인지 철저하게 확인하고 작업내용, 연락 및 신호 방법 등의 주의사항을 알려야 할 의무가 있고, 대여 사항을 반드시 별도로 기록 및 보존하도록 산업안전보건법으로 규정하고 있다.

관리자는 작업대가 넘어지지 않도록 작업장소의 지반을 확인하고 작업계획서를 작성 및 확인하여 작업구역을 구획하고 필요한 경우 통제 및 유도차량을 배치해야 한다. 조종자는 작업 시작 전, 기기에 안전장치(안전 난간 등)를 반드시 확인하고 보호구를 착용해야 한다. 가장 중요한 점은 절대로 유도자 없이 혼자서 기기를 작동해선 안 된다. 탑승자 또한 보호구를 반드시 착용해야 하며 정원, 적정 무게를 확인하고 탑승 후 고압선 등에 접근하지 않도록 유의한다.

① 점심에 마신 술, 마지막 점심이 될 수도
② 높은 곳으로 가려다 가장 높은 곳으로
③ 버튼 한 번 누르기 전, 주변 둘러보기 한 번
④ 기계도 사람도 모두 잠깐의 휴식이 필요합니다
⑤ 당신이 버린 불씨, 불시에 재앙으로 다가온다

※ 다음 글을 읽고 이어지는 질문에 답하시오. [61~62]

> IT기술을 개발하는 K회사의 글로벌 전략부 이과장은 새로운 기술을 도입하기 위해 기술선택을 하려고 한다. 이과장은 ㉠ 기술경영진과 기술기획담당자들에 의한 체계적인 분석을 통해 기업이 획득해야 하는 대상기술과 목표기술 수준을 결정한다. 이과장의 기술선택 과정에서의 진행상황은 다음과 같다. 먼저 수요변화 및 경쟁자 변화, 기술 변화 등을 분석하고 기업의 장기 비전, 중장기 매출 목표 및 이익 목표를 설정했다. 다음으로 기술능력, 생산능력, 마케팅 및 영업능력, 재무능력 등을 분석하였다. 그리고 최근의 사업영역을 결정하고 경쟁 우위 확보 방안을 수립했다.

61 다음 중 윗글의 밑줄 친 ㉠이 설명하는 기술선택 방식에 대한 내용으로 옳은 것은?

① 확장적 기술선택   ② 상향식 기술선택
③ 하향식 기술선택   ④ 복합적 기술선택
⑤ 통합적 기술선택

62 다음 중 이과장이 기술선택 과정에서 진행할 절차로 옳지 않은 것은?

① 핵심기술 선택   ② 기술전략 수립
③ 제품 생산공정 분석   ④ 내부역량 분석
⑤ 기술 획득 방법 결정

63 다음 중 직장생활에서 인간관계를 잘하는 방법에 대한 설명으로 적절하지 않은 것은?

① 상사나 동료의 의견에 일단 수긍을 하는 자세를 보인다.
② 업무능력보다는 인간관계가 더 중요하다는 점을 명심한다.
③ 적극적인 마인드를 가지고 업무에 임하고 자신을 강하게 어필할 수 있도록 한다.
④ 상대방에게 호감을 줄 수 있도록 항상 웃는 얼굴로 대한다.
⑤ 동료가 일이 많으면 내 일이 아니더라도 도와준다.

64 다음은 K회사 사보에 실린 '조직의 분쟁 해결을 위한 여섯 단계'를 설명하는 기사내용이다. 오늘 아침 회의시간에 회사 성과급 기준과 관련하여 팀원 간의 갈등이 있었는데, 기사를 읽고 고려할 수 있는 갈등 해결 방안으로 적절하지 않은 것은?

〈조직의 분쟁 해결을 위한 여섯 단계〉

1. 문제가 무엇이며, 분쟁의 원인이 무엇인지 명확히 정의하기
2. 공동의 목표 수립하기
3. 공동의 목표를 달성하는 방법에 대해 토론하기
4. 공동의 목표를 수립하는 과정에서 발생할 장애물 탐색하기
5. 분쟁을 해결하는 최선의 방법에 대해 협의하기
6. 합의된 해결 방안을 확인하고 책임 분할하기

---

① 성과급 기준에 대해 내가 원하는 점과 다른 사람이 원하는 점을 모두 생각해 봐야지.
② 합의된 성과급 기준에서 발생할 수 있는 문제점들도 생각해 봐야겠다.
③ 모두가 만족할 만한 해결 방안을 확인했으니, 팀장인 내가 책임감을 가지고 실행해야지.
④ 성과급 기준과 관련하여 팀원들과 갈등이 있었는데 원인을 찾아봐야겠다.
⑤ 팀원들 모두가 참여하는 가운데 조직 목표를 달성할 수 있는 방안에 대해 논의해야지.

65 다음 글에서 알 수 있는 K씨의 잘못된 고객응대 자세로 가장 적절한 것은?

직원 K씨는 규모가 큰 대형 마트에서 육류제품의 유통 업무를 담당하고 있다. 전화벨이 울리고 신속하게 인사와 함께 전화를 받았는데 전화는 채소류에 관련된 업무 문의로, 직원 K씨는 고객에게 자신은 채소류에 관련된 담당자가 아니라고 설명하고, "지금 거신 전화는 육류에 관련된 부서로 연결되어 있습니다. 채소류 관련 부서로 전화를 연결 해드릴 테니 잠시만 기다려 주십시오."라고 말하고 다른 부서로 전화를 돌렸다.

---

① 신속하게 전화를 받지 않았다.
② 기다려 주신 데 대한 인사를 하지 않았다.
③ 고객의 기다림에 대해 양해를 구하지 않았다.
④ 전화를 다른 부서로 돌려도 괜찮은지 묻지 않았다.
⑤ 자신의 직위를 밝히지 않았다.

최근 K기업의 강천 생산공장의 생산 실적이 하락하고, 불량품 발생률이 급증하자 본사에서는 김일동 이사를 강천 생산공장으로 긴급 파견하였다. 김일동 이사는 강천 공장에서 20년 이상 근무한 베테랑으로, 현재는 본사의 생산혁신본부를 총괄하고 있다. 김일동 이사는 강천 공장에 있는 2개월 동안 공장 직원들의 역량을 강화하여 생산량을 늘리고 불량품은 줄일 것이라고 포부를 밝혔다. 생산량과 불량품 발생률 등 구체적인 수치의 목표는 공장 상황을 명확하게 파악하고 결정할 계획이다. 이를 위해서 김일동 이사는 본인의 노하우를 공유하면서도, 최우선적으로 직원들의 의견을 적극 경청하여 현장의 문제점과 작업 시 애로사항을 도출하고, 이를 통해 작업 개선 방안을 수립할 계획이다. 작업 개선 방안이 성공적으로 현장에 정착하기 위해서 개선 방안의 수립과 더불어 고도화 과정 중 직원 스스로 해결책을 찾도록 유도하고, 일부 권한을 위임하는 등 직원 스스로가 작업 개선에 책임의식을 갖도록 할 것이다.

66 다음 중 윗글에서 나타난 김일동 이사의 리더십 역량 강화에 대한 설명으로 가장 적절한 것은?

① 높은 성과를 달성한 조직원에게는 곧바로 보상을 부여하는 동기부여 방법의 리더십이다.

② 직원들이 안전지대에서 벗어나 더욱 높은 목표를 향해 나아가도록 격려하는 리더십이다.

③ 불량품 발생률을 줄이기 위해 실수를 불허하며, 저항하는 직원을 과감하게 해고하려고 한다.

④ 리더가 지식이나 정보를 하달하며 의사결정의 권한을 가지고 있는 전통적인 커뮤니케이션 접근법을 사용하는 리더십이다.

⑤ 지침보다는 질문과 논의를 통해, 통제보다는 경청과 지원을 통해 상황의 발전과 좋은 결과를 이끌어낸다.

67 다음 중 윗글에서 나타난 리더십 역량 강화 방법을 통해 얻을 수 있는 혜택으로 적절하지 않은 것은?

① 개인이 문제 해결 과정에 적극적으로 노력하도록 유도할 수 있다.

② 직원들의 반발심을 줄일 수 있다.

③ 높은 품질의 제품을 생산할 수 있다.

④ 효율성 및 생산성의 전반적인 상승을 기대할 수 있다.

⑤ 동기를 부여받은 직원들이 책임감을 갖고 자신감 있게 업무에 임하게 된다.

68 과거에는 한 사람의 출세와 성공에 가장 큰 영향을 주는 것은 학교 성적, 즉 공부를 잘하는 것이라고 생각하였다. 그러나 최근의 연구 결과를 보면, 대인관계능력이 높은 사람이 성공하는 경우가 더 많았으며, 학교 성적은 성공과 크게 관련이 없다는 것이 밝혀졌다. 대인관계능력이 성공과 밀접한 관련이 있다고 할 경우, 다음 중 직장생활에서 가장 성공하기 어려운 사람은?

- B가 근무하는 부서에 신입사원 A가 입사하였다. 평소 B는 입사 때 회사 선배로부터 일을 제대로 못 배워 동기들보다 승진이 늦어졌다고 생각하여, A에게 일을 제대로 가르친다는 생각으로 잘한 점은 도외시하고 못한 점만 과장하여 지적하여 A가 항상 긴장 상태에서 일 처리를 하도록 하였다.
- C의 입사동기이자 업무능력이 뛰어난 동료 D는 회사의 큰 프로젝트를 담당하고 있으며, 이 프로젝트를 성공리에 완수할 경우 올해 말에 C보다 먼저 승진할 가능성이 높았음에도 불구하고, D가 업무 도움을 요청하자 C는 흔쾌히 D의 업무를 도와주었다.
- E는 자기 팀이 작년 연말평가에서 최하 등급을 받아서 팀 내 분위기가 어수선해지자, 팀의 발전이 자신의 발전이라고 생각하여 매일 아침에 모닝커피를 타서 팀원 전체에게 돌리고, 팀 내의 힘들고 궂은일을 솔선수범하여 처리하였다.
- F는 대인관계에서 가장 중요한 것은 인간관계 기법과 테크닉이라고 생각하여, 진심에서 우러나오지 않지만 항상 무엇을 말하느냐, 어떻게 행동하느냐를 중시하였다.

① B, C ② B, F
③ C, E ④ C, F
⑤ E, F

69 다음 글에서 설명하는 의사결정 방법으로 가장 적절한 것은?

조직에서 의사결정을 하는 대표적인 방법으로 여러 명이 한 가지 문제를 놓고 아이디어를 비판 없이 제시하여 그중에서 최선책을 찾아내는 방법이다. 다른 사람이 아이디어를 제시할 때 비판하지 않고, 아이디어를 최대한 많이 공유하고 이를 결합하여 해결책을 마련한다.

① 만장일치 ② 다수결
③ 브레인스토밍 ④ 의사결정나무
⑤ 델파이 기법

70 다음 사례의 쟁점과 협상전략이 바르게 연결된 것은?

> 대기업 영업부장인 A씨는 기존 재고를 처리할 목적으로 업체 K사와 협상 중이다. 그러나 K사는 자금 부족을 이유로 이를 거절하고 있다. 하지만 A씨는 자신의 회사에서 물품을 제공하지 않으면 K사가 매우 곤란한 지경에 빠진다는 사실을 알고 있다. 그래서 A씨는 앞으로 K사와 거래하지 않을 것이라는 엄포를 놓았다.

① 자금 부족 – 협력전략
② 재고 처리 – 갈등전략
③ 재고 처리 – 경쟁전략(강압전략)
④ 정보 부족 – 양보전략(유화전략)
⑤ 정보 부족 – 경쟁전략(강압전략)

71 C대리는 입사 4년 차이다. 회사 업무도 익숙해졌고 업무에도 별다른 문제가 없다. 하지만 C대리는 이런 익숙함 때문에 점점 업무에 대한 흥미를 잃어가고 있다. 그러다 보니 잔 실수가 많아졌고 심지어 신입사원에게까지 실수 지적을 받기도 했다. 다음 중 이런 문제를 해결하고자 C대리가 할 수 있는 행동은?

① 선임인 D과장에게 상담을 요청한다.
② 신입사원에게 신입사원의 업무성과를 자신에게 넘겨 달라고 부탁한다.
③ 다른 곳으로 이직한다.
④ 혼자 해결하려고 노력한다.
⑤ 다른 부서로 옮겨달라고 요청한다.

※ 다음은 K공사의 부서별 업무소개 자료이다. 이어지는 질문에 답하시오. [72~73]

1. ___㉠___ 의 직무 특성 및 소개
시설투자·공사지원·유지관리로 회사의 자산 가치를 극대화하고 임직원과의 소통과 원활한 경영활동 지원을 위한 업무를 수행합니다. 효율적인 공간 활용 및 쾌적한 사무환경 구축, 임직원 복지 증진으로 업무 효율성을 높이는 등 총체적인 업무지원 제반 활동을 진행합니다. 세부적으로 본사 및 사업장 부동산 자산관리, 임대차 자산 계약관리 등을 담당하는 관재업무, 설비 총괄 관리 및 시설물 관리로 쾌적한 근무 환경 조성 업무, 주주총회 기획·운영·관리 업무, 임직원 복리후생 제도 기획·운영 및 사회공헌 프로그램을 진행하는 복지 관련 업무, 경영진 및 VIP 의전 및 대민·대관 관련 업무 등을 수행합니다.

2. ㉡ 구매 직무 주요 업무 내용
  - 시장조사 : 환율, 원부자재 가격 변동 등 트렌드 조사 및 분석
  - 업체발굴 : TCO관점에서 QCD 만족시키는 협력사 검토
  - 협상 / 계약 : 가격 협상 및 납기 조율
  - 자재관리 : 시스템상 재고와 실 창고 재고 일치화 및 재고 수량 조사
  - 협력사 관리 및 협력사 기술 / 품질지원 : SRM시스템 구축 및 운영
  - 원가절감 활동 : 통합구매, 구매방식 다양화, 구매 시기 조정

72 다음 중 빈칸 ㉠에 들어갈 업무로 옳은 것은?

① 총무 업무 ② 인사 업무
③ 회계 업무 ④ 생산 업무
⑤ 기획 업무

73 다음 중 밑줄 친 ㉡의 직무를 수행하기 위해 필요한 능력으로 옳지 않은 것은?

① 원가에 대한 이해력
② 데이터 분석 및 가공능력
③ 협상 및 설득능력
④ 생산 제품에 대한 지식
⑤ 협력사 검토 및 관리력

74 다음 대학생 지수의 일과를 통해 알 수 있는 사실로 옳은 것은?

> 지수는 화요일에 학교 수업, 아르바이트, 스터디, 봉사활동 등을 한다.
> 다음은 지수의 화요일 일과이다.
> • 지수는 오전 11시부터 오후 4시까지 수업이 있다.
> • 수업이 끝나고 학교 앞 프랜차이즈 카페에서 아르바이트를 3시간 동안 한다.
> • 아르바이트를 마친 후, NCS 공부를 하기 위해 스터디를 2시간 동안 한다.

① 비공식적인 소규모조직에서 3시간 동안 있었다.
② 하루 중 공식조직에서 9시간 동안 있었다.
③ 비영리조직인 대규모조직에서 5시간 동안 있었다.
④ 영리조직에서 2시간 동안 있었다.
⑤ 비공식적인 비영리조직에서 3시간 동안 있었다.

75 다음 상황에서 K사가 해외 시장 개척을 앞두고 기존의 조직구조를 개편할 경우, K사가 추가해야 할 조직으로 적절하지 않은 것은?

> K사는 몇 년 전부터 자체 기술로 개발한 제품의 판매 호조로 인해 기대 이상의 수익을 창출하게 되었다. 경쟁 업체들이 모방할 수 없는 독보적인 기술력을 앞세워 국내 시장을 공략한 결과, 이미 더 이상의 국내 시장 경쟁자들은 없다고 할 만큼 탄탄한 시장 점유율을 확보하였다. 이러한 K사의 사장은 올 초부터 해외 시장 진출의 꿈을 갖고 필요한 자료를 수집하기 시작하였다. 충분한 자금력을 확보한 K사는 우선 해외 부품 공장을 인수한 후 현지에 생산 기지를 건설하여 국내에서 생산되는 물량의 절반 정도를 현지로 이전하여 생산하고, 이를 통한 물류비 절감으로 주변국들부터 시장을 넓혀가겠다는 야심찬 계획을 가지고 있다. 한국 본사에서는 내년까지 4 ~ 5곳의 해외 거래처를 더 확보하여 지속적인 해외 시장 개척에 매진한다는 중장기 목표를 대내외에 천명해 둔 상태이다.

① 해외관리팀
② 기업회계팀
③ 외환업무팀
④ 국제법무팀
⑤ 통관물류팀

A과장은 성격이 활달하고 사교적이다. 회사 일뿐만 아니라 사회 활동에도 무척 적극적이다. 그래서 가끔 지인들이 회사 앞으로 찾아오곤 하는데, 이때 A과장은 인근 식당에서 지인들에게 식사를 대접하며 본인 이름으로 결제를 하고는 했다.

그러던 어느 날 A과장은 경영지원팀 C팀장에게 한 가지 지적을 받게 되었다. 회사 인근 식당에서 지나치게 많은 식대가 A과장 이름으로 결제가 되었는데, 도대체 회사 직원 몇 명과 같이 저녁 식사를 했기에 그렇게 많은 비용이 나왔냐는 것이었다. A과장은 본부원 30명에 가까운 인원이 그날 야근을 해서 식대가 많이 나온 거라며 거짓으로 둘러댔다.

그리고 얼마 후 회사 감사팀에서 출퇴근 명부와 식대를 비교해 보니 A과장의 말이 거짓임이 밝혀졌다. A과장은 징계를 면할 수 없었고, 결국 견책의 징계를 받게 되었다.

76 다음 중 징계를 피하기 위해 A과장에게 요구됐던 태도로 옳은 것은?

① 매사에 심사숙고하려는 태도
② 늘 정직하게 임하려는 태도
③ 단호하게 의사결정을 내리는 태도
④ 공사 구분을 명확히 하는 태도
⑤ 항상 최선을 다하는 태도

77 다음 중 A과장에게 요구됐던 태도에 대한 설명으로 옳지 않은 것은?

① 사람은 혼자서는 살아갈 수 없으므로, 다른 사람과의 신뢰가 필요하다.
② 정직한 것은 성공을 이루게 되는 기본 조건이 된다.
③ 말이나 행동이 사실과 부합된다는 신뢰가 없어도 사회생활을 하는 데 별로 지장이 없다.
④ 신뢰를 형성하기 위해 필요한 규범이 정직이다.
⑤ 바른 사회생활은 정직에 기반을 둔 신뢰가 있어야 한다.

78 다음 대화를 듣고 C대리가 A사원에게 해 줄 조언으로 적절하지 않은 것은?

> (전화를 당겨 받는다)
> A사원 : 네.
> B팀장 : 안녕하세요. D팀장님 자리에 안 계신가요?
> A사원 : 네.
> B팀장 : 그럼 메모 좀 남겨주실 수 있으세요?
> A사원 : 네(10초간 펜과 노트를 찾는다), 말씀하세요.
> B팀장 : 월요일에 보낸 업무협조요청 관련해서 자료 회신을 부탁드린다고 전해 주세요.
> A사원 : 메모 전해드리겠습니다.
> B팀장 : 네, 수고하세요.

① 소속을 먼저 밝히고 전화를 당겨 받은 이유를 설명했어야지.
② 너무 사무적으로 받았어. 이웃 주민에게 하듯이 친근하게 받았어야지.
③ 전화를 끊기 전에 메모 내용을 다시 한 번 확인했어야지.
④ 펜과 메모는 항상 준비해 놔야 해. 시간이 지체되면 상대방이 불쾌감을 느낄 수 있어.
⑤ 전화를 건 사람이 어느 소속에 누구인지를 확인했어야지.

※ 다음 글을 읽고 이어지는 질문에 답하시오. [79~80]

> 김사원 : 팀장님, 시간 괜찮으시면 이번에 새로 거래를 하게 된 A물산 박대표님이 오셨는데 함께 미팅하시 겠습니까?
> (김사원과 이팀장 모두 박대표와 처음 만나 미팅을 진행하는 경우이다)
> 이팀장 : 어, 그러지. 회의실로 모셔와.
> (이팀장보다 연배가 훨씬 위인 반백의 거래처 대표, 박대표가 회의실로 김사원과 함께 들어온다)
> 김사원 : 팀장님, A물산 박한우 대표님이십니다. 박한우 대표님, 여기는 저희 구매팀장님을 맡고 계신 이철환 팀장님입니다.
> 이팀장 : (악수를 청하며) 처음 뵙겠습니다. 이대로입니다. 먼 길 와 주셔서 감사합니다. 김사원에게 말씀 많이 들었습니다. 함께 일하게 되어 기쁩니다. 앞으로 좋은 파트너로 서로 도움이 되면 좋겠습니다. 많이 도와주십시오.
> 박대표 : 처음 뵙겠습니다. 박한우입니다. 기회 주셔서 감사합니다. 열심히 하겠습니다. 과거부터 영업본부 장이신 성전무님과 인연이 있어 이팀장님 말씀은 많이 들었습니다. 말씀대로 유능하신 분이라는 생각이 듭니다.
> (박대표는 이팀장과 악수를 한 후 김사원과도 악수를 한다. 왼손잡이인 김사원은 자연스럽게 왼손을 내밀어 미소를 지으며 손을 가볍게 흔들며 '김철수입니다. 잘 부탁드리겠습니다.'라는 인사를 건넨다)
> 이팀장 : 과찬이십니다. 그럼 잠시 이번 포워딩 건에 대해 말씀 나누죠.
> 이팀장 : (미팅이 끝난 후) 김철수 씨, 나랑 잠깐 이야기 좀 할까?

79 다음 중 소개예절에서 김사원이 한 실수로 볼 수 없는 것은?

① 나이 어린 사람을 연장자에게 먼저 소개하지 않았다.
② 자신이 속해 있는 회사의 관계자를 타 회사의 관계자에게 먼저 소개하지 않았다.
③ 소개하는 사람에 대해 성과 이름을 함께 말하지 않았다.
④ 동료임원을 고객에게 먼저 소개하지 않았다.
⑤ 소개할 때 나이를 고려하지 않았다.

80 다음 중 악수예절에서 김사원이 한 실수로 가장 적절한 것은?

① 악수를 할 때 상대를 바라보며 가벼운 미소를 지었다.
② 악수를 할 때 간단한 인사 몇 마디를 주고받았다.
③ 악수를 할 때 너무 강하게 쥐어짜듯이 손을 잡지 않았다.
④ 악수를 할 때 왼손잡이라서 왼손으로 악수를 했다.
⑤ 악수를 할 때 이름을 말하며 인사를 했다.

01 '재래시장의 활성화 방안'에 대한 글을 쓰기 위해 다음과 같이 개요를 작성하였다. 개요 수정 및 자료 제시 방안으로 적절하지 않은 것은?

> Ⅰ. 서론 : 재래시장의 침체 실태 ·············· ㉠
> Ⅱ. 본론
>   1. 재래시장 침체의 원인 ·················· ㉡
>   (1) 대형 유통점 및 전자상거래 중심으로의 유통 구조 변화
>   (2) 상인들의 서비스 의식 미흡
>   (3) 편의시설 미비 ·························· ㉢
>   (4) 매출액 감소 및 빈 점포의 증가 ······ ㉣
>   2. 재래시장 활성화 방안
>   (1) 접근성과 편의성을 살려 구조 및 시설 재정비
>   (2) 시장 상인들을 대상으로 한 서비스 교육 실시
>   (3) 지역 특산물 육성 및 지원
> Ⅲ. 결론 : 재래시장 활성화를 위한 공동체 의식의 촉구 ······ ㉤

① ㉠ : Ⅰ의 보충자료로 최근 10년간 재래시장 매출 및 점포 수를 그래프로 제시한다.

② ㉡ : Ⅱ-2-(3)과의 호응을 고려하여 '소비자를 유인할 만한 특성화 상품의 부재'를 하위항목으로 추가한다.

③ ㉢ : Ⅱ-1-(1)과 내용이 중복되고 Ⅱ-2에 대응하는 항목도 없으므로 삭제한다.

④ ㉣ : 상위 항목과 일치하지 않으므로 Ⅰ의 하위항목으로 옮긴다.

⑤ ㉤ : 'Ⅱ-2'와의 논리적 일관성을 고려해야 하므로 '재래시장의 가치 강조 및 활성화 대책 촉구'로 변경한다.

02 다음 글의 주제로 가장 적절한 것은?

최근에 사이버공동체를 중심으로 한 시민의 자발적 정치 참여 현상이 많은 관심을 끌고 있다. 이러한 현상과 관련하여 A의 연구가 새삼 주목 받고 있다. A의 연구에 따르면 공동체의 구성원이 됨으로써 얻게 되는 '사회적 자본'이 시민사회의 성숙과 민주주의 발전을 가져오는 원동력이다. A의 이론에서는 공동체에 대한 자발적 참여를 통해 사회 구성원 간의 상호 의무감과 신뢰, 구성원들이 공유하는 규칙과 관행, 사회적 유대 관계와 같은 사회적 자본이 늘어나면, 사회 구성원 간의 협조적인 행위가 가능하게 된다고 보았다. 더 나아가 A는 자원봉사자와 같이 공동체 참여도가 높은 사람이 투표할 가능성이 높고 정부 정책에 대한 의견 개진도 활발해지는 등 정치 참여도가 높아진다고 주장하였다.

몇몇 학자들은 A의 이론을 적용하여 면대면 접촉에 따른 인간관계의 산물인 사회적 자본이 사이버공동체에서도 충분히 형성될 수 있다고 보았다. 그리고 사이버공동체에서 사회적 자본의 증가는 곧 정치 참여도 활성화시킬 것으로 기대했다. 하지만 이러한 기대와는 달리 정치 참여가 활성화되지 않았다. 요즘 젊은이들을 보면 각종 사이버공동체에 자발적으로 참여하는 수준은 높지만 투표나 다른 정치 활동에는 무관심하거나 심지어 정치를 혐오하기도 한다. 이런 측면에서 A의 주장은 사이버공동체가 활성화된 오늘날에는 잘 맞지 않는다.

이러한 이유 때문에 오늘날 사이버공동체를 중심으로 한 정치 참여를 더 잘 이해하기 위해서 '정치적 자본' 개념의 도입이 필요하다. 정치적 자본은 사회적 자본의 구성 요소와는 달리 정치 정보의 습득과 이용, 정치적 토론과 대화, 정치적 효능감 등으로 구성된다. 정치적 자본은 사회적 자본과 마찬가지로 공동체 참여를 통해서 획득되지만, 정치 과정에의 관여를 촉진한다는 점에서 사회적 자본과는 구분될 필요가 있다. 사회적 자본만으로 정치 참여를 기대하기 어렵고, 사회적 자본과 정치 참여 사이를 정치적 자본이 매개할 때 비로소 정치 참여가 활성화된다.

① 사이버공동체를 통해 축적된 사회적 자본에 정치적 자본이 더해질 때 정치 참여가 활성화된다.
② 사회적 자본은 정치적 자본을 포함하기 때문에 그 자체로 정치 참여의 활성화를 가져온다.
③ 사회적 자본이 많은 사회는 정치 참여가 활발하기 때문에 민주주의가 실현된다.
④ 사이버공동체의 특수성으로 인해 시민들의 정치 참여가 어렵게 되었다.
⑤ 사이버공동체에의 자발적 참여 증가는 정치 참여를 활성화시킨다.

아도르노는 문화산업론을 통해서 대중문화의 이데올로기를 비판하였다. 그는 지배 관계를 은폐하거나 정당화하는 허위의식을 이데올로기로 보고, 대중문화를 지배 계급의 이데올로기를 전파하는 대중 조작 수단으로, 대중을 이에 기만당하는 문화적 바보로 평가하였다. 또한 그는 대중문화 산물의 내용과 형식이 표준화·도식화되어 더 이상 예술인 척할 필요조차 없게 되었다고 주장했다.

그러나 그의 이론은 구체적 비평 방법론의 결여와 대중문화에 대한 극단적 부정이라는 한계를 보여 주었고, 이후의 연구는 대중문화 텍스트의 의미화 방식을 규명하거나 대중문화의 새로운 가능성을 찾는 두 방향으로 발전하였다. 전자는 알튀세를 수용한 스크린 학파이며, 후자는 수용자로 초점을 전환한 피스크이다.

초기 스크린 학파는 주체가 이데올로기 효과로 구성된다는 알튀세의 관점에서 허위의식으로서의 이데올로기 개념을 비판하고 어떻게 특정 이데올로기가 대중문화 텍스트를 통해 주체 구성에 관여하는지를 분석했다. 이들은 이데올로기를 개인들이 자신의 물질적 상황을 해석하고 경험하는 개념틀로 규정하고, 그것이 개인을 자율적 행위자로 오인하게 하여 지배적 가치를 스스로 내면화하는 주체로 만든다고 했다. 특히 그들은 텍스트의 특정 형식이나 장치를 통해 대중문화 텍스트의 관점을 자명한 진리와 동일시하게 하는 이데올로기 효과를 분석했다. 그러나 그 분석은 텍스트의 지배적 의미가 수용되는 기제의 해명에 집중되어, 텍스트가 규정하는 의미에 반하는 수용자의 다양한 해석 가능성은 충분히 설명하지 못했다.

이 맥락에서 피스크의 수용자 중심적 대중문화 연구가 등장한다. 그는 수용자의 의미 생산을 강조하여 정치 미학에서 대중 미학으로 초점을 전환했다. 그는 대중을 사회적 이해관계에 따라 다양한 주체 위치에서 유동하는 행위자로 본다. 상업적으로 제작된 대중문화 텍스트는 그 자체로 대중문화가 아니라 그것을 이루는 자원일 뿐이며, 그 자원의 소비 과정에서 대중이 자신의 이해에 따라 새로운 의미와 저항적·도피적 쾌락을 생산할 때 비로소 대중문화가 완성된다. 피스크는 지배적·교섭적·대항적 해석의 구분을 통해 대안적 의미의 해석 가능성을 시사했던 홀을 비판하면서, 그조차 텍스트의 지배적 의미를 그대로 수용하는 선호된 해석을 인정했다고 지적한다. 그 대신 그는 텍스트가 규정한 의미를 벗어나는 대중들의 게릴라 전술을 강조했던 드 세르토에 의거하여, 대중문화는 제공된 자원을 활용하는 과정에서 그 힘에 복종하지 않는 약자의 창조성을 특징으로 한다고 주장한다.

피스크는 대중문화를 판별하는 대중의 행위를 아도르노식의 미학적 판별과 구별한다. 텍스트 자체의 특질에 집중하는 미학적 판별과 달리, 대중적 판별은 일상에서의 적절성과 기호학적 생산성, 소비 양식의 유연성을 중시한다. 대중문화 텍스트는 대중들 각자의 상황에 적절하게 기능하는 다양한 의미 생산 가능성이 중요하다. 따라서 텍스트의 구조에서 텍스트를 읽어 내는 실천 행위로, "무엇을 읽고 있는가?"에서 "어떻게 읽고 있는가?"로 문제의식을 전환해야 한다는 것이다. 피스크는 대중문화가 일상의 진보적 변화를 위한 것이지만, 이를 토대로 이후의 급진적 정치 변혁도 가능해진다고 주장한다.

그러나 피스크는 대중적 쾌락의 가치를 지나치게 높이 평가하고 사회적 생산 체계를 간과했다는 비판을 받았다. 켈러에 따르면, 수용자 중심주의는 일면적인 텍스트 결정주의를 극복했지만 대중적 쾌락과 대중문화를 찬양하는 문화적 대중주의로 전락했다.

03 다음 중 윗글에 대한 이해로 가장 적절한 것은?

① 아도르노는 대중문화 산물에 대한 질적 가치 판단을 통해 그것이 예술로서의 지위를 가지지 않는다고 간주했다.

② 알튀세의 이데올로기론을 수용한 대중문화 연구는 텍스트가 수용자에게 미치는 일면적 규정을 강조하는 시각을 지양하였다.

③ 피스크는 대중문화의 긍정적 의미가 대중 스스로 자신의 문화 자원을 직접 만들어 낸다는 점에 있다고 생각했다.

④ 홀은 텍스트의 내적 의미가 선호된 해석을 가능하게 한다고 주장함으로써 수용자 중심적 연구의 관점을 보여 주었다.

⑤ 정치 미학에서 대중 미학으로의 발전은 대중문화를 이른바 게릴라 전술로 보는 시각을 극복할 수 있었다.

04 다음 중 윗글을 토대로 〈보기〉에 대한 각 입장을 평가할 때, 적절하지 않은 것은?

> **보기**
>
> 큰 인기를 얻었던 뮤직 비디오 「Open Your Heart」에서 마돈나는 통상의 피프 쇼무대에서 춤추는 스트립 댄서 역할로 등장하였다. 그러나 그녀는 유혹적인 춤을 추는 대신에 카메라를 정면으로 응시하며 힘이 넘치는 춤을 추면서 남성의 훔쳐보는 시선을 조롱한다. 이 비디오는 몇몇 남성에게는 관음증적 쾌락의 대상으로, 소녀 팬들에게는 자신의 섹슈얼리티를 적극적으로 표출하는 강한 여성의 이미지로, 일부 페미니스트들에게는 여성 신체를 상품화하는 성차별적 이미지로 받아들여졌다.

① 아도르노는 마돈나의 뮤직 비디오에서 수용자가 얻는 쾌락이 현실의 문제를 회피하게 만드는 기만적인 즐거움이라고 설명했을 것이다.

② 초기 스크린 학파는 마돈나의 뮤직 비디오에서 텍스트의 형식이 다층적인 기호학적 의미를 생산한다는 점을 높게 평가했을 것이다.

③ 피스크는 모순적 이미지들로 구성된 마돈나의 뮤직 비디오가 서로 다른 사회적 위치에 있는 수용자들에게 다른 의미로 해석된다는 점에 주목했을 것이다.

④ 피스크는 마돈나의 뮤직 비디오가 갖는 의의를 수용자가 대중문화 자원의 지배적 이데올로기로부터 벗어날 수 있는 가능성에서 찾았을 것이다.

⑤ 켈러는 마돈나의 뮤직 비디오에서 수용자들이 느끼는 쾌락이 대중문화에 대한 경험과 문화 산업의 기획에 의해 만들어진 결과라고 분석했을 것이다.

05 다음 중 빈칸 ㉠~㉢에 들어갈 단어들을 순서대로 바르게 나열한 것은?

> • 지나치게 빠른 변화는 가치관의 ___㉠___ 을 초래한다.
> • 어려운 질문은 나를 ___㉡___ 에 빠뜨렸다.
> • 적대적인 노사 갈등을 ___㉢___ 하고 상호존중의 문화를 이루자.

	㉠	㉡	㉢
①	혼동	곤욕	지향
②	혼동	곤욕	지양
③	혼란	곤욕	지양
④	혼란	곤경	지향
⑤	혼란	곤경	지양

06 다음 중 빈칸에 들어갈 내용으로 가장 적절한 것은?

> 자율주행차란 운전자가 핸들과 가속페달, 브레이크 등을 조작하지 않아도 정밀한 지도, 위성항법시스템(GPS) 등 차량의 각종 센서로 상황을 파악해 스스로 목적지까지 찾아가는 자동차를 말한다. 국토교통부는 자율주행차의 상용화를 위해 '부분자율주행차(레벨 3)' 안전기준을 세계 최초로 도입했다고 밝혔다. 이에 따라 7월부터는 자동으로 차로를 유지하는 기능이 탑재된 레벨 3 자율주행차의 출시와 판매가 가능해진다. 국토부가 마련한 안전기준에 따르면 레벨 3 부분자율주행차는 운전자 탑승이 확인된 후에만 작동할 수 있다. 자동 차로 유지기능은 운전자가 직접 운전하지 않아도 자율주행시스템이 차선을 유지하면서 주행하고 긴급 상황 등에 대응하는 기능이다. 기존 '레벨 2'는 차로 유지기능을 작동했을 때 차량이 차선을 이탈하면 경고 알람이 울리는 정도여서 운전자가 직접 운전을 해야 했지만, 레벨 3 안전기준이 도입되면 지정된 작동영역 안에서는 자율주행차의 책임 아래
> ―――――――――――――――――――――――――

① 운전자가 탑승하지 않더라도 자율주행이 가능해진다.
② 운전자가 직접 조작하지 않더라도 자동으로 속도 조절이 가능해진다.
③ 운전자가 운전대에서 손을 떼고도 차로를 유지하며 자율주행이 가능해진다.
④ 운전자가 직접 조작하지 않더라도 차량 간 일정한 거리 유지가 가능해진다.
⑤ 운전자가 차선을 이탈할 경우 경고 알람이 울리므로 운전자의 집중이 요구된다.

07 다음 글의 내용으로 가장 적절한 것은?

이슬람사회에서 결혼은 계약관계로 간주된다. 따라서 부부관계는 계약사항이 위반될 때 해제될 수 있다. 결혼식 전 신랑 측과 신부 측이 서로 합의하에 결혼계약서를 작성하며, 결혼식에서 신랑과 신부 집안의 가장(家長), 양가의 중재자, 양쪽 집안에서 정한 증인이 결혼계약서에 각각 서명해야 하는 점은 이를 반영한다. 결혼계약서에 서명이 없거나, 이슬람의 관습에 따라 결혼식이 진행되지 않았거나, 서명이 끝난 결혼계약서가 정부에 등록되지 않으면 결혼은 무효로 간주되어 법적 효력이 없다.

결혼식은 아랍어로 '시가'라고 하는 결혼서약으로 시작된다. 이는 결혼식 날 주례로서 결혼을 주관하는 '마우준'이 신랑 측과 신부 측에 결혼 의사를 묻고 동의 의사를 듣는 것으로 이루어진다. 이슬람사회의 관습에 따르면 결혼식에서 직접 동의 의사를 공표하는 신랑과 달리, 신부는 스스로 자신의 결혼 의사를 공표할 수 없다. 신부의 후견인인 '왈리'가 신부를 대신해 신부의 결혼 의사를 밝힌다. 보통 아버지가 그 역할을 담당하지만 아버지의 부재 시 삼촌이나 오빠가 대신한다. 당사자 혹은 대리인의 동의가 없는 결혼서약은 무효로 간주된다.

결혼에 대한 양가의 의사 이외에도 이슬람사회에서 결혼이 성립되기 위한 필수조건으로 '마흐르'라고 불리는 혼납금이 있어야 한다. 이슬람사회의 관습에 따르면 혼납금은 신부의 개인 재산으로 간주된다. 혼납금은 결혼계약서를 작성하면서 신랑이 신부에게 지급해야 한다.

증인 또한 중요하다. 결혼식의 증인으로는 믿을 만한 양가 친척이나 부모의 친구가 선택된다. 양가를 대표하는 두 명의 증인은 결혼계약서에 서명함으로써 결혼에 거짓이 없음을 증명한다. 결혼식에서 증인이 확인하는 내용은 신랑이나 신부가 친남매간이나 수양남매 관계가 아니라는 것, 양가의 사회적 지위가 비슷하며 종교가 같다는 것, 이전에 다른 결혼관계가 있었는지 여부, 신부가 '잇다' 기간에 있지 않다는 것 등이다. 이때 '잇다' 기간이란 여성이 이전 결혼관계가 해제된 후 다음 결혼 전까지 두어야 하는 결혼 대기 기간으로, 이 기간 동안 전 결혼에서 발생했을지 모를 임신 여부를 확인한다.

① 이슬람사회에서 남성은 전처의 잇다 기간에는 재혼할 수 없다.

② 이슬람사회에서 결혼은 계약관계로 간주되기 때문에 결혼의 당사자가 직접 결혼계약서에 서명해야 법적 효력이 있다.

③ 이슬람 사회의 결혼계약서에는 신랑과 신부의 가족관계, 양가의 사회적 배경, 양가의 결합에 대한 정부의 승인 등의 내용이 들어 있다.

④ 이슬람사회에서 남녀의 결혼이 합법적으로 인정받기 위해서는 결혼 중재자와 결혼식 주례, 결혼계약서, 혼납금, 증인, 결혼식 하객이 필수적이다.

⑤ 이슬람사회에서 대리인을 통하지 않고 법적으로 유효하게 결혼 동의 의사를 밝힌 결혼 당사자는 상대방에게 혼납금을 지급하였을 것이다.

영화의 역사는 신기한 눈요깃거리라는 출발점을 지나 예술적 가능성을 실험하며 고유의 표현 수단을 발굴해 온 과정이었다. 그 과정에서 미학적 차원의 논쟁과 실천이 거듭되었다. 그중 리얼리즘 미학의 확립에 큰 역할을 한 인물로 프랑스 영화 비평가 바쟁이 있다.

바쟁은 '미라(Mirra) 콤플렉스'와 관련하여 조형 예술의 역사를 설명한다. 고대 이집트인이 만든 미라에는 죽음을 넘어서 생명을 길이 보존하고자 하는 욕망이 깃들어 있으며, 그러한 '복제의 욕망'은 회화를 비롯한 조형 예술에도 강력한 힘으로 작용해 왔다고 한다. 그 욕망은 르네상스 시대 이전까지 작가의 자기표현 의지와 일정한 균형을 이루어 왔다. 하지만 원근법이 등장하여 대상의 사실적 재현에 성큼 다가서면서 회화의 관심은 복제의 욕망 쪽으로 기울게 되었다. 그 상황은 사진이 발명되면서 다시 한번 크게 바뀌었다. 인간의 주관성을 배제한 채 대상을 기계적으로 재현하는 사진이 발휘하는 모사의 신뢰도는 회화에 비할 바가 아니었다. 사진으로 인해 조형 예술은 비로소 복제의 욕망으로부터 자유롭게 되었다.

영화의 등장은 대상의 재현에 또 다른 획을 그었다. 바쟁은 영화를 사진의 기술적 객관성을 시간 속에서 완성함으로써 대상의 살아 숨 쉬는 재현을 가능케 한 진일보한 예술로 본다. 시간의 흐름에 따른 재현이 가능해진 결과, 더욱 닮은 지문(指紋) 같은 현실을 제공하게 되었다. 바쟁에 의하면 영화와 현실은 본질적으로 친화력을 지닌다. 영화는 현실을 시간적으로 구현한다는 점에서 현실의 연장이며, 현실의 숨은 의미를 드러내고 현실에 밀도를 제공한다는 점에서 현실의 정수이다. 영화의 이러한 리얼리즘적 본질은 그 자체로 심리적·기술적·미학적으로 완전하다는 것이 그의 시각이다.

또한, 바쟁은 형식주의적 기교가 현실의 복잡성과 모호성을 침해하여 현실을 왜곡할 수 있다고 본다. 그는 현실의 참모습을 변조하는 과도한 편집 기법보다는 단일한 숏(Shot)*을 길게 촬영하는 롱 테이크 기법을 지지한다. 그것이 사건의 공간적 단일성을 존중하고 현실적 사건으로서의 가치를 보장하기 때문이다. 또한 그는 전경에서 배경에 이르기까지 공간적 깊이를 제공하는 촬영을 지지한다. 화면 속에 여러 층을 형성하여 모든 요소를 균등하게 드러냄으로써 현실을 진실하게 반영할 수 있으며, 관객의 시선에도 자유를 부여할 수 있다는 것이다.

영화는 현실을 겸손한 자세로 따라가면서 해석의 개방성을 담보해야 한다는 믿음, 이것이 바쟁이 내건 영화관의 핵심에 놓여 있다. 그 관점은 수많은 형식적 기교가 발달한 오늘날에도 많은 지지를 얻으며 영화적 실천의 한 축을 이루고 있다.

* 숏 : 카메라가 한 번 촬영하기 시작해서 끝날 때까지의 연속된 한 화면 단위

08 다음 중 바쟁의 생각으로 적절하지 않은 것은?

① 조형 예술의 역사에는 '미라 콤플렉스'가 내재되어 있다.

② 영화는 회화나 사진보다 재현의 완성도가 높은 예술이다.

③ 영화는 현실을 의도적으로 변형하고 재구성하는 예술이다.

④ 영화는 현실의 풍부함과 진실을 드러낼 수 있는 예술이다.

⑤ 사진은 회화가 표현의 자율성을 확보하는 데 영향을 미쳤다.

09 다음 중 바쟁의 영화관(映畵觀)에 동조하는 감독이 영화를 제작했다고 할 때, 이 영화에 대한 반응으로 적절하지 않은 것은?

① 불가피한 경우를 제외하고는 편집을 자제하고 있다.

② 현실을 대하는 것 같은 공간적 깊이감을 보여 준다.

③ 대상을 왜곡할 수 있는 기교를 배제하려고 노력한다.

④ 숏의 길이를 길게 하여 현실의 시간과 유사한 느낌을 준다.

⑤ 화면 속의 중심 요소에 주목하게 하여 관객의 시선을 고정하고 있다.

10 다음 글의 제목으로 가장 적절한 것은?

> 반대는 필수불가결한 것이다. 지각 있는 대부분의 사람이 그러하듯 훌륭한 정치가는 항상 열렬한 지지자보다는 반대자로부터 더 많은 것을 배운다. 만약 반대자들이 위험이 있는 곳을 지적해 주지 않는다면, 그는 지지자들에 떠밀려 파멸의 길을 걷게 될 수 있기 때문이다. 따라서 현명한 정치가라면 그는 종종 친구들로부터 벗어나기를 기도할 것이다. 친구들이 자신을 파멸시킬 수도 있다는 것을 알기 때문이다. 그리고 비록 고통스럽다 할지라도 결코 반대자 없이 홀로 남겨지는 일이 일어나지 않기를 기도할 것이다. 반대자들이 자신을 이성과 양식의 길에서 멀리 벗어나지 않도록 해준다는 사실을 알기 때문이다. 자유의지를 가진 국민의 범국가적 화합은 정부의 독단과 반대당의 혁명적 비타협성을 무력화시키는 정치권력의 충분한 균형에 의존하고 있다. 그 균형이 어떤 상황 때문에 강제로 타협하게 되지 않는 한, 그리고 모든 시민이 어떤 정책에 영향을 미칠 수는 있으나 누구도 혼자 정책을 지배할 수 없다는 것을 느끼게 되지 않는 한, 그리고 습관과 필요에 의해서 서로 조금씩 양보하지 않는 한, 자유는 유지될 수 없기 때문이다.

① 민주주의와 사회주의

② 반대의 필요성과 민주주의

③ 민주주의와 일방적인 의사소통

④ 권력을 가진 자와 혁명을 꿈꾸는 집단

⑤ 혁명의 정의

11 다음 중 밑줄 친 ㉠에 대한 설명으로 가장 적절한 것은?

오늘날 유전 과학자들은 유전자의 발현에 대한 ㉠ 물음에 관심을 갖고 있다. 맥길 대학의 연구팀은 이 물음에 답하려고 연구를 수행하였다. 어미 쥐가 새끼를 핥아 주는 성향에는 편차가 있다. 어떤 어미는 다른 어미보다 더 많이 핥아 주었다. 많이 핥아 주는 어미가 돌본 새끼들은 인색하게 핥아 주는 어미가 돌본 새끼들보다 외부 스트레스에 무디게 반응했다. 게다가 인색하게 핥아 주는 친어미에게서 새끼를 떼어 내어 많이 핥아 주는 양어미에게 두어 핥게 하면, 새끼의 스트레스 반응 정도는 양어미의 새끼 수준과 비슷해졌다.

연구팀은 어미가 누구든 많이 핥은 새끼는 그렇지 않은 새끼보다 뇌의 특정 부분, 특히 해마에서 글루코코르티코이드 수용체들, 곧 GR들이 더 많이 생겨났다는 것을 발견했다. 이렇게 생긴 GR의 수는 성체가 되어도 크게 바뀌지 않았다. GR의 수는 GR 유전자의 발현에 달려 있다. 이 쥐들의 GR 유전자는 차이는 없지만 그 발현 정도에는 차이가 있을 수 있다. 이 발현을 촉진하는 인자 중 하나가 NGF 단백질인데, 많이 핥은 새끼는 그렇지 못한 새끼에 비해 NGF 수치가 더 높다.

스트레스 반응 정도는 코르티솔 민감성에 따라 결정되는데 GR이 많으면 코르티솔 민감성이 낮아지게 하는 되먹임 회로가 강화된다. 이 때문에 똑같은 스트레스를 받아도 많이 핥은 새끼는 그렇지 않은 새끼보다 더 무디게 반응한다.

① 코르티솔 유전자는 어떻게 발현되는가?
② 유전자는 어떻게 발현하여 단백질을 만드는가?
③ 핥아 주는 성향의 유전자는 어떻게 발현되는가?
④ 후천 요소가 유전자의 발현에 영향을 미칠 수 있는가?
⑤ 유전자 발현에 영향을 미치는 유전 요인에는 무엇이 있는가?

12 다음 글을 근거로 판단할 때 가장 적절한 것은?

> 파스타(Pasta)는 밀가루와 물을 주재료로 하여 만든 반죽을 소금물에 넣고 삶아 만드는 이탈리아 요리를 총칭하는데, 파스타 요리의 가장 중요한 재료인 면을 의미하기도 한다.
>
> 파스타는 350여 가지가 넘는 다양한 종류가 있는데, 형태에 따라 크게 롱(Long) 파스타와 쇼트(Short) 파스타로 나눌 수 있다. 롱 파스타의 예로는 가늘고 기다란 원통형인 스파게티, 넓적하고 얇은 면 형태인 라자냐를 들 수 있고, 쇼트 파스타로는 속이 빈 원통형인 마카로니, 나선 모양인 푸실리를 예로 들 수 있다.
>
> 역사를 살펴보면, 기원전 1세기경에 고대 로마시대의 이탈리아 지역에서 라자냐를 먹었다는 기록이 전해진다. 이후 9 ~ 11세기에는 이탈리아 남부의 시칠리아에서 아랍인들로부터 제조 방법을 전수받아 건파스타(Dried Pasta)의 생산이 처음으로 이루어졌다고 한다. 건파스타는 밀가루에 물만 섞은 반죽으로 만든 면을 말린 것인데, 이는 시칠리아에서 재배된 듀럼(Durum) 밀이 곰팡이나 해충에 취약해 장기 보관이 어려웠기 때문에 저장기간을 늘리고 수송을 쉽게 하기 위함이었다.
>
> 듀럼 밀은 주로 파스타를 만들 때 사용하는 특수한 품종으로 일반 밀과 여러 가지 측면에서 차이가 난다. 일반 밀이 강수량이 많고 온화한 기후에서 잘 자라는 반면, 듀럼 밀은 주로 지중해 지역과 같이 건조하고 더운 기후에서 잘 자란다. 또한 일반 밀로 만든 하얀 분말 형태의 고운 밀가루는 이스트를 넣어 발효시킨 빵과 같은 제품들에 주로 사용되고, 듀럼 밀을 거칠게 갈아 만든 황색의 세몰라 가루는 파스타를 만드는 데 적합하다.

① 속이 빈 원통형인 마카로니는 롱 파스타의 한 종류이다.

② 건파스타 제조 방법은 시칠리아인들로부터 아랍인들에게 최초로 전수되었다.

③ 이탈리아 지역에서는 기원전부터 롱 파스타를 먹은 것으로 보인다.

④ 파스타를 만드는 데 사용하는 세몰라 가루는 곱게 갈아 만든 흰색의 가루이다.

⑤ 듀럼 밀은 곰팡이나 해충에 강해 건파스타의 주재료로 적합하다.

13 의사소통능력은 다음과 같이 구분할 수 있다. ㉠에 들어갈 단어로 가장 적절한 것은?

말하기	듣기	㉠
쓰기	읽기	문자
산출	수용	

① 음성
② 표현
③ 상징
④ 의미
⑤ 해석

14 A씨 부부는 대화를 하다 보면 사소한 다툼으로 이어지곤 한다. A씨의 아내는 A씨가 자신의 이야기를 제대로 들어주지 않기 때문이라고 생각한다. 다음 사례에 나타난 A씨의 경청을 방해하는 습관은 무엇인가?

> A씨의 아내가 남편에게 직장에서 업무 실수로 상사에게 혼난 일을 이야기하자 A씨는 "항상 일을 진행하면서 꼼꼼하게 확인하라고 했잖아요. 당신이 일을 처리하는 방법이 잘못됐어요. 다음부터는 일을 하기 전에 미리 계획을 세우고 체크리스트를 작성해보세요."라고 이야기했다. A씨의 아내는 이런 대답을 듣자고 이야기한 것이 아니라며 더 이상 이야기하고 싶지 않다고 말하며 밖으로 나가 버렸다.

① 짐작하기
② 걸러내기
③ 판단하기
④ 조언하기
⑤ 옳아야만 하기

15 다음 사례에 나타난 의사 표현에 영향을 미치는 요소에 대한 설명으로 적절하지 않은 것은?

> • 독일의 유명 가수 슈만 하이크는 "음악회에서 노래를 부를 때 심리적 긴장감을 갖지 않느냐?"는 한 기자의 질문에 대해 "노래하기 전에 긴장감을 느끼지 않는다면, 그때는 내가 은퇴할 때이다."라고 이야기하였다.
> • 영국의 유명 작가 버나드 쇼는 젊은 시절 매우 내성적인 청년이었다. 그는 잘 아는 사람의 집을 방문할 때도 문을 두드리지 못하고 20분이나 문밖에서 망설이며 거리를 서성거렸다. 그는 자신의 내성적인 성격을 극복하기 위해 런던에서 공개되는 모든 토론에 의도적으로 참가하였고, 그 결과 장년에 이르러서 20세기 전반에 가장 재치와 자신이 넘치는 웅변가가 될 수 있었다.

① 소수인의 심리상태가 아니라, 90% 이상의 사람들이 호소하는 불안이다.

② 잘 통제하면서 표현을 한다면 청자는 더 인간답다고 생각하게 될 것이다.

③ 개인의 본질적인 문제이므로 완전히 치유할 수 있다.

④ 분명한 원인은 아직 규명되지 않았다.

⑤ 불안을 심하게 느끼는 사람일수록 다른 사람과 접촉이 없는 직업을 선택하려 한다.

16 다음 중 암 발생률 추이에 대한 설명으로 옳은 것은?

〈암 발생률 추이〉

(단위 : %)

구분	2017년	2018년	2019년	2020년	2021년	2022년	2023년
위암	31.5	30.6	28.8	25.5	23.9	24.0	24.3
간암	24.1	23.9	23.0	21.4	20.0	20.7	21.3
폐암	14.4	17.0	18.8	19.4	20.6	22.1	24.4
대장암	4.5	4.6	5.6	6.3	7.0	7.9	8.9
유방암	1.7	1.9	1.9	2.2	2.1	2.4	4.9
자궁암	7.8	7.5	7.0	6.1	5.6	5.6	5.6

① 위암의 발생률은 점차 감소하는 추세를 보이고 있다.

② 2017 ~ 2021년까지 자궁암의 경우 발생 비율이 지속적으로 감소하는 추세를 보이고 있다.

③ 2017년 대비 2023년에 발생률이 증가한 암은 폐암, 대장암, 유방암이다.

④ 2023년에 위암으로 죽은 사망자 수가 가장 많으며, 이러한 추세는 지속될 것으로 보인다.

⑤ 폐암의 경우 발생률이 계속적으로 증가하고 있으며, 전년 대비 2023년의 암 발생률 증가폭이 다른 암에 비해서 가장 크다.

〈국가별 GDP 추이〉

(단위 : 10억 US$)

구분	2016년	2017년	2018년	2019년	2020년	2021년	2022년	2023년
한국	1,253.4	1,278.0	1,370.6	1,484.0	1,465.3	1,500.0	1,623.3	1,725.2
캐나다	1,788.6	1,828.7	1,847.2	1,803.5	1,556.1	1,528.2	1,649.9	1,716.3
멕시코	1,180.5	1,201.1	1,274.4	1,314.6	1,170.6	1,077.9	1,157.7	1,220.7
미국	15,542.6	16,197.0	16,784.8	17,521.7	18,219.3	18,707.2	19,485.4	20,580.2
프랑스	2,861.4	2,683.8	2,811.1	2,852.2	2,438.2	2,471.3	2,595.2	2,787.9
독일	3,744.4	3,527.3	3,732.7	3,883.9	3,360.5	3,466.8	3,665.8	3,949.5
영국	2,659.3	2,704.9	2,786.0	3,063.8	2,928.6	2,694.3	2,666.2	2,860.7

〈국가별 국민부담률 추이〉

(단위 : %)

구분	2016년	2017년	2018년	2019년	2020년	2021년	2022년	2023년
한국	24.2	24.8	24.3	24.6	25.2	26.2	26.9	28.4
캐나다	30.8	31.2	31.1	31.3	32.8	33.2	32.8	33.0
멕시코	12.8	12.6	13.3	13.7	15.9	16.6	16.1	16.1
미국	23.8	24.0	25.6	25.9	26.1	25.9	26.8	24.3
프랑스	43.3	44.4	45.4	45.4	45.3	45.4	46.1	46.1
독일	35.7	36.4	36.8	36.7	37.0	37.4	37.6	38.2
영국	33.1	32.4	32.2	31.8	32.2	32.7	33.3	33.5

※ 국민부담률 : 세금과 사회보장부담금의 총액이 GDP에서 차지하는 비율

17 다음 중 국가별 GDP와 국민부담률 추이에 대한 설명으로 옳지 않은 것은?

① 캐나다보다 한국의 GDP가 더 많아지기 시작한 해는 2023년이다.

② 한국의 국민부담금액은 지속적으로 증가하였다.

③ 2016년 대비 2023년에 GDP가 가장 많이 증가한 국가는 미국이다.

④ 2023년의 미국의 국민 부담금액은 한국의 10배 이하이다.

⑤ 독일의 GDP는 영국보다 항상 많다.

18 다음 중 국가별 GDP와 국민부담률 추이에 대한 설명으로 옳지 않은 것을 〈보기〉에서 모두 고르면?

> **보기**
>
> ㄱ. 2016년 대비 2023년의 GDP가 가장 많이 감소한 국가는 프랑스이다.
> ㄴ. 영국의 전년 대비 국민부담금액은 2019년에 가장 많이 증가하였다.
> ㄷ. 한국의 전년 대비 국민부담금액은 2022년에 가장 많이 증가하였다.
> ㄹ. 캐나다의 전년 대비 국민부담금액은 2019년에 가장 많이 감소하였다.

① ㄱ, ㄴ   ② ㄱ, ㄷ
③ ㄴ, ㄷ   ④ ㄴ, ㄹ
⑤ ㄷ, ㄹ

19 다음은 K공사의 부채 현황에 대한 자료이다. 이에 대한 설명으로 옳지 않은 것은?

〈K공사 부채 현황〉

회계연도		2014년	2015년	2016년	2017년	2018년	2019년	2020년	2021년	2022년	2023년
자산		65.6	66.9	70.0	92.3	94.8	96.2	98.2	99.7	106.3	105.3
부채	금융부채	14.6	19.0	22.0	26.4	30.0	34.2	35.4	32.8	26.5	22.4
	비금융부채	7.0	6.9	6.9	17.8	20.3	20.7	21.2	23.5	26.6	27.5
	합계	21.6	25.9	28.9	44.2	50.3	54.9	56.6	56.3	53.1	49.9
자본		44	41	41.1	48.1	44.5	41.3	41.6	43.4	53.2	55.4

※ [부채비율(%)]=(부채합계)÷(자본)×100

① 2020년의 부채비율은 약 136%로 다른 연도에 비해 부채비율이 가장 높다.
② 2014년부터 2022년까지 자산은 꾸준히 증가해 왔다.
③ 2014년부터 2021년까지 금융부채는 비금융부채보다 1.5배 이상 많다.
④ 부채는 2020년 이후 줄어들고 있다.
⑤ 자본은 비금융부채보다 매년 1.5배 이상 많다.

※ 다음은 주요 국가별 청년층 실업률 추이를 나타낸 자료이다. 이어지는 질문에 답하시오. **[20~21]**

〈주요 국가별 청년층(15 ~ 24세) 실업률 추이〉

(단위 : %)

구분	2018년	2019년	2020년	2021년	2022년	2023년
독일	13.6	11.7	10.4	11.0	9.7	8.5
미국	10.5	10.5	12.8	17.6	18.4	17.3
영국	13.9	14.4	14.1	18.9	19.3	20.0
일본	8.0	7.7	7.2	9.1	9.2	8.0
OECD 평균	12.5	12.0	12.7	16.4	16.7	16.2
대한민국	10.0	8.8	9.3	9.8	9.8	9.6

20 다음 중 자료를 보고 판단한 내용으로 옳지 않은 것은?

① 2019년 일본의 청년층 실업률 전년 대비 감소율은 3% 이상이다.

② 대한민국 청년층 실업률은 매년 OECD 평균보다 낮다.

③ 영국은 청년층 실업률이 주요 국가 중에서 매년 가장 높다.

④ 2021년 독일의 청년층 실업률의 전년 대비 증가율은 대한민국보다 낮다.

⑤ 2022년 청년층 실업률의 2020년 대비 증가량이 OECD 평균 실업률의 2020년 대비 2022년 증가량보다 높은 나라는 영국, 미국이다.

21 2018년과 비교하여 2023년에 청년층 실업률이 가장 크게 증가(%p)한 나라는?

① 독일   ② 미국

③ 영국   ④ 일본

⑤ 대한민국

22 다음은 지역별 의료인력 분포 현황을 나타낸 자료이다. 이에 대한 설명으로 옳지 않은 것은?(단, 광역시는 지역분류에서 도에 포함한다)

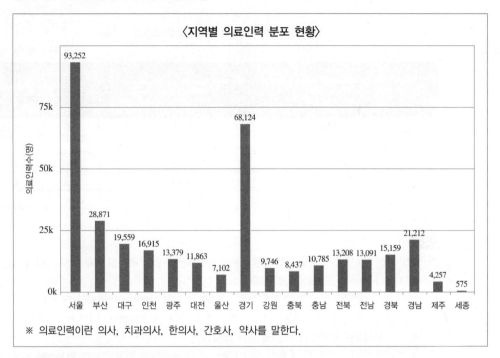

〈지역별 의료인력 분포 현황〉

※ 의료인력이란 의사, 치과의사, 한의사, 간호사, 약사를 말한다.

① 의료인력은 수도권에 편중된 불균형상태를 보이고 있다.

② 전라도 지역에서 광주가 차지하는 비중이 충청도 지역에서 대전이 차지하는 비중보다 크다.

③ 의료인력수가 두 번째로 적은 지역은 도서지역이다.

④ 의료인력수가 많을수록 의료인력 비중이 고르다고 말할 수 없다.

⑤ 서울과 경기를 제외한 나머지 지역 중 의료인력수가 가장 많은 지역과 가장 적은 지역의 차는 경남의 의료인력수보다 크다.

23 다음은 일본의 주택용 태양광 발전시스템 도입량 예측에 대한 자료이다. 이에 대한 설명으로 옳은 것을 〈보기〉에서 모두 고르면?

<일본의 주택용 태양광 발전시스템 도입량 예측>

(단위 : 천 건, MW)

구분		2016년		2023년			
				현재 성장을 유지할 경우		도입을 촉진할 경우	
		건수	도입량	건수	도입량	건수	도입량
기존주택	10kW 미만	94.1	454	145.4	778	165	884
	10kW 이상	23.3	245	4.6	47	5	51
신축주택	10kW 미만	86.1	407	165.3	1,057	185.2	1,281
	10kW 이상	9.2	98	4.7	48	4.2	49
합계		212.7	1,204	320	1,930	359.4	2,265

보기

가. 2023년에 10kW 이상의 설비를 사용하는 신축주택은 도입을 촉진할 경우, 현재 성장을 유지했을 때보다 건수당 도입량이 클 것이다.

나. 2016년의 기존주택의 건수당 도입량은 10kWh 이상이 10kWh 미만보다 더 적다.

다. 2023년에 태양광 설비 도입을 촉진할 경우, 전체 신축주택 도입량에서 10kW 이상이 차지하는 비중은 유지했을 경우보다 0.5%p 이상 하락한다.

라. 2023년에 태양광 설비 도입 촉진 시 10kW 미만 기존주택의 도입 건수는 현재 성장을 유지할 경우보다 15% 이상 높다.

① 가, 나

② 가, 다

③ 가, 라

④ 나, 다

⑤ 가, 다, 라

※ 인터넷 쇼핑몰에서 회원가입을 하고 로봇청소기를 구매하려고 한다. 다음은 구매하고자 하는 모델에 대하여 인터넷 쇼핑몰 세 곳의 가격과 조건을 조사한 자료이다. 이어지는 질문에 답하시오(단, 각 쇼핑몰의 혜택 적용 시 가장 낮은 가격으로 비교한다). [24~25]

〈A ~ C쇼핑몰 로봇청소기 가격 및 조건〉

구분	정상가격	회원혜택	할인쿠폰	중복할인	배송비
A쇼핑몰	129,000원	7,000원 할인	5%	불가	2,000원
B쇼핑몰	131,000원	3,500원 할인	3%	가능	무료
C쇼핑몰	130,000원	7% 할인	5,000원	불가	2,500원

※ 중복할인이 가능할 때는 할인쿠폰을 우선 적용한다.

24 다음 중 자료에 있는 모든 혜택을 적용하였을 때, 로봇청소기의 배송비를 포함한 실제 구매가격을 바르게 비교한 것은?

① A < B < C
② A < C < B
③ B < C < A
④ C < A < B
⑤ C < B < A

25 로봇청소기의 배송비를 포함한 실제 구매가격이 가장 비싼 쇼핑몰과 가장 싼 쇼핑몰 간의 가격 차이는?

① 500원
② 550원
③ 600원
④ 650원
⑤ 700원

26 다음은 에너지원별 판매단가 및 CO_2 배출량에 대한 자료이다. 이에 대한 설명으로 옳지 않은 것은?(단, 소수점 둘째 자리에서 반올림한다)

〈에너지원별 판매단가 및 CO_2 배출량〉

구분	판매단가(원/kWh)	CO_2 배출량(g-CO_2/kWh)
원자력	38.42	9
유연탄	38.56	968
증유	115.32	803
LPG	132.45	440

① LPG 판매단가는 원자력 판매단가의 3.4배이다.

② 유연탄의 CO_2 배출량은 원자력의 97.6배이다.

③ LPG는 CO_2 배출량이 두 번째로 낮다.

④ 원자력은 판매단가 대비 CO_2 배출량이 가장 낮다.

⑤ 판매단가가 두 번째로 높은 에너지원은 CO_2 배출량도 두 번째로 높다.

27 다음은 2019 ~ 2023년 K사의 경제 분야 투자규모를 나타낸 자료이다. 이에 대한 설명으로 옳지 않은 것은?

〈K사의 경제 분야 투자규모〉

(단위 : 억 원, %)

구분	2019년	2020년	2021년	2022년	2023년
경제 분야 투자규모	20	24	23	22	21
총지출 대비 경제 분야 투자규모 비중	6.5	7.5	8	7	6

① 2023년의 총지출은 320억 원 이상이다.

② 2020년의 경제 분야 투자규모의 전년 대비 증가율은 25% 이하이다.

③ 2021년이 2022년보다 경제 분야 투자규모가 전년에 비해 큰 비율로 감소하였다.

④ 2019 ~ 2023년 동안 경제 분야에 투자한 금액은 110억 원이다.

⑤ 2020 ~ 2023년 동안 경제 분야 투자규모와 총지출 대비 경제 분야 투자규모 비중의 전년 대비 증감추이는 동일하지 않다.

28 K공사에서 직원들에게 자기계발 교육비용을 일부 지원하기로 하였다. 총무인사팀에 A ~ E직원이 다음 자료와 같이 교육프로그램을 신청하였을 때, K공사에서 직원들에게 지원하는 총교육비는?

〈자기계발 수강료 및 지원 금액〉

구분	영어회화	컴퓨터 활용	세무회계
수강료	7만 원	5만 원	6만 원
지원 금액 비율	50%	40%	80%

〈신청한 교육프로그램〉

구분	영어회화	컴퓨터 활용	세무회계
A	○		○
B	○	○	○
C		○	○
D	○		
E		○	

① 307,000원
② 308,000원
③ 309,000원
④ 310,000원
⑤ 321,000원

29 서울에 위치한 A회사는 거래처인 B, C회사에 소포를 보냈는데, 서울에 위치한 B회사에는 800g의 소포를, 인천에 위치한 C회사에는 2.4kg의 소포를 보냈다. 두 회사로 보낸 소포의 총 중량이 16kg 이하이고, 택배요금의 합계가 6만 원이었다. T택배회사의 요금표가 다음과 같을 때, A회사는 800g 소포와 2.4kg 소포를 각각 몇 개씩 보냈는가?(단, 소포는 각 회사로 1개 이상 보낸다)

〈요금표〉

구분	~ 2kg	~ 4kg	~ 6kg	~ 8kg	~ 10kg
동일지역	4,000원	5,000원	6,500원	8,000원	9,500원
타 지역	5,000원	6,000원	7,500원	9,000원	10,500원

	800g	2.4kg
①	12개	2개
②	12개	4개
③	9개	2개
④	9개	4개
⑤	6개	6개

30 A회사 영업팀에 근무하는 K사원은 거래처 주변 공영주차장에 주차한 뒤 업무를 보려고 한다. 공영주차장의 주차요금은 처음 30분까지 3,000원이고, 30분을 초과하면 1분당 60원의 추가요금이 부과된다. 주차요금이 18,000원 이하가 되려면 K사원이 최대로 주차할 수 있는 시간은?

① 220분   ② 240분
③ 260분   ④ 280분
⑤ 300분

31 다음 글에 대한 분석으로 타당한 것을 〈보기〉에서 모두 고르면?

> 식탁을 만드는 데는 노동과 자본만 투입된다고 가정하자. 노동자 1명의 시간당 임금은 8,000원이고, 노동자는 1명이 투입되어 A기계 또는 B기계를 사용하여 식탁을 생산한다. A기계를 사용하면 10시간이 걸리고, B기계를 사용하면 7시간이 걸린다. 이때, 식탁 1개의 시장가격은 100,000원이고, 식탁 1개를 생산하는 데 드는 임대료는 A기계의 경우 10,000원, B기계의 경우 20,000원이다. 만약 A, B기계 중 어떤 것을 사용해도 생산된 식탁의 품질은 같다고 한다면, 기업은 어떤 기계를 사용할 것인가?(단, 작업 환경·물류비 등 다른 조건은 고려하지 않는다)

보기

ㄱ. 기업은 B기계보다는 A기계를 선택할 것이다.
ㄴ. '어떻게 생산할 것인가?'와 관련된 경제 문제이다.
ㄷ. 합리적인 선택을 했다면, 식탁 1개당 24,000원의 이윤을 기대할 수 있다.
ㄹ. A기계를 선택하는 경우 식탁 1개를 만드는 데 드는 비용은 70,000원이다.

① ㄱ, ㄴ   ② ㄱ, ㄷ
③ ㄴ, ㄷ   ④ ㄴ, ㄹ
⑤ ㄷ, ㄹ

32 K회사는 창립 10주년을 맞이하여 전 직원 단합대회를 준비하고 있다. 이를 위해 사장인 B씨는 여행상품 중 한 가지를 선정하려 하는데, 직원 투표 결과를 통해 결정하려고 한다. 직원 투표 결과와 여행지별 1인당 경비가 아래 표와 같이 주어져 있으며, 추가로 행사를 위한 부서별 고려사항을 참고하여 선택할 경우 〈보기〉 중 옳은 것을 모두 고르면?

〈직원 투표 결과〉

(단위 : 표)

상품내용		투표 결과					
여행상품	1인당 비용(원)	총무팀	영업팀	개발팀	홍보팀	공장1	공장2
A	500,000	2	1	2	0	15	6
B	750,000	1	2	1	1	20	5
C	600,000	3	1	0	1	10	4
D	1,000,000	3	4	2	1	30	10
E	850,000	1	2	0	2	5	5

〈여행상품별 혜택 정리〉

상품명	날짜	장소	식사제공	차량지원	편의시설	체험시설
A	5/10 ~ 5/11	해변	○	○	×	×
B	5/10 ~ 5/11	해변	○	○	○	×
C	6/7 ~ 6/8	호수	○	○	○	×
D	6/15 ~ 6/17	도심	○	×	○	○
E	7/10 ~ 7/13	해변	○	○	○	×

〈부서별 고려사항〉

- 총무팀 : 행사 시 차량 지원 가능함
- 영업팀 : 6월 초순에 해외 바이어와 가격 협상 회의 일정
- 공장1 : 3일 연속 공장 비가동 시 품질 저하 예상됨
- 공장2 : 7월 중순 공장 이전 계획 있음

보기

㉠ 필요한 여행상품 비용은 총 1억 500만 원이 필요하다.
㉡ 투표 결과, 가장 인기가 좋은 여행상품은 B이다.
㉢ 공장1의 A, B 투표 결과가 바뀐다면 여행상품 선택은 변경된다.

① ㉠

② ㉠, ㉡

③ ㉠, ㉢

④ ㉡, ㉢

⑤ ㉠, ㉡, ㉢

33 다음 SWOT 분석 결과를 바탕으로 섬유 산업이 발전할 수 있는 방안으로 적절한 것을 〈보기〉에서 모두 고르면?

〈섬유 산업 SWOT 분석 결과〉

강점(Strength)	약점(Weakness)
• 빠른 제품 개발 시스템	• 기능 인력 부족 심화 • 인건비 상승
기회(Opportunity)	위협(Threat)
• 한류의 영향으로 한국 제품 선호 • 국내 기업의 첨단 소재 개발 성공	• 외국산 저가 제품 공세 강화 • 선진국의 기술 보호주의

보기

ㄱ. 한류 배우를 모델로 브랜드 홍보 전략을 추진한다.
ㄴ. 단순 노동 집약적인 소품종 대량 생산 체제를 갖춘다.
ㄷ. 소비자 기호를 빠르게 분석하여 제품 생산에 반영한다.
ㄹ. 선진국의 원천 기술을 이용한 기능성 섬유를 생산한다.

① ㄱ, ㄴ
② ㄱ, ㄷ
③ ㄴ, ㄷ
④ ㄴ, ㄹ
⑤ ㄷ, ㄹ

34 다음 〈조건〉에 따라 교육부, 행정안전부, 보건복지부, 농림축산식품부, 외교부 및 국방부에 대한 국정감사 순서를 정한다고 할 때, 항상 옳은 것은?

조건

• 행정안전부에 대한 감사는 농림축산식품부와 외교부에 대한 감사 사이에 한다.
• 국방부에 대한 감사는 보건복지부와 농림축산식품부에 대한 감사보다 늦게 시작되지만, 외교부에 대한 감사보다 먼저 시작되어야 한다.
• 교육부에 대한 감사는 아무리 늦어도 보건복지부 또는 농림축산식품부 중 적어도 어느 한 부서에 대한 감사보다는 먼저 시작되어야 한다.
• 보건복지부는 농림축산식품부보다 먼저 감사를 시작한다.

① 교육부는 첫 번째 또는 두 번째에 감사를 시작한다.
② 보건복지부는 두 번째로 감사를 시작한다.
③ 농림축산식품부보다 늦게 감사를 받는 부서의 수가 일찍 받는 부서의 수보다 적다.
④ 국방부는 행정안전부보다 감사를 일찍 시작한다.
⑤ 외교부보다 늦게 감사를 받는 부서가 있다.

※ 다음은 퇴직연금신탁의 확정급여형(DB)과 확정기여형(DC)에 대한 비교 자료이다. 이어지는 질문에 답하시오. [35~36]

구분	확정급여형(DB)	확정기여형(DC)
운영방법	• 노사가 사전에 급여수준 및 내용을 약정 • 퇴직 후 약정에 따른 급여 지급	• 노사가 사전에 부담할 기여금을 확정 • 퇴직 후 상품 운용 결과에 따라 급여 지급
기업부담금	산출기초율(자산운용 수익률, 퇴직률 변경 시 변동)	확정(근로자 연간 임금 총액의 1/12 이상)
적립공금 운용지시	사용자	근로자
운용위험 부담	사용자	근로자
직장이동 시 합산	어려움(단, IRA/IRP활용 가능)	쉬움

35 K은행의 A사원은 퇴직연금신탁 유형에 대한 발표 자료를 제작하기 위해 자료를 참고하려고 한다. 이에 대한 A사원의 해석으로 적절하지 않은 것은?

① 같은 급여를 받는 직장인이라도 퇴직연금신탁 유형에 따라 퇴직연금 수준이 달라지겠군.

② 확정급여형은 자산운용 수익률에 따라 기업부담이 달라지는군.

③ 이직이 잦은 근로자들은 아무래도 확정기여형을 선호하겠군.

④ 확정기여형으로 퇴직연금을 가입하면 근로자 본인의 선택이 퇴직 후 급여에 별 영향을 미치지 않는군.

⑤ 발표 자료에 직장이동 및 조기퇴직 시 사용할 수 있는 별도의 개인 계좌인 IRA에 대한 기본설명과 퇴직연금제도인 IRP에 대한 내용을 추가해야겠군.

36 A사원은 다음과 같이 다양한 조건에 적합한 퇴직연금유형을 발표 자료에 넣을 예정이다. (가) ~ (마) 중 분류가 적절하지 않은 것은?

확정급여형(DB)	확정기여형(DC)
(가) 장기근속을 유도하는 기업 (나) 운용 현황에 관심이 많은 근로자	(다) 연봉제를 실시하는 기업 (라) 임금 체불위험이 높은 사업장의 근로자 (마) 이직이 빈번한 근로자

① (가)   ② (나)

③ (다)   ④ (라)

⑤ (마)

※ K은행에서 고객의 편의를 위하여 지점 외부에 ATM기기를 추가로 설치할 계획을 수립하고 있다. 다음 자료를 참고하여 이어지는 질문에 답하시오. [37~38]

〈K은행 인근 상권지도〉

〈상권분석 결과〉

구분	용도	월평균 유동인구(명)	ATM기기 연평균 이용률(%)	월 임대료(원)
1블록	중심상업	73,600	10	1,500,000
2블록	중심상업	72,860	45	3,500,000
3블록	중심상업	92,100	35	3,000,000
4블록	중심상업	78,500	40	3,000,000
5블록	일반상업	62,000	45	800,000
6블록	중심상업	79,800	40	3,000,000

※ ATM기기를 이용하는 사람이 지불하는 수수료는 1인당 연평균 1,000원이다.
※ [ATM기기 순이익(연)]＝[(연평균 유동인구)×(ATM기기 연평균 이용률)×(1인당 연평균 수수료)]－(연간 임대료)

37 K은행에서 근무 중인 A사원은 ATM기기를 설치할 위치를 선정하기 위하여 주변상권, 유동인구, ATM 이용률, 임대료 등 다양한 자료를 조사하였다. A사원은 조사한 내용을 근거로 하여 지점장에게 6개 블록 중 ATM기기를 설치하였을 때, 순이익(연)이 가장 좋은 3개의 블록을 제안하려고 한다. 다음 중 옳은 것은?

① 1블록, 2블록, 6블록
② 1블록, 3블록, 5블록
③ 2블록, 3블록, 6블록
④ 2블록, 4블록, 5블록
⑤ 3블록, 4블록, 6블록

38 A사원의 제안을 들은 지점장은 다음과 같이 말하며 재검토하기를 요청하였다. 지점장이 언급한 내용을 반영하였을 때, **37번** 문제에서 A사원이 제안한 블록 중 ATM기기를 설치할 장소로 가장 적합한 곳은?

> 지점장 : M대로와 인접한 위치의 임대료는 월 평균 임대료에 비해 50%가 더 비싸고, 그렇지 않은 지역은 20%나 더 저렴하다네. 다시 검토해 보는 것이 좋겠네.

① B   ② C
③ D   ④ E
⑤ F

PART 1

39 K공사에서 근무하는 B사원은 새로 도입되는 교통 관련 정책 홍보자료를 만들어서 배포하려고 한다. 다음과 같이 인쇄업체별 비용 견적을 참고할 때, 가장 저렴한 비용으로 인쇄할 수 있는 업체는?

〈인쇄업체별 비용 견적〉

(단위 : 원)

구분	페이지당 비용	표지 비용		권당 제본 비용	할인
		유광	무광		
A인쇄소	50	500	400	1,500	–
B인쇄소	70	300	250	1,300	–
C인쇄소	70	500	450	1,000	100부 초과 시 초과 부수만 총비용에서 5% 할인
D인쇄소	60	300	200	1,000	–
E인쇄소	100	200	150	1,000	총 인쇄 페이지 5,000페이지 초과 시 총비용에서 20% 할인

※ 홍보자료는 관내 20개 지점에 배포하고, 지점마다 10부씩 배포한다.
※ 홍보자료는 30페이지 분량으로 제본하며, 표지는 유광표지로 한다.

① A인쇄소   ② B인쇄소
③ C인쇄소   ④ D인쇄소
⑤ E인쇄소

40 A ~ E 5명이 〈조건〉에 따라 일렬로 나란히 자리에 앉는다고 할 때, 다음 중 바르게 추론한 것은?

조건

- 자리의 순서는 왼쪽을 기준으로 첫 번째 자리로 한다.
- D는 A의 바로 왼쪽에 있다.
- B와 D 사이에 C가 있다.
- A는 마지막 자리가 아니다.
- A와 B 사이에 C가 있다.
- B는 E의 바로 오른쪽에 앉는다.

① D는 두 번째 자리에 앉는다.
② E는 네 번째 자리에 앉는다.
③ C는 첫 번째 자리에 앉는다.
④ C는 E의 오른쪽에 앉는다.
⑤ B는 다섯 번째 자리에 앉을 수 없다.

41 다음은 K공사의 직원 인사규정 중 벌점 규정에 대한 자료이다. 팀원들의 올해 업무 평정 내역이 다음과 같을 때, 올해 업무 평정 최종점수에서 가장 낮은 점수를 받은 팀원은?

〈벌점〉

- 일반사고는 올해 업무 평정에서 회당 20점을 차감한다.
- 중대사고는 올해 업무 평정에서 회당 40점을 차감한다.
- 수상경력이 있는 경우 올해 업무 평정에서 100점을 더한다.

〈평정 내역〉

구분	올해 업무 평정	일반사고	중대사고	수상경력
A사원	420점	4회	2회	–
B사원	380점	9회	0회	1회
C대리	550점	11회	1회	–
D대리	290점	0회	3회	2회
E과장	440점	5회	3회	–

① A사원
② B사원
③ C대리
④ D대리
⑤ E과장

42 다음 중 시간 관리에 대해 바르게 이해한 사람은?

> 윤아 : 시간이 촉박하면 넉넉할 때보다 오히려 집중이 더 잘 되는 것 같아.
> 태현 : 시간 관리는 꼼꼼히 하면 너무 부담이 되니까 간단히 일정 체크만 해도 충분해.
> 지현 : 시간 관리가 중요하다고 해도, 막상 계획대로 진행하면 손해가 더 많았어.
> 성훈 : 창의적인 일을 할 때는 오히려 시간을 관리하는 것이 방해될 것 같아. 관리와 창의는 상대되는 개념이니까.

① 윤아　　　　　　　　　　　② 태현
③ 지현　　　　　　　　　　　④ 성훈
⑤ 없음

43 다음의 교통수단별 특징을 고려할 때, 오전 9시에 회사에서 출발해 전주역까지 가장 먼저 도착하는 방법은 무엇인가?(단, 도보는 고려하지 않는다)

〈회사 · 서울역 간 교통 현황〉

구분	소요시간	출발 시간
A버스	24분	매시 20분, 40분
B버스	40분	매시 정각, 20분, 40분
지하철	20분	매시 30분

〈서울역 · 전주역 간 교통 현황〉

구분	소요시간	출발 시간
새마을호	3시간	매시 정각부터 5분 간격
KTX	1시간 32분	9시 정각부터 45분 간격

① A버스 – 새마을호　　　　　　② B버스 – KTX
③ 지하철 – KTX　　　　　　　④ B버스 – 새마을호
⑤ 지하철 – 새마을호

44 A는 인천에서 런던을 가고자 한다. 다음은 인천과 런던을 잇는 항공 노선과 그 관련 정보이다. A는 노선지수가 낮은 노선을 선호한다고 할 때, 다음 중 A가 선택할 노선으로 옳은 것은?(단, 노선지수는 인천에서 런던까지의 각 요소의 총량의 합을 기준으로 계산한다)

〈노선 목록〉

노선	거리	시간	요금	마일리지	기타사항
인천 – 베이징	937km	1시간	50만 원	104	잠정 폐쇄
인천 – 하노이	2,717km	5시간	30만 원	302	–
인천 – 방콕	3,700km	5시간	50만 원	411	–
인천 – 델리	4,666km	6시간	55만 원	518	–
인천 – 두바이	6,769km	8시간	65만 원	752	–
인천 – 카이로	8,479km	8시간	70만 원	942	–
인천 – 상하이	843km	1시간	45만 원	94	–
베이징 – 런던	8,147km	9시간	100만 원	905	–
하노이 – 런던	9,244km	10시간	90만 원	1,027	–
방콕 – 런던	9,542km	11시간	55만 원	1,060	잠정 폐쇄
델리 – 런던	6,718km	7시간	55만 원	746	–
두바이 – 런던	5,479km	6시간	50만 원	609	–
카이로 – 런던	3,514km	4시간	55만 원	390	–
상하이 – 런던	9,208km	10시간	90만 원	1,023	–

※ (노선지수)=[(총거리순위)×0.8]+[(총시간순위)×0.7]+[(총요금순위)×0.2]
※ 마일리지를 제외한 모든 요소는 값이 작을수록 순위가 높다.
※ 폐쇄노선은 현재 사용이 불가능하다.

① 인천 – 상하이 – 런던
② 인천 – 델리 – 런던
③ 인천 – 카이로 – 런던
④ 인천 – 하노이 – 런던
⑤ 인천 – 두바이 – 런던

45 다음은 계절별 전기요금표이다. 11월에 사용한 전력이 341kWh이라면, 11월의 전기세로 청구될 금액은?

〈전기요금표〉

• 하계(7.1 ~ 8.31)

구간		기본요금(원/호)	전력량 요금(원/kWh)
1단계	300kWh 이하 사용	910	93.3
2단계	301 ~ 450kWh	1,600	187.9
3단계	450kWh 초과	7,300	280.6

• 기타 계절(1.1 ~ 6.30, 9.1 ~ 12.31)

구간		기본요금(원/호)	전력량 요금(원/kWh)
1단계	200kWh 이하 사용	910	93.3
2단계	201 ~ 400kWh	1,600	187.9
3단계	400kWh 초과	7,300	280.6

• 부가가치세(원 미만 반올림) : 전기요금의 10%
• 전력산업기반기금(10원 미만 절사) : 전기요금의 3.7%
• 전기요금(원 미만 절사) : (기본요금)+(전력량 요금)
  ※ 전력량 요금은 요금 누진제가 적용된다. 요금 누진제는 사용량이 증가함에 따라 순차적으로 높은 단가가 적용되며, 기타 계절의 요금은 200kWh 단위로 3단계로 운영되고 있다. 예를 들어, 월 300kWh를 사용한 세대는 처음 200kWh에 대해서는 kWh당 93.3원이 적용되고, 나머지 100kWh에 대해서는 187.9원이 적용돼 총 37,450원의 전력량 요금이 부과된다.
• 청구금액(10원 미만 절사) : (전기요금)+(부가가치세)+(전력산업기반기금)

① 51,020원 ② 53,140원
③ 57,850원 ④ 64,690원
⑤ 72,560원

46 K공사는 구내식당 기자재의 납품업체를 선정하고자 한다. 각 입찰업체에 대한 정보는 아래와 같다. 이에 따라 업체를 선정할 때, 다음 중 선정될 업체는?

〈선정 조건〉

• 선정 방식
 선정점수가 가장 높은 업체를 선정한다. 선정점수는 납품품질 점수, 가격경쟁력 점수, 직원규모 점수에 가중치를 반영해 합산한 값을 의미한다. 선정점수가 가장 높은 업체가 2개 이상일 경우, 가격 경쟁력 점수가 더 높은 업체를 선정한다.

• 납품품질 점수
 업체별 납품품질 등급에 따라 다음 표와 같이 점수를 부여한다.

구분	최상	상	중	하	최하
점수	100점	90점	80점	70점	60점

• 가격경쟁력 점수
 업체별 납품가격 총액 수준에 따라 다음 표와 같이 점수를 부여한다.

구분	2억 원 미만	2억 원 이상 2억 5천만 원 미만	2억 5천만 원 이상 3억 원 미만	3억 원 이상
점수	100점	90점	80점	70점

• 직원규모 점수
 업체별 직원규모에 따라 다음 표와 같이 점수를 부여한다.

구분	50명 미만	50명 이상 100명 미만	100명 이상 200명 미만	200명 이상
점수	70점	80점	90점	100점

• 가중치
 납품품질 점수, 가격경쟁력 점수, 직원규모 점수는 다음 표에 따라 각각 가중치를 부여한다.

구분	납품품질 점수	가격경쟁력 점수	직원규모 점수	합계
가중치	40	30	30	100

〈입찰업체 정보〉

구분	납품품질	납품가격 총액(원)	직원규모(명)
A업체	상	2억	125
B업체	중	1억 7,000만	141
C업체	하	1억 9,500만	91
D업체	최상	3억 2,000만	98
E업체	상	2억 6천만	210

① A업체
② B업체
③ C업체
④ D업체
⑤ E업체

47 K공사 B지사에서는 11월 둘째 주(11월 13 ~ 17일) 중에 2회에 걸쳐 전 직원을 대상으로 '개인정보 유출 방지'에 대한 교육을 지역 문화회관에서 진행하려고 한다. 자료를 토대로 B지사가 교육을 진행할 수 있는 요일과 시간대를 바르게 나열한 것은?(단, 교육은 1회당 3시간씩 진행된다)

〈문화회관 이용 가능 요일표〉

구분	월요일	화요일	수요일	목요일	금요일
9 ~ 12시	O	×	O	×	O
12 ~ 13시	점심시간(운영 안 함)				
13 ~ 17시	×	O	O	×	×

〈주간 주요 일정표〉

일정	내용
11월 13일 월요일	08:30 ~ 09:30 주간조회 및 부서별 회의 14:00 ~ 15:00 팀별 전략 회의
11월 14일 화요일	09:00 ~ 10:00 경쟁력 강화 회의
11월 15일 수요일	11:00 ~ 13:00 부서 점심 회식 17:00 ~ 18:00 팀 회식
11월 16일 목요일	15:00 ~ 16:00 경력사원 면접
11월 17일 금요일	특이사항 없음

※ 주요 일정이 있는 시간 이외에 문화회관 이용 시간과 일정 시간이 겹치지 않는다면 언제든지 교육을 받을 수 있음

① 월요일 오전, 수요일 오후, 금요일 오전
② 화요일 오전, 수요일 오후, 목요일 오전
③ 화요일 오후, 수요일 오전, 금요일 오전
④ 화요일 오후, 수요일 오후, 금요일 오전
⑤ 수요일 오전, 수요일 오후, 금요일 오전

※ 다음은 호텔별 연회장 대여 현황에 대한 자료이다. 이어지는 질문에 답하시오. **[48~49]**

<table>
<tr><th colspan="6">〈호텔별 연회장 대여 현황〉</th></tr>
<tr><th>건물</th><th>연회장</th><th>대여료</th><th>수용 가능 인원</th><th>회사로부터 거리</th><th>비고</th></tr>
<tr><td>A호텔</td><td>연꽃실</td><td>140만 원</td><td>200명</td><td>6km</td><td>2시간 이상 대여 시 추가비용 40만 원</td></tr>
<tr><td>B호텔</td><td>백합실</td><td>150만 원</td><td>300명</td><td>2.5km</td><td>1시간 초과 대여 불가능</td></tr>
<tr><td rowspan="2">C호텔</td><td>매화실</td><td>150만 원</td><td>200명</td><td>4km</td><td>이동수단 제공</td></tr>
<tr><td>튤립실</td><td>180만 원</td><td>300명</td><td>4km</td><td>이동수단 제공</td></tr>
<tr><td>D호텔</td><td>장미실</td><td>150만 원</td><td>250명</td><td>4km</td><td>–</td></tr>
</table>

48 총무팀에 근무하고 있는 이대리는 김부장에게 다음과 같은 지시를 받았다. 이대리가 연회장 예약을 위해 지불해야 하는 예약금은 얼마인가?

> 다음 주에 있을 회사창립 20주년 기념행사를 위해 준비해야 할 것들 알려줄게요. 먼저 다음 주 금요일 오후 6시부터 8시까지 사용 가능한 연회장 리스트를 뽑아서 행사에 적합한 연회장을 예약해주세요. 연회장 대여를 위한 예산은 160만 원이고, 회사에서의 거리가 가까워야 임직원들이 이동하기에 좋을 것 같아요. 행사 참석 인원은 240명이고, 이동수단을 제공해준다면 우선적으로 고려하도록 하세요. 예약금은 대여료의 10%라고 하니 예약 완료하고 지불하도록 하세요.

① 14만 원 ② 15만 원
③ 16만 원 ④ 18만 원
⑤ 20만 원

49 회사창립 20주년 기념행사의 연회장 대여 예산이 200만 원으로 증액된다면, 이대리는 김부장에게 받은 지시에 따라 다음 중 어떤 연회장을 예약하겠는가?

① A호텔 연꽃실 ② B호텔 백합실
③ C호텔 매화실 ④ C호텔 튤립실
⑤ D호텔 장미실

50 신입사원 K씨는 A ~ E과제 중 어떤 과제를 먼저 수행하여야 하는지를 결정하기 위해 평가표를 작성하였다. 다음 자료를 근거로 할 때 가장 먼저 수행할 과제는?(단, 평가 항목 최종 합산 점수가 가장 높은 과제부터 수행한다)

〈과제별 평가표〉

(단위 : 점)

구분	A	B	C	D	E
중요도	84	82	95	90	94
긴급도	92	90	85	83	92
적용도	96	90	91	95	83

※ 과제당 다음과 같은 가중치를 별도 부여하여 계산한다.
　[(중요도)×0.3]+[(긴급도)×0.2]+[(적용도)×0.1]
※ 항목당 최하위 점수에 해당하는 과제는 선정하지 않는다.

① A ② B
③ C ④ D
⑤ E

51 K공사의 H사원은 외국어능력을 키우기 위해서 영어학원에 등록을 했다. 그런데 몸이 안 좋거나 다른 약속이 생겨서 뜻대로 참석하지 못하고 있다. 다음 중 H사원의 자기개발을 방해하는 요인과 비슷한 사례는?

① A씨는 입사한 지 5년이 지났지만 아직 자신이 잘하는 일이 무엇인지 알 수 없어 고민이다.

② 신입사원 B씨는 직장 선배에게 회사 일도 중요하지만 개인적인 능력개발도 중요하다는 이야기를 들었다. 하지만 B씨는 어디서부터 어떤 것을 시작해야 할지 혼란스럽다.

③ C씨는 주말마다 봉사활동을 다니고 있지만 잦은 회식과 과음으로 최근엔 봉사활동에 나가지 못하고 있다.

④ D씨는 외국계 회사로 이직했다. 이직 후 D씨는 이전과는 다른 회사 분위기에 적응하느라 2주째 동호회에 나가지 못하고 있다.

⑤ E씨는 대기업에서 근무하고 있지만 하고 있는 업무가 적성에 맞지 않아 고민이다. 그렇다고 적성에 맞는 일을 찾아가기에는 너무 늦은 것 같다.

52 다음 지시사항의 내용으로 적절하지 않은 것은?

> 은경씨, 금요일 오후 2시부터 10명의 필기시험 합격자의 1차 면접이 진행될 예정입니다. 5층 회의실 사용 예약을 지금 미팅이 끝난 직후 해주시고, 2명씩 5개 조로 구성하여 10분씩 면접을 진행하니 지금 드리는 지원 서류를 참고하시어 수요일 오전까지 다섯 조를 구성한 보고서를 저에게 주십시오. 그리고 2명의 면접 위원님께 목요일 오전에 면접 진행에 대해 말씀드려 미리 일정 조정을 완료해주시기 바랍니다.

① 면접은 10분씩 진행된다.
② 은경씨는 수요일 오전까지 보고서를 제출해야 한다.
③ 면접은 금요일 오후에 10명을 대상으로 실시된다.
④ 필기시험 합격자는 본인이 몇 조인지 알 수 있다.
⑤ 은경씨는 면접 위원님에게 면접 진행에 대해 알려야 한다.

53 신입사원 A씨는 자신이 하고 있는 일에 적응하기 위하여 흥미를 높이고 자신의 재능을 개발하려고 한다. A씨가 흥미나 적성을 개발하기 위해 취할 수 있는 방법으로 적절하지 않은 것을 〈보기〉에서 모두 고르면?

> **보기**
> ㉠ '나는 지금 주어진 일이 적성에 맞는다.'라고 마인드컨트롤을 한다.
> ㉡ 업무를 수행할 때 작은 단위로 나누어 수행한다.
> ㉢ 기업의 문화나 풍토를 파악하는 것보다는 흥미나 적성검사를 수행한다.
> ㉣ 커다란 업무를 도전적으로 수행하여 성취를 높인다.

① ㉠, ㉢
② ㉠, ㉡
③ ㉢, ㉣
④ ㉠, ㉡, ㉢
⑤ ㉠, ㉡, ㉣

54 다음 중 운영체제(OS)의 역할에 대한 설명으로 옳지 않은 것은?

① 컴퓨터와 사용자 사이에서 시스템을 효율적으로 운영할 수 있도록 인터페이스 역할을 담당한다.

② 사용자가 시스템에 있는 응용 프로그램을 편리하게 사용할 수 있다.

③ 하드웨어의 성능을 최적화할 수 있도록 한다.

④ 운영체제의 기능에는 제어기능, 기억기능, 연산기능 등이 있다.

⑤ 프로그램의 오류나 부적절한 사용을 방지하기 위해 실행을 제어한다.

55 다음 중 SSD와 HDD의 비교에 대한 설명으로 옳지 않은 것은?

① SSD는 HDD에 비해 전력 소모량이 적고 발열이 적다.

② 장기간 데이터를 보존하려면 SSD보다 HDD가 더 유리하다.

③ SSD는 내구성이 높아 충격이나 진동에 덜 민감하지만, HDD는 이에 민감하여 외부 충격에 의해 데이터가 손실될 수 있다.

④ SSD는 기계적인 방식을 사용하여 데이터를 읽고 쓰는 반면, HDD는 전기적인 방식으로 데이터를 저장한다.

⑤ 일반적으로 SSD는 보다 신속한 데이터 접근 속도를 제공하지만, HDD는 더 큰 저장 용량을 제공한다.

56 왼쪽의 시트를 엑셀 정렬 기능을 사용하여 오른쪽과 같이 정렬할 때, 다음 중 열과 정렬에 들어갈 항목을 바르게 짝지은 것은?

◢	A	B	C
1	이름	성별	나이
2	이선영	여	24
3	박영현	남	19
4	서지웅	남	21
5	주아영	여	23
6	배지은	여	34
7	신광민	남	31
8	우영민	남	28
9	유민지	여	35

→

◢	A	B	C
1	이름	성별	나이
2	박영현	남	19
3	서지웅	남	21
4	주아영	여	23
5	이선영	여	24
6	우영민	남	28
7	신광민	남	31
8	배지은	여	34
9	유민지	여	35

	열	정렬
①	이름	오름차순
②	성별	내림차순
③	성별	오름차순
④	나이	내림차순
⑤	나이	오름차순

57 K공사는 H부서 직원들을 대상으로 특정장소인 A ~ E에 대한 만족도 조사를 실시하였다. H부서 직원인 갑 ~ 무 5명의 선호도를 다음과 같이 5점 만점을 기준으로 표를 만들었을 때, 이 표를 항목별로 비교하여 시각화하기에 가장 좋은 차트는?

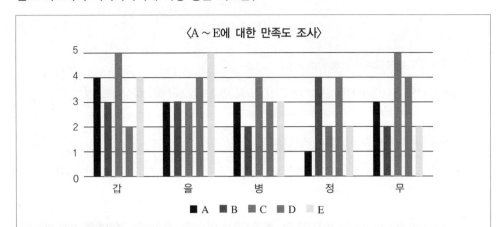

구분	A	B	C	D	E
갑	4	3	5	2	4
을	3	3	3	4	5
병	3	2	4	3	3
정	1	4	2	4	3
무	3	2	5	4	2

① 원형 차트 ② 분산형 차트

③ 세로 막대형 차트 ④ 영역형 차트

⑤ 표면형 차트

※ K공사의 A씨는 이번 달 내로 모든 사무실의 복합기를 ★★복합기로 교체하라는 지시를 받았다. 모든 사무실의 복합기를 교체하였지만, 추후 문제가 생길 것을 대비해 신형 복합기의 문제 해결법을 인트라넷에 게시하였다. 이어지는 질문에 답하시오. [58~59]

〈문제 해결법〉

Q. 복합기가 비정상적으로 종료됩니다.

A. 제품의 전원 어댑터가 전원 콘센트에 정상적으로 연결되었는지 확인하십시오.

Q. 제품에서 예기치 못한 소음이 발생합니다.

A. 복합기의 자동 서비스 기능으로 프린트 헤드의 수명을 관리할 때에 제품에서 예기치 못한 소음이 발생할 수 있습니다.
  ▲ 참고
  • 프린트 헤드의 손상을 방지하려면, 복합기에서 인쇄하는 동안에는 복합기를 끄지 마십시오.
  • 복합기의 전원을 끌 때에는 반드시 전원 버튼을 사용하고, 복합기가 정지할 때까지 기다린 후 전원을 끄십시오.
  • 잉크 카트리지를 모두 올바르게 장착했는지 확인합니다.
  • 잉크 카트리지가 하나라도 없을 경우, 복합기는 프린트 헤드를 보호하기 위해 자동으로 서비스 기능을 수행할 수 있습니다.

Q. 복합기가 응답하지 않습니다(인쇄되지 않음).

A. 1. 인쇄 대기열에 걸려 있는 인쇄 작업이 있는지 확인하십시오.
     • 인쇄 대기열을 열어 모든 문서 작업을 취소한 다음 PC를 재부팅합니다.
     • PC를 재부팅한 후 인쇄를 다시 시작합니다.
  2. ★★소프트웨어 설치를 확인하십시오.
     • 인쇄 도중 복합기가 꺼지면 PC 화면에 경고 메시지가 나타납니다.
     • 메시지가 나타나지 않을 경우 ★★소프트웨어가 제대로 설치되지 않았을 수 있습니다.
     • ★★소프트웨어를 완전히 제거한 다음 다시 설치합니다. 자세한 내용은 [프린터 소프트웨어 삭제하기]를 참고하십시오.
  3. 케이블 및 연결 상태를 확인하십시오.
     ① USB 케이블이 복합기와 PC에 제대로 연결되었는지 확인합니다.
     ② 복합기가 무선 네트워크에 연결되어 있을 경우 복합기와 PC의 네트워크 연결 상태를 확인합니다.
     ③ PC에 개인 방화벽 소프트웨어가 설치되어 있는지 확인합니다.
     ④ 개인 소프트웨어 방화벽은 외부 침입으로부터 PC를 보호하는 보안 프로그램입니다.
     ⑤ 방화벽으로 인해 PC와 복합기의 통신이 차단될 수 있습니다.
     ⑥ 복합기와 통신이 문제가 될 경우에는 방화벽을 일시적으로 해제하십시오. 해제 후에도 문제가 발생하면 방화벽에 의한 문제가 아닙니다. 방화벽을 다시 실행하십시오.

Q. 인쇄 속도가 느립니다.

A. 1. 인쇄 품질 설정을 확인하십시오.
   - 인쇄 품질(해상도)이 최상 및 최대 DPI로 설정되었을 경우 인쇄 품질이 향상되나 인쇄 속도가 느려질 수 있습니다.
   2. 잉크 카트리지의 잉크 잔량을 확인하십시오.
   - 잉크 카트리지에 남아 있는 예상 잉크량을 확인합니다.
   - 잉크 카트리지가 소모된 상태에서 인쇄를 할 경우 인쇄 속도가 느려질 수 있습니다.
   - 위와 같은 방법으로 해결되지 않을 경우 복합기에 문제가 있을 수 있으므로, ★★서비스 센터에 서비스를 요청하십시오.

58 H사원은 ★★복합기에서 소음이 발생하자 문제 해결법을 통해 복합기의 자동 서비스 기능으로 프린트 헤드의 수명을 관리할 때 소음이 발생할 수 있다는 것을 알았다. H사원이 숙지할 수 있는 참고 사항으로 옳지 않은 것은?

① 프린트 헤드의 손상을 방지하려면, 복합기에서 인쇄하는 동안에는 복합기를 끄지 않는다.

② 프린트 헤드 정렬 및 청소를 불필요하게 실시하면 많은 양의 잉크가 소모된다.

③ 잉크 카트리지를 모두 올바르게 장착했는지 확인한다.

④ 복합기의 전원을 끌 때에는 반드시 전원 버튼을 사용하고, 복합기가 정지할 때까지 기다린 후 전원을 끈다.

⑤ 잉크 카트리지가 하나라도 없을 경우, 복합기는 프린트 헤드를 보호하기 위해 자동으로 서비스 기능을 수행하게 된다.

59 Y팀장에게 보고서를 제출하기 위해 인쇄를 하려던 Z사원은 보고서가 인쇄되지 않는다는 것을 알았다. Z사원이 복합기 문제를 해결할 수 있는 방안으로 옳지 않은 것은?

① 인쇄 작업이 대기 중인 문서가 있는지 확인한다.

② 복합기 소프트웨어를 완전히 제거한 다음 다시 설치한다.

③ USB 케이블이 복합기와 PC에 연결이 되어 있는지 확인한다.

④ 잉크 카트리지에 남아 있는 예상 잉크량을 확인한다.

⑤ 대기 문서를 취소한 후 PC를 재부팅한다.

60 B사원은 최근 A전자의 빔프로젝터를 구입하였으며, 빔프로젝터 고장 신고 전 확인사항 자료를 확인하였다. 자료를 볼 때, 빔프로젝터의 증상과 그에 따른 확인 및 조치사항으로 옳은 것은?

〈빔프로젝터 고장 신고 전 확인사항〉

분류	증상	확인 및 조치사항
설치 및 연결	전원이 들어오지 않음	• 제품 배터리의 충전 상태를 확인하세요. • 만약 그래도 제품이 전혀 동작하지 않는다면 제품 옆면의 'Reset' 버튼을 1초간 누르시기 바랍니다.
	전원이 자동으로 꺼짐	• 본 제품은 약 20시간 지속 사용 시 제품의 시스템 보호를 위해 전원이 자동 차단될 수 있습니다.
	외부기기가 선택되지 않음	• 외부기기 연결선이 신호 단자에 맞게 연결되었는지 확인하고, 연결 상태를 점검해 주시기 바랍니다.
메뉴 및 리모컨	리모컨이 동작하지 않음	• 리모컨의 건전지 상태 및 건전지가 권장 사이즈에 부합하는지 확인해 주세요. • 리모컨 각도와 거리가(10m 이하) 적당한지, 제품과 리모컨 사이에 장애물이 없는지 확인해 주세요.
	메뉴가 선택되지 않음	• 메뉴의 글자가 회색으로 나와 있지 않은지 확인해 주세요. 회색의 글자 메뉴는 선택되지 않습니다.
화면 및 소리	영상이 희미함	• 리모컨 메뉴창의 초점 조절 기능을 이용하여 초점을 조절해 주세요. • 투사거리가 초점에서 너무 가깝거나 멀리 떨어져 있지 않은지 확인해 주세요(권장거리 1 ~ 3m).
	제품에서 이상한 소리가 남	• 이상한 소리가 계속해서 발생할 경우 사용을 중지하고 서비스 센터로 문의해 주시기 바랍니다.
	화면이 안 나옴	• 제품 배터리의 충전 상태를 확인해 주세요. • 본체의 발열이 심할 경우 화면이 나오지 않을 수 있습니다.
	화면에 줄, 잔상, 경계선 등이 나타남	• 일정시간 정지된 영상을 지속적으로 표시하면 부분적으로 잔상이 발생합니다. • 영상의 상·하·좌·우의 경계선이 고정되어 있거나 빛의 투과량이 서로 상이한 영상을 장시간 시청 시 경계선에 자국이 발생할 수 있습니다.

① 영상이 너무 희미해 초점과 투사거리를 확인하여 조절하였다.

② 메뉴가 선택되지 않아 외부기기와 연결선이 제대로 연결되었는지 확인하였다.

③ 일주일째 이상한 소리가 나 제품 배터리가 충분히 충전된 상태인지 살펴보았다.

④ 언젠가부터 화면에 잔상이 나타나 제품과 리모컨 배터리의 충전 상태를 확인하였다.

⑤ 영화를 보는 중에 갑자기 전원이 꺼진 것은 본체의 발열이 심해서 그런 것이므로 약 20시간 동안 사용을 중지하였다.

※ 다음 글을 읽고 이어지는 질문에 답하시오. [61~63]

컴퓨터를 제조 및 생산하는 회사의 생산기획부 김팀장은 기존에 판매하던 제품에 새로운 기술을 도입하여 새로운 버전의 컴퓨터를 생산하려고 한다. 기존에 판매했던 제품은 출시했을 때 안정적인 매출을 보였으나, 다른 회사에서 유사한 제품들을 판매해 좋은 수익을 내지 못하였다. 그래서 김팀장은 최초의 기술력을 기존 컴퓨터에 선보여 컴퓨터 회사 중 시장점유율 1위를 차지하려고 한다. 목표를 이루기 위해선 김팀장은 몇 가지 사항들을 고려해 적절히 기술을 도입해야 한다. 기술 발표는 10월 중순을 목표로 하고, 성과를 위해 수많은 인력들이 투입될 예정이다. 많은 인력들을 운용하는 김팀장은 기술경영자에게 필요한 능력을 갖추려고 노력해야 한다.

61 다음 중 컴퓨터 생산 시 선택한 기술을 그대로 적용하되, 불필요한 기술은 과감히 버리고 적용할 때의 상황으로 옳지 않은 것은?

① 비용의 증가
② 시간 절약
③ 프로세스의 효율성 증가
④ 과감히 버린 기술의 필요성에 대한 문제점 존재
⑤ 부적절한 기술 선택 시 실패할 수 있는 위험부담 존재

62 다음 중 김팀장이 기존에 판매하던 컴퓨터에 최초의 기술을 적용할 시 고려해야 할 사항으로 옳지 않은 것은?

① 기술적용에 따른 비용
② 기술의 수명 주기
③ 기술의 전략적 중요도
④ 기술의 디자인
⑤ 기술의 잠재적 응용 가능성

63 다음 중 김팀장이 많은 인력들을 운용하기 위해 필요한 능력으로 옳지 않은 것은?

① 기술 전문 인력을 운용할 수 있는 능력
② 빠르고 효과적으로 새로운 기술을 습득하고 기존의 기술에서 탈피하는 능력
③ 기업의 전반적인 전략 목표에 기술을 분리시키는 능력
④ 조직 내의 기술을 이용할 수 있는 능력
⑤ 복잡하고 서로 다른 분야에 걸쳐 있는 프로젝트를 수행할 수 있는 능력

64 다음 중 팀워크에 대한 설명으로 옳지 않은 것은?

① 조직에 대한 이해 부족은 팀워크를 저해하는 요소이다.

② 팀워크를 유지하기 위해 구성원은 공동의 목표의식과 강한 도전의식을 가져야 한다.

③ 공동의 목적을 달성하기 위해 상호관계성을 가지고 협력하여 업무를 수행하는 것이다.

④ 사람들이 집단에 머물도록 만들고, 집단의 멤버로서 계속 남아있기를 원하게 만드는 힘이다.

⑤ 효과적인 팀은 갈등을 인정하고 상호신뢰를 바탕으로 건설적으로 해결한다.

65 K공사 관리팀에 근무하는 B팀장은 최근 부하직원 A씨 때문에 고민 중이다. B팀장이 보기에 A씨의 업무 방법은 업무의 성과를 내기에 부적절해 보이지만, 자존감이 강하고 자기결정권을 중시하는 A씨는 자기 자신이 스스로 잘하고 있다고 생각하며 B팀장의 조언이나 충고에 대해 반발심을 표현하고 있기 때문이다. 이와 같은 상황에서 B팀장이 부하직원인 A씨에게 할 수 있는 가장 효과적인 코칭 방법은?

① 징계를 통해 B팀장의 조언을 듣도록 유도한다.

② 대화를 통해 스스로 자신의 잘못을 인식하도록 유도한다.

③ A씨에 대한 칭찬을 통해 업무 성과를 극대화시킨다.

④ A씨를 더 강하게 질책하여 업무 방법을 개선시키도록 한다.

⑤ 스스로 업무방법을 고칠 때까지 믿어 주고 기다려 준다.

66 K사에 근무하는 A씨는 최근 회사 윤리교육시간에 감정은행계좌에 대한 강의를 들었다. 다음 강의에 대한 A씨의 답변으로 적절하지 않은 것은?

> K사 사원 분들, 안녕하십니까. 오늘 윤리교육시간에는 감정은행계좌에 대해 강의해볼까 합니다. 감정은행계좌는 금품이 아닌 우리의 감정을 예입하는 것입니다. 즉 인간관계에서 구축하는 신뢰의 정도를 은유적으로 표현한 것이지요. 만약 우리가 다른 사람의 입장을 먼저 이해하고 배려하며, 친절하고 정직하게 약속을 지킨다면 우리는 감정을 저축하는 셈이 됩니다. 그렇다면 감정은행계좌를 적립하기 위한 예입 수단으로는 무엇이 있을까요? A씨가 대답해볼까요?

① 나 자신보다 상대방의 입장을 이해하고 양보할 줄 알아야 합니다.
② 개인의 사생활을 위해 사소한 일에 관심 갖지 말아야 합니다.
③ 실수를 저지를 수는 있으나, 그것을 인정할 줄 알아야 합니다.
④ 작은 칭찬과 배려, 감사하는 마음을 항상 가지고 있어야 합니다.
⑤ 자신이 스스로 한 약속을 항상 지키는 습관을 가져야 합니다.

서희는 국서를 가지고 소손녕의 영문(營門)으로 갔다. 기를 꺾어 놓을 심산이었던 듯 소손녕은 "나는 대국의 귀인이니 그대가 나에게 뜰에서 절을 해야 한다."라고 우겼다. 거란의 군사가 가득한 적진에서 서희는 침착하게 대답했다. "신하가 임금에게 대할 때는 절하는 것이 예법이나, 양국의 대신들이 대면하는 자리에서 어찌 그럴 수 있겠는가?" 소손녕이 계속 고집을 부리자 서희는 노한 기색을 보이며 숙소로 들어와 움직이지 않았다. 거란이 전면전보다 화의를 원하고 있다는 판단에 가능했던 행동이었다. 결국 소손녕이 서로 대등하게 만나는 예식 절차를 수락하면서 첫 번째 기싸움은 서희의 승리로 돌아갔다.

본격적인 담판이 시작되었다. 먼저 소손녕이 물었다. "당신네 나라는 옛 신라 땅에서 건국하였다. 고구려의 옛 땅은 우리나라에 소속되었는데, 어째서 당신들이 침범하였는가?" 광종이 여진의 땅을 빼앗아 성을 쌓은 일을 두고 하는 말이었다.

이 물음은 이번 정벌의 명분에 대한 것으로 고구려 땅을 차지하는 정당성에 대한 매우 중요한 논점이었다. 서희는 조목조목 반박했다. "그렇지 않다. 우리나라는 바로 고구려의 후예이다. 그러므로 나라 이름을 고려라 부르고, 평양을 국도로 정한 것 아닌가. 오히려 귀국의 동경이 우리 영토 안에 들어와야 하는데 어찌 거꾸로 침범했다고 하는가?" 한 치의 틈도 없는 서희의 논리에 소손녕의 말문이 막히면서 고구려 후계론 논쟁은 일단락 지어졌다.

마침내 소손녕이 정벌의 본래 목적을 얘기했다. "우리나라와 국경을 접하고 있으면서 바다 건너에 있는 송나라를 섬기고 있는 까닭에 이번에 정벌하게 된 것이다. 만일 땅을 떼어 바치고 국교를 회복한다면 무사하리라." 송과 손을 잡고 있는 고려를 자신들의 편으로 돌아 앉혀 혹시 있을 송과의 전면전에서 배후를 안정시키는 것, 그것이 거란의 본래 목적이었다.

"압록강 안팎도 우리 땅인데, 지금 여진이 그 중간을 점거하고 있어 육로로 가는 것이 바다를 건너는 것보다 왕래하기가 더 곤란하다. 그러니 국교가 통하지 못하는 것은 여진 탓이다. 만일 여진을 내쫓고 우리의 옛 땅을 회복하여 거기에 성과 보를 쌓고 길을 통하게 한다면 어찌 국교가 통하지 않겠는가." 그들이 원하는 것을 알았지만, 서희는 바로 답을 주지 않고 이와 같이 돌려 말했다. 국교를 맺기 위해서는 여진을 내쫓고 그 땅을 고려가 차지해야 가능하다며 조건을 내건 것이다. 소손녕이 회담의 내용을 거란의 임금에게 보내자 고려가 이미 화의를 요청했으니 그만 철군하라는 답이 돌아왔다. 그리고 고려가 압록강 동쪽 280여 리의 영토를 개척하는 데 동의한다는 답서도 보내왔다.

비록 그들의 요구대로 국교를 맺어 이후 일시적으로 사대의 예를 갖추지만, 싸우지 않고 거란의 대군을 돌려보내고, 오히려 이를 전화위복 삼아 영토까지 얻었으니 우리 역사상 가장 실리적으로 성공한 외교라 칭찬받을 만하다.

67 다음 중 윗글의 내용으로 알 수 있는 협상진행 5단계를 순서대로 바르게 나열한 것은?

① 협상 시작 → 상호 이해 → 실질 이해 → 해결 대안 → 합의
② 협상 시작 → 실질 이해 → 상호 이해 → 해결 대안 → 합의
③ 협상 시작 → 상호 이해 → 실질 이해 → 합의 → 해결 대안
④ 협상 시작 → 실질 이해 → 상호 이해 → 합의 → 해결 대안
⑤ 협상 시작 → 상호 이해 → 해결 대안 → 실질 이해 → 합의

68 다음 중 서희의 협상전략으로 옳지 않은 것은?

① 적진에서 한 협상에서 기선을 제압하였다.

② 상대방의 숨은 의도를 이끌어내었다.

③ 상대방과의 명분 싸움에서 논리적으로 대응하였다.

④ 상대방의 요구를 거부하되, 대안을 제시하였다.

⑤ 자신의 요구를 이유와 함께 설명하였다.

69 C사원은 K닷컴에서 근무하고 있다. 하루는 같은 팀 E사원이 아래의 자료를 보여주면서 보완할 것이 없는지 검토해달라고 부탁했다. 다음 중 E사원에게 조언해줄 수 있는 말로 적절하지 않은 것은?

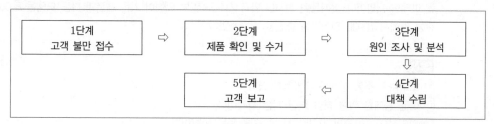

① 고객 보고 후 피드백이 이루어지면 좋겠어요.

② 대책 수립 후 재발 방지 교육을 실시한 뒤 고객 보고가 이루어지면 좋겠어요.

③ 고객 불만 접수, 고객 보고 단계에 '사과'를 추가하면 좋겠어요.

④ 1단계에서는 고객의 불만을 경청하는 태도가 중요할 것 같아요.

⑤ 단계별로 진행 상황을 고객에게 통보해 준다면 좋겠어요.

70 다음 〈보기〉 중 경영의 4요소로 옳은 것을 모두 고르면?

보기

ㄱ. 조직의 목적을 달성하기 위해 경영자가 수립하는 것으로 더욱 구체적인 방법과 과정이 담겨 있다.
ㄴ. 조직에서 일하는 구성원으로 경영은 이들의 직무수행에 기초하여 이루어지기 때문에 이것의 배치 및 활용이 중요하다.
ㄷ. 생산자가 상품 또는 서비스를 소비자에게 유통하는 데 관련된 모든 체계적 경영 활동이다.
ㄹ. 특정의 경제적 실체에 관하여 이해관계를 이루는 사람들에게 합리적인 경제적 의사결정을 하는 데 유용한 재무적 정보를 제공하기 위한 일련의 과정 또는 체계이다.
ㅁ. 경영하는 데 사용할 수 있는 돈으로 이것이 충분히 확보되는 정도에 따라 경영의 방향과 범위가 정해지게 된다.
ㅂ. 조직이 변화하는 환경에 적응하기 위하여 경영활동을 체계화하는 것으로, 목표달성을 위한 수단이다.

① ㄱ, ㄴ, ㄷ, ㄹ ② ㄱ, ㄴ, ㄷ, ㅁ
③ ㄱ, ㄴ, ㅁ, ㅂ ④ ㄴ, ㄷ, ㅁ, ㅂ
⑤ ㄷ, ㄹ, ㅁ, ㅂ

71 다음 글의 밑줄 친 '마케팅 기법'에 대한 설명으로 옳은 것을 〈보기〉에서 모두 고르면?

기업들이 신제품을 출시하면서 한정된 수량만 제작 판매하는 한정판 제품을 잇따라 내놓고 있다. 이번 기회가 아니면 더 이상 구입할 수 없다는 메시지를 끊임없이 던지며 소비자의 호기심을 자극하는 마케팅 기법이다. K자동차 회사는 가죽 시트와 일부 외형이 기존 제품과 다른 모델을 8,000대 한정 판매하였는데, 단기간에 매진을 기록하였다.

보기

㉠ 소비자의 충동 구매를 유발하기 쉽다.
㉡ 이윤 증대를 위한 경영 혁신의 한 사례이다.
㉢ 의도적으로 공급의 가격탄력성을 크게 하는 방법이다.
㉣ 소장 가치가 높은 상품을 대상으로 하면 더 효과적이다.

① ㉠, ㉡ ② ㉠, ㉢
③ ㉡, ㉣ ④ ㉠, ㉡, ㉣
⑤ ㉡, ㉢, ㉣

72 다음은 K공단의 보안업무취급 규칙에 따른 보안업무 책임자 및 담당자와 이들의 임무에 대한 자료이다. 이를 이해한 내용으로 적절하지 않은 것은?

<보안업무 책임자 및 담당자>

구분	이사장	총무국장	비서실장	팀장
보안책임관	○			
보안담당관		○		
비밀보관책임자				○
시설방호책임자	○			
시설방호부책임자		○		
보호구역관리책임자			○ (이사장실)	○ (지정보호구역)

<보안업무 책임자 및 담당자의 임무>

구분	수행임무
보안책임관	• 공단의 보안업무 전반에 대한 지휘, 감독총괄
보안담당관	• 자체 보안업무 수행에 대한 계획, 조정 및 감독 • 보안교육 및 비밀관리, 서약서 집행 • 통신보안에 대한 사항 • 비밀의 복제, 복사 및 발간에 대한 통제 및 승인 • 기타 보안업무 수행에 필요하다고 인정하는 사항 • 비밀취급인가
비밀보관책임자	• 비밀의 보관 및 안전관리 • 비밀관계부철의 기록 유지
시설방호책임자	• 자체 시설 방호계획 수립 및 안전관리 • 자위소방대 편성, 운영 • 시설방호 부책임자에 대한 지휘, 감독
시설방호부책임자	• 시설방호책임자의 보좌 • 자체 시설 방호계획 및 안전관리에 대한 실무처리 • 자위소방대 편성, 운영
보호구역관리책임자	• 지정된 보호구역의 시설안전관리 및 보안유지 • 보호구역 내의 출입자 통제

① 비밀문서를 복제하고자 할 때에는 총무국장의 승인을 받아야 한다.
② 비밀관리기록부를 갱신할 때에는 담당부서 팀장의 확인을 받아야 한다.
③ 비서실장은 이사장실을 수시로 관리하고, 외부인의 출입을 통제해야 한다.
④ 이사장과 총무국장은 화재 예방을 위해 자위소방대를 편성·운영해야 한다.
⑤ 비밀취급인가를 신청할 때 필요한 서약서는 이사장에게 제출해야 한다.

73 다음 사례에서 K공사가 밑줄 친 내용을 통하여 얻을 수 있는 기대효과로 적절한 것을 〈보기〉에서 모두 고르면?

> K공사는 사원 번호, 사원명, 연락처 등의 사원 데이터 파일을 여러 부서별로 저장하여 관리하다 보니 연락처가 바뀌면 연락처가 저장되어 있는 모든 파일을 수정해야 했다.
> 또한 사원 데이터 파일에 주소 항목이 추가되는 등 파일의 구조가 변경되면 이전 파일 구조를 사용했던 모든 응용 프로그램도 수정해야 하므로 유지보수 비용이 많이 들었다. 그래서 K공사에서는 이런 문제점을 해결할 수 있는 소프트웨어를 도입하기로 결정하였다.

> **보기**
> ㉠ 대용량 동영상 파일을 쉽게 편집할 수 있다.
> ㉡ 컴퓨터의 시동 및 주변기기의 제어를 쉽게 할 수 있다.
> ㉢ 응용 프로그램과 데이터 간의 독립성을 향상시킬 수 있다.
> ㉣ 데이터의 중복이 감소되어 일관성을 높일 수 있다.

① ㉠, ㉢   ② ㉠, ㉣
③ ㉡, ㉢   ④ ㉡, ㉣
⑤ ㉢, ㉣

74 다음 중 밑줄 친 ㉠의 이유로 적절하지 않은 것은?

> 샐러던트(Saladent)란 '샐러리맨(Salary man)'과 '학생'을 뜻하는 '스튜던트(Student)'가 합쳐져서 만들어진 신조어로, ㉠현재 직장에 몸담고 있으면서 지속적으로 현 분야 또는 새로운 분야에 대해서 공부를 하는 직장인을 의미한다.

① 업무의 성과 향상을 위해
② 변화하는 환경에 적응하기 위해
③ 회사가 추구하는 목표를 성취하기 위해
④ 긍정적인 인간관계를 형성하기 위해
⑤ 삶의 질을 향상시키고, 보람된 삶을 살기 위해

75 다음 대화를 통해 알 수 있는 내용으로 적절하지 않은 것은?

> A부장 : 이번 주는 회사의 단합대회가 있습니다. 모든 사원들은 참석을 할 수 있도록 해 주시길
> 바랍니다.
> B팀장 : 원래 단합대회는 부서별로 일정을 조율해서 정하지 않았나요? 이번에는 왜 회의도 없이
> 단합대회가 갑자기 정해졌나요?
> C사원 : 다 같이 의견을 모아서 단합대회 날짜를 정했으면 좋았겠네요.
> A부장 : 이번 달은 국외 프로젝트에 참여하는 직원들이 많아서 일정을 조율하기가 힘들었습니다.
> 그래서 이번에는 이렇게 단합대회 날짜를 정하게 되었습니다.
> B팀장 : 그렇군요. 그렇다면 일정을 조율해 보겠습니다.

① C사원은 A부장의 의견이 마음에 들지 않는다.
② B팀장은 단합대회가 갑자기 정해진 이유를 알았다.
③ B팀장은 참석하지 않는 의사를 표시했다.
④ A부장은 자신의 의견을 근거를 가지고 설명하였다.
⑤ A부장은 대화가 종료된 후 부서들과 함께 단합대회 일정을 협의할 것이다.

76 다음 중 비언어적 커뮤니케이션을 위한 행동으로 적절하지 않은 것은?

① 일본에서 칼은 관계의 단절을 의미한다. 따라서 일본인에게 선물할 때 칼은 피하는 것이 좋다.
② 이탈리아에서는 연회 시 소금이나 후추 등이 다른 사람 손에 거치면 좋지 않다는 풍습이 있다.
따라서 이탈리아에서 연회 참가 시 소금과 후추가 필요할 때는 웨이터를 부르도록 한다.
③ 스페인에서는 악수할 때 손을 강하게 잡을수록 반갑다는 의미를 가지고 있다. 따라서 스페인 사람
과 첫 협상 시에는 강하게 악수하여 반가움을 표현하는 것이 적절하다.
④ 중국에서는 상대방이 선물을 권할 때 선뜻 받기보다는 세 번 정도 거절하는 것이 예의라고 생각한
다. 따라서 중국인에게 선물할 때 세 번 거절당하더라도 한 번 더 받기를 권하는 것이 좋다.
⑤ 키르기스스탄에서는 왼손을 더러운 것으로 느끼는 풍습이 있다. 따라서 키르기스스탄 사람에게
명함을 건넬 경우에는 반드시 오른손으로 주도록 한다.

77 다음 중 직장 내에서 정직성에 어긋나는 사례로 가장 적절한 것은?

① 몸이 힘든 날에도 근태를 엄격히 준수한다.

② 업무 처리에서 발생한 실수를 있는 그대로 상사에게 보고하였다.

③ 점심시간을 15분 늦게 시작했기 때문에 정해진 시간보다 15분 늦게 들어왔다.

④ 급한 일이 생겨도 사적인 용건에 회사 전화를 쓰지 않는다.

⑤ 동료의 부정행위를 보면 상사에게 보고한다.

78 A대리는 같은 부서의 B사원 때문에 스트레스를 받고 있다. 빠르게 처리해야 할 업무에 대해 B사원은 항상 꼼꼼하게 검토하고 A대리에게 늦게 보고하기 때문이다. A대리가 B사원의 업무방식에 불만을 표현하자 B사원은 자신의 소심한 성격 때문이라고 대답한다. 다음 상황에서 A대리에게 가장 필요한 역량은 무엇인가?

① 통제적 리더십

② 감사한 마음

③ 상호 인정

④ 헌신의 자세

⑤ 책임감

79 다음은 K공사의 해외시장 진출 및 지원 확대를 위한 전략과제의 필요성을 제시한 자료이다. 이를 통해 도출된 과제의 추진방향으로 적절하지 않은 것은?

〈전략과제 필요성〉

- 해외시장에서 기관이 수주할 수 있는 산업 발굴
- 국제사업 수행을 통한 경험축적 및 컨소시엄을 통한 기술·노하우 습득
- 해당 산업 관련 민간기업의 해외진출 활성화를 위한 실질적 지원

① 국제기관의 다양한 자금을 활용하여 사업을 발굴하고, 해당 사업의 해외진출을 위한 기술역량을 강화한다.

② 해외봉사활동 등과 연계하여 기관 이미지 제고 및 사업에 대한 사전조사, 시장조사를 통한 선제적 마케팅 활동을 추진한다.

③ 국제경쟁입찰의 과열 경쟁 심화와 컨소시엄 구성 시 민간기업과 업무배분, 이윤추구성향 조율에 어려움이 예상된다.

④ 해당 산업 민간(중소)기업을 대상으로 입찰 정보제공, 사업전략 상담, 동반 진출 등을 통한 실질적 지원을 확대한다.

⑤ 국제사업에 참여하여 경험을 축적시키고, 컨소시엄을 통해 습득한 기술 등을 재활용할 수 있는 사업을 구상하고 연구진을 지원한다.

80 다음 글을 보고 직장생활에 바르게 적용한 사람은?

> 정의는 선행이나 호의를 베푸는 것과 아주 밀접한 관련이 있다. 그러나 선행이나 호의에도 몇 가지 주의할 점이 있다. 첫째, 받는 자에게 피해가 되지 않도록 주의하고 둘째, 베푸는 자는 자신이 감당할 수 있는 능력 내에서 베풀어야 하며 셋째, 각자 받을 만한 가치에 따라서 베풀어야 한다.
>
> — 키케로 『의무론』
>
> 공자께서 말씀하시기를 "윗사람으로서 아랫사람을 너그럽게 관용할 줄 모르고, 예도를 행함에 있어 공경심이 없으며, 사람이 죽어 장례를 치르는 문상자리에서도 애도할 줄 모른다면 그런 인간을 어찌 더 이상 볼 가치가 있다 하겠느냐?"라고 하였다.
>
> — 『논어』 팔일 3 – 26

① A사원 : 며칠 후에 우리 부장님 생신이라 비상금을 털어서 고급 손목시계 하나 해드리려고.

② B사원 : 지난주에 장례식장에 갔는데 육개장이 그렇게 맛있더라고.

③ C사원 : 내가 준 김밥을 먹고 배탈이 났다고? 냉장보관을 안 하긴 했는데….

④ D부장 : G사원이 어제 회식자리에서 내 옷에 김칫국물을 흘렸으니 세탁비를 받아야겠어.

⑤ E과장 : 출근해서 사원들과 즐겁게 아침인사를 나누었어. 내가 먼저 반갑게 아침인사를 건네면 기분이 좋아져 좋은 하루를 보낼 수 있거든.

PART **2**

채용 가이드

01 | 블라인드 채용 소개

1. 블라인드 채용이란?

채용 과정에서 편견이 개입되어 불합리한 차별을 야기할 수 있는 출신지, 가족관계, 학력, 외모 등의 편견요인은 제외하고, 직무능력만을 평가하여 인재를 채용하는 방식입니다.

2. 블라인드 채용의 필요성

- 채용의 공정성에 대한 사회적 요구
  - 누구에게나 직무능력만으로 경쟁할 수 있는 균등한 고용기회를 제공해야 하나, 아직도 채용의 공정성에 대한 불신이 존재
  - 채용상 차별금지에 대한 법적 요건이 권고적 성격에서 처벌을 동반한 의무적 성격으로 강화되는 추세
  - 시민의식과 지원자의 권리의식 성숙으로 차별에 대한 법적 대응 가능성 증가
- 우수인재 채용을 통한 기업의 경쟁력 강화 필요
  - 직무능력과 무관한 학벌, 외모 위주의 선발로 우수인재 선발기회 상실 및 기업경쟁력 약화
  - 채용 과정에서 차별 없이 직무능력중심으로 선발한 우수인재 확보 필요
- 공정한 채용을 통한 사회적 비용 감소 필요
  - 편견에 의한 차별적 채용은 우수인재 선발을 저해하고 외모·학벌 지상주의 등의 심화로 불필요한 사회적 비용 증가
  - 채용에서의 공정성을 높여 사회의 신뢰수준 제고

3. 블라인드 채용의 특징

편견요인을 요구하지 않는 대신 직무능력을 평가합니다.

※ 직무능력중심 채용이란?
기업의 역량기반 채용, NCS기반 능력중심 채용과 같이 직무수행에 필요한 능력과 역량을 평가하여 선발하는 채용방식을 통칭합니다.

4. 블라인드 채용의 평가요소

직무수행에 필요한 지식, 기술, 태도 등을 과학적인 선발기법을 통해 평가합니다.

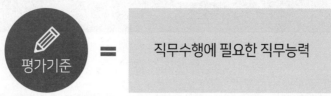

평가기준 = 직무수행에 필요한 직무능력

※ 과학적 선발기법이란?
   직무분석을 통해 도출된 평가요소를 서류, 필기, 면접 등을 통해 체계적으로 평가하는 방법으로 입사지원서, 자기소개서,
   직무수행능력평가, 구조화 면접 등이 해당됩니다.

5. 블라인드 채용 주요 도입 내용

• 입사지원서에 인적사항 요구 금지
  – 인적사항에는 출신지역, 가족관계, 결혼여부, 재산, 취미 및 특기, 종교, 생년월일(연령), 성별, 신장
    및 체중, 사진, 전공, 학교명, 학점, 외국어 점수, 추천인 등이 해당
  – 채용 직무를 수행하는 데 있어 반드시 필요하다고 인정될 경우는 제외
    예 특수경비직 채용 시 : 시력, 건강한 신체 요구
       연구직 채용 시 : 논문, 학위 요구 등
• 블라인드 면접 실시
  – 면접관에게 응시자의 출신지역, 가족관계, 학교명 등 인적사항 정보 제공 금지
  – 면접관은 응시자의 인적사항에 대한 질문 금지

6. 블라인드 채용 도입의 효과성

• 구성원의 다양성과 창의성이 높아져 기업 경쟁력 강화
  – 편견을 없애고 직무능력 중심으로 선발하므로 다양한 직원 구성 가능
  – 다양한 생각과 의견을 통하여 기업의 창의성이 높아져 기업경쟁력 강화
• 직무에 적합한 인재선발을 통한 이직률 감소 및 만족도 제고
  – 사전에 지원자들에게 구체적이고 상세한 직무요건을 제시함으로써 허수 지원이 낮아지고, 직무에
    적합한 지원자 모집 가능
  – 직무에 적합한 인재가 선발되어 직무이해도가 높아져 업무효율 증대 및 만족도 제고
• 채용의 공정성과 기업이미지 제고
  – 블라인드 채용은 사회적 편견을 줄인 선발 방법으로 기업에 대한 사회적 인식 제고
  – 채용과정에서 불합리한 차별을 받지 않고 실력에 의해 공정하게 평가를 받을 것이라는 믿음을 제공
    하고, 지원자들은 평등한 기회와 공정한 선발과정 경험

02 | 서류전형 가이드

01 채용공고문

1. 채용공고문의 변화

기존 채용공고문	변화된 채용공고문
• 취업준비생에게 불충분하고 불친절한 측면 존재 • 모집분야에 대한 명확한 직무관련 정보 및 평가기준 부재 • 해당분야에 지원하기 위한 취업준비생의 무분별한 스펙 쌓기 현상 발생	• NCS 직무분석에 기반한 채용공고를 토대로 채용전형 진행 • 지원자가 입사 후 수행하게 될 업무에 대한 자세한 정보 공지 • 직무수행내용, 직무수행 시 필요한 능력, 관련된 자격, 직업기초능력 제시 • 지원자가 해당 직무에 필요한 스펙만을 준비할 수 있도록 안내
• 모집부문 및 응시자격 • 지원서 접수 • 전형절차 • 채용조건 및 처우 • 기타사항	• 채용절차 • 채용유형별 선발분야 및 예정인원 • 전형방법 • 선발분야별 직무기술서 • 우대사항

2. 지원 유의사항 및 지원요건 확인

채용 직무에 따른 세부사항을 공고문에 명시하여 지원자에게 적격한 지원 기회를 부여함과 동시에 채용과정에서의 공정성과 신뢰성을 확보합니다.

구성	내용	확인사항
모집분야 및 규모	고용형태(인턴 계약직 등), 모집분야, 인원, 근무지역 등	채용직무가 여러 개일 경우 본인이 해당되는 직무의 채용규모 확인
응시자격	기본 자격사항, 지원조건	지원을 위한 최소자격요건을 확인하여 불필요한 지원을 예방
우대조건	법정·특별·자격증 가점	본인의 가점 여부를 검토하여 가점 획득을 위한 사항을 사실대로 기재
근무조건 및 보수	고용형태 및 고용기간, 보수, 근무지	본인이 생각하는 기대수준에 부합하는지 확인하여 불필요한 지원을 예방
시험방법	서류·필기·면접전형 등의 활용방안	전형방법 및 세부 평가기법 등을 확인하여 지원전략 준비
전형일정	접수기간, 각 전형 단계별 심사 및 합격자 발표일 등	본인의 지원 스케줄을 검토하여 차질이 없도록 준비
제출서류	입사지원서(경력·경험기술서 등), 각종 증명서 및 자격증 사본 등	지원요건 부합 여부 및 자격 증빙서류 사전에 준비
유의사항	임용취소 등의 규정	임용취소 관련 법적 또는 기관 내부 규정을 검토하여 해당여부 확인

직무기술서란 직무수행의 내용과 필요한 능력, 관련 자격, 직업기초능력 등을 상세히 기재한 것으로 입사 후 수행하게 될 업무에 대한 정보가 수록되어 있는 자료입니다.

1. 채용분야

설명

NCS 직무분류 체계에 따라 직무에 대한 「대분류 – 중분류 – 소분류 – 세분류」 체계를 확인할 수 있습니다. 채용 직무에 대한 모든 직무기술서를 첨부하게 되며 실제 수행 업무를 기준으로 세부적인 분류정보를 제공합니다.

채용분야	분류체계			
사무행정	대분류	중분류	소분류	세분류
분류코드	02. 경영·회계·사무	03. 재무·회계	01. 재무	01. 예산
				02. 자금
			02. 회계	01. 회계감사
				02. 세무

2. 능력단위

설명

직무분류 체계의 세분류 하위능력단위 중 실질적으로 수행할 업무의 능력만 구체적으로 파악할 수 있습니다.

능력단위	(예산)	03. 연간종합예산수립 05. 확정예산 운영	04. 추정재무제표 작성 06. 예산실적 관리
	(자금)	04. 자금운용	
	(회계감사)	02. 자금관리 05. 회계정보시스템 운용 07. 회계감사	04. 결산관리 06. 재무분석
	(세무)	02. 결산관리 07. 법인세 신고	05. 부가가치세 신고

3. 직무수행내용

설명

세분류 영역의 기본정의를 통해 직무수행내용을 확인할 수 있습니다. 입사 후 수행할 직무내용을 구체적으로 확인할 수 있으며, 이를 통해 입사서류 작성부터 면접까지 직무에 대한 명확한 이해를 바탕으로 자신의 희망직무 인지 아닌지, 해당 직무가 자신이 알고 있던 직무가 맞는지 확인할 수 있습니다.

직무수행내용	(예산) 일정기간 예상되는 수익과 비용을 편성, 집행하며 통제하는 일
	(자금) 자금의 계획 수립, 조달, 운용을 하고 발생 가능한 위험 관리 및 성과평가
	(회계감사) 기업 및 조직 내·외부에 있는 의사결정자들이 효율적인 의사결정을 할 수 있도록 유용한 정보를 제공, 제공된 회계정보의 적정성을 파악하는 일
	(세무) 세무는 기업의 활동을 위하여 주어진 세법범위 내에서 조세부담을 최소화시키는 조세전략을 포함하고 정확한 과세소득과 과세표준 및 세액을 산출하여 과세당국에 신고·납부하는 일

4. 직무기술서 예시

태도	(예산) 정확성, 분석적 태도, 논리적 태도, 타 부서와의 협조적 태도, 설득력
	(자금) 분석적 사고력
	(회계 감사) 합리적 태도, 전략적 사고, 정확성, 적극적 협업 태도, 법률준수 태도, 분석적 태도, 신속성, 책임감, 정확한 판단력
	(세무) 규정 준수 의지, 수리적 정확성, 주의 깊은 태도
우대 자격증	공인회계사, 세무사, 컴퓨터활용능력, 변호사, 워드프로세서, 전산회계운용사, 사회조사분석사, 재경관리사, 회계관리 등
직업기초능력	의사소통능력, 문제해결능력, 자원관리능력, 대인관계능력, 정보능력, 조직이해능력

5. 직무기술서 내용별 확인사항

항목	확인사항
모집부문	해당 채용에서 선발하는 부문(분야)명 확인 예 사무행정, 전산, 전기
분류체계	지원하려는 분야의 세부직무군 확인
주요기능 및 역할	지원하려는 기업의 전사적인 기능과 역할, 산업군 확인
능력단위	지원분야의 직무수행에 관련되는 세부업무사항 확인
직무수행내용	지원분야의 직무군에 대한 상세사항 확인
전형방법	지원하려는 기업의 신입사원 선발전형 절차 확인
일반요건	교육사항을 제외한 지원 요건 확인(자격요건, 특수한 경우 연령)
교육요건	교육사항에 대한 지원요건 확인(대졸 / 초대졸 / 고졸 / 전공 요건)
필요지식	지원분야의 업무수행을 위해 요구되는 지식 관련 세부항목 확인
필요기술	지원분야의 업무수행을 위해 요구되는 기술 관련 세부항목 확인
직무수행태도	지원분야의 업무수행을 위해 요구되는 태도 관련 세부항목 확인
직업기초능력	지원분야 또는 지원기업의 조직원으로서 근무하기 위해 필요한 일반적인 능력사항 확인

1. 입사지원서의 변화

기존지원서		능력중심 채용 입사지원서
직무와 관련 없는 학점, 개인신상, 어학점수, 자격, 수상경력 등을 나열하도록 구성	VS	해당 직무수행에 꼭 필요한 정보들을 제시할 수 있도록 구성

직무기술서

직무수행내용

요구지식 / 기술

관련 자격증

사전직무경험

➡

인적사항	성명, 연락처, 지원분야 등 작성 (평가 미반영)
교육사항	직무지식과 관련된 학교교육 및 직업교육 작성
자격사항	직무관련 국가공인 또는 민간자격 작성
경력 및 경험사항	조직에 소속되어 일정한 임금을 받거나(경력) 임금 없이(경험) 직무와 관련된 활동 내용 작성

2. 교육사항

- 지원분야 직무와 관련된 학교 교육이나 직업교육 혹은 기타교육 등 직무에 대한 지원자의 학습 여부를 평가하기 위한 항목입니다.
- 지원하고자 하는 직무의 학교 전공교육 이외에 직업교육, 기타교육 등을 기입할 수 있기 때문에 전공 제한 없이 직업교육과 기타교육을 이수하여 지원이 가능하도록 기회를 제공합니다.
  (기타교육 : 학교 이외의 기관에서 개인이 이수한 교육과정 중 지원직무와 관련이 있다고 생각되는 교육내용)

구분	교육과정(과목)명	교육내용	과업(능력단위)

3. 자격사항

- 채용공고 및 직무기술서에 제시되어 있는 자격 현황을 토대로 지원자가 해당 직무를 수행하는 데 필요한 능력을 가지고 있는지를 평가하기 위한 항목입니다.
- 채용공고 및 직무기술서에 기재된 직무관련 필수 또는 우대자격 항목을 확인하여 본인이 보유하고 있는 자격사항을 기재합니다.

자격유형	자격증명	발급기관	취득일자	자격증번호

4. 경력 및 경험사항

- 직무와 관련된 경력이나 경험 여부를 표현하도록 하여 직무와 관련한 능력을 갖추었는지를 평가하기 위한 항목입니다.
- 해당 기업에서 직무를 수행함에 있어 필요한 사항만을 기록하게 되어 있기 때문에 직무와 무관한 스펙을 갖추지 않아도 됩니다.
- 경력 : 금전적 보수를 받고 일정기간 동안 일했던 경우
- 경험 : 금전적 보수를 받지 않고 수행한 활동
- ※ 기업에 따라 경력 / 경험 관련 증빙자료 요구 가능

구분	조직명	직위 / 역할	활동기간(년 / 월)	주요과업 / 활동내용

Tip

입사지원서 작성 방법

○ 경력 및 경험사항 작성
- 직무기술서에 제시된 지식, 기술, 태도와 지원자의 교육사항, 경력(경험)사항, 자격사항과 연계하여 개인의 직무역량에 대해 스스로 판단 가능

○ 인적사항 최소화
- 개인의 인적사항, 학교명, 가족관계 등을 노출하지 않도록 유의

부적절한 입사지원서 작성 사례
- 학교 이메일을 기입하여 학교명 노출
- 거주지 주소에 학교 기숙사 주소를 기입하여 학교명 노출
- 자기소개서에 부모님이 재직 중인 기업명, 직위, 직업을 기입하여 가족관계 노출
- 자기소개서에 석·박사 과정에 대한 이야기를 언급하여 학력 노출
- 동아리 활동에 대한 내용을 학교명과 더불어 언급하여 학교명 노출

1. 자기소개서의 변화

- 기존의 자기소개서는 지원자의 일대기나 관심 분야, 성격의 장·단점 등 개괄적인 사항을 묻는 질문으로 구성되어 지원자가 자신의 직무능력을 제대로 표출하지 못합니다.
- 능력중심 채용의 자기소개서는 직무기술서에 제시된 직업기초능력(또는 직무수행능력)에 대한 지원자의 과거 경험을 기술하게 함으로써 평가 타당도의 확보가 가능합니다.

1. 우리 회사와 해당 지원 직무분야에 지원한 동기에 대해 기술해 주세요.

2. 자신이 경험한 다양한 사회활동에 대해 기술해 주세요.

3. 지원 직무에 대한 전문성을 키우기 위해 받은 교육과 경험 및 경력사항에 대해 기술해 주세요.

4. 인사업무 또는 팀 과제 수행 중 발생한 갈등을 원만하게 해결해 본 경험이 있습니까? 당시 상황에 대한 설명과 갈등의 대상이 되었던 상대방을 설득한 과정 및 방법을 기술해 주세요.

5. 과거에 있었던 일 중 가장 어려웠었던(힘들었었던) 상황을 고르고, 어떤 방법으로 그 상황을 해결했는지를 기술해 주세요.

PART 2

자기소개서 작성 방법
① 자기소개서 문항이 묻고 있는 평가 역량 추측하기

예시

• 팀 활동을 하면서 갈등 상황 시 상대방의 니즈나 의도를 명확히 파악하고 해결하여 목표 달성에 기여했던 경험에 대해서 작성해 주시기 바랍니다.
• 다른 사람이 생각해내지 못했던 문제점을 찾고 이를 해결한 경험에 대해 작성해 주시기 바랍니다.

② 해당 역량을 보여줄 수 있는 소재 찾기(시간×역량 매트릭스)

예시

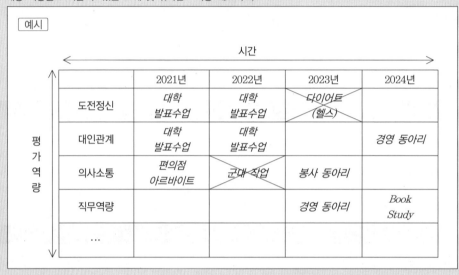

	2021년	2022년	2023년	2024년
도전정신	*대학 발표수업*	*대학 발표수업*	~~*다이어트 (헬스)*~~	
대인관계	*대학 발표수업*	*대학 발표수업*		*경영 동아리*
의사소통	*편의점 아르바이트*	~~*군대 작업*~~	*봉사 동아리*	
직무역량			*경영 동아리*	*Book Study*
…				

③ 자기소개서 작성 Skill 익히기
• 두괄식으로 작성하기
• 구체적 사례를 사용하기
• '나'를 중심으로 작성하기
• 직무역량 강조하기
• 경험 사례의 차별성 강조하기

03 | 인성검사 소개 및 모의테스트

01 인성검사 유형

인성검사는 지원자의 성격특성을 객관적으로 파악하고 그것이 각 기업에서 필요로 하는 인재상과 가치에 부합하는가를 평가하기 위한 검사입니다. 인성검사는 KPDI(한국인재개발진흥원), K-SAD(한국사회적성개발원), KIRBS(한국행동과학연구소), SHR(에스에이치알) 등의 전문기관을 통해 각 기업의 특성에 맞는 검사를 선택하여 실시합니다. 대표적인 인성검사의 유형에는 크게 다음과 같은 세 가지가 있으며, 채용 대행업체에 따라 달라집니다.

1. KPDI 검사

조직적응성과 직무적합성을 알아보기 위한 검사로 인성검사, 인성역량검사, 인적성검사, 직종별 인적성검사 등의 다양한 검사 도구를 구현합니다. KPDI는 성격을 파악하고 정신건강 상태 등을 측정하고, 직무검사는 해당 직무를 수행하기 위해 기본적으로 갖추어야 할 인지적 능력을 측정합니다. 역량검사는 특정 직무 역할을 효과적으로 수행하는 데 직접적으로 관련 있는 개인의 행동, 지식, 스킬, 가치관 등을 측정합니다.

2. KAD(Korea Aptitude Development) 검사

K-SAD(한국사회적성개발원)에서 실시하는 적성검사 프로그램입니다. 개인의 성향, 지적 능력, 기호, 관심, 흥미도를 종합적으로 분석하여 적성에 맞는 업무가 무엇인가 파악하고, 직무수행에 있어서 요구되는 기초능력과 실무능력을 분석합니다.

3. SHR 직무적성검사

직무수행에 필요한 종합적인 사고 능력을 다양한 적성검사(Paper and Pencil Test)로 평가합니다. SHR의 모든 직무능력검사는 표준화 검사입니다. 표준화 검사는 표본집단의 점수를 기초로 규준이 만들어진 검사이므로 개인의 점수를 규준에 맞추어 해석·비교하는 것이 가능합니다. S(Standardized Tests), H(Hundreds of Version), R(Reliable Norm Data)을 특징으로 하며, 직군·직급별 특성과 선발 수준에 맞추어 검사를 적용할 수 있습니다.

인성검사는 특히 면접질문과 관련성이 높습니다. 면접관은 지원자의 인성검사 결과를 토대로 질문을 하기 때문입니다. 일관적이고 이상적인 답변을 하는 것이 가장 좋지만, 실제 시험은 매우 복잡하여 전문가라 해도 일정 성격을 유지하면서 답변을 하는 것이 힘듭니다. 또한, 인성검사에는 라이 스케일(Lie Scale) 설문이 전체 설문 속에 교묘하게 섞여 들어가 있으므로 겉치레적인 답을 하게 되면 회답태도의 허위성이 그대로 드러나게 됩니다. 예를 들어 '거짓말을 한 적이 한 번도 없다.'에 '예'로 답하고, '때로는 거짓말을 하기도 한다.'에 '예'라고 답하여 라이 스케일의 득점이 올라가게 되면 모든 회답의 신빙성이 사라지고 '자신을 돋보이게 하려는 사람'이라는 평가를 받을 수 있으므로 주의해야 합니다. 따라서 모의테스트를 통해 인성검사의 유형과 실제 시험 시 어떻게 문제를 풀어야 하는지 연습해 보고 체크한 부분 중 자신의 단점과 연결되는 부분은 면접에서 질문이 들어왔을 때 어떻게 대처해야 하는지 생각해 보는 것이 좋습니다.

1. 기업의 인재상을 파악하라!

인성검사를 통해 개인의 성격 특성을 파악하고 그것이 기업의 인재상과 가치에 부합하는지를 평가하는 시험이기 때문에 해당 기업의 인재상을 먼저 파악하고 시험에 임하는 것이 좋습니다. 모의테스트에서 인재상에 맞는 가상의 인물을 설정하고 문제에 답해 보는 것도 많은 도움이 됩니다.

2. 일관성 있는 대답을 하라!

짧은 시간 안에 다양한 질문에 답을 해야 하는데, 그 안에는 중복되는 질문이 여러 번 나옵니다. 이때 앞서 자신이 체크했던 대답을 잘 기억해뒀다가 일관성 있는 답을 하는 것이 중요합니다.

3. 모든 문항에 대답하라!

많은 문제를 짧은 시간 안에 풀려다 보니 다 못 푸는 경우도 종종 생깁니다. 하지만 대답을 누락하거나 끝까지 다 못했을 경우 좋지 않은 결과를 가져올 수도 있으니 최대한 주어진 시간 안에 모든 문항에 답할 수 있도록 해야 합니다.

※ 모의테스트는 질문 및 답변 유형 연습을 위한 것으로 실제 시험과 다를 수 있습니다.
※ 인성검사는 정답이 따로 없는 유형의 검사이므로 결과지를 제공하지 않습니다.

번호	내용	예	아니요
001	나는 솔직한 편이다.	☐	☐
002	나는 리드하는 것을 좋아한다.	☐	☐
003	법을 어겨서 말썽이 된 적이 한 번도 없다.	☐	☐
004	거짓말을 한 번도 한 적이 없다.	☐	☐
005	나는 눈치가 빠르다.	☐	☐
006	나는 일을 주도하기보다는 뒤에서 지원하는 것을 선호한다.	☐	☐
007	앞일은 알 수 없기 때문에 계획은 필요하지 않다.	☐	☐
008	거짓말도 때로는 방편이라고 생각한다.	☐	☐
009	사람이 많은 술자리를 좋아한다.	☐	☐
010	걱정이 지나치게 많다.	☐	☐
011	일을 시작하기 전 재고하는 경향이 있다.	☐	☐
012	불의를 참지 못한다.	☐	☐
013	처음 만나는 사람과도 이야기를 잘 한다.	☐	☐
014	때로는 변화가 두렵다.	☐	☐
015	나는 모든 사람에게 친절하다.	☐	☐
016	힘든 일이 있을 때 술은 위로가 되지 않는다.	☐	☐
017	결정을 빨리 내리지 못해 손해를 본 경험이 있다.	☐	☐
018	기회를 잡을 준비가 되어 있다.	☐	☐
019	때로는 내가 정말 쓸모없는 사람이라고 느낀다.	☐	☐
020	누군가 나를 챙겨주는 것이 좋다.	☐	☐
021	자주 가슴이 답답하다.	☐	☐
022	나는 내가 자랑스럽다.	☐	☐
023	경험이 중요하다고 생각한다.	☐	☐
024	전자기기를 분해하고 다시 조립하는 것을 좋아한다.	☐	☐

PART 2

025	감시받고 있다는 느낌이 든다.	☐	☐
026	난처한 상황에 놓이면 그 순간을 피하고 싶다.	☐	☐
027	세상엔 믿을 사람이 없다.	☐	☐
028	잘못을 빨리 인정하는 편이다.	☐	☐
029	지도를 보고 길을 잘 찾아간다.	☐	☐
030	귓속말을 하는 사람을 보면 날 비난하고 있는 것 같다.	☐	☐
031	막무가내라는 말을 들을 때가 있다.	☐	☐
032	장래의 일을 생각하면 불안하다.	☐	☐
033	결과보다 과정이 중요하다고 생각한다.	☐	☐
034	운동은 그다지 할 필요가 없다고 생각한다.	☐	☐
035	새로운 일을 시작할 때 좀처럼 한 발을 떼지 못한다.	☐	☐
036	기분 상하는 일이 있더라도 참는 편이다.	☐	☐
037	업무능력은 성과로 평가받아야 한다고 생각한다.	☐	☐
038	머리가 맑지 못하고 무거운 느낌이 든다.	☐	☐
039	가끔 이상한 소리가 들린다.	☐	☐
040	타인이 내게 자주 고민상담을 하는 편이다.	☐	☐

※ 모의테스트는 질문 및 답변 유형 연습을 위한 것으로 실제 시험과 다를 수 있습니다.
※ 인성검사는 정답이 따로 없는 유형의 검사이므로 결과지를 제공하지 않습니다.

※ 이 성격검사의 각 문항에는 서로 다른 행동을 나타내는 네 개의 문장이 제시되어 있습니다. 이 문장들을 비교하여, 자신의 평소 행동과 가장 가까운 문장을 'ㄱ' 열에 표기하고, 가장 먼 문장을 'ㅁ' 열에 표기하십시오.

01   나는 _____

	ㄱ	ㅁ
A. 실용적인 해결책을 찾는다.	☐	☐
B. 다른 사람을 돕는 것을 좋아한다.	☐	☐
C. 세부 사항을 잘 챙긴다.	☐	☐
D. 상대의 주장에서 허점을 잘 찾는다.	☐	☐

02   나는 _____

	ㄱ	ㅁ
A. 매사에 적극적으로 임한다.	☐	☐
B. 즉흥적인 편이다.	☐	☐
C. 관찰력이 있다.	☐	☐
D. 임기응변에 강하다.	☐	☐

03   나는 _____

	ㄱ	ㅁ
A. 무서운 영화를 잘 본다.	☐	☐
B. 조용한 곳이 좋다.	☐	☐
C. 가끔 울고 싶다.	☐	☐
D. 집중력이 좋다.	☐	☐

04   나는 _____

	ㄱ	ㅁ
A. 기계를 조립하는 것을 좋아한다.	☐	☐
B. 집단에서 리드하는 역할을 맡는다.	☐	☐
C. 호기심이 많다.	☐	☐
D. 음악을 듣는 것을 좋아한다.	☐	☐

05 나는 _____

	ㄱ	ㅁ
A. 타인을 늘 배려한다.	☐	☐
B. 감수성이 예민하다.	☐	☐
C. 즐겨하는 운동이 있다.	☐	☐
D. 일을 시작하기 전에 계획을 세운다.	☐	☐

06 나는 _____

	ㄱ	ㅁ
A. 타인에게 설명하는 것을 좋아한다.	☐	☐
B. 여행을 좋아한다.	☐	☐
C. 정적인 것이 좋다.	☐	☐
D. 남을 돕는 것에 보람을 느낀다.	☐	☐

07 나는 _____

	ㄱ	ㅁ
A. 기계를 능숙하게 다룬다.	☐	☐
B. 밤에 잠이 잘 오지 않는다.	☐	☐
C. 한 번 간 길을 잘 기억한다.	☐	☐
D. 불의를 보면 참을 수 없다.	☐	☐

08 나는 _____

	ㄱ	ㅁ
A. 종일 말을 하지 않을 때가 있다.	☐	☐
B. 사람이 많은 곳을 좋아한다.	☐	☐
C. 술을 좋아한다.	☐	☐
D. 휴양지에서 편하게 쉬고 싶다.	☐	☐

09 나는 _____

	ㄱ	ㅁ
A. 뉴스보다는 드라마를 좋아한다.	☐	☐
B. 길을 잘 찾는다.	☐	☐
C. 주말엔 집에서 쉬는 것이 좋다.	☐	☐
D. 아침에 일어나는 것이 힘들다.	☐	☐

10 나는 _____

	ㄱ	ㅁ
A. 이성적이다.	☐	☐
B. 할 일을 종종 미룬다.	☐	☐
C. 어른을 대하는 게 힘들다.	☐	☐
D. 불을 보면 매혹을 느낀다.	☐	☐

11 나는 _____

	ㄱ	ㅁ
A. 상상력이 풍부하다.	☐	☐
B. 예의 바르다는 소리를 자주 듣는다.	☐	☐
C. 사람들 앞에 서면 긴장한다.	☐	☐
D. 친구를 자주 만난다.	☐	☐

12 나는 _____

	ㄱ	ㅁ
A. 나만의 스트레스 해소 방법이 있다.	☐	☐
B. 친구가 많다.	☐	☐
C. 책을 자주 읽는다.	☐	☐
D. 활동적이다.	☐	☐

04 | 면접전형 가이드

01 면접유형 파악

1. 면접전형의 변화

기존 면접전형에서는 일상적이고 단편적인 대화나 지원자의 첫인상 및 면접관의 주관적인 판단 등에 의해서 입사 결정 여부를 판단하는 경우가 많았습니다. 이러한 면접전형은 면접 내용의 일관성이 결여되거나 직무 관련 타당성이 부족하였고, 면접에 대한 신뢰도에 영향을 주었습니다.

기존 면접(전통적 면접)	능력중심 채용 면접(구조화 면접)
• 일상적이고 단편적인 대화 • 인상, 외모 등 외부 요소의 영향 • 주관적인 판단에 의존한 총점 부여 ⇩ • 면접 내용의 일관성 결여 • 직무관련 타당성 부족 • 주관적인 채점으로 신뢰도 저하	• 일관성 – 직무관련 역량에 초점을 둔 구체적 질문 목록 – 지원자별 동일 질문 적용 • 구조화 – 면접 진행 및 평가 절차를 일정한 체계에 의해 구성 • 표준화 – 평가 타당도 제고를 위한 평가 Matrix 구성 – 척도에 따라 항목별 채점, 개인 간 비교 • 신뢰성 – 면접진행 매뉴얼에 따라 면접위원 교육 및 실습

(VS)

2. 능력중심 채용의 면접 유형

① 경험 면접
- 목적 : 선발하고자 하는 직무 능력이 필요한 과거 경험을 질문합니다.
- 평가요소 : 직업기초능력과 인성 및 태도적 요소를 평가합니다.

② 상황 면접
- 목적 : 특정 상황을 제시하고 지원자의 행동을 관찰함으로써 실제 상황의 행동을 예상합니다.
- 평가요소 : 직업기초능력과 인성 및 태도적 요소를 평가합니다.

③ 발표 면접
- 목적 : 특정 주제와 관련된 지원자의 발표와 질의응답을 통해 지원자 역량을 평가합니다.
- 평가요소 : 직무수행능력과 인지적 역량(문제해결능력)을 평가합니다.

④ 토론 면접
- 목적 : 토의과제에 대한 의견수렴 과정에서 지원자의 역량과 상호작용능력을 평가합니다.
- 평가요소 : 직무수행능력과 팀워크를 평가합니다.

1. 경험 면접

① 경험 면접의 특징
- 주로 직업기초능력에 관련된 지원자의 과거 경험을 심층 질문하여 검증하는 면접입니다.
- 직무능력과 관련된 과거 경험을 평가하기 위해 심층 질문을 하며, 이 질문은 지원자의 답변에 대하여 '꼬리에 꼬리를 무는 형식'으로 진행됩니다.

- 능력요소, 정의, 심사 기준
  - 평가하고자 하는 능력요소, 정의, 심사기준을 확인하여 면접위원이 해당 능력요소 관련 질문을 제시합니다.
- Opening Question
  - 능력요소에 관련된 과거 경험을 유도하기 위한 시작 질문을 합니다.
- Follow-up Question
  - 지원자의 경험 수준을 구체적으로 검증하기 위한 질문입니다.
  - 경험 수준 검증을 위한 상황(Situation), 임무(Task), 역할 및 노력(Action), 결과(Result) 등으로 질문을 구분합니다.

경험 면접의 형태

[면접관 1]　[면접관 2]　[면접관 3]　　　　[면접관 1]　[면접관 2]　[면접관 3]

[지원자]　　　　　　　　[지원자 1]　[지원자 2]　[지원자 3]

〈일대다 면접〉　　　　　　　　〈다대다 면접〉

② 경험 면접의 구조

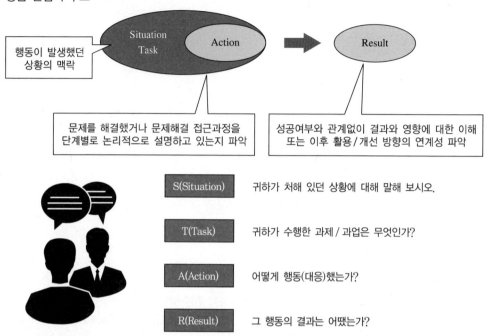

S(Situation) 귀하가 처해 있던 상황에 대해 말해 보시오.

T(Task) 귀하가 수행한 과제 / 과업은 무엇인가?

A(Action) 어떻게 행동(대응)했는가?

R(Result) 그 행동의 결과는 어땠는가?

(   )에 관한 과거 경험에 대하여 말해 보시오.

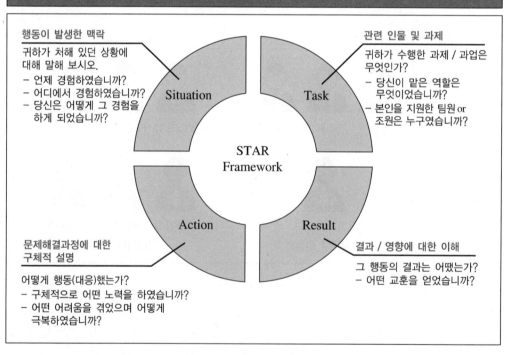

③ 경험 면접 질문 예시(직업윤리)

시작 질문	
1	남들이 신경 쓰지 않는 부분까지 고려하여 절차대로 업무(연구)를 수행하여 성과를 낸 경험을 구체적으로 말해 보시오.
2	조직의 원칙과 절차를 철저히 준수하며 업무(연구)를 수행한 것 중 성과를 향상시킨 경험에 대해 구체적으로 말해 보시오.
3	세부적인 절차와 규칙에 주의를 기울여 실수 없이 업무(연구)를 마무리한 경험을 구체적으로 말해 보시오.
4	조직의 규칙이나 원칙을 고려하여 성실하게 일했던 경험을 구체적으로 말해 보시오.
5	타인의 실수를 바로잡고 원칙과 절차대로 수행하여 성공적으로 업무를 마무리하였던 경험에 대해 말해 보시오.

후속 질문		
상황 (Situation)	상황	구체적으로 언제, 어디에서 경험한 일인가?
		어떤 상황이었는가?
	조직	어떤 조직에 속해 있었는가?
		그 조직의 특성은 무엇이었는가?
		몇 명으로 구성된 조직이었는가?
	기간	해당 조직에서 얼마나 일했는가?
		해당 업무는 몇 개월 동안 지속되었는가?
	조직규칙	조직의 원칙이나 규칙은 무엇이었는가?
임무 (Task)	과제	과제의 목표는 무엇이었는가?
		과제에 적용되는 조직의 원칙은 무엇이었는가?
		그 규칙을 지켜야 하는 이유는 무엇이었는가?
	역할	당신이 조직에서 맡은 역할은 무엇이었는가?
		과제에서 맡은 역할은 무엇이었는가?
	문제의식	규칙을 지키지 않을 경우 생기는 문제점 / 불편함은 무엇인가?
		해당 규칙이 왜 중요하다고 생각하였는가?
역할 및 노력 (Action)	행동	업무 과정의 어떤 장면에서 규칙을 철저히 준수하였는가?
		어떻게 규정을 적용시켜 업무를 수행하였는가?
		규정은 준수하는 데 어려움은 없었는가?
	노력	그 규칙을 지키기 위해 스스로 어떤 노력을 기울였는가?
		본인의 생각이나 태도에 어떤 변화가 있었는가?
		다른 사람들은 어떤 노력을 기울였는가?
	동료관계	동료들은 규칙을 철저히 준수하고 있었는가?
		팀원들은 해당 규칙에 대해 어떻게 반응하였는가?
		규칙에 대한 태도를 개선하기 위해 어떤 노력을 하였는가?
		팀원들의 태도는 당신에게 어떤 자극을 주었는가?
	업무추진	주어진 업무를 추진하는 데 규칙이 방해되진 않았는가?
		업무수행 과정에서 규정을 어떻게 적용하였는가?
		업무 시 규정을 준수해야 한다고 생각한 이유는 무엇인가?

결과 (Result)	평가	규칙을 어느 정도나 준수하였는가?
		그렇게 준수할 수 있었던 이유는 무엇이었는가?
		업무의 성과는 어느 정도였는가?
		성과에 만족하였는가?
		비슷한 상황이 온다면 어떻게 할 것인가?
	피드백	주변 사람들로부터 어떤 평가를 받았는가?
		그러한 평가에 만족하는가?
		다른 사람에게 본인의 행동이 영향을 주었다고 생각하는가?
	교훈	업무수행 과정에서 중요한 점은 무엇이라고 생각하는가?
		이 경험을 통해 느낀 바는 무엇인가?

2. 상황 면접

① 상황 면접의 특징

직무 관련 상황을 가정하여 제시하고 이에 대한 대응능력을 직무관련성 측면에서 평가하는 면접입니다.

> • 상황 면접 과제의 구성은 크게 2가지로 구분
> – 상황 제시(Description) / 문제 제시(Question or Problem)
> • 현장의 실제 업무 상황을 반영하여 과제를 제시하므로 직무분석이나 직무전문가 워크숍 등을 거쳐 현장성을 높임
> • 문제는 상황에 대한 기본적인 이해능력(이론적 지식)과 함께 실질적 대응이나 변수 고려능력(실천적 능력) 등을 고르게 질문해야 함

상황 면접의 형태

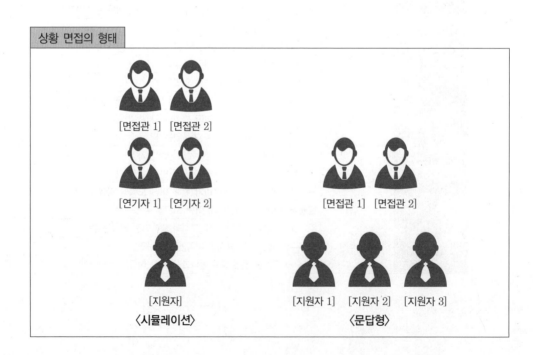

② 상황 면접 예시

	인천공항 여객터미널 내에는 다양한 용도의 시설(사무실, 통신실, 식당, 전산실, 창고 면세점 등)이 설치되어 있습니다.	실제 업무 상황에 기반함
상황 제시	금년에 소방배관의 누수가 잦아 메인 배관을 교체하는 공사를 추진하고 있으며, 당신은 이번 공사의 담당자입니다.	배경 정보
	주간에는 공항 운영이 이루어져 주로 야간에만 배관 교체 공사를 수행하던 중, 시공하는 기능공의 실수로 배관 연결 부위를 잘못 건드려 고압배관의 소화수가 누출되는 사고가 발생하였으며, 이로 인해 인근 시설물에 누수에 의한 피해가 발생하였습니다.	구체적인 문제 상황
문제 제시	일반적인 소방배관의 배관연결(이음)방식과 배관의 이탈(누수)이 발생하는 원인에 대해 설명해 보시오.	문제 상황 해결을 위한 기본 지식 문항
	담당자로서 본 사고를 현장에서 긴급히 처리하는 프로세스를 제시하고, 보수완료 후 사후적 조치가 필요한 부분 및 재발방지 방안에 대해 설명해 보시오.	문제 상황 해결을 위한 추가 대응 문항

3. 발표 면접

① 발표 면접의 특징

- 직무관련 주제에 대한 지원자의 생각을 정리하여 의견을 제시하고, 발표 및 질의응답을 통해 지원자의 직무능력을 평가하는 면접입니다.
- 발표 주제는 직무와 관련된 자료로 제공되며, 일정 시간 후 지원자가 보유한 지식 및 방안에 대한 발표 및 후속 질문을 통해 직무적합성을 평가합니다.

- 주요 평가요소
  - 설득적 말하기 / 발표능력 / 문제해결능력 / 직무관련 전문성
- 이미 언론을 통해 공론화된 시사 이슈보다는 해당 직무분야에 관련된 주제가 발표면접의 과제로 선정되는 경우가 최근 들어 늘어나고 있음
- 짧은 시간 동안 주어진 과제를 빠른 속도로 분석하여 발표문을 작성하고 제한된 시간 안에 면접관에게 효과적인 발표를 진행하는 것이 핵심

발표 면접의 형태

[면접관 1] [면접관 2]

[면접관 1] [면접관 2]

[지원자]

〈개별 과제 발표〉

[지원자 1] [지원자 2] [지원자 3]

〈팀 과제 발표〉

※ 면접관에게 시각적 효과를 사용하여 메시지를 전달하는 쌍방향 커뮤니케이션 방식
※ 심층면접을 보완하기 위한 방안으로 최근 많은 기업에서 적극 도입하는 추세

② 발표 면접 예시

1. 지시문

당신은 현재 A사에서 직원들의 성과평가를 담당하고 있는 팀원이다. 인사팀은 지난주부터 사내 조직문화관련 인터뷰를 하던 도중 성과평가제도에 관련된 개선 니즈가 제일 많다는 것을 알게 되었다. 이에 팀장님은 인터뷰 결과를 종합하려 성과평가제도 개선 아이디어를 A4용지에 정리하여 신속 보고할 것을 지시하셨다. 당신에게 남은 시간은 1시간이다. 자료를 준비하는 대로 당신은 팀원들이 모인 회의실에서 5분 간 발표할 것이며, 이후 질의응답을 진행할 것이다.

2. 배경자료

〈성과평가제도 개선에 대한 인터뷰〉

최근 A사는 회사 사세의 급성장으로 인해 작년보다 매출이 두 배 성장하였고, 직원 수 또한 두 배로 증가하였다. 회사의 성장은 임금, 복지에 대한 상승 등 긍정적인 영향을 주었으나 업무의 불균형 및 성과보상의 불평등 문제가 발생하였다. 또한 수시로 입사하는 신입직원과 경력직원, 퇴사하는 직원들까지 인원들의 잦은 변동으로 인해 평가해야 할 대상이 변경되어 현재의 성과평가제도로는 공정한 평가가 어려운 상황이다.

[생산부서 김상호]
우리 팀은 지난 1년 동안 생산량이 급증했기 때문에 수십 명의 신규인력이 급하게 채용되었습니다. 이 때문에 저희 팀장님은 신규 입사자들의 이름조차 기억 못할 때가 많이 있습니다. 성과평가를 제대로 하고 있는지 의문이 듭니다.

[마케팅 부서 김흥민]
개인의 성과평가의 취지는 충분히 이해합니다. 그러나 현재 평가는 실적기반이나 정성적인 평가가 많이 포함되어 있어 객관성과 공정성에는 의문이 드는 것이 사실입니다. 이러한 상황에서 평가제도를 재수립하지 않고, 인센티브에 계속 반영한다면, 평가제도에 대한 반감이 커질 것이 분명합니다.

[교육부서 홍경민]
현재 교육부서는 인사팀과 밀접하게 일하고 있습니다. 그럼에도 인사팀에서 실시하는 성과평가제도에 대한 이해가 부족한 것 같습니다.

[기획부서 김경호 차장]
저는 저의 평가자 중 하나가 연구부서의 팀장님인데, 일 년에 몇 번 같이 일하지 않는데 어떻게 저를 평가할 수 있을까요? 특히 연구팀은 저희가 예산을 배정하는데, 저에게는 좋지만….

4. 토론 면접

① 토론 면접의 특징
- 다수의 지원자가 조를 편성해 과제에 대한 토론(토의)을 통해 결론을 도출해가는 면접입니다.
- 의사소통능력, 팀워크, 종합인성 등의 평가에 용이합니다.

- 주요 평가요소
  - 설득적 말하기, 경청능력, 팀워크, 종합인성
- 의견 대립이 명확한 주제 또는 채용분야의 직무 관련 주요 현안을 주제로 과제 구성
- 제한된 시간 내 토론을 진행해야 하므로 적극적으로 자신 있게 토론에 임하고 본인의 의견을 개진할 수 있어야 함

토론 면접의 형태

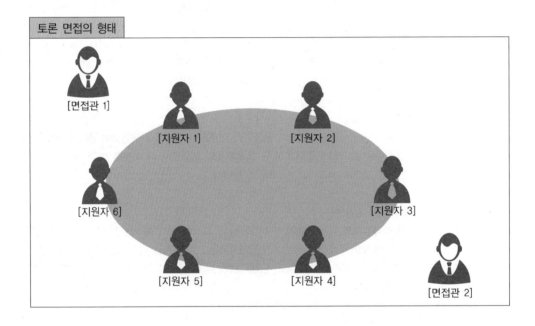

② 토론 면접 예시

고객 불만 고충처리

1. 들어가며

최근 우리 상품에 대한 고객 불만의 증가로 고객고충처리 TF가 만들어졌고 당신은 여기에 지원해 배치받았다. 당신의 업무는 불만을 가진 고객을 만나서 애로사항을 듣고 처리해 주는 일이다. 주된 업무로는 고객의 니즈를 파악해 방향성을 제시해 주고 그 해결책을 마련하는 일이다. 하지만 경우에 따라서 고객의 주관적인 의견으로 인해 제대로 된 방향으로 의사결정을 하지 못할 때가 있다. 이럴 경우 설득이나 논쟁을 해서라도 의견을 관철시키는 것이 좋을지 아니면 고객의 의견대로 진행하는 것이 좋을지 결정해야 할 때가 있다. 만약 당신이라면 이러한 상황에서 어떤 결정을 내릴 것인지 여부를 자유롭게 토론해 보시오.

2. 1분 자유 발언 시 준비사항

- 당신은 의견을 자유롭게 개진할 수 있으며 이에 따른 불이익은 없습니다.
- 토론의 방향성을 이해하고, 내용의 장점과 단점이 무엇인지 문제를 명확히 말해야 합니다.
- 합리적인 근거에 기초하여 개선방안을 명확히 제시해야 합니다.
- 제시한 방안을 실행 시 예상되는 긍정적·부정적 영향요인도 동시에 고려할 필요가 있습니다.

3. 토론 시 유의사항

- 토론 주제문과 제공해드린 메모지, 볼펜만 가지고 토론장에 입장할 수 있습니다.
- 사회자의 지정 또는 발표자가 손을 들어 발언권을 획득할 수 있으며, 사회자의 통제에 따릅니다.
- 토론회가 시작되면, 팀의 의견과 논거를 정리하여 1분간의 자유발언을 할 수 있습니다. 순서는 사회자가 지정합니다. 이후에는 자유롭게 상대방에게 질문하거나 답변을 하실 수 있습니다.
- 핸드폰, 서적 등 외부 매체는 사용하실 수 없습니다.
- 논제에 벗어나는 발언이나 지나치게 공격적인 발언을 할 경우, 위에서 제시한 유의사항을 지키지 않을 경우 불이익을 받을 수 있습니다.

1. 면접 Role Play 편성

- 교육생끼리 조를 편성하여 면접관과 지원자 역할을 교대로 진행합니다.
- 지원자 입장과 면접관 입장을 모두 경험해 보면서 면접에 대한 적응력을 높일 수 있습니다.

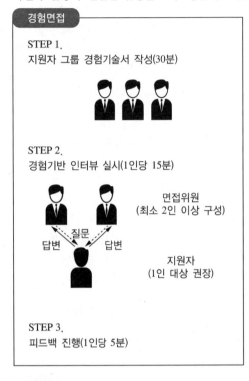

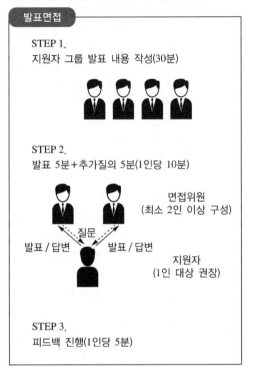

Tip

면접 준비하기

1. 면접 유형 확인 필수
   - 기업마다 면접 유형이 상이하기 때문에 해당 기업의 면접 유형을 확인하는 것이 좋음
   - 일반적으로 실무진 면접, 임원면접 2차례에 거쳐 면접을 실시하는 기업이 많고 실무진 면접과 임원 면접에서 평가 요소가 다르기 때문에 유형에 맞는 준비방법이 필요
2. 후속 질문에 대한 사전 점검
   - 블라인드 채용 면접에서는 주요 질문과 함께 후속 질문을 통해 지원자의 직무능력을 판단
     → STAR 기법을 통한 후속 질문에 미리 대비하는 것이 필요

05 | 주요 공기업 최신 면접 기출질문

01 코레일 한국철도공사

[경험면접]
- 조직에 잘 융화되었던 경험이 있다면 말해 보시오.
- 상사와 잘 맞지 않았던 경험이 있다면 말해 보시오.
- 무언가에 열정을 갖고 도전한 경험이 있다면 말해 보시오.
- 동료와의 갈등을 해결한 경험이 있다면 말해 보시오.
- 원칙을 지켰던 경험이 있다면 말해 보시오.
- 평소 자기계발을 어떻게 하고 있는지 말해 보시오.
- UPS와 같은 장치 내 반도체소자가 파괴되는 원인에 대해 말해 보시오.
- 전계와 자계의 차이점을 아는 대로 말해 보시오.
- 페란티 현상이 무엇인지 아는 대로 말해 보시오.
- 누군가와 협력해서 일해 본 경험이 있다면 말해 보시오.
- 본인만의 장점이 무엇인지 말해 보시오.
- 원칙을 지켜 목표를 달성한 경험이 있다면 말해 보시오.
- 직무를 수행하는 데 가장 중요한 것이 무엇이라고 생각하는지 말해 보시오.
- 낯선 환경에서 본인만의 대처법을 말해 보시오.
- 코레일에 입사하기 위해 준비한 것을 말해 보시오.
- 이미 형성된 조직에 나중에 합류하여 적응한 경험이 있다면 말해 보시오.
- 자기계발을 통해 얻은 성과가 무엇인지 말해 보시오.
- 물류 활성화 방안에 대한 본인의 생각을 말해 보시오.
- 규칙이나 원칙을 지키지 않은 경험이 있다면 말해 보시오.
- 평소 여가 시간에는 어떤 활동을 하는지 말해 보시오.
- 코레일에서 가장 중요하다고 생각하는 것이 무엇인지 말해 보시오.
- 의사소통에서 가장 중요하다고 생각하는 것이 무엇인지 말해 보시오.
- 까다로웠던 고객을 응대했던 경험이 있다면 말해 보시오.
- 이미 완수된 작업을 창의적으로 개선한 경험이 있다면 말해 보시오.
- 작업을 창의적으로 개선했을 때 주변인의 반응에 대해 말해 보시오.
- 타인과 협업했던 경험에 대해 말해 보시오.
- 다른 사람과의 갈등을 해결한 경험이 있다면 말해 보시오.

- 상사가 지적환인 환호응답을 하지 않을 경우 어떻게 할 것인지 말해 보시오.
- 현장 근무를 하면서 안전에 유의한 본인의 근무 방식과 상사가 지시하는 근무 방식이 다를 경우 어떻게 할 것인지 말해 보시오.
- 동료가 일하기 싫다며 일을 제대로 하지 않을 경우 어떻게 대처할 것인지 말해 보시오.
- 노력한 프로젝트의 결과가 안 좋을 경우 어떻게 해결할 것인지 말해 보시오.

02 국민건강보험공단

[상황면접]
- 사후관리 대상자들이 전화를 받지 않고 상담을 진행하려 해도 대상자들이 자신의 검진결과를 모를 때, 담당자로서 본인은 어떻게 할 것인지 말해 보시오.
- 위 방안에서 가장 어려울 것이라고 생각하는 것은 무엇인지 말해 보시오.
- 노인들을 응대할 때 가장 중요한 것은 무엇인지 말해 보시오.
- 민원인이 민원 사항을 가지고 계속 우긴다면 신입사원으로서 어떻게 대처할 것인지 말해 보시오.
- 선임이 나에게는 잡일을 시키고 동기에게는 중요한 일을 시킨다면 본인은 어떻게 할 것인가?
- 열심히 자료 조사를 했는데 선임이 상사에게 본인이 찾았다고 하는 상황에서 어떻게 대처할 것인가?
- 선임 A와 선임 B의 업무방식이 다른데 각자의 방식대로 업무를 처리하라고 하는 경우 본인은 어떻게 할 것인가?

[인성면접]
- 본인이 가지고 있는 역량 중 어떤 업무에 전문성이 있다고 생각하는지 말해 보시오.
- 가장 자신 있는 업무와 이와 관련된 이슈를 아는 대로 말해 보시오.
- 국민건강보험공단에서의 업무 중 모르는 것이 있다면 어떻게 대처할 것인지 말해 보시오.
- 업무를 숙지하는 노하우가 있다면 말해 보시오.
- 악성 민원에 대처해 본 경험이 있다면 말해 보시오.
- 상사에게 긍정적 또는 부정적 피드백을 받은 경험이 있는지 말해 보시오.
- 동료와의 갈등상황이 생긴다면 어떻게 대처할 것인지 말해 보시오.
- 끈기를 가지고 노력했던 경험이 있는지 말해 보시오.
- 실패하거나 힘들었던 경험에서 후회하는 부분이 무엇이며 지금 다시 돌아간다면 어떻게 할 것지 말해 보시오.
- 공공기관 직원이 갖춰야 할 중요한 가치나 덕목은 무엇이라고 생각하는지 말해 보시오.

[토론면접]
- 출생신고제와 보호출산제의 병행 방향을 제시해 보시오.
- 섭식장애에 대한 지원 방향을 제시해 보시오.
- 저소득층의 당뇨 관리 방안은 무엇인가?
- 공단에 제시하고 싶은 개인정보보호 강화 방안은 무엇인가?

[직무면접]
- 한국전력공사에 입사하기 위해 어떤 준비를 하였는지 본인의 경험에 대해 말해 보시오.
- 본인의 분석력이 어떻다고 생각하는지 말해 보시오.
- 금리와 환율의 변화가 한국전력공사에 미치는 영향에 대해 말해 보시오.
- 공유지의 비극에 대해 말해 보시오.
- 수평적 조직과 수직적 조직의 장점에 대해 말해 보시오.
- 가장 친환경적인 에너지는 무엇이라 생각하는지 말해 보시오.
- 윤리경영의 우수한 사례에 대해 말해 보시오.
- 연구비 및 회계처리 방법에 대해 말해 보시오.
- IPO(기업공개)에 대해 말해 보시오.
- 연결 재무제표의 장 / 단점에 대해 말해 보시오.
- 수금업무가 무엇인지 말해 보시오.
- 변화된 전기요금체계에 대해 말해 보시오.
- 윤리경영과 준법경영에 대해 말해 보시오.
- 시장형 공기업의 정의에 대해 말해 보시오.
- 민법상 계약의 종류는 어떠한 것이 있는지 말해 보시오.
- 위헌 법률에 대해 말해 보시오.
- 소멸시효와 공소시효의 차이점에 대해 말해 보시오.
- 인공지능으로 인해 발생 가능한 문제는 무엇이 있는지 말해 보시오.
  - 인공지능을 한국전력공사에 반영한다면 어떠한 분야에 반영할 수 있을지 말해 보시오.
- 중대재해처벌법에 대해 말해 보시오
  - 이 법에 대한 본인의 견해를 말해 보시오.
- 독점시장이란 무엇인지 말해 보시오.
- ESG경영이란 무엇인지 말해 보시오.
- 새로운 에너지(신재생에너지) 패러다임을 맞이해 한국전력공사의 추구방향, 전략에 대해 말해 보시오.
- 신재생에너지를 활용한 비즈니스 모델에 대해 말해 보시오.
- 사내 스마트워크의 실행과 관련한 이슈의 해결방안에 대해 말해 보시오.
- 발전기 용접부에 누수가 발생하였는데 원인은 무엇이고, 누수를 방치한다면 어떤 문제점이 생기는지에 대해 말해 보시오.
- 발전소 보일러 효율 저하 원인 점검사항에 대해 말해 보시오.
- 보일러 효율을 높이는 방안에 대해 말해 보시오.
- 친환경정책과 관련된 정부정책을 연관 지어 한국전력공사가 나아가야 할 방향에 대해 말해 보시오.
- 발전소 부산물의 재활용 방안에 대해 말해 보시오.
- 미세먼지 감소대책에 대해 말해 보시오.
- 신재생에너지와 화력 발전소에 대한 미래 방향에 대해 말해 보시오.
- 한국전력공사의 발전소 안전사고 방지를 위한 대책에 대해 말해 보시오.
- 한국전력공사의 마이크로그리드 사업방안에 대해 말해 보시오.
- 한국전력공사에서 빅데이터를 어떻게 적용해야 하며, 적용 전까지 한국전력공사에서 취해야 할 방안에 대해 말해 보시오.

- 자기소개를 해 보시오.
- 회식에 참석하기 싫어하는 직장동료가 있다면 어떻게 할 것인지 말해 보시오.
- 지원한 직무와 전공이 다른데 지원한 이유를 말해 보시오.
- 청렴한 조직을 만들기 위해서는 어떠한 노력을 해야 하는지 말해 보시오.
- 한국전력공사에서 업무를 할 때 지침과 융통성 중 어느 것을 우선해야 하는지 말해 보시오.
- 민원인이 욕설을 한다면 어떻게 대처할 것인지 말해 보시오.
- 한국전력공사 조직문화의 특징과 장 / 단점에 대해 말해 보시오.
- 신입으로 입사 후 기존의 직원과 갈등이 생긴다면 어떻게 해결할 것인지 말해 보시오.
- 청렴한 조직 분위기를 조성하기위한 방법에 대해 말해 보시오.
- 본인이 팀장이라면 실력이 좋은 직원과 인성이 좋은 직원 중 어떤 직원을 우선적으로 선택할 것인지 말해 보시오.
- 제멋대로인 팀원이 있다면 어떻게 대처할 것인지 말해 보시오.
- 다른 사람과 갈등이 생겼을 때, 설득했던 경험에 대해 말해 보시오.
- 인생에서 가장 힘들었던 일과 그 해결방법에 대해 말해 보시오.
- 상사의 부당한 지시가 반복된다면 어떻게 행동할 것인지 말해 보시오.
- 한국전력공사를 잘 모르는 사람에게 한국전력공사를 설명한다면 어떻게 할 것인지 말해 보시오.
- 한국전력공사의 최근 이슈에 대해 말해 보시오.
- 업무상 민간 사업자가 불만을 제기한다면 어떻게 설득할 것인지 말해 보시오.
- 본인이 조직에 피해를 주고 있는지 파악하는 본인만의 기준에 대해 말해 보시오.

04 서울교통공사

- 서울교통공사와 관련하여 최근 접한 이슈가 있는지, 그에 대한 본인의 생각은 어떠한지 말해 보시오.
- 팀 프로젝트 과정 중에 문제를 겪었던 경험이 있는지, 그런 경험이 있다면 문제를 어떻게 효과적으로 해결했는지 말해 보시오.
- 본인은 주위 사람들로부터 어떤 평가를 받는 사람인지 말해 보시오.
- 본인이 맡은 바보다 더 많은 일을 해 본 경험이 있는지 말해 보시오.
- 평소 생활에서 안전을 지키기 위해 노력했던 습관이 있다면 말해 보시오.
- 기대했던 목표보다 더 높은 성과를 거둔 경험이 있다면 말해 보시오.
- 공공데이터의 활용 방안에 대해 말해 보시오.
- 상대방을 설득하는 본인만의 방법에 대해 말해 보시오.
- 지하철 객차 내에서 느낀 불편한 점이 있는지 말해 보시오.
- 본인의 스트레스 해소 방안에 대해 말해 보시오.
- 서울교통공사에 입사하기 위해 참고했던 자료 중 세 가지를 골라 말해 보시오.
- 본인의 악성민원 응대 방법에 대해 말해 보시오.
- 기획안을 작성하고자 할 때 어떤 자료를 어떻게 참고할 것인지 말해 보시오.

05 건강보험심사평가원

[인성면접]
- 건강보험심사평가원의 업무에서 발휘할 수 있는 자신의 역량은 무엇인지 말해 보시오.
- 고객 서비스 정신이란 무엇이라고 생각하는지 말해 보시오.
- 팀원들과 함께 해 오던 프로젝트를 처음부터 다시 시작해야 하는 상황이 발생한다면 어떻게 대처할지 말해 보시오.
- 힘들지만 무언가를 끝까지 해낸 경험이 있다면 말해 보시오.
- 건강보험심사평가원의 가치 중 가장 중요하다 생각하는 것은 무엇인지 말해 보시오.
- 건강보험심사평가원에서 해 보고 싶은 업무가 있다면 무엇인지 말해 보시오.
- 본인의 역량을 발휘할 수 있는 부서는 어디인지 말해 보시오.
- 원칙과 상황 중 어느 것을 중요하게 생각하는지 말해 보시오.
- 업무를 익히는 노하우에 대해 말해 보시오.
- 본인의 강점을 직무와 연관지어 말해 보시오.
- 본인의 단점으로 인해 발생할 수 있는 문제와 이를 개선하기 위한 방안을 말해 보시오.

[심층면접]
- NHI와 NHS를 비교하여 말해 보시오.
- 건강보험심사평가원의 요양급여대상 여부의 적용 4단계와 각 고려요소에 대해 말해 보시오.
- 디지털시대 고객만족 CS에 대해 말해 보시오.
- 행정처분 시 병원이 해야 하는 절차에 대해서 말해 보시오.
- 그린벨트에 대한 찬성 / 반대 입장을 말해 보시오.
- 종량제봉투 실명화에 대한 찬성 / 반대 입장을 말해 보시오.
- 수능 논술화에 대한 찬성 / 반대 입장을 말해 보시오.
- 인터넷 실명제에 대한 찬성 / 반대 입장을 말해 보시오.

06 한국농어촌공사

- 고객 서비스와 관련하여 어려움을 겪은 경험에 대해 말해 보시오.
- 스트레스를 해소하는 방법에 대해 말해 보시오.
- 직업을 선택할 때 가장 중요하게 생각하는 것을 말해 보시오.
- 본인의 장 / 단점을 말하고, 타인과 소통하는 데 어려움이 있으면 어떻게 해결할 것인지 말해 보시오.
- 직장 동료와 친해지는 방법을 말해 보시오.
- 세대갈등에 대해 어떻게 생각하는지와 세대갈등을 겪은 경험에 대해 말해 보시오.
- 규정을 지키지 않는 동료를 보았을 때 어떻게 할 것인지 말해 보시오.

07 한국도로교통공단

- 업무와 관련하여 본인만의 노하우가 있는지 말해 보시오.
- 본인의 강점에 대해 말해 보시오.
- 본인이 관심 있는 사업에 대해 말해 보시오.
- 도로교통공단의 업무에 대해 아는 대로 말해 보시오.
- 본인이 좋아하는 사람과 싫어하는 사람은 어떤 유형의 사람인지 말해 보시오.
- 민원 응대 관련 경험이 있는지 말해 보시오.
- 본인의 아이디어를 업무에 적용해 본 경험이 있는지 말해 보시오.
- 고령운전자에 대한 조건부면허제도에 대해 본인의 의견을 말해 보시오.
- 마지막으로 할 말이 있다면 말해 보시오.
- 악성 민원인 대응 방안에 대해 말해 보시오.
- 본인이 지원한 직무에서 가장 중요한 역량은 무엇인지 말해 보시오.

08 인천국제공항공사

[PT면접]
- 공항서비스 향상을 위한 방안을 말해 보시오.
- 악성 민원에 대해 어떻게 대처할 것인지 말해 보시오.
- 공항에서 응급상황이 발생했을 때 대처 방안에 대해 말해 보시오.
- Wi-Fi 품질 저하에 대한 해결책과 원인을 말해 보시오.
- 공항에 적용할 만한 4차 산업혁명 기술을 말해 보시오.
- 인천국제공항에 있는 기계설비에 대해 아는 대로 말해 보시오.
- BHS의 특징과 기능에 대해 말해 보시오.
- 본인이 건설 및 설계 담당자가 되었다면 BHS의 개선해야 할 점과 이에 대한 프로젝트를 어떻게 진행할 것인지 말해 보시오.
- 설계를 맡긴 곳에서 기대 이하의 설계를 해 오면 어떻게 할 것인지 말해 보시오.
- 여름철 공사 중 홍수 피해가 발생할 때 복구 대책에 대해 말해 보시오.
- 굴착공사 시 보강막이 붕괴할 때 복구 대책에 대해 말해 보시오.

[인성면접]

- 동료와 불협화음 시 극복할 수 있는 방법을 말해 보시오.
- 업무 중 상사와 의견이 다를 때 어떻게 설득할 것인지 말해 보시오.
- 본인의 인생관에 대해 말해 보시오.
- 동료와 협업한 경험과 협업 과정에서 어떠한 역할을 맡았는지 말해 보시오.
- 공기업 직원으로서 갖춰야 할 가장 중요한 덕목은 무엇이라고 생각하는지 말해 보시오.
- 비정규직 문제에 대해 어떻게 생각하는지 말해 보시오.
- 인천국제공항공사의 비전 두 가지는 무엇인지 말해 보시오.
- 본인의 장점과 단점은 무엇인지 말해 보시오.
- 인생에서 힘들었던 경험을 말해 보시오.
- 인천국제공항공사의 인재상 중 본인에게 맞는 인재상은 무엇인지 말해 보시오.
- 인천국제공항의 고객서비스를 상승시킬 방안은 무엇인지 말해 보시오.
- 인천국제공항의 조직 중 민간소방대의 역할은 무엇인지 말해 보시오.
- 네트워크 조직에 대해서 말해 보시오.
- 인천국제공항 수요의 분산정책은 무엇인지 말해 보시오.
- 인천국제공항의 홍보대사에 대해서 알고 있는지 말해 보시오.
- 본인은 10년 뒤 전문가와 관리자 중 어떤 것이 되고 싶은지 말해 보시오.
- 업무를 수행함에 있어 본인의 가장 부족한 점과 그것을 보완하기 위한 계획에 대해 말해 보시오.
- 다른 지원자보다 나이가 있는데 졸업 후 무엇을 했는지 말해 보시오.
- 공항의 운영에서 효율성, 안전성, 편의성 중 가장 중요한 것은 무엇이라고 생각하는지 말해 보시오.
- 왜 이직을 하려고 하는지 말해 보시오.
- 졸업을 하고 어떤 활동을 했는지 말해 보시오.
- 아버지에게 어떤 점을 배웠으며, 배우고 싶지 않은 점은 무엇인지 말해 보시오.
- 갈등관계를 극복했던 사례에 대해 말해 보시오.
- 인간관계에서 실패했던 혹은 성공한 경험을 말해 보시오.
- 어려웠던 일을 극복한 사례를 말해 보시오.
- 동료의 잘못된 행동을 봤을 때 어떻게 대처할 것인지 말해 보시오.
- 만약 입사 후 인천국제공항공사가 본인의 기대와 다르다면 어떻게 할 것인지 말해 보시오.
- 입사하면 어떤 일을 잘할 수 있는지 말해 보시오.
- 업무 중에 본인이 생각하지 못했던 전공과 무관한 일을 맡게 되면 어떻게 대처할 것인지 말해 보시오.
- 인생을 한 단어로 표현하고 그에 대해 말해 보시오.
- 해당 직무를 지원한 이유는 무엇인지 말해 보시오.

[직무면접]

- 주택도시보증공사에서 일할 때 갖춰야 할 가치관은 무엇인지 말해 보시오.
- 전문분야에 대해 공부를 한 적이 있는지 말해 보시오.
- 본인의 장점에 대해서 말해 보시오.
- 주택도시보증공사에서 본인이 관심있는 사업분야는 무엇인지 말해 보시오.
- 지원동기가 무엇인지 말해 보시오.
- 주택도시보증공사에 들어오기 위해 어떤 노력을 하였는가?
- 본인이 같이 일하기 힘든 사람은 누구이며, 그 이유는 무엇인지 말해 보시오.
- 민원응대에 대한 경험이 있는지 말해 보시오.
- 가장 자신 있는 외국어는 무엇인지 말해 보시오.
- 가장 행복했던 순간은 언제인지 말해 보시오.
- 공공성과 수익성 중 무엇이 중요하다고 생각하는지 말해 보시오.
- 주택도시보증공사를 친구에게 소개한다면 어떻게 소개할 것인지 말해 보시오.
- 주택도시보증공사의 강점은 무엇인지 말해 보시오.
- 주택도시보증공사의 약점이 있다면 무엇인지 말해 보시오.
- 협동사례에 대해 말해 보시오..
- 본인의 롤모델은 누구인지 말해 보시오.
- 성실성을 입증할 만한 사례에 대해 말해 보시오.
- 최근에 주택도시보증공사에 대한 관련 기사를 읽어 본 적이 있는지 말해 보시오.
- 주택도시보증공사, 한국주택금융공사, 한국토지주택공사의 차이점에 대해 말해 보시오.
- 업무에 필요한 역량을 구체적으로 어떻게 키울지 말해 보시오.
- 입사 후 하고 싶은 업무는 무엇인지 말해 보시오.
- 공직에서 가장 중요한 가치는 무엇인지 말해 보시오.
- 주택도시보증공사에서 하고 싶은 일이 무엇인지 말해 보시오.
- 개인보증과 기업보증의 차이점에 대해 말해 보시오.
- 본인의 직업관에 대해 말해 보시오.
- 이전에 본인이 공부했던 시험에 대한 미련은 없는지 말해 보시오.
- 자기소개서에 나온 경험이 주택도시보증공사에 지원한 것과 어떤 관련이 있는지 말해 보시오.
- 좌우명이 무엇이고, 그렇게 정한 이유는 무엇인지 말해 보시오.

[PT면접]
- 노숙자 복지를 어떻게 할 것인지 말해 보시오.
- 2030들을 위한 금융, 부동산 관련 교육 커리큘럼을 제시하여 말해 보시오.
- 친환경과 관련된 주택도시보증공사의 방안에 대해 말해 보시오.
- 역전세난을 완화할 수 있는 방안에 대해 말해 보시오.
- 부동산 관련 사업을 말해 보시오.
- 분양가상한제에 대해 말해 보시오.
- 직업이 자아실현에 도움을 줄 수 있는지에 대해 말해 보시오.
- 도시재생사업의 사례를 들고, 가장 논쟁이 되는 부분에 대해 말해 보시오.
- SNS의 문제점과 이에 대한 대응방법에 대해 말해 보시오.
- AI를 재판에서 이용 가능한지 말해 보시오.
- 사교육 과열에 대한 사회적, 제도적 원인과 해결방안에 대해 말해 보시오.
- 지방인재 채용에 대해 말해 보시오.
- 주택분양시장의 경쟁도입에 대해 말해 보시오.
- 보증시장 민간개방의 장 / 단점에 대해 말해 보시오.
- 악성민원에 대한 대처방안 및 민원을 줄일 방안에 대해 말해 보시오.
- 기업의 평판관리 방안에 대해 말해 보시오.
- 출산율 저하의 원인과 대책에 대해 말해 보시오.

10 한국중부발전

[PT · 토론면접]
- 한국중부발전의 가장 큰 사업을 말해 보시오.
- 한국중부발전이 나아가야 할 방안에 대해 말해 보시오.
- 그린뉴딜에 대해 말해 보시오.

[인성면접]
- 본인이 생각하기에 윤리를 지키기 위해 하지 말아야 할 것을 말해 보시오.
- 조직목표의 달성을 위해 희생해 본 경험이 있는지 말해 보시오.
- 본인이 한국중부발전에 기여할 수 있는 점을 구체적으로 말해 보시오.
- 한국중부발전에 지원한 동기를 말해 보시오.
- 발전업에 관심을 가지게 된 계기를 말해 보시오.
- 가장 싫어하는 소통 방식의 유형은 무엇이고, 상사가 그와 같은 유형의 소통 방식을 사용한다면 어떻게 대처할 것인지 말해 보시오.
- 발전소에서 문제가 발생했을 때, 본인은 어떻게 처리할 것인지 말해 보시오.
- 리더십을 발휘한 경험이 있는지 말해 보시오.
- 존경하는 상사가 있는지, 그 상사의 단점은 무엇이고 본인에게 동일한 단점이 있다면 이를 어떻게 극복할 것인지 말해 보시오.

- 고령의 현직자, 협력업체의 베테랑과의 갈등을 극복하는 노하우를 말해 보시오.
- 협력 업체와의 갈등을 어떻게 해결할 것인지 말해 보시오.
- 업무별로 본인이 해당 업무에 적합한 인재인 이유를 말해 보시오.
- 조직생활에서 중요한 것은 전문성인지 조직 친화력인지 말해 보시오.
- 근무함에 있어 무엇을 중요하게 생각하는지 본인의 경험을 토대로 말해 보시오.
- 상사가 부당한 지시를 할 경우 어떻게 할 것인지 말해 보시오.
- 갈등이 생겼던 사례를 말하고, 어떻게 해결하였는지 말해 보시오.
- 여러 사람과 협업하여 업무 처리한 경험과 협업 시 생긴 갈등을 어떻게 해결하였는지 말해 보시오.
- 현 직장에서 이직하려는 이유가 한국중부발전에서도 똑같이 발생한다면 어떻게 할 것인지 말해 보시오.
- CPA를 하다가 포기했는데 입사 후에 기회가 되면 다시 준비할 것인지 말해 보시오.
- 본인이 교대근무 상세일정을 작성하는 업무를 담당하고 있는데, A선배가 편한 시간대에 근무 배치를 요구할 때, 본인은 어떻게 대처할 것인지 말해 보시오.(단, A선배를 편한 시간대에 근무 배치할 때, 후배 사원인 C와 D가 상대적으로 편하지 않은 시간대에 근무를 하게 됨)
- 본인의 장 / 단점에 대해 말해 보시오.
- 우리나라 대학생들이 책을 잘 읽지 않는다는 통계가 있다. 본인이 일 년에 읽는 책의 권수와 최근 가장 감명 깊게 읽은 책을 말해 보시오.
- 이전 직장에서 가장 힘들었던 점은 무엇인지 말해 보시오.
- 친구랑 크게 싸운 적이 있는지 말해 보시오.
- 노력했던 경험에는 어떤 것이 있는지 말해 보시오.
- 한국중부발전의 장 / 단점에 대해 말해 보시오.
- 한국중부발전을 30초 동안 홍보할 수 있는 방안에 대해 말해 보시오.
- 대학 때 인사 관련 활동을 열심히 한 것 같은데, 인사부서에 가면 무엇을 할 것인지 말해 보시오.
- 노무부서의 업무에 대해 말해 보시오.
- 업무를 진행하는 데 있어 가장 중요한 자세는 무엇이라고 생각하는지 말해 보시오.
- 한국중부발전과 관련된 기사에 대해 말해 보시오.
- 여러 발전사가 존재하는데 왜 한국중부발전을 선택하였는지 말해 보시오.
- 자신이 부족하다고 느껴 무엇인가를 준비하고 공부해 해결해 낸 경험이 있는지 말해 보시오.
- 입사 10년 후 본인의 모습에 대해 말해 보시오.
- 노조에 대한 생각을 말해 보시오.
- 마지막으로 하고 싶은 말을 해 보시오.
- 삶을 살면서 친구들의 영향도 많이 받지만 부모님의 영향도 많이 받는데, 본인은 부모님으로부터 어떤 영향을 받았으며 지금 본인의 삶에 그러한 영향이 어떻게 나타나는지 말해 보시오.
- 살면서 경험한 가장 큰 실패의 쓴맛에 대해 말해 보시오.
- 본인 집안의 가훈에 대해 말해 보시오.
- 본인이 어려움을 겪었을 때 다른 사람의 도움으로 극복한 사례를 말해 보시오.
- 본인이 한국중부발전의 팀장이고 10명의 부하직원이 있다면 어떻게 팀을 이끌 것인지 말해 보시오.
- 지원한 직무에 있어 본인이 부족한 능력은 무엇이며 이를 어떻게 극복해 갈 것인지 말해 보시오.

만약 우리가 할 수 있는 일을 모두 한다면,
우리들은 우리 자신에 깜짝 놀랄 것이다.

- 에디슨 -

현재 나의 실력을 객관적으로 파악해 보자!

모바일 OMR
답안채점 / 성적분석 서비스

도서에 수록된 모의고사에 대한 객관적인 결과(정답률, 순위)를 종합적으로 분석하여 제공합니다.

OMR 입력

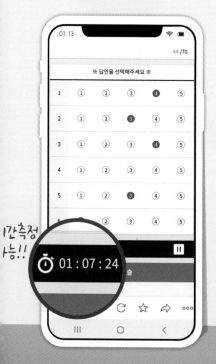

성적분석

채점결과

※OMR 답안채점 / 성적분석 서비스는 등록 후 30일간 사용 가능합니다.

| 도서 내 모의고사
우측 상단에 위치한
QR코드 찍기 | → | 로그인
하기 | → | '시작하기'
클릭 | → | '응시하기'
클릭 | → | 나의 답안을
모바일 OMR
카드에 입력 | → | '성적분석 & 채점결과'
클릭 | → | 현재 내 실력
확인하기 |

시대에듀

공기업 취업을 위한 NCS
직업기초능력평가 시리즈

NCS부터 전공까지 완벽 학습 "통합서" 시리즈

공기업 취업의 기초부터 차근차근! 취업의 문을 여는 **Master Key!**

NCS 영역 및 유형별 체계적 학습 "집중학습" 시리즈

영역별 이론부터 유형별 모의고사까지! 단계별 학습을 통한 **Only Way!**

공기업

NCS

편저 | SDC(Sidae Data Center)

고졸채용
최종모의고사
직업기초능력 + 면접

정답 및 해설

PART 1

최종모의고사

01	02	03	04	05	06	07	08	09	10	11	12	13	14	15	16	17	18	19	20
①	④	②	④	①	④	⑤	①	④	①	①	②	①	③	③	④	④	④	③	③
21	22	23	24	25	26	27	28	29	30	31	32	33	34	35	36	37	38	39	40
⑤	②	⑤	③	④	②	①	①	①	②	①	②	④	①	⑤	⑤	③	①	③	①
41	42	43	44	45	46	47	48	49	50										
⑤	⑤	①	②	②	④	②	②	③	②										

01

정답 ①

담화의 의미는 고정되어 있지 않으며 다양한 맥락에 따라 다른 의미로 전달된다.

02

정답 ④

A씨는 직접적인 대화보다 눈치를 중요시하고 있으므로 '말하지 않아도 아는 문화'에 안주하고 있다. 따라서 A씨의 의사소통을 저해하는 요소는 의사소통에 대한 잘못된 선입견이다.

> **의사소통을 저해하는 요소**
> • '일방적으로 말하고', '일방적으로 듣는' 무책임한 마음 → 의사소통 과정에서의 상호작용 부족
> • '그래서 하고 싶은 말이 정확히 뭐야?' 분명하지 않은 메시지 → 복잡한 메시지, 경쟁적인 메시지
> • '말하지 않아도 아는 문화'에 안주하는 마음 → 의사소통에 대한 잘못된 선입견, 고정관념

03

정답 ②

일방적으로 듣기만 하고 의사표현을 잘하지 않는 것도 의사소통상의 문제에 해당한다.

[오답분석]
• 최대리 : 표현 능력 혹은 이해 능력이 부족하거나, 무책임한 경우에 일방적으로 듣기만 하거나 말하기만 한다.
• 임주임 : 상대가 특정 내용을 알고 있을 것이라 착각하는 것은 평가적이고 판단적 태도에서 야기되는 경우가 많다.
• 양대리 : 전달하지 않아도 알고 있을 것이라는 생각은 과거의 경험에 기반한 선입견이나 고정관념에 해당한다.

04

정답 ④

제시문에서 답을 찾는 데 핵심이 되는 내용은 '석기시대 사람들은 아침부터 저녁까지 먹을거리를 찾아 헤맸을 거야.'이다. 석기시대부터 현재까지 인류는 오랫동안 기아에 시달려왔다는 내용이다.

05

정답 ①

조직은 다양한 사회적 경험과 사회적 지위를 토대로 한 개인의 집단이므로 동일한 내용을 제시하더라도 각 구성원은 서로 다르게 받아들이고 반응한다.

오답분석

② 메시지는 고정되고 단단한 덩어리가 아니라 유동적이고 가변적인 요소이기 때문에 상호작용에 따라 다양하게 변형될 수 있다.

③·④·⑤ 제시된 갈등 상황에서는 표현 방식의 문제보다는 서로 다른 의견이 문제가 되고 있으므로 적절하지 않다.

06

정답 ④

어떤 사안에 대한 '보고'를 한다는 것은 그 내용에 대한 충분한 이해가 되었다는 것이다. 즉, 그 내용과 관련해서 어떤 질문을 받아도 답변이 가능해야 한다.

오답분석

① 설명서에 해당하는 설명이다.

② 기획안에 해당하는 설명이다.

③ 이해를 돕기 위한 자료라 해도 양이 너무 많으면 오히려 내용 파악에 방해가 된다.

⑤ 한 장에 담아내야 하는 원칙이 적용되는 문서는 회사 외부로 전달되는 문서인 공문서이다.

07

정답 ⑤

상대방의 이야기를 들으면서 앞으로의 내용을 추측해보는 것은 지양할 태도가 아니다. 특히 시간 여유가 있을 때, 상대방이 무엇을 말할 것인가 추측하는 것은 그동안 들었던 내용을 정리하고 대화에 집중하는 데 도움이 된다.

08

정답 ①

자신이 전달하고자 하는 의사표현을 명확하고 정확하게 하지 못할 경우에는 자신이 평정을 어느 정도 찾을 때까지 의사소통을 연기한다. 하지만 조직 내에서 의사소통을 무한정으로 연기할 수는 없기 때문에 자신의 분위기와 조직의 분위기를 개선하도록 노력하는 등의 적극적인 자세가 필요하다.

09

정답 ④

• C사원 : 문서의 첨부 자료는 반드시 필요한 자료 외에는 첨부하지 않도록 해야 하므로 옳지 않다.

• D사원 : 문서를 작성한 후에는 다시 한 번 내용을 검토해야 하지만, 문장 표현은 작성자의 성의가 담기도록 경어나 단어사용에 신경을 써야 하므로 낮춤말인 '해라체'로 고쳐 쓰는 것은 옳지 않다.

10

정답 ①

판단하기는 상대방에 대한 부정적인 판단 때문에 상대방의 말을 듣지 않는 것이다.

오답분석

② 조언하기 : 다른 사람의 문제를 본인이 해결해 주고자 하는 것이다.

③ 언쟁하기 : 반대하고 논쟁하기 위해서만 상대방의 말에 귀를 기울이는 것이다.

④ 걸러내기 : 듣고 싶지 않은 것들을 막아버리는 것이다.

⑤ 비위 맞추기 : 상대방을 위로하기 위해서 혹은 비위를 맞추기 위해서 너무 빨리 동의하는 것을 말한다.

11

정답 ①

• 문서적인 의사소통 : 문서이해능력, 문서작성능력

• 언어적인 의사소통 : 경청능력, 의사표현력

12

자기주장을 굽히지 않는 상대방에게는 '밀어서 안 되면 당겨보라.'는 전략을 사용하는 것도 한 가지 방법이 된다. 이쪽이 자기주장을 부정하고 상대방의 주장을 따르는 듯한 자세를 취하면 상대방도 자기주장만 내세울 수 없게 된다.

13

문장은 짧고 간결하게 작성해야 하며, 한자의 사용을 자제해야 한다.

오답분석

② 긍정문으로 작성한다.
③ 숫자는 그래프로 표시한다.
④ 간단한 표지를 붙이고 한 사안을 한 장의 용지에 작성해야 한다.

14

질문에 대한 답이 즉각적으로 이루어질 수 없다고 하더라도, 질문을 하려고 하면 경청하는 데 적극적으로 되고 집중력이 높아진다.

15

상대방에게 잘못을 지적하며 질책을 해야 할 때는 '칭찬의 말＋질책의 말＋격려의 말'의 순서인 샌드위치 화법으로 표현하는 것이 좋다. 즉, 칭찬을 먼저 한 다음 질책의 말을 하고, 끝에 격려의 말로 마무리한다면 상대방은 크게 반발하지 않고 질책을 받아들이게 될 것이다.

오답분석

① 상대방의 잘못을 지적할 때는 지금 당장의 잘못에만 한정해야 하며, 추궁하듯이 묻지 않아야 한다.
② 상대방의 말이 끝나기 전에 어떤 답을 할까 궁리하는 것은 좋지 않다.
④ 상대방을 설득해야 할 때는 일방적으로 강요하거나 상대방에게만 손해를 보라는 식으로 대화해서는 안 된다. 먼저 양보해서 이익을 공유하겠다는 의지를 보여주는 것이 좋다.
⑤ 상대방에게 명령을 해야 할 때는 강압적으로 말하기보다는 '～해 주는 것이 어떻겠습니까?'와 같이 부드럽게 표현하는 것이 효과적이다.

16

일방적으로 자신의 말만 하고, 무책임한 마음으로 자신의 말이 '정확히 전달되었는지', '정확히 이해했는지'를 확인하지 않는 미숙한 의사소통 기법이 직장생활에서의 원만한 의사소통을 저해하고 있다.

17

성공적인 프레젠테이션을 위해서는 내용을 완전히 숙지해야 하며(㉠), 예행연습을 철저히 해야 한다(㉡). 또한, 다양한 시청각 기자재를 활용하여 프레젠테이션 효과를 극대화해야 한다(㉣).

오답분석

㉢ 성공적인 프레젠테이션을 위해서는 청중의 니즈를 파악해야 한다. A대리의 프레젠테이션 청중은 A대리에게 광고를 의뢰한 업체 관계자이므로 A대리는 팀원이 아닌 업체 관계자의 니즈를 파악해야 한다.
㉤ 성공적인 프레젠테이션을 위해서는 일관된 흐름을 가지고 요점을 간결·명확하게 전달해야 한다. 따라서 A대리는 요점을 간결하면서도 명확하게 전달할 수 있도록 연습해야 한다.

18

정답 ④

석연치 않은 뉘앙스를 풍겨 상대방의 기분을 불쾌하게 만들 수 있는 중의적인 표현은 피해야 하지만, 단정적인 표현도 좋지 않은 의사소통 방식이다.

19

정답 ③

A씨는 안 좋은 일이 생겨도 자신을 탓하고, 사소한 실수에도 사과를 반복한다. 즉, A씨는 자기 자신을 낮은 자존감과 열등감으로 대하고 있다. 성공하는 사람의 이미지를 위해서는 자신을 너무 과소평가하지 말아야 한다. 특히, A씨와 같이 평소에 '죄송합니다.'나 '미안합니다.'를 입에 달고 사는 사람들의 경우 얼핏 보면 예의 바르게 보일 수 있으나, 꼭 필요한 경우가 아니라면 그렇게 해서 자신의 모습을 비하하지 않도록 해야 한다.

20

정답 ③

문장은 되도록 간결체로 쓰는 것이 의미전달에 효과적이며, 행은 문장마다 바꾸는 것이 아니라 그 내용에 따라 적절하게 바꾸어 문서가 난잡하게 보이지 않도록 하여야 한다.

21

정답 ⑤

A열차 전체의 길이를 xm라 하면 다음과 같은 식이 성립된다.

$$\frac{500+x}{16} = \frac{500+(x-40)}{12} - 10$$

$$\rightarrow 1,500+3x = 1,840+4x-480$$

$$\therefore \ x = 140$$

따라서 A열차의 10량의 길이가 140m이므로 1량의 길이는 14m이다.

22

정답 ②

내일 비가 오고 모레 비가 안 올 확률 : $\frac{1}{5} \times \frac{2}{3} = \frac{2}{15}$

내일 비가 안 오고 모레 비가 안 올 확률 : $\frac{4}{5} \times \frac{7}{8} = \frac{7}{10}$

$$\therefore \ \frac{2}{15} + \frac{7}{10} = \frac{5}{6}$$

23

정답 ⑤

B를 거치는 A와 C의 최단 경로는 A와 B 사이의 경로와 B와 C 사이의 경로를 나눠서 구할 수 있다.

i) A와 B의 최단 경로의 경우의 수 : $\frac{5!}{3!2!} = 10$가지

ii) B와 C의 최단 경로의 경우의 수 : $\frac{3!}{1!2!} = 3$가지

따라서 B를 거치는 A와 C의 최단 경로의 경우의 수는 $3 \times 10 = 30$가지이다.

24

정답 ③

A기업의 복사지 한 달 사용량 : 20,000장÷10개월=2,000장/개월
A기업의 현재부터 한 달 사용량 : 2,000장×2=4,000장
따라서 4,000장×4=16,000장이므로 4개월 후에 연락해야 한다.

25

정답 ④

홀수 항은 −2이고, 짝수 항은 ×3을 하는 수열이다.

따라서 (　)=$\dfrac{21}{2}$×3=$\dfrac{63}{2}$이다.

26

정답 ②

+1.2와 ÷2가 번갈아 가면서 적용하는 수열이다.

따라서 (　)=1.1+1.2=2.30이다.

27

정답 ①

홀수 항은 3씩 나누는 수열이고, 짝수 항은 9씩 더하는 수열이다.

28

정답 ①

A쇼핑몰은 정시에 도착하고, 동시에 B쇼핑몰은 늦어야 하므로, 정시에 도착할 확률과 늦게 도착할 확률의 곱을 계산해야 한다.

따라서 $\dfrac{1}{3}$×$\dfrac{1}{2}$=$\dfrac{1}{6}$이 된다.

29

정답 ①

작년 생산한 사과의 개수를 x개라고 하면, 배의 개수는 $(500-x)$개이다.

$\dfrac{1}{2}x+2\times(500-x)=700$

$\rightarrow -\dfrac{3}{2}x=-300$

$\therefore\ x=200$

따라서 올해 생산한 사과의 개수는 $\dfrac{1}{2}\times200=100$개이다.

30

정답 ②

한 숙소에 4명씩 사용했을 때의 신입사원 수는 $4a+8=b$이고, 한 숙소에 5명씩 잤을 때의 신입사원 수는 $5(a-6)+4=b$이다.

$4a+8=5(a-6)+4 \rightarrow a=34$

$b=34\times4+8=144$

$\therefore\ b-a=144-34=110$

31

정답 ①

남성 합격자 수를 A, 여성 합격자 수를 B라 하면 $A+B=40 \cdots$ ㉠

남성 합격자 총점과 여성 합격자 총점의 합을 전체 인원으로 나누면 전체 평균과 같다.

$\dfrac{82A+85B}{40}=83.35 \rightarrow 82\times A+85\times B=83.35\times40 \cdots$ ㉡

㉠, ㉡을 연립하면, $A=22,\ B=18$

따라서 남자는 22명이고, 여자는 18명이다.

32

A사원이 콘퍼런스에 제시간에 도착하지 못할 확률은 공항버스를 못 타거나 비행기를 놓치거나 시외버스를 못 탔을 때의 확률을 모두 더한 값으로, 여사건을 이용하여 풀면 전체에서 A사원이 콘퍼런스에 도착할 확률을 빼준다. 따라서 A사원이 콘퍼런스에 제시간에 도착하지 못할 확률은 $[1-(0.95 \times 0.88 \times 0.92)] \times 100 = 23.088\%$, 즉 23%(∵ 소수점 이하 버림)이다.

33

ⅰ) 둘 다 호텔 방을 선택하는 경우 : $_3P_2 = 3 \times 2 = 6$가지
ⅱ) 둘 중 한 명만 호텔 방을 선택하는 경우 : 호텔 방을 선택하는 사람은 A, B 둘 중에 한 명이고, 한 명이 호텔 방을 선택할
   수 있는 경우의 수는 3가지이므로 $2 \times 3 = 6$가지
따라서 두 명이 호텔 방을 선택하는 경우의 수는 두 명 다 선택 안 하는 경우까지 $6+6+1=13$가지이다.

34

$$
\begin{aligned}
(1 \diamond 4) \star 2 &= (4-1)^2 \star 2 \\
&= 9 \star 2 \\
&= 9 - (2 \times 5) \\
&= -1
\end{aligned}
$$

35

10진법이란, 0, 1, 2, …, 9의 10개의 숫자를 한 묶음으로 하여 1자리씩 올려가는 방법으로 1, 10, 100, 1,000, …과 같이 10배마다 새로운 자리로 옮겨가는 기수법이다. 이는 사람의 손가락 수에 의해 유래하였으며 현재 가장 널리 사용되고 있다.
같은 원리로 2진법이란 0, 1의 2개의 숫자를 한 묶음으로 하여 1자리씩 올려가는 기수법인데, 2진법에서 10001을 10진법으로 변환하면 다음과 같다.
$10001_{(2)} = (1 \times 2^4) + (0 \times 2^3) + (0 \times 2^2) + (0 \times 2^1) + (1 \times 2^0) = 17$

36

브레인스토밍은 집단 효과를 살려서 아이디어의 연쇄반응을 일으켜 자유분방한 아이디어를 내고자 하는 것으로, 다양한 분야의 5~8명의 인원으로 구성하는 것이 적절하다.

37

오답분석

ㄴ. 편견이나 선입견에 의해 결정을 내리는 것을 지양하는 것은 개방성에 대한 설명이다.
ㄹ. 고정성, 독단적 태도, 경직성을 배격하는 것은 융통성에 대한 설명이다.

38

오답분석

• 성민 : 하위의 사실이나 현상으로부터 사고하여 상위의 주장을 만들어 가는 방법은 피라미드 구조에 따른 논리적 사고이다.
• 가연 : 피라미드 구조는 보조 메시지에서 선별하는 방법이 아닌 보조 메시지를 종합하는 방식으로 메인 메시지를 도출한 후, 메인 메시지를 종합하여 최종적 정보를 도출해 내는 방법이다.

39

해결해야 할 전략 과제란 취약한 부분에 대해 보완해야 할 과제를 말한다. 따라서 이미 우수한 고객서비스 부문을 강화한다는 것은 전략 과제로 삼기에 적절하지 않다.

오답분석

① 해외 판매망이 취약하다고 분석되었으므로 중국시장의 판매유통망을 구축하는 전략 과제를 세우는 것은 적절하다.
② 중국시장에서 구매 방식이 대부분 온라인으로 이루어지는 데 반해, 자사의 온라인 구매시스템은 미흡하기 때문에 온라인 구매 시스템을 강화한다는 전략 과제는 적절하다.
④ 중국기업들 간의 가격 경쟁이 치열하다는 것은 제품의 가격이 내려가고 있다는 의미인데, 자사는 생산원가가 높다는 약점이 있다. 그러므로 원가 절감을 통한 가격경쟁력 강화 전략은 적절하다.
⑤ 중국시장에서 인간공학이 적용된 제품을 지향하고 있으므로 인간공학을 기반으로 한 제품 개발을 강화하는 것은 적절한 전략 과제이다.

40

(가) 사실 지향의 문제
(나) 가설 지향의 문제
(다) 성과 지향의 문제

41

창의적인 사고는 통상적인 것이 아니라 기발하거나, 신기하며 독창적이다. 또한 발산적 사고로서 아이디어가 많고, 다양하고, 독특한 것을 의미하며, 유용하고 가치가 있어야 한다.

42

NCS의 능력단위 3요소는 해당 직무를 수행하는 데 필요한 역량을 뜻하며 지식, 태도, 기술을 말한다.

43

비판적 사고를 개발하기 위한 태도
지적 호기심, 객관성, 개방성, 융통성, 지적 회의성, 지적 정직성, 체계성, 지속성, 결단성, 다른 관점에 대한 존중

44

제시문에서 '문제'는 목표와 현실의 차이이고, '문제점'은 목표가 어긋난 원인이 명시되어야한다. 따라서 ② 미란이의 이야기를 보면 교육훈련이 부족했다는 원인이 나와 있으므로 '문제점'을 말했다고 볼 수 있다.

오답분석

① 지혜의 이야기는 매출액이 목표에 못 미쳤다는 '문제'를 말한 것이다.
③ 건우는 현재 상황을 말한 것이다.
④ 경현이의 말은 목표를 정정했다는 사실뿐이다.
⑤ 연준이는 ①과 같이 생산율이 목표에 못 미쳤다는 '문제'를 말한 것이다.

45

정답 ②

창의적 사고의 의미
- 발산적(확산적) 사고로서, 아이디어가 많고, 다양하고, 독특한 것을 의미한다.
- 새롭고 유용한 아이디어를 생산해 내는 정신적인 과정이다.
- 통상적인 것이 아니라 기발하거나, 신기하며 독창적인 것이다.
- 유용하고 적절하며 가치가 있어야 한다.
- 기존의 정보(지식, 상상, 개념 등)들을 특정한 요구조건에 맞거나 유용하도록 새롭게 조합한 것이다.

46

정답 ④

E가 수요일에 봉사를 간다면 C는 월요일에 가고, A는 화요일에 가게 되며, B와 D는 평일에만 봉사를 가므로 토요일에 봉사를 가는 사람은 없다.

[오답분석]

① B가 화요일에 봉사를 간다면 A는 월요일에 봉사를 가고, C는 수요일 또는 금요일에 봉사를 가므로 토요일에 봉사를 가는 사람은 없다.
② D가 금요일에 봉사를 간다면 C는 수요일과 목요일에 봉사를 갈 수 없으므로 월요일이나 화요일에 봉사를 가게 된다. 따라서 다섯 명은 모두 평일에 봉사를 가게 된다.
③ D가 A보다 봉사를 빨리 가면 D는 월요일, A는 화요일에 봉사를 가므로 C는 수요일이나 금요일에 봉사를 가게 된다. C가 수요일에 봉사를 가면 E는 금요일에 봉사를 가게 되므로 B는 금요일에 봉사를 가지 않는다.
⑤ C가 A보다 빨리 봉사를 간다면 D는 목요일이나 금요일에 봉사를 간다.

47

정답 ②

창의적 사고를 개발하는 방법
- 자유 연상법 : 어떤 생각에서 다른 생각을 계속해서 떠올리는 작용을 통해 어떤 주제에서 생각나는 것을 계속해서 열거해 나가는 방법 [예] 브레인스토밍
- 강제 연상법 : 각종 힌트에서 강제적으로 연결지어서 발상하는 방법 [예] 체크리스트
- 비교 발상법 : 주제와 본질적으로 닮은 것을 힌트로 하여 새로운 아이디어를 얻는 방법 [예] NM법, Synetics

48

정답 ②

[오답분석]

① 다른 사람을 공감시켜 움직일 수 있게 한다.
③ 행동을 하기 전에 생각을 먼저 하게 한다.
④ 주위를 설득하는 일이 훨씬 쉬워진다.
⑤ 직장생활 중에서 지속적으로 요구되는 능력이다.

49

정답 ③

문제해결을 위한 기본요소
체계적인 교육훈련, 문제해결 방법에 대한 지식, 문제관련 지식에 대한 가용성, 문제해결자의 도전의식과 끈기, 문제에 대한 체계적인 접근

50

정답 ②

문제해결의 장애요소
문제를 철저하게 분석하지 않는 경우, 고정관념에 얽매이는 경우, 쉽게 떠오르는 단순한 정보에 의지하는 경우, 너무 많은 자료를 수집하려고 노력하는 경우 등이 있다.

01	02	03	04	05	06	07	08	09	10	11	12	13	14	15	16	17	18	19	20
①	④	④	⑤	⑤	①	③	④	②	①	⑤	⑤	①	③	②	③	①	⑤	⑤	③
21	22	23	24	25	26	27	28	29	30	31	32	33	34	35	36	37	38	39	40
①	②	⑤	②	②	③	⑤	③	③	③	②	⑤	①	③	③	③	④	④	②	③
41	42	43	44	45	46	47	48	49	50										
③	⑤	③	④	④	④	②	⑤	④	④										

01

정답 ①

두 번째 문단의 예시를 보면 공동체에 소속된 사람들은 공동 식사를 통해 유대감을 가졌지만, 그 공동체에 속하지 않은 사람과 함께 식사를 한 사람에게 가혹한 형벌을 내린 것을 통해 배타성이 있었음을 확인할 수 있다.

오답분석

ㄴ. 첫 번째 문단의 중간 부분을 확인해 보면 공동 식사가 새로운 종교를 만든 것이 아니라, 새로 만들어진 종교가 공동 식사를 통해 공동체 의식을 만든 것을 알 수 있다.

ㄷ. 첫 번째 문단의 마지막 문장 '이러한 공동 식사 중에는 ~ 배타성이 극복된다.'를 통해 식사 자체는 이기적이만, 공동 식사를 통해 이를 극복하게 되었다는 것을 알 수 있다.

02

정답 ④

만다라 체제에서 왕은 신과 인간의 중개자이므로 왕이 백성들에게 신과 동일한 존재로 인식되기를 원했다고 볼 수 없다. 따라서 옳지 않은 내용이다.

오답분석

① 만다라는 왕의 힘이 유동적으로 움직이는 공간을 뜻하기 때문에 만다라적 통치 체제에서는 국경 개념이 희미해진다고 하였으므로 옳은 내용이다.

② 앙코르의 왕은 중앙 집중화된 왕권의 기초를 다졌고, 왕국의 막강한 정치력을 앙코르와트 사원을 통해 드러내고 있다고 분석했으므로 옳은 내용이다.

③ 액커는 바레이의 용량이 관개시설로 사용될 만큼의 규모가 아니며, 바레이가 정 4방으로 둘러싼 위치를 보건대 앙코르와트 사원은 종교적인 목적과 관련이 있다는 소견을 내었다. 따라서 옳은 내용이다.

⑤ 토인비는 앙코르와트 사원은 왕국의 막강한 정치력을 드러내고 있는 것이라고 보았고, 액커는 종교적인 목적과 관련이 있다고 하였으므로 옳은 내용이다.

03

정답 ④

제시문의 두 번째 문단에서 전기자동차 산업이 확충되고 있음을 언급하면서 구리가 전기자동차의 배터리를 만드는 데 핵심 재료임을 언급하고 있기 때문에 ④가 정답이다.

① · ⑤ 제시문에서 언급하고 있는 내용은 아니나 핵심 내용으로 보기는 어렵다.

② 제시문에서 '그린 열풍'을 언급하고 있으나 그 이유는 제시되어 있지 않다.

③ 제시문에서 산업금속 공급난이 우려된다고 하나, 그로 인한 문제가 제시되어 있지는 않다.

04

정답 ⑤

단순히 젊은 세대의 문화만을 존중하거나, 기존 세대의 문화만을 따르는 것이 아닌 두 문화가 어우러질 수 있도록 기업 차원에서 분위기를 만드는 것이 언급된 문제의 본질적인 해결법으로 가장 적절하다.

오답분석

① 급여를 받은 만큼만 일하게 되는 악순환이 반복될 것이므로 글에서 언급된 문제를 해결하는 기업 차원의 방법으로는 적절하지 않다.

② 기업의 전반적인 생산성 향상을 이룰 수 없으므로 기업 차원의 방법으로 적절하지 않다.

③ 젊은 세대의 채용을 기피하는 분위기가 생길 수 있으므로 적절하지 않다.

④ 젊은 세대의 특성을 받아들이기만 하면, 전반적인 생산성 향상과 같은 기업의 이득은 배제하게 되는 문제점이 발생한다.

05

정답 ⑤

자기 공명 방식이 상용화되기 위해서는 현재 사용되는 코일 크기로는 일반 가전제품에 적용할 수 없으므로 코일을 소형화해야 할 필요가 있다고 언급하였다.

오답분석

① 자기 유도 방식은 유도 전력을 이용하지만, 무선 전력 전송을 하기 때문에 철심을 이용하지 않는다.

② 자기 공명 방식에서 2차 코일은 공진 주파수를 전달받는다. 1차 코일에서 공진 주파수를 만든다.

③ 자기 유도 방식의 2차 코일은 교류 전류 방식이다.

④ 자기 유도 방식은 전력 전송율이 높으나 1차 코일에 해당하는 송신부와 2차 코일에 해당하는 수신부가 수 센티미터 이상 떨어지거나 송신부와 수신부의 중심이 일치하지 않게 되면 전력 전송 효율이 급격히 저하된다.

06

정답 ①

제시문에서는 천재가 선천적인 재능뿐만 아니라 후천적인 노력에 의해서도 만들어지는 존재라고 주장하고 있기 때문에 ①은 옳지 않다.

오답분석

② · ④ · ⑤ 제시문에서 언급된 절충적 천재(선천적 재능과 후천적 노력이 결합한 천재)에 대한 내용이다.

③ 영감을 가져다주는 것은 신적인 힘보다도 연습이라는 논지이므로 제시문과 같은 입장이다.

07

정답 ③

포도 재배 환경의 날씨가 더울수록 향은 진해진다고 하였으므로, 진한 향의 레드와인을 원한다면 기온이 높은 지역의 포도를 사용한 와인을 구매해야 한다.

오답분석

① 레드와인은 포도에서 과육뿐만 아니라 껍질과 씨를 모두 사용하여 제조한다.

② 기온이 높은 환경에서 재배한 포도로 만든 와인이 산도가 약해진다고 하였으므로, 레드와인 특유의 신맛이 강해지려면 기온이 낮은 환경에서 재배한 포도로 만들어야 한다.

④ 레드와인의 색상은 포도의 품종뿐만 아니라 포도의 재배 환경에 따라서도 영향을 받으므로, 같은 품종의 포도로 제조한 와인이라도 그 색상은 다를 수 있다.

⑤ 제시문에서 심혈관질환 중 고혈압 이외의 내용은 없으므로 모든 심혈관질환자들에게 유익한 영향을 준다고 보기는 어렵다.

08

제시문은 중세 유럽에서 유래된 로열티 제도가 산업 혁명부터 현재까지 지적 재산권에 대한 보호와 가치 확보를 위해 발전되었음을 설명하고 있다. 따라서 가장 적절한 제목은 '로열티 제도의 유래와 발전'이다.

09

제시문은 강이 붉게 물들고 산성으로 변화하는 이유인 티오바실러스와 강이 붉어지는 것을 막기 위한 방법에 대하여 설명하고 있다. 따라서 (가) 철2가 이온(Fe^{2+})과 철3가 이온(Fe^{3+})의 용해도가 침전물 생성에 중요한 역할을 함 → (라) 티오바실러스가 철2가 이온(Fe^{2+})을 산화시켜 만든 철3가 이온(Fe^{3+})이 붉은 침전물을 만듦 → (나) 티오바실러스는 이황화철(FeS_2)을 산화시켜 철2가 이온(Fe^{2+}), 철3가 이온(Fe^{3+})을 얻음 → (다) 티오바실러스에 의한 이황화철(FeS_2)의 가속적인 산화를 막기 위해서는 광산의 밀폐가 필요함의 순서대로 배열하는 것이 적절하다.

10

고대 그리스, 헬레니즘, 로마 시대를 순서대로 나열하여 설명하였으므로, 역사적 순서대로 주제의 변천에 대해 서술하고 있다. 따라서 제시문의 서술 방식으로는 ①이 가장 적절하다.

11

네 번째 문단에 따르면 아재 개그를 잘하기 위해서는 타고난 언어 감각이 좋아야 한다고 말하고 있다.

오답분석

① 아재 개그는 청자가 결국 다른 곳에 가서 그것을 전달한다는 점에서 어느 정도의 파급력을 가진 것으로 볼 수 있다.
② 아재 개그는 여러 번 생각하면 웃긴 경우도 많다고 하였다.
③ 너무 많이 아재 개그를 하면 사람들의 반응이 차가울 수 있다고 하였다.
④ 제시문에서 예시로 든 '친구가 군대에서 전역했어요.'는 발음의 유사성을 활용한 아재 개그이며, 동음이의어는 오래 전부터 개그의 소재가 되었다고 하였다.

12

제시문에 따르면 교열은 독자들이 쉽게 이해할 수 있도록 문장을 다듬는 복잡한 과정이다. 즉, 교열은 교열자에게 힘들고 지겨운 과정이지만, 교열자가 출간된 책을 접하게 되면 삶의 보람을 느끼게 된다는 것이다. 따라서 ⓓ 앞에는 '독자'가 아닌 '교열자'가 주어로 추가되어야 한다.

13

보기의 '이 둘'은 제시문의 산제와 액제를 의미하므로 이 둘에 관해 설명하고 있는 위치에 들어가야 함을 알 수 있다. 또 상반되는 사실을 나타내는 두 문장을 이어 줄 때 사용하는 접속어 '하지만'을 통해 산제와 액제의 단점을 이야기하는 보기의 문장 앞에는 산제와 액제의 장점에 관한 내용이 와야 함을 알 수 있다. 따라서 보기는 (가)에 들어가는 것이 적절하다.

14

제시문은 유명인의 중복 광고 출연으로 인한 부정적인 효과를 설명하고 있다. 따라서 사람들이 유명인과 브랜드 이미지를 연관 짓지 않는다는 주장을 반박으로 내세울 수 있다.

오답분석

① · ⑤ 제시문의 내용과 일치하는 주장이다.
② · ④ 유명인의 중복 출연으로 인한 부정적인 효과를 말하고 있다.

15

정답 ②

(가) 개요에서 (나) 개요로 고쳐진 부분은 'Ⅰ. 서론'과 '2. 고령화 사회의 문제점' 부분이다. 이는 고령화 사회로 인해 발생할 수 있는 사회적 비용을 의료 및 복지비용으로, 인구 감소로 인한 노동력 공급 감소 및 생산성 저하로 구체화한 것이다.

오답분석

④ 구체적으로 문제 상황을 한정했다고 해서 논의 대상의 범위가 한정된 것은 아니다. 논의 대상인 고령화 사회의 문제점 자체는 그대로이기 때문이다.

16

정답 ③

ㄱ. 고병원성 AI 바이러스는 경기도에서 3건, 충남에서 2건이 발표되어 총 5건이 검출되었으므로 수정해야 한다.
ㄷ. 바이러스 미분리는 야생 조류 AI 바이러스 검출 현황에 포함하지 않는다고 하였으므로 표에서 삭제해야 한다.

오답분석

ㄴ. 제시문에서 검사 중인 사례가 9건이라고 하였으므로 수정할 필요가 없다.

17

정답 ①

제시문은 동해남부선의 개통으로 부산 주요 도심을 37분만에 이동할 수 있고 출퇴근 시간에는 15분 간격, 그 외 시간에는 30분 간격으로 운행하여 부산 도심 교통난이 해소될 것을 이야기하고 있다.

18

정답 ⑤

㉠ 현재 주택을 소유한 노년층은 소득 축적 기회가 적었고 현재도 특별한 소득이 없다면 역시 금융소비자가 될 것이므로 역모기지론 정책이 효과적으로 시행될 수 있다.
㉡ 만 65세 이상인 가구주의 주택 소유 비율이 높을수록 역모기지론 정책이 효과적으로 시행될 수 있다.
㉢ 역모기지론을 이용할 수 있는 대상자는 공시가격 8억 원 이하의 주택을 한 채만 소유하고 있는 만 65세 이상의 중산·서민층이므로, 만 65세 이상의 노인들이 보유하고 있는 주택의 공시가격이 대부분 8억 원 이하라면 역모기지론 정책이 효과적으로 시행될 수 있다.
㉣ 86%에 달하는 노인들이 양로원이나 기타 사회복지시설을 이용하는 것보다 자기 집에 그대로 머물러 살기를 원한다고 응답했다면 노인들의 집을 담보삼아 금융을 소비하는 역모기지론 정책이 효과적으로 시행될 수 있다.

19

정답 ⑤

슈퍼문일 때는 지구와 달의 거리가 35만 7,000km 정도로 가까워지며, 이때 지구에서 보름달을 바라보는 시각도는 0.56도로 커지므로 0.49의 시각도보다 크다는 판단은 적절하다.

오답분석

① 케플러의 행성운동 제1법칙에 따라 태양계의 모든 행성은 태양을 중심으로 타원 궤도로 돈다. 따라서 지구도 태양을 타원 궤도로 돌기 때문에 지구에서 태양까지의 거리는 항상 일정하지 않을 것이다.
② 달이 지구에 가까워지면 달의 중력이 더 강하게 작용하여, 달을 향한 쪽의 해수면이 평상시보다 더 높아진다. 즉, 지구와 달의 거리에 따라 해수면의 높이가 달라지므로 서로 관계가 있다.
③ 달이 지구에 가까워지면 평소 달이 지구를 당기는 힘보다 더 강하게 지구를 당긴다. 따라서 이와 반대로 달이 지구에서 멀어지면 지구를 당기는 달의 힘은 약해질 것이다.
④ 달의 중력 때문에 높아진 해수면이 지구의 자전을 방해하게 되고, 이 때문에 지구의 자전 속도가 느려져 100만 년에 17초 정도씩 길어진다고 하였으므로 지구의 자전 속도는 점점 느려지고 있다.

20

첫 번째 문단의 '동일곡이지만 템포의 기준을 어떻게 잡아서 재현해 내느냐에 따라서 그 음악의 악상은 달라진다.'라는 문장을 통해 템포의 완급에 따라 악상이 변화하는 것을 알 수 있다.

오답분석

① 서양 음악과 한국 전통 음악의 차이는 심장의 고동을 중시하는 서양의 민족의식과 호흡을 중시하는 우리 민족의식에 따른 차이에서 발생한다는 글 전체의 내용을 통해 확인할 수 있다.
②・⑤ 다섯 번째 문단에서 확인할 수 있다.
④ 두 번째 문단에서 확인할 수 있다.

21

메달 및 상별 점수는 다음 표와 같다.

구분	금메달	은메달	동메달	최우수상	우수상	장려상
총 개수(개)	40	31	15	41	26	56
개당 점수(점)	$3,200 \div 40 = 80$	$2,170 \div 31 = 70$	$900 \div 15 = 60$	$1,640 \div 41 = 40$	$780 \div 26 = 30$	$1,120 \div 56 = 20$

따라서 금메달은 80점, 은메달은 70점, 동메달은 60점임을 알 수 있다.

오답분석

② 경상도가 획득한 메달 및 상의 총 개수는 $4+8+12=24$개이며, 가장 많은 지역은 $13+1+22=36$개인 경기도이다.
③ 표를 참고하면 전국기능경기대회 결과표에서 동메달이 아닌 장려상이 56개로 가장 많다.
④ 울산에서 획득한 메달 및 상의 총점은 $(3 \times 80)+(7 \times 30)+(18 \times 20)=810$점이다.
⑤ 장려상을 획득한 지역은 대구, 울산, 경기도이며 세 지역 중 금・은・동메달 총 개수가 가장 적은 지역은 금메달만 2개인 대구이다.

22

• 공연음악 시장 규모 : 2024년의 예상 후원 시장 규모는 $6,305+118=6,423$백만 달러이고, 티켓 판매 시장 규모는 $22,324+740=23,064$백만 달러이다. 따라서 2024년의 공연음악 시장 규모는 $6,423+23,064=29,487$백만 달러이다.
• 스트리밍 시장 규모 : 2019년의 스트리밍 시장 규모가 1,530백만 달러이므로, 2024년의 스트리밍 시장 규모는 $1,530 \times 2.5 = 3,825$백만 달러이다.
• 오프라인 음반 시장 규모 : 2024년 오프라인 음반 시장 규모를 x백만 달러라고 하면, $\frac{x-8,551}{8,551} \times 100 = -6\%$이므로 $x = -\frac{6}{100} \times 8,551 + 8,551 = 8,037.90$이다.

23

㉠ 제시된 자료를 통해 아파트단지, 놀이터, 공원의 경우 지속적으로 감소하지 않는다는 것을 알 수 있다.
㉢ • 2022년 대비 2023년의 학교 안전지킴이집의 증감률 : $\frac{7,270-7,700}{7,700} \times 100 = -5.58\%$

  • 2022년 대비 2023년의 유치원 안전지킴이집의 증감률 : $\frac{1,373-1,381}{1,381} \times 100 = -0.58\%$

  따라서 $0.58 \times 10 = 5.8\%$이므로 2022년 대비 2023년의 학교 안전지킴이집의 감소율은 2022년 대비 2023년의 유치원 안전지킴이집 감소율의 10배 미만이다.
㉣ • 2022년 전체 어린이 안전지킴이집에서 24시 편의점이 차지하는 비중 : $\frac{2,528}{20,512} \times 100 = 12.32\%$

  • 2023년 전체 어린이 안전지킴이집에서 24시 편의점이 차지하는 비중 : $\frac{2,542}{20,205} \times 100 = 12.58\%$

  따라서 편의점이 차지하는 비중이 증가하였다.

ⓒ 2019년 대비 2023년의 선정업소 형태별로 감소한 어린이 안전지킴이집의 감소량을 구하면 다음과 같다.
- 24시 편의점 : $2,542-3,013=-471$개
- 약국 : $1,546-1,898=-352$개
- 문구점 : $3,012-4,311=-1,299$개
- 상가 : $6,770-9,173=-2,403$개

따라서 2019년에 비해 2023년에 가장 많이 감소한 선정업소 형태는 상가이다.

24

ⓐ 2019년에서 2023년 사이 전년 대비 문화재의 증가 건수를 구하면 다음과 같다.
- 2019년 : $3,459-3,385=74$건
- 2020년 : $3,513-3,459=54$건
- 2021년 : $3,583-3,513=70$건
- 2022년 : $3,622-3,583=39$건
- 2023년 : $3,877-3,622=255$건

따라서 전년 대비 전체 국가지정문화재 건수가 가장 많이 증가한 해는 2023년이다.

ⓒ 2018년 대비 2023년의 문화재 종류별 건수의 증가율을 구하면 다음과 같다.
- 국보 : $\frac{328-314}{314}\times100 ≒ 4.46\%$
- 보물 : $\frac{2,060-1,710}{1,710}\times100 ≒ 20.47\%$
- 사적 : $\frac{495-479}{479}\times100 ≒ 3.34\%$
- 명승 : $\frac{109-82}{82}\times100 ≒ 32.93\%$
- 천연기념물 : $\frac{456-422}{422}\times100 ≒ 8.06\%$
- 국가무형문화재 : $\frac{135-114}{114}\times100 ≒ 18.42\%$
- 중요민속문화재 : $\frac{294-264}{264}\times100 ≒ 11.36\%$

따라서 2018년 대비 2023년의 국가지정문화재 건수의 증가율이 가장 높은 문화재는 명승 문화재이다.

ⓑ 2023년의 국보 문화재 건수는 2018년에 비해 $328-314=14$건 증가했다. 그러나 2018년에 전체 국가지정문화재 중 국보 문화재가 차지하는 비율은 $\frac{314}{3,385}\times100 ≒ 9.28\%$, 2023년에 전체 국가지정문화재 중 국보 문화재가 차지하는 비율은 $\frac{328}{3,877}\times100 ≒ 8.46\%$이다. 따라서 2023년에 국보 문화재가 전체 국가지정문화재에서 차지하는 비중은 2018년에 비해 감소했다.

ⓓ 연도별 국가무형문화재 건수의 4배의 수치를 구하면 다음과 같다.
- 2018년 : $114\times4=456$건
- 2019년 : $116\times4=464$건
- 2020년 : $119\times4=476$건
- 2021년 : $120\times4=480$건
- 2022년 : $122\times4=488$건
- 2023년 : $135\times4=540$건

따라서 2018년에서 2022년까지는 사적 문화재의 지정 건수가 국가무형문화재 건수의 4배가 넘는 수치를 보이고 있지만, 2023년의 경우 국가무형문화재 건수의 4배를 넘지 못한다.

25

2023년 국제소포 분야 매출액의 2019년 대비 증가율은 $\dfrac{21,124-17,397}{17,397} \times 100 ≒ 21.4\%$이므로 옳지 않은 설명이다.

오답분석

① 자료를 통해 2023년 4/4분기 매출액이 2023년 다른 분기에 비해 가장 높은 것을 확인할 수 있다.

③ 2023년 분야별 매출액의 2019년 대비 증가율은 다음과 같다.

- 국제통상 분야 : $\dfrac{34,012-16,595}{16,595} \times 100 ≒ 105.0\%$

- 국제소포 분야 : $\dfrac{21,124-17,397}{17,397} \times 100 ≒ 21.4\%$

- 국제특급 분야 : $\dfrac{269,674-163,767}{163,767} \times 100 ≒ 64.7\%$

따라서 2023년 매출액 증가율이 2019년 대비 가장 큰 분야는 국제통상 분야의 매출액이다.

④ 2022년 국제통상 분야의 매출액 비율은 $\dfrac{26,397}{290,052} \times 100 ≒ 9.1\%$이므로 10% 미만이다.

⑤ 2023년 총매출액에서 2/4분기 매출액이 차지하고 있는 비율은 $\dfrac{72,391}{324,810} \times 100 ≒ 22.3\%$이므로 20% 이상이다.

26

정답 ③

- 차량용 방향제 : $7,000÷5=1,400$원
- 식용유 세트 : $10,000÷4=2,500$원
- 유리용기 세트 : $6,000÷6=1,000$원
- 32GB USB : $5,000÷4=1,250$원
- 머그컵 세트 : $10,000÷5=2,000$원
- 육아 관련 도서 : $8,800÷4=2,200$원
- 핸드폰 충전기 : $7,500÷3=2,500$원

할당받은 예산을 고려하여 고객 만족도 1점당 비용이 가장 낮은 상품부터 구매비용을 구하면 다음과 같다.

- 유리용기 세트 : $6,000×200=1,200,000$원
  → 남은 예산 : $5,000,000-1,200,000=3,800,000$원
- 32GB USB : $5,000×180=900,000$원
  → 남은 예산 : $3,800,000-900,000=2,900,000$원
- 차량용 방향제 : $7,000×300=2,100,000$원
  → 남은 예산 : $2,900,000-2,100,000=800,000$원
- 머그컵 세트 : $10,000×80=800,000$원
  → 남은 예산 : $800,000-800,000=0$원

즉, 확보 가능한 상품의 개수는 $200+180+300+80=760$개이다.

따라서 사은품을 나누어 줄 수 있는 고객의 수는 $760÷2=380$명이다.

27

정답 ⑤

- 지연 중 A/C정비가 차지하는 비율 : $\dfrac{117}{2,986} \times 100 ≒ 4$(∵ 소수점 첫째 자리에서 반올림)

- 결항 중 기상이 차지하는 비율 : $\dfrac{17}{70} \times 100 ≒ 24$(∵ 소수점 첫째 자리에서 반올림)

$\therefore \dfrac{4}{24} = \dfrac{1}{6}$

① 17×5＝85＜118이므로 올바르지 않다. 118÷17≒7이다(∵ 소수점 첫째 자리에서 반올림).
② 기타를 제외하고 지연이 발생한 원인 중 가장 높은 비중을 차지하고 있는 것은 A/C 접속이며, 결항이 발생한 원인 중 가장 높은 비중을 차지하고 있는 것은 기상이다.
③ 9월 동안 운항된 전체 비행기 수를 알 수 없으므로 구할 수 없다.
④ 기상 원인으로 지연 및 결항된 비행기는 모두 135편이다. 하지만 이 비행기가 모두 같은 날 지연 및 결항이 되었을 수도 있고, 모두 다른 날 지연 및 결항되었을 수도 있으므로 제시된 자료만으로는 날씨를 예측할 수 없다.

28
정답 ③

① 1983년의 A국의 석유 수입액은 74달러이고 B국의 석유 수입액은 75달러이므로 B국이 더 많다.
② 2003년의 A국의 석유 수입액과 석탄 수입액의 합은 110.7달러고 LNG 수입액의 2배는 108.6달러이므로 2배보다 많다.
④ 두 국가의 1983년 대비 2023년의 LNG 수입액 증가율은 다음과 같다.

- A국 : $\frac{79.9-29.2}{29.2}\times100≒173.6\%$
- B국 : $\frac{102-30}{30}\times100＝240\%$

따라서 증가율은 B국이 더 크다.

⑤ 두 국가의 1983년 대비 2023년의 석탄 수입액 감소율은 다음과 같다.

- A국 : $\frac{28-82.4}{82.4}\times100≒-66\%$
- B국 : $\frac{7.1-44}{44}\times100≒-83.9\%$

따라서 감소율은 B국이 더 크다.

29
정답 ③

폐수처리량이 가장 적었던 연도는 204,000m³를 기록한 2022년이다. 그러나 오수처리량이 가장 적은 연도는 27,000m³를 기록한 2023년이므로 자료에 대한 이해로 옳지 않다.

① 2,900÷3,100×100≒94%
② 온실가스 배출량은 2021년 1,604,000tCO₂eq에서 2023년 1,542,000tCO₂eq까지 매년 감소하고 있다.
④ (1,700＋2,900＋2,400)÷3≒2,333백만 원이므로 약 23억 3,300만 원이다.
⑤ 에너지 사용량의 전년 대비 증감률을 구하면 다음과 같다.

- 2022년 : $\frac{29,000-30,000}{30,000}\times100≒-3.33\%$
- 2023년 : $\frac{30,000-29,000}{29,000}\times100≒3.45\%$

따라서 전년 대비 증감률의 절댓값은 2022년보다 2023년이 더 크다.

30
정답 ③

연도별 환경지표점수를 산출하면 다음과 같다.

(단위 : 점)

구분	녹색제품 구매액	에너지 사용량	폐수처리량	합계
2021년	5	5	5	15
2022년	10	10	10	30
2023년	10	5	5	20

따라서 환경지표점수가 가장 높은 연도는 2022년이고, 그 점수는 30점이다.

31

정답 ②

A국 GDP는 18,562십억 달러로, 나머지 다섯 국가의 GDP 값의 합인 4,730＋3,495＋2,650＋2,488＋1,404＝14,767십억 달러보다 크다.

오답분석

ㄱ. B국은 C국보다 GDP와 GDP 대비 국가자산총액 모두 크다.

ㄷ. (국가자산총액)＝(GDP 대비 국가자산총액)×(GDP)÷100으로 F국과 D국의 국가자산총액을 구하면 D국의 총액이 더 크다.

- D국 : $\frac{522}{100}×2,650≒13,833$십억 달러

- F국 : $\frac{828}{100}×1,404≒11,625$십억 달러

32

정답 ⑤

ㄷ. 청팀의 최종점수는 6,867점, 백팀의 최종점수는 5,862점으로 백팀은 청팀의 $\frac{5,862}{6,867}×100≒85.4\%$이다.

ㄹ. 백팀이 구기종목에서 획득한 승점은 육상종목에서 획득한 승점의 $\frac{2,780}{3,082}×100≒90.2\%$이므로 85% 이상이다.

오답분석

ㄱ. 전종목에서 가장 높은 승점을 획득한 부서는 운영팀(2,752점)이나, 가장 낮은 승점을 획득한 부서는 기술팀(1,859점)이 아닌 지원팀(1,362점)이다.

ㄴ. 청팀이 축구에서 획득한 승점은 청팀이 구기종목에서 획득한 승점의 $\frac{1,942}{4,038}×100≒48.1\%$이므로 45% 이상이다.

33

정답 ①

하루 평균 총 200잔이 팔렸다면, 카페라테는 전체에서 25%, 에스프레소는 6%이므로 각각 50잔, 12잔이 판매되었다. 따라서 카페라테는 에스프레소보다 하루에 50－12＝38잔이 더 팔린다.

34

정답 ③

이날 판매된 커피 180잔 중 아메리카노는 50%로, 90잔이 판매되었고, 매출은 90×2,000＝180,000원이다.

35

정답 ③

A씨의 식단을 끼니별로 나누어 칼로리를 계산하면 다음과 같다. 이때, 주어진 칼로리 정보를 고려하면 g에 비례하여 칼로리를 계산하여야 하는 것에 주의한다.

구분	식단
아침	우유식빵 280kcal, 사과잼 110kcal, 블루베리 30kcal
점심	현미밥 360kcal, 갈비찜 597kcal, 된장찌개 88kcal, 버섯구이 30kcal, 시금치나물 5kcal
저녁	현미밥 180kcal, 미역국 176kcal, 고등어구이 285kcal, 깍두기 50kcal, 연근조림 48kcal

따라서 A씨가 하루에 섭취하는 열량은 280＋110＋30＋360＋597＋88＋30＋5＋180＋176＋285＋50＋48＝2,239kcal이다.

36

정답 ②

- 메탈쿨링＝AX
- 프리 스탠딩＝F
- 313L＝31
- 1도어＝DE

오답분석

① EDC60DE : 다용도, 키친 핏, 605L, 1도어
③ AXEFC48TE : 메탈쿨링, 독립냉각, 키친 핏, 486L, 4도어
④ AXF31DA : 메탈쿨링, 프리 스탠딩, 313L, 2도어
⑤ RCEDB84TE : 김치 보관, 다용도, 빌트인, 840리터, 4도어

37

정답 ③

가변형 기능을 가진 상품은 'RQ', 키친 핏 형태의 상품은 'C'이다. 따라서 주문된 상품 중 가변형 기능과 키친 핏 형태가 포함되어 있는 것은 'EDC60DE, RQB31DA, AXEFC48TE, RQEDF84TE, EDC58DA, EFRQB60TE, EFC48DA' 총 7개이다.

38

정답 ④

주문된 상품의 판매현황은 다음과 같다.

기능		용량(L)		도어	
김치보관	2개	840	3개	4도어	5개
독립냉각	4개	605	3개	2도어	4개
가변형	3개	584	1개	1도어	3개
메탈쿨링	3개	486	2개	–	–
다용도	4개	313	3개	–	–

따라서 김치보관, 584L, 1도어가 가장 인기가 없음을 알 수 있다. 이를 기호화하면 RC58DE이다.

39

정답 ②

한글 자음을 순서에 따라 바로 뒤의 자음으로 변환하면 다음과 같다.

ㄱ	ㄴ	ㄷ	ㄹ	ㅁ	ㅂ	ㅅ
ㄴ	ㄷ	ㄹ	ㅁ	ㅂ	ㅅ	ㅇ
ㅇ	ㅈ	ㅊ	ㅋ	ㅌ	ㅍ	ㅎ
ㅈ	ㅊ	ㅋ	ㅌ	ㅍ	ㅎ	ㄱ

한글 모음을 순서에 따라 영어로 변환하면 다음과 같다.

ㅏ	ㅐ	ㅑ	ㅒ	ㅓ	ㅔ	ㅕ
a	b	c	d	e	f	g
ㅖ	ㅗ	ㅘ	ㅙ	ㅚ	ㅛ	ㅜ
h	i	j	k	l	m	n
ㅝ	ㅞ	ㅟ	ㅠ	ㅡ	ㅢ	ㅣ
o	p	q	r	s	t	u

ㄴ＝ㄱ, u＝ㅣ, ㅂ＝ㅁ, ㅋ＝ㅊ, u＝ㅣ, ㅊㅊ＝ㅉ, u＝ㅣ, ㄴ＝ㄱ, b＝ㅐ
따라서 김대리가 말한 메뉴는 김치찌개이다.

PART 1

40

정답 ③

ㅈ=ㅊ, ㅗ=i, ㄴ=ㄷ, ㅈ=ㅊ, ㅜ=n, ㅇ=ㅈ, ㄱ=ㄴ, ㅘ=j, 공백=0, ㅂ=ㅅ, ㅐ=b, ㄹ=ㅁ, ㅕ=g

41

정답 ③

조선시대의 미(未)시는 오후 1시 ~ 3시를, 유(酉)시는 오후 5시 ~ 7시를 나타낸다. 오후 2시부터 4시 30분까지 운동을 하였다면, 조선시대 시간으로 미(未)시 정(正)부터 신(申)시 정(正)까지 운동을 한 것이 되므로 옳지 않다.

[오답분석]
① 초등학교의 점심 시간이 오후 1시부터 2시까지라면, 조선시대 시간으로 미(未)시(1 ~ 3시)에 해당한다.
② 조선시대의 인(寅)시는 현대 시간으로 오전 3 ~ 5시를 나타낸다.
④ 축구 경기가 전반전 45분과 후반전 45분으로 총 90분 동안 진행되었으므로 조선시대 시간으로 한시진(2시간)이 되지 않는다.
⑤ 조선시대의 술(戌)시는 오후 7 ~ 9시를 나타내므로 오후 8시 30분은 술(戌)시에 해당한다.

42

정답 ⑤

[오답분석]
① W3은 (3, 5)와 (10, 2)에 위치해있다.
② B3은 (2, 2)와 (9, 4)에 위치해있다.
③ W5는 (3, 10)와 (12, 10)에 위치해있다.
④ B6는 (6, 6)와 (13, 6)에 위치해있다.

43

정답 ③

W6(13, 6)이 아닌 B6(13, 6) 또는 W6(12, 4)이거나 W6(2, 8)이다.

44

정답 ④

직원 다섯 명에 대한 1일 평균임금 및 퇴직금을 구하면 다음과 같다.

(단위 : 원)

구분	A	B	C	1일 평균임금	퇴직금
최과장	9,000,000	450,000	175,000	106,944	38,499,840
박과장	8,100,000	375,000	143,750	95,764	28,729,200
홍대리	8,850,000	337,500	156,250	103,819	24,916,560
신대리	9,000,000	300,000	121,875	104,688	18,843,840
양주임	6,300,000	225,000	106,250	73,681	6,631,290

따라서 두 번째로 퇴직금이 적은 직원은 신대리이다.

45

정답 ④

행사장 방문객은 시계 반대 방향으로 돌면서 전시관을 관람한다. 400명의 방문객이 출입하여 제1전시관에 100명이 관람한다면 나머지 300명은 관람하지 않고 지나치게 된다. 따라서 A에서 홍보판촉물을 나눠 줄 수 있는 대상자는 300명이 된다. 그리고 B는 A를 걸쳐서 오는 300명과 제1전시관을 관람하고 나온 100명의 인원이 합쳐지는 장소이므로 총 400명을 대상으로 홍보판촉물을 나눠 줄 수 있다. 이러한 개념으로 모든 장소를 고려해 보면 각 전시관과의 출입구가 합류되는 B, D, F에서 가장 많은 사람들에게 홍보판촉물을 나눠 줄 수 있다.

46

정답 ④

10월 20 ~ 21일은 주중이며, 출장 혹은 연수 일정이 없고, 부서이동 전에 해당되므로 김인턴이 경기본부의 파견 근무를 수행할 수 있는 일정이다.

[오답분석]

① 10월 6 ~ 7일은 김인턴의 연수 참석 기간이므로 파견 근무를 진행할 수 없다.
② 10월 11 ~ 12일은 주말인 11일을 포함하고 있다.
③ 10월 14 ~ 15일 중 15일은 목요일로, 김인턴이 H본부로 출장을 가는 날짜이다.
⑤ 10월 27 ~ 28일은 김인턴이 27일부터 부서를 이동한 이후이므로, 김인턴이 아니라 후임자가 경기본부로 파견 근무를 간다.

47

정답 ②

서울 지점의 B씨에게 배송할 제품과 경기남부 지점의 P씨에게 배송할 제품에 대한 기호를 모두 기록해야 한다.
• B씨 : MS11EISS
  – 재료 : 연강(MS)
  – 판매량 : 1box(11)
  – 지역 : 서울(E)
  – 윤활유 사용 : 윤활작용(I)
  – 용도 : 스프링(SS)
• P씨 : AHSS00SSST
  – 재료 : 초고강도강(AHSS)
  – 판매량 : 1set(00)
  – 지역 : 경기남부(S)
  – 윤활유 사용 : 밀폐작용(S)
  – 용도 : 타이어코드(ST)

48

정답 ⑤

• A펀드 : 한 번은 우수(5점), 한 번은 우수 아님(2점)
• B펀드 : 한 번은 우수(5점), 한 번은 우수 아님(2점)
• C펀드 : 두 번 모두 우수 아님(2점+2점)
• D펀드 : 두 번 모두 우수(5점+5점)
각 펀드의 비교 대상은 다른 펀드 중 2개이며, 총 4번의 비교를 했다고 하였으므로 다음과 같은 경우를 고려할 수 있다.
• 경우 1

A		B		C		D	
B	D	A	C	B	D	A	C
5	2	2	5	2	2	5	5

표의 결과를 정리하면 D>A>B, A>B>C, B・D>C, D>A・C이므로 D>A>B>C이다.
• 경우 2

A		B		C		D	
B	C	A	D	A	D	C	B
2	5	5	2	2	2	5	5

표의 결과를 정리하면 B>A>C, D>B>A, A・D>C, D>C・B이므로 D>B>A>C이다.

• 경우 3

A		B		C		D	
D	C	C	D	A	B	A	B
2	5	5	2	2	2	5	5

표의 결과를 정리하면 D>A>C, D>B>C, A·B>C, D>A·B이므로 D>A·B>C이다.

ㄱ. 세 가지 경우 모두 D펀드는 C펀드보다 우수하다.

ㄴ. 세 가지 경우 모두 D펀드가 B펀드보다 우수하다.

ㄷ. 세 번째 경우에서 A펀드와 B펀드의 우열을 가릴 수 있으면 A ~ D까지 우열순위를 매길 수 있다.

49

 정답 ④

ㄴ. 민간의 자율주행기술 R&D를 지원하여 기술적 안정성을 높이는 전략은 위협을 최소화하는 내용은 포함하지 않고 약점만 보완하는 내용이므로 ST전략이라 할 수 없다.

ㄹ. 국내기업의 자율주행기술 투자가 부족한 약점을 국가기관의 주도로 극복하려는 내용은, 약점을 최소화하고 위협을 회피하려는 WT전략의 내용으로 적합하지 않다.

오답분석

ㄱ. 높은 수준의 자율주행기술을 가진 외국 기업과의 기술이전협약 기회를 통해 국내외에서 우수한 평가를 받는 국내 자동차기업이 국내 자율주행자동차 산업의 강점을 강화하는 전략은 SO전략에 해당한다.

ㄷ. 국가가 지속적으로 자율주행차 R&D를 지원하는 법안이 본회의를 통과한 기회를 토대로 기술개발을 지원하여 국내 자율주행자동차 산업의 약점인 기술적 안전성을 확보하려는 전략은 WO전략에 해당한다.

50

 정답 ④

발행형태가 4로 전집이기 때문에 한 권으로만 출판된 것이 아님을 알 수 있다.

오답분석

① 국가번호가 05(미국)로 미국에서 출판되었다.

② 서명식별번호가 1011로 1011번째 발행되었다. 441은 발행자의 번호로 이 책을 발행한 출판사의 발행자번호가 4411이라는 것을 의미한다.

③ 발행자번호는 441로 세 자리로 이루어져 있다.

⑤ 도서의 내용이 710(한국어)이지만 도서가 한국어로 되어 있는지는 알 수 없다.

01	02	03	04	05	06	07	08	09	10	11	12	13	14	15	16	17	18	19	20
②	③	②	②	⑤	③	①	④	④	③	①	④	④	④	⑤	④	②	③	①	⑤
21	22	23	24	25	26	27	28	29	30	31	32	33	34	35	36	37	38	39	40
⑤	④	④	⑤	④	③	①	①	④	①	①	⑤	⑤	②	④	④	②	④	②	②
41	42	43	44	45	46	47	48	49	50										
④	①	⑤	②	④	④	④	④	①	④										

01
정답 ②

'–로써'는 어떤 일의 수단이나 도구를 나타내는 격조사이며, '–로서'는 지위나 신분 또는 자격을 나타내는 격조사이다. 서비스 이용자의 증가가 오투오 서비스 운영 업체에 많은 수익을 내도록 한 수단이 되므로 ⓒ에는 '증가함으로써'가 적절하다.

02
정답 ③

• 첫 번째 빈칸 : 앞 문장에서 '도로'라고 구체적으로 한정하고 있기 때문에, 빈칸에 들어갈 규범이 '약하다'라고 하려면, '도로'로 한정해야 한다. 따라서 ⓒ이 적합하다.
• 두 번째 빈칸 : 첫 번째 빈칸과 같은 방법을 적용하면 된다. 앞 문장에서 '도로의 교량'이라고 언급하고 있으므로, ㉠이 적합하다.
• 세 번째 빈칸 : 빈칸보다는 강하다고 할 수 없다고 했으므로, 앞 문장과 빈칸은 구체적으로 한정하고 있는 부분이 다르다. 따라서 ⓒ이 적합하다.

03
정답 ②

권위를 제한적으로 사용한다면 구성원들의 자발적인 복종을 가져올 수 있다. 권위를 전혀 사용하지 않는 것은 적절하지 않다.

[오답분석]
① 리더가 덕을 바탕으로 행동하면 구성원들은 마음을 열고 리더의 편이 된다.
③ 리더의 강압적인 행동이나 욕설은 구성원들의 '침묵 효과'나 무엇을 해도 소용이 없을 것이라 여겨 저항 없이 시키는 일만 하는 '학습된 무기력'의 증상을 야기할 수 있다.
④ 덕으로 조직을 이끄는 것은 구성원들의 행동에 긍정적인 효과를 미친다.
⑤ 조직에서 성과를 끌어내기 위한 가장 좋은 방법은 구성원들 스스로 맡은 일에 전념하게 하는 것이다. 지속적으로 권위적인 행동을 하는 것은 권위없이 움직일 수 없는 비효율적인 집단이 되게 만들므로 적절하지 않다.

04

정답 ②

제시문은 식물의 이름을 짓는 방식을 생김새, 쓰임새, 향기, 소리 등으로 분류하여 그에 해당하는 예를 들고 있다. 따라서 ②가 서술 방식의 특징으로 가장 적절하다.

05

정답 ⑤

빈칸 ⊙ 뒤의 내용은 동물실험의 어두운 면으로 앞에 제시된 내용과 상반되므로 빈칸에는 서로 반대되는 내용을 이어 주는 접속어를 넣어야 한다. 따라서 '하지만'이 적절하다.

06

정답 ③

네 번째 문단에서 쥐와 인간의 유전자는 약 99% 정도가 유사하며 300개 정도의 유전자만 다르다고 하였다.

[오답분석]
① 첫 번째 문단에 제시되어 있다.
② 두 번째 문단에 제시되어 있다.
④ 여섯 번째 문단에서 2022년 12월 FDA에서 동물실험 의무 조항을 삭제했다 하였으므로 그해 상반기까지는 의무였음을 추측할 수 있다.
⑤ 일곱 번째 문단에서 확인할 수 있다.

07

정답 ①

탈리도마이드는 널리 쓰였던 약품이었으나 인체에 대한 유해성이 확인된 이후 사용이 금지 또는 제한되었다. ②, ③, ④, ⑤ 모두 탈리도마이드와 유사한 사례로서 사람들에게 널리 쓰였으나 인체 유해성이 확인된 이후 제한적으로 사용 또는 금지되며 퇴출당하였다. 하지만 ①의 햄버거가 인체에 유해하다는 지적은 제시문에서 찾아볼 수 없으므로 탈리도마이드와 유사한 사례라고 볼 수 없다.

08

정답 ④

미생물을 끓는 물에 노출하면 영양세포나 진핵포자는 죽일 수 있으나, 세균의 내생포자는 사멸시키지 못한다. 멸균은 포자, 박테리아, 바이러스 등을 완전히 파괴하거나 제거하는 것이므로 물을 끓여서 하는 열처리 방식으로는 멸균이 불가능함을 알 수 있다. 따라서 빈칸에 들어갈 내용으로는 소독은 가능하지만, 멸균은 불가능하다는 ④가 가장 적절하다.

09

정답 ④

성과 이름은 붙여 쓰고 이에 덧붙는 호칭어, 관직명 등은 띄어 써야 하므로 '김민관 씨'가 올바른 표기이다. 따라서 ④는 A사원에 대한 B대리의 조언으로 적절하지 않다.

10

정답 ③

• 문서적인 의사소통 : ㉠, ㉢, ㉤
• 언어적인 의사소통 : ㉡, ㉣
직업생활에서 요구되는 문서적인 의사소통능력은 문서로 작성된 글이나 그림을 읽고 내용을 이해하고 요점을 판단하며, 이를 바탕으로 목적과 상황에 적합하도록 아이디어와 정보를 전달할 수 있는 문서를 작성하는 능력을 말한다. 반면, 언어적인 의사소통능력은 상대방의 이야기를 듣고 의미를 파악하며, 이에 적절히 반응하고, 이에 대한 자신의 의사를 목적과 상황에 맞게 설득력을 가지고 표현하기 위한 능력을 말한다.

11

정답 ①

각각의 구매 방식별 비용을 구하면 다음과 같다.
- 스마트폰앱 : $12,500 \times 0.75 = 9,375$원
- 전화 : $(12,500 - 1,000) \times 0.9 = 10,350$원
- 회원카드와 쿠폰 : $(12,500 \times 0.9) \times 0.85 = 9,563$원
- 직접 방문 : $(12,500 \times 0.7) + 1,000 = 9,750$원
- 교환권 : 10,000원

따라서 피자 1판을 가장 싸게 살 수 있는 구매 방식은 스마트폰앱이다.

12

정답 ④

전체 가입자 중 여성 가입자 수의 비율은 $\dfrac{9,804,482}{21,942,806} \times 100 = 44.7\%$이다.

오답분석
① 남성 사업장 가입자 수는 8,059,994명으로 남성 지역 가입자 수의 2배인 $3,861,478 \times 2 = 7,722,956$명보다 많다.
② 여성 가입자 전체 수인 9,804,482명에서 여성 사업장 가입자 수인 5,775,011명을 빼면 4,029,471명이므로 여성 사업장 가입자 수가 나머지 여성 가입자 수를 모두 합친 것보다 많다.
③ 전체 지역 가입자 수는 전체 사업장 가입자 수의 $\dfrac{7,310,178}{13,835,005} \times 100 = 52.8\%$이다.
⑤ 가입자 수가 많은 집단 순서는 '사업장 가입자 - 지역 가입자 - 임의계속 가입자 - 임의 가입자' 순서이다.

13

정답 ④

도표에 나타난 프로그램 수입비용을 모두 합하면 380만 불이며, 이 중 영국에서 수입하는 액수는 150만 불이므로 그 비중은 약 39.47%에 달한다.

14

정답 ④

지하철이 A, B, C역에 동시에 도착하였다가 다시 동시에 도착하는 데까지 걸리는 시간은 3, 2, 4의 최소공배수인 12분이다. 따라서 세 지하철역에서 5번째로 지하철이 동시에 도착한 시각은 $12 \times 4 = 48$분 후인 5시 18분이다.

15

정답 ⑤

영업팀별 연간 매출액을 구하면 다음과 같다.
- 영업 A팀 : $50 \times 0.1 + 100 \times 0.1 + 100 \times 0.3 + 200 \times 0.15 = 75$억 원
- 영업 B팀 : $50 \times 0.2 + 100 \times 0.2 + 100 \times 0.2 + 200 \times 0.4 = 130$억 원
- 영업 C팀 : $50 \times 0.3 + 100 \times 0.2 + 100 \times 0.25 + 200 \times 0.15 = 90$억 원
- 영업 D팀 : $50 \times 0.4 + 100 \times 0.5 + 100 \times 0.25 + 200 \times 0.3 = 155$억 원

따라서 연간 매출액이 큰 순서로 팀을 나열하면 D - B - C - A이고, 이때 매출 1위인 영업 D팀의 연 매출액은 155억 원이다.

16

정답 ④

일본의 R&D 투자 총액은 1,508억 달러이며, 이는 GDP의 3.44%이므로 $3.44 = \frac{1,508}{(GDP \ 총액)} \times 100$이다.

따라서 일본의 GDP 총액은 $\frac{1,508}{0.0344} \fallingdotseq 43,837$억 달러이다.

17

정답 ②

성재의 수학 점수를 x점이라고 하자. 네 사람의 평균이 105점이므로

$$\frac{101 + 105 + 108 + x}{4} = 105$$

$$\rightarrow x + 314 = 420$$

$$\therefore x = 106$$

18

정답 ③

13번째 강연이 포함되는 2주 동안 신입사원들이 듣는 강연은 총 5회이다. 그러므로 금요일 강연이 없는 주의 월요일에 첫 강연을 들었다면 5주 차 월요일의 강연을 듣기 전까지 10개의 강연을 듣게 된다. 5주 차 월요일, 수요일의 강연을 듣고 6주 차 월요일의 강연이 13번째 강연이 된다.

따라서 6주 차 월요일이 13번째 강연을 듣는 날이므로 8월 1일 월요일을 기준으로 35일 후가 된다. 8월은 31일까지 있으므로 $1 + 35 - 31 = 5$일, 즉 9월 5일이 된다.

19

정답 ①

2021년을 기점으로 볼 때, 2019년의 노동생산성 지수는 일본이 96.52포인트, 독일이 96.39포인트로 일본이 약간 앞서 있었다.

오답분석

② 독일과 일본은 2021년의 노동생산성을 기준으로 계속 감소하고 있음을 알 수 있다.

③ 우리나라는 2019년에 44,103포인트에서 2023년에 48,627포인트로, 4,524포인트가 증가했다.

④ 2020년의 노동생산성 지수가 가장 크게 변한 나라는 중국으로 9.24포인트 상승했고, 가장 적게 변한 나라는 미국으로 0.78포인트 상승했다. 따라서 그 차이는 8.46포인트이다.

⑤ 지수를 보면 우리나라는 2019년부터 2023년까지 0.62~3.68포인트 사이의 지속적인 소폭 상승세를 타고 있으며, 중국은 9.24~18.02포인트만큼 증가하여 다른 나라에 비해 급상승세를 보이고 있다.

정답 ⑤

(단위 : 명, 억 원)

테니스 팀	선수 인원수		총연봉		2023년 선수 한 명당 평균 연봉
	2022년	2023년	2022년	2023년	
A	$\frac{5}{1+0.25}=4$	5	$\frac{15}{1+0.5}=10$	15	$\frac{15}{5}=3$
B	$\frac{10}{1+1}=5$	10	$\frac{25}{1+1.5}=10$	25	$\frac{25}{10}=2.5$
C	$\frac{10}{1+0.25}=8$	10	$\frac{24}{1+0.2}=20$	24	$\frac{24}{10}=2.4$
D	$\frac{6}{1+0.5}=4$	6	$\frac{30}{1+0.2}=25$	30	$\frac{30}{6}=5$
E	$\frac{6}{1+0.2}=5$	6	$\frac{24}{1+0.5}=16$	24	$\frac{24}{6}=4$

2022년의 총연봉은 2023년의 총연봉의 전년 대비 증가율 그래프의 수치로 구할 수 있다.

• A팀 : $\frac{15}{1+0.5}=10$억 원

• E팀 : $\frac{24}{1+0.5}=16$억 원

따라서 2022년의 총연봉은 E팀이 A팀보다 더 많다.

오답분석

① 2023년의 테니스 팀 선수당 평균 연봉은 D팀이 5억 원으로 가장 많다.
② 2023년의 전년 대비 증가한 선수 인원수는 2명으로 C팀과 D팀이 동일하다.
③ 2023년의 A팀의 팀 선수 평균 연봉은 2022년에 2.5억 원에서 3억 원으로 증가하였다.
④ 2023년의 선수 인원수가 전년 대비 가장 많이 증가한 B팀은 총연봉도 가장 많이 증가하였다.

정답 ⑤

• 1년=12개월=52주 동안 렌즈 교체(=구매) 횟수
 − A : 12÷1=12번을 구매해야 한다.
 − B : 서비스가 1+1으로, 한 번에 4달 치의 렌즈를 구매할 수 있으므로 12÷4=3번을 구매해야 한다.
 − C : 3월, 7월, 11월은 1+2의 서비스로, 1월, 2월, 3월(4, 5월), 6월, 7월(8, 9월), 10월, 11월(12월) 총 7번을 구매해야 한다.
 − D : 착용기한이 1주이므로 1년에 총 52번을 구매해야 한다.
 − E : 서비스가 1+2으로, 한 번에 6달 치의 렌즈를 구매할 수 있으므로 12÷6=2번을 구매해야 한다.
• (최종 가격)=(가격)×(횟수)
 − A : 30,000×12=360,000원
 − B : 45,000×3=135,000원
 − C : 20,000×7=140,000원
 − D : 5,000×52=260,000원
 − E : 65,000×2=130,000원
따라서 1년간 가장 적은 비용으로 사용할 수 있는 렌즈는 E이다.

22

부서별 투입시간을 구하면 다음과 같다.

부서	인원(명)	개인별 투입시간(시간)	총 투입시간(시간)
A	2	$41+3\times1=44$	$44\times2=88$
B	3	$30+2\times2=34$	$34\times3=102$
C	4	$22+1\times4=26$	$26\times4=104$
D	3	$27+2\times1=29$	$29\times3=87$
E	5	$17+3\times2=23$	$23\times5=115$

따라서 업무효율이 가장 높은 부서는 총투입시간이 가장 적은 D부서이다.

23

서비스 품질 5가지 항목의 점수와 서비스 쇼핑 체험 점수를 비교해 보면, 모든 대형마트에서 서비스 쇼핑 체험 점수가 가장 낮다는 것을 확인할 수 있다. 따라서 서비스 쇼핑 체험 부문의 만족도는 서비스 품질 부문들보다 낮다고 이해할 수 있으며, 서비스 쇼핑 체험 점수의 평균은 $\frac{3.48+3.37+3.45+3.33}{4}≒3.41$점이다.

[오답분석]

① 대형마트 인터넷 / 모바일쇼핑 소비자 만족도 자료에서 마트별 인터넷 · 모바일쇼핑 만족도의 차를 구해 보면 A마트는 0.07점, B마트 · C마트는 0.03점, D마트는 0.05점으로 A마트가 가장 크다.

② 주어진 자료에서 단위를 살펴보면 5점 만점으로 조사되었음을 알 수 있으며, 종합만족도의 평균은 $\frac{3.72+3.53+3.64+3.56}{4}≒$ 3.61점이다. 업체별로는 A마트 → C마트 → D마트 → B마트 순서로 종합만족도가 낮아짐을 알 수 있다.

③ 평균적으로 고객접점직원 서비스보다는 고객관리 서비스가 더 낮게 평가되었다.

⑤ 모바일쇼핑 만족도는 평균 3.845점이며, 인터넷쇼핑은 평균 3.80점이다. 따라서 모바일쇼핑이 평균 0.045점 더 높게 평가되었다고 이해하는 것이 옳다.

24

음식점까지의 거리를 $x$km라 하면 역에서 음식점까지 왕복하는 데 걸리는 시간과 음식을 포장하는 데 걸리는 시간이 1시간 30분 이내여야 하므로 $\frac{x}{3}+\frac{15}{60}+\frac{x}{3}\leq\frac{3}{2}$

양변에 60을 곱하면 $20x+15+20x\leq90 \to 40x\leq75 \to x\leq\frac{75}{40}=1.875$

즉, 역과 음식점 사이 거리는 1.875km 이내여야 하므로 갈 수 있는 음식점은 'N버거'와 'B도시락'이다.
따라서 K사원이 구입할 수 있는 음식은 햄버거와 도시락이다.

25

가을의 평균 기온은 2021년까지 계속 감소하다가 2022년에 증가했다가 2023년에 다시 감소하므로 옳지 않은 설명이다.

[오답분석]

① 2023년의 봄의 평균 기온은 2021년보다 $12.2-10.8=1.4$℃ 상승했다.

② 2022년의 겨울의 평균 기온을 x℃라 하면 $\frac{10.7+24.0+15.3+x}{4}=12.4 \to 50+x=49.6 \to x=-0.4$이므로 옳다.

③ 연평균 기온은 2022년까지 감소하는 추이를 보이고 있는 것을 확인할 수 있다.

⑤ 2023년에 가을의 평균 기온이 전년 대비 감소한 정도는 $15.3-13.7=1.6$℃이고, 여름의 평균 기온이 전년 대비 상승한 정도는 $24.7-24.0=0.7$℃이므로 옳다.

26

정답 ③

먼저 진구가 장학생으로 선정되지 않으면 광수가 장학생으로 선정된다는 전제(~진 → 광)에 따라 광수가 장학생으로 선정될 것이라고 하였으므로 '진구가 장학생으로 선정되지 않는다(~진).'는 내용의 전제가 추가되어야 함을 알 수 있다. 따라서 보기 중 진구와 관련된 내용의 전제인 ㄴ이 반드시 추가되어야 한다. 이때, 지은이가 선정되면 진구는 선정되지 않는다고(지 → ~진) 하였으므로 지은이가 선정된다(지)는 전제 ㄷ도 함께 필요한 것을 알 수 있다. 결국 ㄴ과 ㄷ이 전제로 추가되면, '지은이가 선정됨에 따라 진구는 선정되지 않으며, 진구가 선정되지 않으므로 광수가 선정된다(지 → ~진 → 광).'가 성립한다.

27

정답 ①

주어진 조건을 논리기호화하면 다음과 같다.
ⅰ) 혁신역량강화 → ~조직문화
ⅱ) ~일과 가정 → 미래가치교육
ⅲ) 혁신역량강화, 미래가치교육 中 1
ⅳ) 조직문화, 전략적 결정, 공사융합전략 中 2
ⅴ) 조직문화
• K대리가 조직문화에 참여하므로 ⅰ)의 대우인 '조직문화 → ~혁신역량강화'에 따라 혁신역량강화에 참여하지 않는다. 따라서 ⅲ)에 따라 미래가치교육에 참여한다.
• 일과 가정의 경우 참여와 불참 모두 가능하지만, K대리는 최대한 참여하므로 일과 가정에 참여한다.
• ⅳ)에 따라 전략적 결정, 공사융합전략 중 한 가지 프로그램에 참여할 것임을 알 수 있다.
따라서 K대리는 조직문화, 미래가치교육, 일과 가정 그리고 전략적 결정 혹은 공사융합전략에 참여하므로 최대 4개의 프로그램에 참여한다.

오답분석
② K대리의 전략적 결정 참여 여부와 일과 가정 참여 여부는 상호 무관하다.
③ K대리는 혁신역량강화에 참여하지 않으며, 일과 가정 참여 여부는 알 수 없다.
④ K대리는 조직문화에 참여하므로 ⅳ)에 따라 전략적 결정과 공사융합전략 중 한 가지에만 참여 가능하다.
⑤ K대리는 조직문화, 미래가치교육에 반드시 참여하며, 전략적 결정과 공사융합전략 중 한 가지 프로그램에 반드시 참여하므로 최소 3개의 프로그램에 참여한다.

28

정답 ①

의류 종류 코드에서 'OP(원피스)'를 'OT(티셔츠)'로 수정해야 하므로 ①의 생산 코드를 'OTGR – 230124 – 475ccc'로 수정해야 한다.

오답분석
㉠ 스커트는 'OH', 붉은색은 'RD', 제조일은 '22120', 창원은 '753', 수량은 'aaa'이므로 ③의 생산 코드는 'OHRD – 221204 – 753aaa'로 옳다.
㉢ 원피스는 'OP', 푸른색은 'BL', 제조일은 '220705', 창원은 '753', 수량은 'aba'이므로 ⑤의 생산 코드는 'OPBL – 220705 – 753aba'로 옳다.
㉣ 납품일(2023년 7월 23일) 전날에 생산했으므로 생산날짜는 2023년 7월 22일이다. 따라서 ②의 생산 코드는 'OJWH – 230722 – 935baa'로 옳다.
㉤ 티셔츠의 생산 코드는 ④와 같이 'OTYL – 230430 – 869aab'로 옳으며, 스커트의 생산 코드는 'OHYL – 230430 – 869aab'이다.

29

오답분석
① 재질이 티타늄, 용도가 일반이므로 옳지 않다.
② 용도가 선박이므로 옳지 않다.
③ 재질이 크롬 도금, 직경이 12mm이므로 옳지 않다.
⑤ 재질이 티타늄, 직경이 12mm이므로 옳지 않다.

30

먼저 세 번째 조건에 따라 C주임은 아일랜드로 파견된다. 그러므로 네 번째 조건의 후단이 거짓이 되므로 네 번째 조건이 참이 되기 위해서는 전단이 참이 되어야 한다. 따라서 E주임은 몽골로 파견되고, 첫 번째 조건의 대우에 따라 A대리는 인도네시아로 파견된다. A대리가 인도네시아로 파견되어 다섯 번째 조건의 전단이 거짓이므로 다섯 번째 조건이 참이 되기 위해서는 후단이 참이어야 하므로 B대리는 우즈베키스탄에 파견되지 않는다. 마지막으로 두 번째 조건의 대우에 따라 B대리가 우즈베키스탄에 파견되지 않는다면 D주임 또한 뉴질랜드에 파견되지 않는다. 이를 정리하면 다음과 같다.
• A대리 : 인도네시아 파견 ○
• B대리 : 우즈베키스탄 파견 ×
• C주임 : 아일랜드 파견 ○
• D주임 : 뉴질랜드 파견 ×
• E주임 : 몽골 파견 ○
따라서 보기 중 반드시 참인 것은 ㄱ, ㄴ이며, ㄷ, ㄹ은 반드시 거짓이다.

31

먼저 16진법으로 표현된 수를 10진법으로 변환하여야 한다.
$43=4\times16+3=67$
$41=4\times16+1=65$
$54=5\times16+4=84$
변환된 수를 아스키 코드표를 이용하여 해독하면 67=C, 65=A, 84=T임을 확인할 수 있다. 따라서 철수가 장미에게 보낸 문자의 의미는 CAT이다.

32

제시된 조건에 따라 계산한 1~5층의 월 전기료는 다음과 같다.
• 1층 : 10×5만$+4\times3$만$=62$만 원
• 2층 : 13×5만$+5\times3$만$=80$만 원
• 3층 : 15×5만$+7\times3$만$=96$만 원
• 4층 : 11×5만$+6\times3$만$=73$만 원
• 5층 : 12×5만$+5\times3$만$=75$만 원

1번 조건을 충족하지 않는 층은 2·3·5층이고, 조건을 충족하기 위해 2·3·5층에 각각 구형 에어컨 2대, 5대, 1대를 판매하게 된다. 이때 발생하는 수입은 구형 에어컨의 중고 판매가격에 따라 총 10만$\times8=80$만 원이다.
구형 에어컨을 판매하고 난 후 각 층의 구형 에어컨의 개수와 신형 에어컨 개수 및 비율을 구하면 다음과 같다.

구분	1층	2층	3층	4층	5층
구형 에어컨	10대	13−2=11대	15−5=10대	11대	12−1=11대
신형 에어컨	4대	5대	7대	6대	5대
비율	$\frac{4}{10}$	$\frac{5}{11}$	$\frac{7}{10}$	$\frac{6}{11}$	$\frac{5}{11}$

2번 조건에서 비율이 $\frac{1}{2}$ 미만인 층은 1·2·5층이고, 조건을 충족하기 위해 신형 에어컨을 1대씩 구입하면, 신형 에어컨의 총 구입비용은 50만$\times3=150$만 원이 나온다. 따라서 K공사는 150만-80만$=70$만 원의 지출(비용)이 발생한다.

33

정답 ⑤

ⓒ에는 약점을 보완하여 위협에 대비하는 WT전략이 들어가야 하는데, 제시된 ⑤의 전략은 풍부한 자본을 토대로 하는 경영상태라는 강점을 이용하여 위협에 대비하는 ST전략이다.

오답분석

① 테크핀 기업과의 협업 기회를 통해 경영방식을 배워 시중은행의 저조한 디지털 전환 적응력을 개선하려는 것이므로 WO전략에 해당한다.
② 테크핀 기업과 협업을 하며, 이러한 혁신기업의 특성을 파악해 발굴하고 적극적으로 대출을 운영함으로써 전당포식의 소극적인 대출 운영이라는 약점을 보완할 수 있다는 것으로 WO전략에 해당한다.
③ 오프라인 인프라가 풍부하다는 강점을 이용하여, 점유율을 높이고 있는 기업들에 대해 점유율 방어를 하고자 하는 전략이므로 ST전략에 해당한다.
④ 디지털 문화에 소극적인 문화를 혁신하여 디지털 전환 속도를 높임으로써 테크핀 및 핀테크 기업의 점유율 잠식으로부터 방어하려는 내용이므로 WT전략에 해당한다.

34

정답 ②

고객에게 문의 주신 것에 대한 감사와 문제가 생겨 힘들었던 점을 공감해주는 내용으로 불만고객 응대를 위한 8단계 프로세스 중 '감사와 공감 표시' 단계임을 알 수 있다.

오답분석

① 어떠한 부분이 불편했는지 질문하는 것이므로 '정보파악' 단계이다.
③ 고객이 처음에 말한 내용을 확인한 후 바로 도움을 드리겠다는 내용으로 '해결약속' 단계이다.
④ 정보파악 후 내용을 확인하고 문제를 처리하기 전 고객에게 시간 양해를 구하는 것으로 '신속처리' 단계이다.
⑤ 문제해결 후 고객에게 서비스에 대한 만족도를 묻는 것으로 마지막 '피드백' 단계이다.

35

정답 ④

문제 해결은 문제 해결자의 개선의식, 도전 의식과 끈기를 필요로 한다. 특히 문제 해결자의 현상에 대한 도전 의식과 새로운 것을 추구하려는 자세, 난관에 봉착했을 때 헤쳐 나가려는 태도 등이 문제 해결의 밑바탕이 된다. A씨의 경우 문제 해결 방법에 대한 지식이 충분함에도 불구하고 이런 도전 의식과 끈기가 부족하여 문제 해결에 어려움을 겪고 있다.

36

정답 ④

A ~ E학생이 얻는 점수는 다음과 같다.
- A : 기본 점수 80점에 오탈자 33건이므로 5점 감점, 전체 글자 수 654자이므로 3점 추가, A등급 2개와 C등급 1개이므로 15점 추가하여 총 $80-5+3+15=93$점이다.
- B : 기본 점수 80점에 오탈자 7건이므로 0점 감점, 전체 글자 수 476자이므로 0점 추가, B등급 3개이므로 5점 추가하여 총 $80+5=85$점이다.
- C : 기본 점수 80점에 오탈자 28건이므로 4점 감점, 전체 글자 수 332자이므로 10점 감점, B등급 2개와 C등급 1개이므로 0점 추가하여 총 $80-4-10=66$점이다.
- D : 기본 점수 80점에 오탈자 25건이므로 4점 감점, 전체 글자 수가 572자이므로 0점 추가, A등급 3개이므로 25점 추가하여 총 $80-4+25=101$점이다.
- E : 기본 점수 80점에 오탈자 12건이므로 1점 감점, 전체 글자 수가 786자이므로 8점 추가, A등급 1개와 B등급 1개와 C등급 1개이므로 10점 추가하여 총 $80-1+8+10=97$점이다.

따라서 점수가 가장 높은 학생은 D이다.

37

- (가) : A유형의 시험체 강도 평균은 24.2MPa이며, 기준강도는 24MPa이다. 그러므로 각 시험체 강도가 모두 기준강도에서 3.5MPa을 뺀 값(20.5MPa) 이상이어야 한다. A유형의 3개의 시험체는 모두 이 조건을 충족하므로 판정결과는 합격이다.
- (나) : C유형의 시험체 강도 평균은 35.1MPa이며, 기준강도는 35MPa이다. 그러므로 각 시험체 강도가 모두 기준강도에서 3.5MPa을 뺀 값(31.5MPa) 이상이어야 한다. C유형의 3개의 시험체는 모두 이 조건을 충족하므로 판정결과는 합격이다.
- (다) : E유형의 시험체 강도 평균은 45.5MPa이며, 기준강도는 45MPa이다. 그러므로 각 시험체 강도가 모두 기준강도의 90%(40.5MPa) 이상이어야 한다. 그러나 E유형의 시험체 1은 이 조건을 충족하지 못하므로 판정결과는 불합격이다.

38

장소 선정 기준에 따라 현수막 설치 후보 장소를 비교하면 다음과 같다.
- 하루 평균 유동인구가 가장 많은 곳 : C마트(300명)
- 게시 가능한 기간이 제일 긴 곳 : B대학교

구분	공사 본관	A고등학교	B대학교	C마트	D주유소
게시 가능 기간	5일	4일	7일	3일	6일

- 총비용이 가장 적게 드는 곳 : C마트

(단위 : 만 원)

구분	공사 본관	A고등학교	B대학교	C마트	D주유소
총 게시비용	$(3\times8)+(2\times13)$ $=50$	$4\times10=40$	$7\times12=84$	$3\times26=78$	$(5\times9)+11=67$
설치비용	250	280	240	200	220
철거비용	50	56	48	40	44
총비용	$50+250+50=350$	$40+280+56=376$	$84+240+48=372$	$78+200+40=318$	$67+220+44=331$

따라서 유동인구가 가장 많으면서도 총비용이 가장 적게 드는 C마트와 게시 가능한 기간이 제일 긴 B대학교에 현수막을 설치한다.

39

하루 평균 유동인구가 상대적으로 많은 2곳은 C마트(300명)와 B대학교(280명)이다.
C마트와 B대학교에 현수막을 설치할 경우 소요되는 총비용을 계산하면 다음과 같다.

(단위 : 만 원)

구분	B대학교	C마트
총 게시비용	$3\times12=36$	$3\times26=78$
설치비용	240	200
철거비용	48	40
총비용	$36+240+48=324$	$78+200+40=318$

따라서 현수막 설치 과정에 필요한 총비용은 324+318=642만 원이다.

40

정답 ②

주어진 상황에 따라 갑 ~ 정이 갖춘 직무역량을 정리하면 다음과 같다.

구분	의사소통역량	대인관계역량	문제해결역량	정보수집역량	자원관리역량
갑	○	○	×	×	○
을	×	×	○	○	○
병	○	×	○	○	×
정	×	○	○	×	○

이를 바탕으로 갑 ~ 정의 수행 가능한 업무는 다음과 같다.
• 갑 : 심리상담, 지역안전망구축
• 을 : 진학지도
• 병 : 위기청소년지원, 진학지도
• 정 : 지역안전망구축

따라서 서로 다른 업무를 맡으면서 4가지 업무를 분담할 수 있는 후보자는 갑과 병뿐이므로, A복지관에 채용될 후보자는 갑, 병이다.

41

정답 ④

㉠ A는 패스트푸드점이 가까운 거리에 있음에도 불구하고 배달료를 지불해야 하는 배달 앱을 통해 음식을 주문하고 있으므로 편리성을 추구하는 (나)에 해당한다.
㉡ B는 의자 제작에 필요한 재료들인 물적자원만 고려하고 시간은 고려하지 않았으므로 시간이라는 자원에 대한 인식 부재인 (다)에 해당한다.
㉢ C는 자원관리의 중요성을 인식하고 프로젝트를 완성하기 위해 나름의 계획을 세워 수행하였지만, 경험이 부족하여 계획한 대로 진행하지 못하였으므로 노하우 부족인 (라)에 해당한다.
㉣ D는 홈쇼핑 시청 중 충동적으로 계획에 없던 여행 상품을 구매하였으므로 비계획적 행동인 (가)에 해당한다.

42

정답 ①

• 부하율 50%
  C아파트 전력사용량을 x라 하자.

  $50 = \dfrac{60+40+x}{100} \times 100$

  $\rightarrow \dfrac{60+40+x}{100} = 50$

• 부하율 80%
  C아파트 전력사용량을 a라 하자.

  $80 = \dfrac{60+40+a}{100} \times 100$

  $\therefore a = 80$

따라서 아파트 C의 전력사용량이 30이 증가해야 한다.

43

정답 ⑤

밑줄 친 '이것'은 간접비용(Indirect Cost)을 의미한다.
• 장원 : 간접비용은 생산에 직접적으로 관련이 있는 비용인 직접비용에 상대되는 개념이다.
• 휘동·경원 : 간접비용에는 생산과 직접적으로 관련이 없는 보험료, 건물관리비, 광고비, 통신비, 사무비품비, 각종 공과금 등이 포함된다.

오답분석
• 창수 : 직접비용의 구성 중 하나인 인건비를 설명하고 있다.

44

조건에 따라 최대리가 각 노트북에 부여할 점수를 표로 나타내 보면 다음과 같다.

구분	A	B	C	D	E
저장용량	4	2+3=5	5	2+3=5	3+3=6
배터리 지속시간	2	5	1	4	3
무게	2	5	1	4	3
가격	2	5	1	3	4
합계	4+2+2+2 =10	5+5+5+5 =20	5+1+1+1 =8	5+4+4+3 =16	6+3+3+4 =16

따라서 최대리는 점수가 가장 높은 B노트북을 고른다.

45

ㄱ. 대도시 간 예상 최대 소요시간의 모든 구간에서 주중이 주말보다 소요시간이 적게 걸림을 알 수 있다.

ㄴ. 주중 전국 교통량 중 수도권에서 지방으로 가는 교통량의 비율은 $\frac{42}{380} \times 100 = 11.1\%$이다.

ㄹ. 서울 – 광주 구간 주중 예상 최대 소요시간과 서울 – 강릉 구간 주말 예상 최대 소요시간은 3시간 20분으로 같다.

[오답분석]

ㄷ. 지방에서 수도권으로 가는 주말 예상 교통량은 주중 예상 교통량보다 $\frac{51-35}{35} \times 100 = 45.7\%$ 많다.

46

14일까지 A기업이 보유한 모든 트랙터는 대여상태이고(D기업에 대여한 2대 포함), 17일에 트랙터 2대가 재입고되므로 트랙터는 18일에 추가로 빌릴 수 있다.

i) 기존 트랙터 대여 비용(2월 14일 ~ 2월 20일) : $(12,000 \times 2) \times 7 \times 0.9 = 151,200$원

ii) 추가 트랙터 대여 비용(2월 18일 ~ 2월 20일) : $(12,000 \times 2) \times 3 = 72,000$원

∴ 트랙터 대여 총 비용 : $151,200 + 72,000 = 223,200$원

47

구분	월	화	수	목	금	토	일
오전	공주원 지한준 김민정	이지유 최유리	강리환 이영유	공주원 강리환 이건율	이지유 지한준	김민정 최민관 강지공	이건율 최민관
오후	이지유 최민관	최민관 이영유 강지공	공주원 지한준 강지공 김민정	최유리	이영유 강지공	강리환 최유리 이영유	이지유 김민정

당직 근무 규칙에 따르면 오후 당직의 경우 최소 2명이 근무해야 한다. 그러나 목요일 오후에 최유리 1명만 근무하므로 최소 1명의 근무자가 더 필요하다. 이때, 한 사람이 같은 날 오전·오후 당직을 모두 할 수 없으므로 목요일 오전 당직 근무자인 공주원, 강리환, 이건율은 제외된다. 또한 당직 근무는 주당 5회 미만이므로 이번 주에 4번의 당직 근무가 예정된 근무자 역시 제외된다. 따라서 지한준의 당직 근무 일정을 추가해야 한다.

48

정답 ④

승진시험 성적은 100점 만점이므로 제시된 점수를 그대로 반영하고 영어 성적은 5를 나누어서 반영한다. 성과 평가의 경우는 2를 나누어서 합산해, 그 합산점수가 가장 큰 사람을 선발한다. 이때, 합산점수가 높은 E와 I는 동료평가에서 하를 받았으므로 승진 대상자에서 제외된다. 합산점수는 다음과 같이 나온다.

(단위 : 점)

구분	A	B	C	D	E	F	G	H	I	J	K
합산 점수	220	225	225	200	제외	235	245	220	제외	225	230

따라서 점수가 높은 2명인 F, G가 승진 대상자가 된다.

49

정답 ①

• B씨 가족이 주간권을 구매할 경우의 할인금액

  $(54,000 \times 0.4) + \{(54,000 + 46,000 + 43,000) \times 0.1\} = 35,900$원

• B씨 가족이 야간권을 구매할 경우의 할인금액

  $(45,000 \times 0.4) + \{(45,000 + 39,000 + 36,000) \times 0.1\} = 30,000$원

따라서 할인금액의 차이는 $35,900 - 30,000 = 5,900$원이다.

50

정답 ④

위험 한 단위당 기대수익률은 '(기대수익률)÷(표준편차)'로 구할 수 있다. E는 $8 \div 4 = 2$이며, F는 $6 \div 3 = 2$이다. 따라서 E와 F는 위험 한 단위당 기대수익률이 같다.

오답분석

① 지배원리에 의해 동일한 기대수익률이면 최소의 위험을 선택하여야 하므로, 동일한 기대수익률인 A와 E, C와 F는 표준편차를 기준으로 우열을 가릴 수 있다.
② 위험 한 단위당 기대수익률이 높은 투자 대안을 선호한다고 하였으므로 A, B, C, D 중에서 D가 가장 낮다고 평가할 수 있다.
③ G가 기대수익률이 가장 높지만 표준편차도 가장 높기 때문에 가장 바람직한 대안이라고 볼 수 없다.
⑤ E는 B와 G에 비해 표준편차는 낮지만, 기대수익률 역시 낮으므로 우월하다고 볼 수 없다.

핵심영역 NCS 최종모의고사

01	02	03	04	05	06	07	08	09	10	11	12	13	14	15	16	17	18	19	20
②	③	⑤	⑤	②	④	②	③	④	①	①	④	①	④	④	④	④	①	①	④
21	22	23	24	25	26	27	28	29	30	31	32	33	34	35	36	37	38	39	40
④	④	⑤	⑤	②	①	④	④	②	①	⑤	⑤	⑤	③	④	④	⑤	④	④	④
41	42	43	44	45	46	47	48	49	50										
①	②	④	④	⑤	④	④	①	③	③										

01
정답 ②

용해는 '물질이 액체 속에서 균일하게 녹아 용액이 만들어지는 현상'이고, 융해는 '고체에 열을 가했을 때 액체로 되는 현상'을 의미한다. 따라서 글의 맥락상 '용해되지'가 적절하다.

02
정답 ③

특정 상황을 가정하여 컴퓨터와 스마트폰이 랜섬웨어에 감염되는 사례를 통해 문제 상황을 제시한 뒤, 이에 대한 보안 대책 방안을 제시하고 있으므로 글의 주된 전개 방식으로 ③이 적절하다.

03
정답 ⑤

우리말과 영어의 어순 차이에 대해 설명하면서, 우리말에서 주어 다음에 목적어가 오는 것은 '나의 의사보다 상대방에 대한 관심을 먼저 보이는 우리의 문화'에서 기인한 것이라고 언급하고 있다. 그리고 '나의 의사를 밝히는 것이 먼저인 영어를 사용하는 사람들의 문화'라는 내용으로 볼 때, 상대방에 대한 관심보다 나의 생각을 우선시하는 것은 영어의 문장 표현이다.

04
정답 ⑤

수정주의는 미국의 경제적 동기에 의해 냉전이 발생했다고 보며, 탈수정주의 역시 경제와 더불어 안보 문제를 고려해서 파악해야 한다고 주장한다.

오답분석
① · ② 탈수정주의는 책임이 양쪽 모두에게 있다고 보는 입장이다.
③ 전통주의는 소련의 팽창 정책을 냉전의 원인으로 본다.
④ 수정주의는 소련이 적극적인 팽창 정책을 펼칠 능력이 없었다고 주장한다.

05

정답 ②

제시문은 사회의 변화 속도를 따라가지 못하는 언어의 변화 속도에 대해 문제를 제기하며 구체적 예시와 함께 이를 시정할 것을 촉구하고 있다. 따라서 (나) '사회의 변화 속도를 따라가지 못하고 있는 언어의 실정' → (라) '성별을 구분하는 문법적 요소가 없는 우리말' → (가) '성별을 구분하여 사용하는 단어들의 예시' → (다) '언어의 남녀 차별에 대한 시정노력 촉구'의 순서로 나열되어야 한다.

06

정답 ④

제시문은 대중문화가 대중을 사회 문제로부터 도피하게 하거나 사회 질서에 순응하게 하는 역기능을 수행하여 혁명을 불가능하게 만든다는 내용이다. 따라서 제시문의 주장에 대한 반박은 대중문화가 순기능을 한다는 태도여야 한다. 그런데 ④는 현대 대중문화의 질적 수준에 대한 평가에 관한 내용이므로 연관성이 없다.

07

정답 ②

제시문은 '인간 본성을 구성하는 하부 체계들은 서로 극단적으로 밀접하게 연관되어 있기 때문에 어느 일부를 인위적으로 개선하려 한다면 인간 본성이라는 전체가 변화되어 결국 무너지는 위험에 처한다.'라고 주장한다. 그러므로 ©처럼 하부 체계가 서로 분리되어 특정 부분의 변화가 다른 부분에 영향을 끼치지 못한다는 것은 제시문의 논증을 약화시킨다.

오답분석

㉠ 제시문에서 인간이 갖고 있는 개별적인 요소들이 모여 만들어 낸 인간 본성이라는 복잡한 전체는 인간에게 존엄성을 부여한다고 했으므로, ㉠처럼 인간 본성은 인간의 도덕적 지위와 존엄성의 근거가 된다고 볼 수 있다. 따라서 ㉠은 제시문의 논지를 강화한다.
© 제시문의 논증과 관련이 없으므로 논지를 약화시키지도 강화시키지도 않는다.

08

정답 ③

거래에 참여하는 사람들 간에는 목적이나 재산 등의 측면에서 큰 차이가 존재하는 것이 보통이다. 이런 경우에는 상품의 가격이 우리의 상식으로는 도저히 이해하기 힘든 수준까지 일시적으로 뛰어오르는 현상이 나타날 가능성이 있다.

오답분석

①·④는 네 번째 문단, ②는 마지막 문단, ⑤는 세 번째 문단에서 확인할 수 있다.

09

정답 ④

첫 번째 문단에서 영업 비밀의 범위와 영업 비밀이 법적 보호 대상으로 인정받기 위해 일정 조건을 갖추어야 한다는 것은 언급하고 있으나, 영업 비밀이 법적 보호 대상으로 인정받기 위한 절차는 언급되어 있지 않다.

오답분석

① 첫 번째 문단에서 영업 비밀은 생산 방법, 판매 방법, 그 밖에 영업 활동에 유용한 기술상 또는 경영상의 정보 등이라고 언급하고 있다.
② 두 번째 문단에서 디지털세를 도입하게 된 배경에는 국가가 기업으로부터 걷는 세금 중 가장 중요한 법인세의 감소에 대한 각국의 우려가 있다고 언급하고 있다.
③ 첫 번째 문단에서 법으로 보호되는 특허권과 영업 비밀은 모두 지식 재산이라고 언급하고 있다.
⑤ 네 번째 문단에서 지식 재산 보호의 최적 수준은 유인 비용과 접근 비용의 합이 최소가 될 때라고 언급하고 있다.

10

세 번째 문단에 따르면 ICT 다국적 기업이 여러 국가에 자회사를 설립하는 이유는 디지털세가 아닌 법인세를 피하기 위해서이다.

오답분석

② 두 번째 문단에서 디지털세는 이를 도입한 국가에서 ICT 다국적 기업이 거둔 수입에 대해 부과되는 세금이라고 언급하고 있다.

③ 첫 번째 문단과 두 번째 문단에 따르면 일부 국가에서 디지털세 도입을 진행하는 것은 지식 재산 보호를 위해서가 아니라 ICT 다국적 기업이 지식 재산으로 거두는 수입에 대한 과세 문제를 해결하기 위해서이다.

④ 두 번째 문단에 '디지털세의 배경에는 법인세 감소에 대한 각국의 우려가 있다.'는 내용이 나와 있다.

⑤ 세 번째 문단에서 ICT 다국적 기업의 본사를 많이 보유한 국가 중 어떤 국가들은 디지털세 도입에는 방어적이라고 언급하고 있다.

11

- 주말 입장료 : $11,000+15,000+20,000\times2+20,000\times\frac{1}{2}=76,000$원

- 주중 입장료 : $10,000+13,000+18,000\times2+18,000\times\frac{1}{2}=68,000$원

따라서 주말과 주중의 입장료 요금 차이는 $76,000-68,000=8,000$원이다.

12

2023년 15세 미만 인구를 x명, 65세 이상 인구를 y명, 15~64세 인구를 a명이라 하면, 15세 미만 인구 대비 65세 이상 인구 비율은 $\frac{y}{x}\times100$이므로

(2023년 유소년부양비)$=\frac{x}{a}\times100=19.5\to a=\frac{x}{19.5}\times100\cdots\bigcirc$

(2023년 노년부양비)$=\frac{y}{a}\times100=17.3\to a=\frac{y}{17.3}\times100\cdots\bigcirc$

$\bigcirc$, $\bigcirc$을 연립하면, $\frac{x}{19.5}=\frac{y}{17.3}\to\frac{y}{x}=\frac{17.3}{19.5}$

따라서 15세 미만 인구 대비 65세 이상 인구의 비율은 $\frac{17.3}{19.5}\times100\fallingdotseq88.7\%$이다.

13

(고사한 소나무 수)=(감염률)×(고사율)×(발생지역의 소나무 수)
- 거제 : $0.5\times0.5\times1,590=397.5$천 그루
- 경주 : $0.2\times0.5\times2,981=298.1$천 그루
- 제주 : $0.8\times0.4\times1,201=384.32$천 그루
- 청도 : $0.1\times0.7\times279=19.53$천 그루
- 포항 : $0.2\times0.6\times2,312=277.44$천 그루

따라서 고사한 소나무 수가 가장 많이 발생한 지역은 거제이다.

14

미국의 점수 총합은 $4.2+1.9+5.0+4.3=15.4$점으로 프랑스의 총점 $5.0+2.8+3.4+3.7=14.9$점보다 높다.

오답분석

① 기술력 분야에서는 프랑스가 제일 높다.

② 성장성 분야에서 점수가 가장 높은 국가는 한국이고, 시장지배력 분야에서 점수가 가장 높은 국가는 미국이다.

③ 브랜드파워 분야에서 각국 점수 중 최댓값과 최솟값의 차이는 $4.3-1.1=3.2$점이다.
⑤ 시장지배력 분야의 점수는 일본이 1.7점으로 3.4점인 프랑스보다 낮다.

15

정답 ④

2020년부터 2022년까지 경기 수가 증가하는 스포츠는 배구와 축구 2종목이다.

오답분석

① 농구의 2020년 전년 대비 경기 수의 감소율은 $\frac{413-403}{413}\times100 ≒ 2.4\%$이며, 2023년의 전년 대비 경기 수의 증가율은

$\frac{410-403}{403}\times100 ≒ 1.7\%$이다. 따라서 2020년의 전년 대비 경기 수 감소율이 더 높다.

② 2019년의 농구와 배구의 경기 수의 차이는 $413-226=187$회이고, 야구와 축구의 경기 수의 차이는 $432-228=204$회이다.

따라서 $\frac{187}{204}\times100 ≒ 91.7\%$이므로 90% 이상이다.

③ 5년 동안의 종목별 스포츠 경기 수의 평균은 다음과 같다.

- 농구 : $\frac{413+403+403+403+410}{5}=406.4$회

- 야구 : $\frac{432+442+425+433+432}{5}=432.8$회

- 배구 : $\frac{226+226+227+230+230}{5}=227.8$회

- 축구 : $\frac{228+230+231+233+233}{5}=231.0$회

따라서 야구의 평균 경기 수는 축구의 평균 경기 수의 약 1.87배로 2배 이하이다.

⑤ 2023년의 경기 수가 5년 동안의 종목별 평균 경기 수보다 적은 스포츠는 야구이다.

16

정답 ④

생산이 증가한 2019년, 2022년, 2023년에는 수출과 내수도 모두 증가했으므로 옳지 않은 설명이다.

오답분석

① 2019년에는 전년 대비 생산, 내수, 수출이 모두 증가한 것을 확인할 수 있다.
② 내수가 가장 큰 폭으로 증가한 해는 2021년으로, 생산과 수출 모두 감소했다.
③ 수출이 증가한 2019년, 2022년, 2023년에는 내수와 생산도 증가했다.
⑤ 수출이 가장 큰 폭으로 증가한 2022년에는 생산도 가장 큰 폭으로 증가한 것을 확인할 수 있다.

17

정답 ④

총무부서 직원은 총 $250\times0.16=40$명이다. 2022년과 2023년의 독감 예방접종 여부가 총무부서에 대한 자료라면, 총무부서 직원 중 2022년과 2023년의 예방접종자 수의 비율 차는 $56-38=18\%$p이다. 따라서 $40\times0.18 ≒ 7.2$이므로 약 7명 증가하였다.

오답분석

① 2022년의 예방접종자 수는 95명이고, 2023년의 예방접종자 수는 140명이다. 따라서 $\frac{140-95}{95}\times100 ≒ 47\%$ 증가했다.

② 2022년의 독감 예방접종자 수는 $250\times0.38=95$명, 2023년의 독감 예방접종자 수는 $250\times0.56=140$명이므로, 2022년에는 예방접종을 하지 않았지만, 2023년에는 예방접종을 한 직원은 총 $140-95=45$명이다.

③ 2022년에 예방접종을 하지 않은 직원들을 대상으로 2023년의 독감 예방접종 여부를 조사한 자료라고 한다면, 2022년과 2023년 모두 예방접종을 하지 않은 직원은 총 $250\times0.62\times0.44 ≒ 68$명이다.

⑤ 제조부서를 제외한 직원은 $250\times(1-0.44)=140$명이고, 2023년에 예방접종을 한 직원은 $250\times0.56=140$명이다. 따라서 제조부서 중 예방접종을 한 직원은 없다.

18

정답 ①

㉠ • 1시간 미만 운동하는 3학년 남학생 수 : 87명
　 • 4시간 이상 운동하는 1학년 여학생 수 : 46명
　 따라서 옳은 설명이다.
㉡ 제시된 자료에서 남학생 중 1시간 미만 운동하는 남학생의 비율이 여학생 중 1시간 미만 운동하는 여학생의 비율보다 각 학년에서 모두 낮음을 확인할 수 있다.

오답분석

㉢ 남학생과 여학생 모두 학년이 높아질수록 3시간 이상 4시간 미만 운동하는 학생의 비율은 낮아진다. 그러나 남학생과 여학생 모두 학년이 높아질수록 4시간 이상 운동 하는 학생의 비율은 높아지므로 옳지 않은 설명이다.
㉣ 3학년 남학생의 경우 3시간 이상 4시간 미만 운동하는 학생의 비율은 4시간 이상 운동하는 학생의 비율보다 낮다.

19

정답 ①

졸업 후 창업하는 학생들은 총 $118+5+5+1+37=166$명이며, 이 중 특성화고 졸업생은 37명이다. 따라서 졸업 후 창업하는 졸업생들 중 특성화고 졸업생이 차지하는 비율은 $\frac{37}{166} \times 100 ≒ 22.3\%$이다.

오답분석

② 졸업생 중 대학 진학률이 가장 높은 학교유형은 과학고·외고·국제고이며, 창업률이 가장 높은 학교유형은 예술·체육고이다.
③ 진로를 결정하지 않은 졸업생 수가 가장 많은 학교유형은 일반고이다.
④ 일반고 졸업생 중 대학에 진학하는 졸업생 수는 6,773명, 특성화고 졸업생 중 대학에 진학하는 졸업생 수는 512명이다. 따라서 일반고 졸업생 중 대학에 진학하는 졸업생 수는 특성화고 졸업생 중 대학에 진학하는 졸업생 수보다 $\frac{6,773}{512} ≒ 13.2$배 많다.
⑤ 졸업 후 군입대를 하거나 해외 유학을 가는 졸업생들은 $297+5+3+6+86=397$명이며, 이 중 과학고·외고·국제고와 마이스터고 졸업생들은 $5+6=11$명이다. 따라서 졸업 후 군 입대를 하거나 해외 유학을 가는 졸업생들 중 과학고·외고·국제고와 마이스터고 졸업생들이 차지하는 비율은 $\frac{11}{397} \times 100 ≒ 2.8\%$이다.

20

정답 ④

㉡ 졸업 후 취업한 인원은 $457+11+3+64+752=1,287$명이므로 1,200명을 넘었다.
㉣ 특성화고 졸업생 중 진로를 결정하지 않은 졸업생 수는 260명, 대학에 진학한 졸업생 수는 512명이다. 따라서 특성화고에서 진로를 결정하지 않은 졸업생은 대학에 진학한 졸업생의 수의 $\frac{260}{512} \times 100 ≒ 50.8\%$이다.

오답분석

㉠ 마이스터고와 특성화고의 경우 대학에 진학한 졸업생 수보다 취업한 졸업생 수가 더 많았다.
㉢ 일반고 졸업생 중 취업한 졸업생 수는 457명으로, 창업한 졸업생 수의 4배인 $118\times4=472$명보다 적으므로 옳지 않은 설명이다.

21

정답 ④

메인 메뉴 단위당 영양성분표에서 모든 메인 메뉴의 단백질 함량은 포화지방 함량의 2배 이상인 것을 확인할 수 있다.

오답분석

① 새우버거의 중량 대비 열량의 비율은 $\frac{395}{197} ≒ 2.0$이고, 칠리버거는 $\frac{443}{228} ≒ 1.9$로 칠리버거가 더 낮다.
② 메인 메뉴 단위당 영양성분표의 나트륨 함량의 단위 mg을 당 함량 단위 g과 같게 만들면 $0.5\text{g} \leq (\text{나트륨}) \leq 1.2\text{g}$의 범위가 나온다. 그런데 당 함량은 모두 6g 이상이므로 모든 메뉴에서 당 함량이 나트륨 함량보다 많다.
③ 스낵 메뉴 단위당 영양성분표에서 모든 스낵 메뉴의 단위당 중량 합은 $114+68+47=229$g이고, 메인 메뉴 단위당 영양성분표에서 메인 메뉴 중 베이컨버거의 중량은 242g이므로 모든 스낵 메뉴의 단위당 중량 합보다 크다.

⑤ 메인 메뉴와 스낵 메뉴 중 열량이 가장 낮은 햄버거와 조각치킨의 열량 합은 $248+165=413$kcal이고, $500-413=87$kcal 이하인 음료 메뉴는 커피 또는 오렌지 주스이므로 커피 외에 오렌지 주스도 주문이 가능하다.

22

정답 ④

ㄱ. 2023년의 상업용 무인기의 국내 시장 판매량 대비 수입량의 비율은 $\frac{5}{202}\times100≒2.5\%$이다.

ㄴ. 2020 ~ 2023년 동안 상업용 무인기 국내 시장 판매량의 전년 대비 증가율은 다음과 같다.

- 2020년 : $\frac{72-53}{53}\times100≒35.8\%$

- 2021년 : $\frac{116-72}{72}\times100≒61.1\%$

- 2022년 : $\frac{154-116}{116}\times100≒32.8\%$

- 2023년 : $\frac{202-154}{154}\times100≒31.2\%$

따라서 2021의 증가율이 가장 높다.

ㄹ. 2021년의 상업용 무인기 수출량의 전년 대비 증가율은 $\frac{18-2.5}{2.5}\times100=620\%$이고, 2021년의 K사의 상업용 무인기 매출액의

전년 대비 증가율은 $\frac{304.4-43}{43}\times100≒608\%$로 차이는 $620-608=12\%$이다.

[오답분석]

ㄷ. 2020 ~ 2023년 동안 상업용 무인기 수입량의 전년 대비 증가율이 가장 작은 해는 2023년으로 $\frac{5-4.2}{4.2}\times100≒19\%$이며,

2023년 상업용 무인기 수출량의 전년 대비 증가율은 268%로, 2021의 620%보다 작다.

23

정답 ⑤

- 술에 부과되는 세금
  - 종가세 부과 시 : $2,000\times20\times0.2=8,000$원
  - 정액세 부과 시 : $300\times20=6,000$원
- 담배에 부과되는 세금
  - 종가세 부과 시 : $4,500\times100\times0.2=90,000$원
  - 정액세 부과 시 : $800\times100=80,000$원

그러므로 조세 수입을 극대화시키기 위해서 술과 담배 모두 종가세를 부여해야 한다. 따라서 종가세 부과 시 조세 총수입은 $8,000+90,000=98,000$원이다.

24

정답 ⑤

주어진 자료를 토대로 조건을 분석하면 다음과 같다.

- 첫 번째 조건에 의해 ㉠ ~ ㉣ 국가 중 연도별로 8위를 두 번 한 나라는 ㉠과 ㉣이므로 둘 중 한 곳이 한국, 나머지 하나가 캐나다임을 알 수 있다.
- 두 번째 조건에 의해 2022년 대비 2023년의 이산화탄소 배출량 증가율은 ㉡과 ㉢이 각각 $\frac{556-535}{535}\times100≒3.93\%$와 $\frac{507-471}{471}$ $\times100≒7.64\%$이므로 ㉢은 사우디가 되며, 따라서 ㉡은 이란이 된다.
- 세 번째 조건에 의해 이란의 수치는 고정값으로 놓고 2017년을 기점으로 ㉠이 ㉣보다 배출량이 커지고 있으므로 ㉠이 한국, ㉣이 캐나다임을 알 수 있다.

따라서 ㉠ ~ ㉣은 순서대로 한국, 이란, 사우디, 캐나다이다.

25

도시별 5년간 변화량은 다음 표와 같다.

구분		증감량(천 호, 천 가구)	구분		증감량(천 호, 천 가구)
서울	가구 수	111	인천	가구 수	76
	주택 수	106		주택 수	68
부산	가구 수	41	광주	가구 수	20
	주택 수	69		주택 수	41
대구	가구 수	40	대전	가구 수	26
	주택 수	58		주택 수	23

따라서 5년간 가구 수보다 주택 수가 더 많이 늘어난 도시는 부산, 대구 그리고 광주이다.

오답분석

① 서울을 제외한 5개 도시 중 가구 수가 가장 많이 증가한 도시는 인천이 7만 6천 가구로 가장 많다.

③ 2021년의 서울의 가구 수는 381만 3천 가구이며, 대구와 인천, 광주 그리고 대전의 가구 수의 합은 948+1,080+576+598= 3,202천 가구, 즉 320만 2천 가구로 서울의 가구 수가 더 많다.

④ 2022년의 서울과 부산 그리고 대구의 가구 수는 3,840+1,364+958=6,162천 가구이며, 전국 가구 수 대비 $\frac{6,162}{19,979} \times 100$ ≒30.8%로 30% 이상이다.

⑤ 5년간 주요 도시의 가구 수와 주택 수는 모두 지속적으로 증가하고 있다.

26

사원별 성과지표의 평균을 구하면 다음과 같다.
- A사원 : (3+3+4+4+4)÷5=3.6
- B사원 : (3+3+3+4+4)÷5=3.4
- C사원 : (5+2+2+3+2)÷5=2.8
- D사원 : (3+3+2+2+5)÷5=3
- E사원 : (4+2+5+3+3)÷5=3.4

즉, A사원만 당해 연도 연봉에 1,000,000원이 추가된다.

사원별 당해 연도 연봉을 구하면 다음과 같다.
- A사원 : 300만+(3×300만)+(3×200만)+(4×100만)+(4×150만)+(4×100만)+100만=33,000,000원
- B사원 : 300만+(3×300만)+(3×200만)+(3×100만)+(4×150만)+(4×100만)=31,000,000원
- C사원 : 300만+(5×300만)+(2×200만)+(2×100만)+(3×150만)+(2×100만)=30,500,000원
- D사원 : 300만+(3×300만)+(3×200만)+(2×100만)+(2×150만)+(5×100만)=28,000,000원
- E사원 : 300만+(4×300만)+(2×200만)+(5×100만)+(3×150만)+(3×100만)=31,500,000원

따라서 가장 많은 연봉을 받을 직원은 A사원이다.

27

예산이 가장 많이 드는 B사업과 E사업은 사업기간이 3년이므로 최소 1년은 겹쳐야 한다는 것을 기반으로 정리하면 다음과 같다.

연도 예산 사업명	1년 20조 원	2년 24조 원	3년 28.8조 원	4년 34.5조 원	5년 41.5조 원
A		1조 원	4조 원		
B		15조 원	18조 원	21조 원	
C					15조 원
D	15조 원	8조 원			
E			6조 원	12조 원	24조 원
실질사용 예산합	15조 원	24조 원	28조 원	33조 원	39조 원

따라서 D사업을 첫해에 시작해야 한다.

28

조건에 따라 최고점과 최저점을 제외한 3명의 면접관이 부여한 점수의 평균과 보훈 가점을 더한 총점은 다음과 같다.

구분	총점	순위
A	$\dfrac{80+85+75}{3}=80$점	7위
B	$\dfrac{75+90+85}{3}+5≒88.33$점	3위
C	$\dfrac{85+85+85}{3}=85$점	4위
D	$\dfrac{80+85+80}{3}≒81.67$점	6위
E	$\dfrac{90+95+85}{3}+5=95$점	2위
F	$\dfrac{85+90+80}{3}=85$점	4위
G	$\dfrac{80+90+95}{3}+10≒98.33$점	1위
H	$\dfrac{90+80+85}{3}=85$점	4위
I	$\dfrac{80+80+75}{3}+5≒83.33$점	5위
J	$\dfrac{85+80+85}{3}≒83.33$점	5위
K	$\dfrac{85+75+75}{3}+5≒83.33$점	5위
L	$\dfrac{75+90+70}{3}≒78.33$점	8위

따라서 총점이 가장 높은 6명의 합격자를 면접시험을 진행한 순서대로 나열하면 G − E − B − C − F − H 순이다.

29

ㄱ. LNG 구매력이 우수하다는 강점을 이용해 북아시아 가스관 사업이라는 기회를 활용하는 것은 SO전략에 해당한다.
ㄷ. 수소 자원 개발이 고도화되고 있는 기회를 이용하여 높은 공급단가라는 약점을 보완하는 것은 WO전략에 해당한다.

오답분석

ㄴ. 북아시아 가스관 사업은 강점이 아닌 기회에 해당하므로 ST전략에 해당한다고 볼 수 없다.
ㄹ. 높은 LNG 확보 능력이라는 강점을 이용해 높은 가스 공급단가라는 약점을 보완하려는 것은 WT전략에 해당한다고 볼 수 없다.

30

ㄱ. 부패금액이 산정되지 않은 6번의 경우에도 고발하였으므로 옳지 않은 설명이다.
ㄴ. 2번의 경우, 해임당하였음에도 고발되지 않았으므로 옳지 않은 설명이다.

오답분석

ㄷ. 직무관련자로부터 금품을 수수한 사건은 2번, 4번, 5번, 7번, 8번으로 총 5건 있었다.
ㄹ. 2번과 4번은 모두 '직무관련자로부터 금품 및 향응수수'로 동일한 부패행위 유형에 해당함에도 2번은 해임, 4번은 감봉 1개월의 처분을 받았으므로 옳은 설명이다.

31

D주임은 좌석이 2(다) 석으로 정해져 있다. 그리고 팀장은 두 번째 줄에 앉아야 하며 대리와 이웃하게 앉아야 하므로 A팀장의 자리는 2(가) 석 혹은 2(나) 석을 알 수 있다.
또한, A팀장의 옆자리에 앉을 사람은 B대리 혹은 C대리이며, 일곱 번째 조건에 의해 B대리는 창가 쪽 자리에 앉아야 한다. 그리고 세 번째 조건에서 주임끼리는 이웃하여 앉을 수 없으므로 D주임을 제외한 E주임과 F주임은 첫 번째 줄 중 사원의 자리를 제외한 1(가) 석 혹은 1(라) 석에 앉아야 한다.
따라서 B대리가 앉을 자리는 창가 쪽 자리인 2(가) 석 혹은 2(라) 석이다.
H사원과 F주임은 함께 앉아야 하므로 이들이 첫 번째 줄[1(가) 석, 1(나) 석]에 앉거나, [1(다) 석, 1(라) 석]에 앉는 경우가 가능하다.
이러한 요소를 고려하면 다음 4가지 경우만 가능하다.

• 경우 1

E주임	G사원	복도	H사원	F주임
A팀장	C대리		D주임	B대리

• 경우 2

E주임	G사원	복도	H사원	F주임
B(C)대리	A팀장		D주임	C(B)대리

• 경우 3

F주임	H사원	복도	G사원	E주임
A팀장	C대리		D주임	B대리

• 경우 4

F주임	H사원	복도	G사원	E주임
B(C)대리	A팀장		D주임	C(B)대리

ㄱ. 경우 3과 4를 보면 반례인 경우를 찾을 수 있다.
ㄴ. C대리가 A팀장과 이웃하여 앉으면 (라) 열에 앉지 않는다.
ㄹ. 경우 1과 3을 보면 반례인 경우를 찾을 수 있다.

오답분석

ㄷ. 조건들을 고려하면 1(나) 석와 1(다) 석에는 G사원 혹은 H사원만 앉을 수 있고, 1(가) 석, 1(라) 석에는 E주임과 F주임이 앉아야 한다. 그런데 F주임과 H사원은 이웃하여 앉아야 하므로, G사원과 E주임은 어떤 경우에도 이웃하게 앉지 않는다.

32

정답 ⑤

비용이 17억 원 이하인 업체는 A, D, E, F업체이며, 이 중 1차로 선정될 업체를 위해 가중치를 적용한 점수는 다음과 같다.
- A업체 : $(18 \times 1) + (11 \times 2) = 40$점
- D업체 : $(16 \times 1) + (12 \times 2) = 40$점
- E업체 : $(13 \times 1) + (10 \times 2) = 33$점
- F업체 : $(16 \times 1) + (14 \times 2) = 44$점

따라서 1차로 선정될 3개 업체는 A, D, F업체이며, 이 중 친환경소재 점수가 가장 높은 업체인 F업체가 최종 선정된다.

33

정답 ⑤

비용이 17억 2천만 원 이하인 업체는 A, C, D, E, F업체이며, 이 중 1차로 선정될 업체를 위해 가중치를 적용한 점수는 다음과 같다.
- A업체 : $(11 \times 3) + (15 \times 2) = 63$점
- C업체 : $(13 \times 3) + (13 \times 2) = 65$점
- D업체 : $(12 \times 3) + (14 \times 2) = 64$점
- E업체 : $(10 \times 3) + (17 \times 2) = 64$점
- F업체 : $(14 \times 3) + (16 \times 2) = 74$점

따라서 1차 선정될 업체는 C업체와 F업체이며, 이 중 입찰 비용이 더 낮은 업체인 F업체가 최종 선정된다.

34

정답 ③

우선 아랍에미리트에는 해외 EPS센터가 없으므로 제외한다. 또한, 한국 기업이 100개 이상 진출해 있어야 한다는 두 번째 조건으로 인도네시아와 중국으로 후보를 좁힐 수 있으나, '우리나라 사람들의 해외취업을 위한 박람회'이므로 성공적인 박람회 개최를 위해선 취업까지 이어지는 것이 중요하다. 중국의 경우 청년 실업률은 높지만 경쟁력 부분에서 현지 기업의 80% 이상이 우리나라 사람을 고용하기를 원하므로 중국 청년 실업률과는 별개로 우리나라 사람들의 취업이 쉽게 이루어질 수 있음을 알 수 있다. 따라서 박람회 장소로 선택할 나라는 중국이 적절하다.

35

정답 ④

C, D, F지점의 사례만 고려하면 F지점에서 마카롱과 쿠키를 함께 먹었을 때, 알레르기가 발생하지 않았으므로 마카롱과 쿠키는 알레르기 발생 원인이 될 수 없다. 따라서 ④는 반드시 거짓이 된다.

[오답분석]
① A, B, D지점의 사례만 고려한 경우 : 빵과 마카롱을 함께 먹은 경우에는 알레르기가 발생하지 않았으므로, 케이크가 알레르기 발생 원인이 된다.
② A, C, E지점의 사례만 고려한 경우 : 케이크와 쿠키를 함께 먹은 경우에는 알레르기가 발생하지 않았으므로, 빵이 알레르기 발생 원인이 된다.
③ B, D, F지점의 사례만 고려한 경우 : 빵과 마카롱 또는 마카롱과 쿠키를 함께 먹은 경우에 알레르기가 발생하지 않았으므로, 케이크가 알레르기 발생 원인이 된다.
⑤ D, E, F지점의 사례만 고려한 경우 : 케이크와 마카롱을 함께 먹은 경우에 알레르기가 발생하였으므로, 쿠키는 알레르기 발생 원인이 될 수 없다.

36

정답 ④

ㄴ. 사슴의 남은 수명이 20년인 경우, 사슴으로 계속 살아갈 경우의 총효용은 $20 \times 40 = 800$인 반면, 독수리로 살 경우의 효용은 $(20-5) \times 50 = 750$이다. 따라서 사슴은 총효용이 줄어드는 선택은 하지 않는다고 하였으므로 독수리를 선택하지 않을 것이다.

ㄷ. 사슴의 남은 수명을 x년이라 할 때, 사자를 선택했을 때의 총효용은 $(x-14) \times 250$이며, 호랑이를 선택했을 때의 총효용은 $(x-13) \times 200$이다. 두 식이 같을 경우 x의 값을 구하면 $x=18$이다. 따라서 사슴의 남은 수명이 18년일 때 둘의 총효용이 같게 된다.

오답분석

ㄱ. 사슴의 남은 수명이 13년인 경우, 사슴으로 계속 살아갈 경우의 총효용은 $13 \times 40 = 520$인 반면, 곰으로 살 경우의 효용은 $(13-11) \times 170 = 340$이다. 따라서 사슴은 총효용이 줄어드는 선택은 하지 않는다고 하였으므로 곰을 선택하지 않을 것이다.

37

정답 ⑤

우선 면적이 가장 큰 교육시설과 면적이 2번째로 작은 교육시설을 각각 3시간 대관한다고 했다. 면적이 가장 큰 교육시설은 강의실 (대)이며, 면적이 2번째로 작은 교육시설은 강의실 (중)이다.
• 강의실 (대)의 대관료 : $(129,000+64,500) \times 1.1 = 212,850$원(∵ 3시간 대관, 토요일 할증)
• 강의실 (중)의 대관료 : $(65,000+32,500) \times 1.1 = 107,250$원(∵ 3시간 대관, 토요일 할증)
다목적홀, 이벤트홀, 체육관 중 이벤트홀은 토요일에 휴관이므로 다목적홀과 체육관의 대관료를 비교하면 다음과 같다.
• 다목적홀 : $585,000 \times 1.1 = 643,500$원(∵ 토요일 할증)
• 체육관 : $122,000+61,000 = 183,000$원(∵ 3시간 대관)
즉, 다목적홀과 체육관 중 저렴한 가격으로 이용할 수 있는 곳은 체육관이다.
따라서 H주임에게 안내해야 할 대관료는 $212,850+107,250+183,000 = 503,100$원이다.

38

정답 ④

황지원 대리는 부친 장례식, 박성용 부장은 본인 결혼식, 조현우 차장은 자녀 돌잔치, 이미연 과장은 모친 회갑으로 현금과 화환을 모두 받을 수 있다. 황지원 대리의 배우자인 이수현 과장의 경우, 장인어른 장례식은 지원 규정상 지원 대상이 아니므로 현금 또는 화환을 받을 수 없고, 최영서 사원의 배우자인 이강재 대리의 경우, 배우자의 졸업식은 지원 규정상 지원 대상이 아니므로 현금 또는 화환을 받을 수 없다.
따라서 현금과 화환을 모두 받을 수 있는 사람은 총 4명이다.

39

정답 ④

박성용 부장은 본인 결혼식이므로 결혼식 축하화환을 제공받으며 그 금액은 82,000원이다.

오답분석

① 최영서 사원은 본인의 졸업식이므로 입학 및 졸업 축하화환을 제공받으며, 그 금액은 56,000원이다.
② 정우영 대리는 결혼기념일이므로 결혼기념일 축하화환을 제공받으며, 그 금액은 79,000원이다.
③ 이미연 과장은 모친의 회갑이므로 회갑 축하화환을 제공받으며, 그 금액은 80,000원이다.
⑤ 황지원 대리는 부친의 장례식이므로 장례식 근조화환을 제공받으며, 그 금액은 95,000원이다.

40

정답 ④

다국적기업에서 출원한 완제 의약품 특허출원 중 다이어트제 출원 비중은 제시된 자료에서 확인할 수 없다.

오답분석

① 의약품별 특허출원 현황의 합계를 살펴보면 매년 감소하고 있음을 확인할 수 있다.

② 2023년에 전체 의약품 특허출원에서 기타 의약품이 차지하는 비중 : $\dfrac{1,220}{4,719} \times 100 ≒ 25.85\%$

③ • 2023년의 원료 의약품 특허출원 건수 : 500건
　• 2023년의 다국적기업의 원료 의약품 특허출원 건수 : 103건
　∴ 2023년에 원료 의약품 특허출원에서 다국적기업 특허출원이 차지하는 비중 : $\frac{103}{500} \times 100 = 20.6\%$

41
 정답 ①

12/5(토)에 근무하기로 예정된 1팀 차도선이 개인사정으로 근무를 대체하려고 할 경우, 그 주에 근무가 없는 3팀의 한 명과 바꿔야 한다. 대체근무자인 하선오는 3팀에 소속된 인원이긴 하나, 대체근무일이 12/12(토)로 1팀인 차도선이 근무하게 될 경우 12/13(일)에도 1팀이 근무하는 날이기 때문에 주말근무 규정에 어긋나 적절하지 못하다.

42
 정답 ②

• 본부에서 36개월 동안 연구원으로 근무 → 0.03×36=1.08점
• 지역 본부에서 24개월 근무 → 0.015×24=0.36점
• 특수지에서 12개월 동안 파견근무(지역본부 근무경력과 중복되어 절반만 인정) → 0.02×12÷2=0.12점
• 본부로 복귀 후 현재까지 총 23개월 근무 → 0.03×23=0.69점
• 현재 팀장(과장) 업무 수행 중
　− 내부평가결과 최상위 10% 총 12회 → 0.012×12=0.144점
　− 내부평가결과 차상위 10% 총 6회 → 0.01×6=0.06점
　− 금상 2회, 은상 1회, 동상 1회 수상
　　→ (0.25×2)+(0.15×1)+(0.1×1)=0.75점→0.5(∵ 인정범위)
　− 시행결과평가 탁월 2회, 우수 1회
　　→ (0.25×2)+(0.15×1)=0.65점→0.5(∵ 인정범위)
따라서 H과장의 가점은 1.08+0.36+0.12+0.69+0.144+0.06+0.5+0.5=3.454점이다.

43
 정답 ④

모든 컴퓨터 구매 시 각각 사는 것보다 세트로 사는 것이 한 세트(모니터+본체)당 약 5만 원에서 10만 원 정도 이득이다. 하지만 SET 혜택이 아닌 다른 혜택에 해당하는 조건에서는 비용을 비교해 보아야 한다. 다음은 컴퓨터별 구매 비용을 계산한 것이다. 또한 E컴퓨터는 성능평가에서 '하'를 받았으므로 계산에서 제외한다.
• A컴퓨터 : 80만 원×15대=1,200만 원
• B컴퓨터 : (75만 원×15대)−100만 원=1,025만 원
• C컴퓨터 : (20만 원×10대)+(20만 원×0.85×5대)+(60만 원×15대)=1,185만 원 또는 70만 원×15대=1,050만 원
• D컴퓨터 : 66만 원×15대=990만 원
따라서 조건을 만족하는 컴퓨터는 D컴퓨터이다.

44
 정답 ④

추가근무 계획표를 정리하면 다음과 같다.

월	화	수	목	금	토	일
김혜정 정해리 정지원	이지호 이승기 최명진	김재건 신혜선	박주환 신혜선 정지원 김우석 이상엽	김혜정 김유미 차지수	이설희 임유진 김유미	임유진 한예리 이상엽

위와 같이 목요일은 추가 근무자가 5명임을 알 수 있다. 하루에 4명까지만 근무를 할 수 있으므로 목요일의 추가근무자 중 1명이 일정을 바꿔야 한다. 단 1명만 추가근무 일정을 바꿔야 하므로 목요일 6시간과 일요일 3시간 일정으로 6+3×1.5=10.5시간을 근무하는 이상엽 직원의 일정을 바꿔야 한다. 따라서 목요일에 추가근무 예정인 이상엽 직원의 요일과 시간을 수정해야 한다.

45

제주 출장 시 항공사별 5명(부장 3명, 대리 2명)의 왕복항공권에 대한 총액을 구하면 다음과 같다.

구분	비즈니스석	이코노미석	총액
A항공사	12만 원×6=72만 원	8.5만 원×4=34만 원	72만 원+34만 원=106만 원
B항공사	13만 원×6=78만 원	7만 원×4=28만 원	78만 원+28만 원=106만 원
C항공사	15만 원×6=90만 원	8만 원×4=32만 원	(90만 원+32만 원)×0.9=109.8만 원
D항공사	13만 원×6=78만 원	7.5만 원×4=30만 원	78만 원+30만 원=108만 원
E항공사	15만 원×6=90만 원	9.5만 원×4=38만 원	(90만 원+38만 원)×0.8=102.4만 원

따라서 E항공사가 102.4만 원으로 총비용이 가장 적으므로 A사원은 E항공사를 선택할 것이다.

46

갑과 을이 맞힌 4점 과녁의 개수를 x개라고 가정하면, 갑과 을이 9점을 맞힌 화살의 개수는 다음과 같다.

(단위 : 발)

구분	갑	을
0점	6	8
4점	x	x
9점	$20-(6+x)$	$20-(8+x)$

이를 이용해 점수를 계산하면 다음과 같다.
• 갑의 점수 : $(0\times6)+(4\times x)+\{9\times(14-x)\}=(126-5x)$점
• 을의 점수 : $(0\times8)+(4\times x)+\{9\times(12-x)\}=(108-5x)$점
이때, x는 0과 12 사이의 정수이고(∵ 4점을 맞힌 화살의 개수는 동일하다고 했으므로 을의 남은 화살 수인 최대 12발까지 가능),
갑과 을의 점수를 공차가 -5인 등차수열로 생각하여 규칙을 찾으면
• 갑의 가능한 점수 : 126점, 121점, 116점, 111점, …, 66점
• 을의 가능한 점수 : 108점, 103점, 98점, 93점, …, 48점
따라서 갑의 점수는 일의 자리가 6 또는 1로 끝나고, 을의 점수는 일의 자리가 8 또는 3으로 끝나야 하므로 가능한 점수의 순서쌍은 86점과 68점이다.

47

• A고객의 상품 값
[전복(1kg)]+[블루베리(600g)]+[고구마(200g)]+[사과(10개)]+[오렌지(8개)]+[우유(1L)]
$=50,000+(6\times1,200)+(2\times5,000)+(2\times10,000)+12,000+3,000=102,200$원
• B고객의 상품 값
[블루베리(200g)]+[오렌지(8개)]+[S우유(1L)]+[소갈비(600g)]+[생닭(1마리)]
$=(2\times1,200)+12,000+(3,000-200)+20,000+9,000=46,200$원
• A고객이 내야 할 총액
(상품 값)+(배송비)+(신선포장 비용)
$=102,200+3,000+1,500=106,700$원(∵ 봉투는 배송 시 무료 제공)
• B고객이 내야 할 총액
(상품 값)+(생닭 손질 비용)+(봉투 2개)
$=0.95\times[46,200+1,000+(2\times100)]=45,030$원(∵ S카드 결제 시 5% 할인 적용)
따라서 답은 ④이다.

48

정답 ①

승진자 결정방식에 따라 승진대상자 갑, 을, 병, 정, 무의 승진점수를 계산하면 다음과 같다.

구분	업무실적점수	사고점수	근무태도점수	가점 및 벌점		승진점수
				점수	사유	
갑	20	7	7	+2	수상 1회	36
을	17	9	10	+4	수상 2회	40
병	13	8	7	-	-	28
정	20	6	4	-	-	30
무	10	10	10	+4	수상 1회, 무사고	34

따라서 승진점수가 가장 높은 직원은 승진점수가 40점인 을과 36점인 갑이므로, 갑과 을이 승진하게 된다.

49

정답 ③

주어진 조건에 의하면 C참가자는 재료손질 역할을 원하지 않고, A참가자는 세팅 및 정리 역할을 원하고, D참가자 역시 재료손질 역할을 원하지 않는다. A참가자가 세팅 및 정리 역할을 하면 A참가자가 받을 수 있는 가장 높은 점수는 90+9=99점이고, C·D참가자는 요리보조, 요리 두 역할을 나눠하면 된다. 마지막으로 B참가자는 어떤 역할이든지 자신 있으므로 재료손질을 담당하면 된다.

C·D참가자가 요리보조와 요리 역할을 나눠가질 때, D참가자는 기존 점수가 97점이므로, 요리를 선택할 경우 97+7=104점이 되어 100점이 넘어가므로 요리 역할을 선택할 수 없다. 따라서 A참가자는 세팅 및 정리, B참가자는 재료손질, C참가자는 요리, D참가자는 요리보조 역할을 담당하면 모든 참가자들의 의견을 수렴하면서 지원자 모두 최종점수가 100점을 넘지 않는다.

50

정답 ③

오답분석

- A지원자 : 9월에 복학 예정이기 때문에 인턴 기간이 연장될 경우 근무할 수 없으므로 인턴사원으로 부적합하다.
- B지원자 : 경력 사항이 없으므로 인턴사원으로 부적합하다.
- D지원자 : 근무 시간(9 ~ 18시) 이후에 업무가 불가능하므로 인턴사원으로 부적합하다.
- E지원자 : 포토샵을 활용할 수 없으므로 인턴사원으로 부적합하다.

01	02	03	04	05	06	07	08	09	10	11	12	13	14	15	16	17	18	19	20
④	③	①	①	⑤	③	②	②	③	⑤	⑤	①	②	①	②	③	③	②	④	④
21	22	23	24	25	26	27	28	29	30	31	32	33	34	35	36	37	38	39	40
①	④	②	③	②	④	②	③	④	③	②	④	②	②	⑤	①	③	②	④	②
41	42	43	44	45	46	47	48	49	50	51	52	53	54	55	56	57	58	59	60
①	②	①	③	②	①	⑤	③	①	④	②	④	⑤	①	④	①	②	⑤	⑤	③
61	62	63	64	65	66	67	68	69	70	71	72	73	74	75	76	77	78	79	80
③	④	②	④	⑤	④	②	②	③	③	①	①	④	③	②	②	③	②	③	④

01
정답 ④

B대리는 A사원의 질문에 대해 명료한 대답을 하지 않고 모호한 태도를 보이고 있으므로 협력의 원리 중 태도의 격률을 어기고 있음을 알 수 있다.

02
정답 ③

• (가) : 빈칸 다음 문장에서 사회의 기본 구조를 통해 이것을 공정하게 분배해야 된다고 했으므로 ⓒ이 가장 적절하다.
• (나) : '원초적 상황'에서 합의 당사자들은 인간의 심리, 본성 등에 대한 지식 등 사회에 대한 일반적인 지식은 알고 있지만, 이것에 대한 정보를 모르는 무지의 베일 상태에 놓인다고 했으므로 사회에 대한 일반적인 지식과 반대되는 개념, 즉 개인적 측면의 정보인 ㄱ이 가장 적절하다.
• (다) : 빈칸에 관하여 사회에 대한 일반적인 지식이라고 하였으므로 ㄷ이 가장 적절하다.

03
정답 ①

제시문은 2,500년 전 인간과 현대의 인간의 공통점을 언급하며 2,500년 전에 쓰인 『논어』가 현대에서 지니는 가치에 대하여 설명하고 있다. 따라서 (가) 『논어』가 쓰인 2,500년 전 과거와 현대의 차이점 → (마) 2,500년 전의 책인 『논어』가 폐기되지 않고 현대에서도 읽히는 이유에 대한 의문 → (나) 인간이라는 공통점을 지닌 2,500년 전 공자와 우리들 → (다) 2,500년의 시간이 흐르는 동안 인간의 달라진 부분과 달라지지 않은 부분에 대한 설명 → (라) 시대가 흐름에 따라 폐기될 부분을 제외하더라도 여전히 오래된 미래로서의 가치를 지니는 『논어』의 순서대로 나열하는 것이 적절하다.

04
정답 ①

제시문에서는 물리적 태세와 목적론적 태세, 그리고 지향적 태세라는 추상적 개념을 구체적인 사례(소금, 〈F8〉 키, 쥐)를 통해 설명하고 있다.

05

정답 ⑤

두 번째 문단에 따르면 민속문화는 특정 시기에 장소마다 다양하게 나타나는 경향이 있지만 대중문화는 특정 장소에서 시기에 따라 달라지는 경향이 크다.

[오답분석]

① 첫 번째 문단에 따르면 민속문화는 고립된 촌락 지역에 거주하는, 규모가 작고 동질적인 집단에 의해 전통적으로 공유된다.
② 세 번째 문단에 따르면 대중문화는 대부분이 선진국, 특히 북아메리카, 서부 유럽, 일본의 산물이다.
③ 민속 관습은 흔히 확인되지 않은 기원자를 통해서, 잘 알려지지 않은 시기에, 출처가 밝혀지지 않은 미상의 발상지로부터 발생하며, 민속문화가 된다.
④ 다섯 번째 문단에 따르면 스포츠는 민속문화로 시작되었지만, 현대의 스포츠는 대중문화의 특징을 보여 준다.

06

정답 ③

첫 번째 문단에서는 하천의 과도한 영양분이 플랑크톤을 증식시켜 물고기의 생존을 위협한다고 이야기하며, 두 번째 문단에서는 이러한 녹조 현상이 우리가 먹는 물의 안전까지도 위협한다고 이야기한다. 마지막 세 번째 문단에서는 생활 속 작은 실천을 통해 생태계와 인간의 안전을 위협하는 녹조를 예방해야 한다고 이야기하므로 글의 제목으로는 ③이 가장 적절하다.

07

정답 ②

• A : 아이의 이야기를 들어주기보다는 자신의 기준에 따라 성급하게 판단하여 충고를 하고 있다. 상대방의 생각이나 느낌과 일치된 의사소통을 하지 못하는 인습적 수준에 해당한다.
• B : 아이의 이야기에 대하여 긍정적으로 반응하고 아이가 자신의 일에 책임감을 가질 수 있도록 돕고 있다. 상대방의 내면적 감정과 사고를 지각하고 적극적인 성장 동기를 이해하는 심층적 수준에 해당한다.
• C : 아이의 현재 마음 상태를 이해하고 있으며, 아이의 의견을 재언급하면서 반응을 보이고 있다. 상대방의 마음 상태나 전달하려는 내용을 파악하고 그에 맞는 반응을 보이는 기본적 수준에 해당한다.

> **공감적 이해**
> • 인습적 수준 : 청자가 상대방의 말을 듣고 그에 대한 반응을 보이기는 하지만, 청자가 주로 자신의 생각에 사로잡혀 있기 때문에 자기주장만 할 뿐 상대방의 생각이나 느낌과 일치된 의사소통을 하지 못하는 경우이다.
> • 기본적 수준 : 청자는 상대방의 행동이나 말에 주의를 기울여 상대방의 현재 마음 상태나 전달하려는 내용을 정확하게 파악하고 그에 맞는 반응을 보이는 것이다.
> • 심층적 수준 : 청자는 언어적으로 명백히 표현되지 않은 상대방의 내면적 감정과 사고를 지각하고 이를 자신의 개념 틀에 의하여 왜곡 없이 충분히 표현함으로써 상대방의 적극적인 성장 동기를 이해하고 표출한다.

08

정답 ②

파충류의 성을 결정하는 데 영향을 미치는 것은 B물질이 온도의 변화에 의해 A물질과 C물질로 분화되는 것이지 B물질 자체의 농도가 영향을 미치는 것은 아니다. 따라서 ㄴ은 주어진 가설을 강화하지도, 약화하지도 않는다.

[오답분석]

ㄱ. 수컷을 생산하는 온도에서 배양된 알에서는 C물질의 농도가 더 높으며, A물질과 C물질의 비율은 단백질 '가'와 단백질 '나'의 비율과 동일하다고 하였다. 따라서 수컷만 생산하는 온도에서 부화되고 있는 알이 단백질 '가'보다 많은 양의 단백질 '나'를 가지고 있다는 사실은 주어진 가설을 강화한다.
ㄷ. 주어진 가설에서 온도의 영향이란 어디까지나 B물질을 A물질과 C물질로 바뀌게 하는 역할을 할 뿐이다. 즉, 중요한 것은 A물질과 C물질의 농도이므로 온도가 어떤 상태에 있든지 간에 A물질의 농도가 C물질보다 더 높아진다면 암컷이 생산될 것이므로 주어진 가설을 강화한다.

09

정답 ③

글의 맥락상 '뒤섞이어 있음'을 의미하는 '혼재(混在)'가 적절하다.
• 잠재(潛在) : 겉으로 드러나지 않고 속에 잠겨 있거나 숨어 있음

10

정답 ⑤

두 번째 문단에 따르면 정교한 형태의 네트워크 유지에 필요한 비용이 줄어듦에 따라 시민사회 단체, 범죄 조직 등 비국가행위자들의 영향력이 사회 모든 부문으로 확대되면서 국가가 사회에서 차지하는 역할의 비중이 축소되었음을 알 수 있다.

오답분석

① 첫 번째 문단에 따르면 네트워크가 복잡해질수록 결집력이 강해지므로 가장 기초적인 형태의 네트워크인 점조직의 결집력은 '허브' 조직이나 '모든 채널' 조직에 비해 상대적으로 약하다.
② 세 번째 문단에 따르면 네트워크의 확산이 인류 미래에 긍정적·부정적 영향을 미칠 것을 예상하고 있으나, 영향력의 크기를 서로 비교하는 내용은 찾아볼 수 없으므로 알 수 없다.
③ 첫 번째 문단에 따르면 조직의 네트워크가 복잡해질수록 외부 세력이 조직을 와해시키기 어려워지므로 네트워크의 외부 공격에 대한 대응력은 조직의 정교성 또는 복잡성과 관계가 있음을 알 수 있다.
④ 조직 구성원 수에 따른 네트워크의 발전 가능성은 제시문에 나타나 있지 않으므로 알 수 없다.

11

정답 ⑤

ㄷ. 마켓홀의 천장벽화인 '풍요의 뿔'은 시장에서 판매되는 먹을거리가 하늘에서 떨어지는 모습을 표현하기 위해 4,500개의 알루미늄 패널을 사용했으며, 이 패널은 실내의 소리를 흡수, 소음을 줄여주는 기능 또한 갖추고 있다.
ㄹ. 마켓홀은 전통시장의 상설화와 동시에 1,200대 이상의 차량을 주차할 수 있는 규모의 주차장을 구비해 그들이 자연스레 로테르담의 다른 상권에 찾아갈 수 있도록 도왔다.

오답분석

ㄱ. 마켓홀 내부에 4,500개의 알루미늄 패널을 설치한 것은 네덜란드의 예술가 아르노 코넨과 이리스 호스캄이다.
ㄴ. 마켓홀이 로테르담의 무역 활성화에 기여했다는 내용은 본문에서 찾아볼 수 없다.

12

정답 ①

프리드만의 '우주는 극도의 고밀도 상태에서 시작돼 점차 팽창하면서 밀도가 낮아졌다.'라는 이론과 르메트르의 '우주가 원시 원자들의 폭발로 시작됐다.'라는 이론은 두 가지가 서로 성립하는 이론이다. 따라서 프리드만의 이론과 르메트르의 이론은 양립할 수 없는 관계라는 해석은 제시문에 대한 이해로 적절하지 않다.

13

정답 ②

합통과 추통은 참도 있지만 오류도 있다고 말하고 있다. 그리고 다음 문장에서 더욱 많으면 맞지 않은 경우가 있기 때문이라는 이유를 제시하고 있으므로, 앞 문장에는 합통 또는 추통으로 분별 또는 유추하는 것이 위험이 많다고 말하는 ②가 가장 적절하다.

14

정답 ①

• 빈칸 (가) : 이어지는 부연, 즉 '철학도 ~ 과학적 지식의 구조와 다를 바가 없다.'라는 진술로 볼 때 같은 의미의 내용이 들어가야 하므로 ㉠이 적절하다.
• 빈칸 (나) : 앞부분에서는 '철학과 언어학의 차이'를 제시하고 있고, 뒤에는 언어학의 특징이 구체적으로 서술되어 있다. 그 뒤에는 분석철학에 대한 설명이 따르고 있으므로 여기에는 언어학에 대한 일반적인 개념 정의가 서술되어야 한다. 따라서 ㉡이 적절하다.
• 빈칸 (다) : 앞부분에서 '철학의 기능은 한 언어가 가진 개념을 해명하고 이해'한 것이라고 설명하고 있다. 따라서 '철학은 개념의 분석에 지나지 않는다.'라는 ㉢이 적절하다.

15

접수기간만 명시되어 있고 1차 예선 발표에 대한 일정은 언급되어 있지 않다.

16

정답 ③

전체 소비량에서 LPG가 차지하는 비율은 매해 10% 이상이다.

- 2019년 : $\frac{89,866}{856,247} \times 100 ≒ 10.5\%$

- 2020년 : $\frac{108,961}{924,200} \times 100 ≒ 11.8\%$

- 2021년 : $\frac{105,145}{940,083} \times 100 ≒ 11.2\%$

- 2022년 : $\frac{109,780}{934,802} \times 100 ≒ 11.7\%$

- 2023년 : $\frac{122,138}{931,947} \times 100 ≒ 13.1\%$

오답분석

② 전체 소비량에서 휘발유가 차지하는 비율은 매해 8% 이상이다.

- 2019년 : $\frac{76,570}{856,247} \times 100 ≒ 8.9\%$

- 2020년 : $\frac{78,926}{924,200} \times 100 ≒ 8.5\%$

- 2021년 : $\frac{79,616}{940,083} \times 100 ≒ 8.5\%$

- 2022년 : $\frac{79,683}{934,802} \times 100 ≒ 8.5\%$

- 2023년 : $\frac{82,750}{931,947} \times 100 ≒ 8.9\%$

④ 2020년에는 전 제품의 소비량이 전년도 대비 증가하였다.

⑤ 5년간 총소비량은 부생연료유가 9,839천 배럴로 경질중유의 7,869천 배럴보다 많다.

17

정답 ③

ㄴ. 전체 소비량 중 나프타가 차지하는 비율은 매해 50% 이하이다.

- 2019년 : $\frac{410,809}{856,247} ≒ 48.0\%$

- 2020년 : $\frac{430,091}{924,200} ≒ 46.5\%$

- 2021년 : $\frac{458,350}{940,083} ≒ 48.8\%$

- 2022년 : $\frac{451,158}{934,802} ≒ 48.3\%$

- 2023년 : $\frac{438,614}{931,947} ≒ 47.1\%$

ㄷ. 전체 소비량 중 벙커C유가 차지하는 비율은 2020년에 증가 후 감소 중이다.

- 2019년 : $\frac{35,996}{856,247} ≒ 4.2\%$

- 2020년 : $\frac{45,000}{924,200} ≒ 4.9\%$

제5회 통합 NCS 최종모의고사 • **53**

- 2021년 : $\dfrac{33,522}{940,083} \fallingdotseq 3.6\%$

- 2022년 : $\dfrac{31,620}{934,802} \fallingdotseq 3.4\%$

- 2023년 : $\dfrac{21,949}{931,947} \fallingdotseq 2.4\%$

오답분석

ㄱ. 경유의 전년 대비 소비량의 변화량이 가장 많이 증가한 해는 2020년이다.
- 2020년 : $166,560-156,367=10,193$천 배럴
- 2021년 : $168,862-166,560=2,302$천 배럴
- 2022년 : $167,039-168,862=-1,823$천 배럴
- 2023년 : $171,795-167,039=4,756$천 배럴

ㄹ. 5년간 소비된 용제의 양은 $1,388+1,633+1,742+1,614+1,728=8,105$천 배럴로 5년간 소비된 경질중유의 양인 $1,569+1,642+1,574+1,467+1,617=7,869$천 배럴보다 많다.

18

정답 ②

제시된 자료에 의하면 수도권은 서울과 인천·경기를 합한 지역이다. 따라서 전체 마약류 단속 건수 중 수도권의 마약류 단속 건수의 비중은 $22.1+35.8=57.9\%$이다.

오답분석

① • 대마 단속 전체 건수 : 167건
  • 코카인 단속 전체 건수 : 65건
  $65\times3=195>167$이므로 옳지 않은 설명이다.

③ 코카인 단속 건수가 없는 지역은 강원, 충북, 제주로 3곳이다.

④ • 대구·경북 지역의 향정신성의약품 단속 건수 : 138건
  • 광주·전남 지역의 향정신성의약품 단속 건수 : 38건
  $38\times4=152>138$이므로 옳지 않은 설명이다.

⑤ • 강원 지역의 향정신성의약품 단속 건수 : 35건
  • 강원 지역의 대마 단속 건수 : 13건
  $13\times3=39>35$이므로 옳지 않은 설명이다.

19

정답 ④

㉠ 지분율 상위 4개 회원국은 중국, 인도, 러시아, 독일이다. 네 국가의 투표권 비율을 합하면 $26.06+7.51+5.93+4.15=43.65\%$이다.

㉡ 중국을 제외한 지분율 상위 9개 회원국의 지분율과 투표권 비율의 차를 구하면 다음과 같다.
- 인도 : $8.52-7.51=1.01\%$p
- 러시아 : $6.66-5.93=0.73\%$p
- 독일 : $4.57-4.15=0.42\%$p
- 한국 : $3.81-3.50=0.31\%$p
- 호주 : $3.76-3.46=0.30\%$p
- 프랑스 : $3.44-3.19=0.25\%$p
- 인도네시아 : $3.42-3.17=0.25\%$p
- 브라질 : $3.24-3.02=0.22\%$p
- 영국 : $3.11-2.91=0.20\%$p

따라서 중국을 제외한 지분율 상위 9개 회원국 중 지분율과 투표권 비율의 차이가 가장 큰 회원국은 인도이다.

② 독일과 프랑스의 지분율 합은 $4.57+3.44=8.01\%$이다.

　　AIIB의 자본금 총액이 2,000억 달러일 때, 독일과 프랑스가 AIIB에 출자한 자본금의 합이 x억 달러라고 하면

$$8.01=\frac{x}{2,000}\times100 \rightarrow x=\frac{8.01\times2,000}{100}=160.2$$

　　따라서 160억 달러 이상이므로 옳은 설명이다.

[오답분석]

ⓒ 지분율 상위 10개 회원국 중 A지역과 B지역 회원국의 지분율 합을 구하면 다음과 같다.
- A지역 : $30.34+8.52+3.81+3.76+3.42=49.85\%$
- B지역 : $6.66+4.57+3.44+3.24+3.11=21.02\%$

　$21.02\times3=63.06>49.85$이므로 옳지 않은 설명이다.

20
정답 ④

연도별 인구가 최소인 도시의 인구수 대비 연도별 인구가 최대인 도시의 인구수 비는 지속적으로 감소해 2013년에 약 3.56배까지 감소했으나 2023년 약 3.85배로 다시 증가하였다.

[오답분석]

① 2013년을 기점으로 서울과 베이징의 인구 순위가 뒤바뀐다.

② 서울의 경우 2003년 이후 지속적으로 인구가 줄고 있다.

③ 베이징은 해당기간 동안 약 38%, 54%, 59%의 인구 증가율을 보이며 세 도시 중 가장 큰 증가율을 기록했다.

⑤ 최대 인구인 도시와 최소 인구인 도시의 인구수 차는 1993년 24,287명에서 2023년 28,241명으로 점차 지속적으로 증가했다.

21
정답 ①

색칠된 부분의 넓이를 구하기 위해서는 △CDE와 부채꼴 BCE의 넓이, 그리고 둘 사이의 색칠되지 않은 부분의 넓이를 알아야 한다.

- △CDE의 넓이 : $\frac{\sqrt{3}}{4}\times12^{2}$ (∵ 정삼각형의 넓이 공식) $\rightarrow 36\sqrt{3}$

- 부채꼴 BCE의 넓이 : $12^{2}\pi\times\frac{30°}{360°}$ (∵ 부채꼴의 넓이 공식) $\rightarrow 12\pi$

- [색칠되지 않은 부분(EC)의 넓이]=(부채꼴 CDE의 넓이)-(△CDE의 넓이) $\rightarrow 24\pi-36\sqrt{3}$

∴ (색칠된 부분의 넓이)$=36\sqrt{3}+12\pi-(24\pi-36\sqrt{3})=72\sqrt{3}-12\pi$

22
정답 ④

합격한 사람의 수를 x명이라 하면, 불합격한 사람의 수는 $(200-x)$명이다.

$55\times200=70\times x+40\times(200-x)$

$\rightarrow 11,000=30x+8,000$

$\rightarrow 30x=3,000$

∴ $x=100$

따라서 합격한 사람은 100명이다.

23

정답 ②

(B빌라 월세)+(한 달 교통비)=250,000+2.1×2×20×1,000=334,000원
따라서 B빌라에 거주할 경우 회사와 집만 왕복한다면, 고정지출비용은 한 달에 334,000원이다.

오답분석

① • A빌라의 고정지출비용 : 280,000+2.8×2×20×1,000=392,000원
　 • B빌라의 고정지출비용 : 250,000+2.1×2×20×1,000=334,000원
　 • C아파트의 고정지출비용 : 300,000+1.82×2×20×1,000=372,800원
　 따라서 월 예산이 40만 원일 때, 세 거주지의 고정지출비용은 모두 예산을 초과하지 않는다.
③ C아파트에서 회사까지의 거리(편도)는 1.82km이므로 교통비가 가장 적게 지출된다.
④ C아파트에 거주한다면, A빌라에 거주했을 때보다 한 달 고정지출비용이 392,000−372,800=19,200원 적게 지출된다.
⑤ B빌라에서 두 달 거주할 경우의 고정지출비용은 334,000×2=668,000원이고, A빌라와 C아파트에서의 한 달 고정지출비용을
　 각각 합한 비용은 392,000+372,800=764,800원이므로 옳지 않은 설명이다.

24

정답 ③

가중치는 10 또는 5이므로 계산을 빨리 하기 위해 가중치를 5로 나누어 10을 2로, 5를 1로 계산하여 대학 평판도 총점을 구한다.
D대학의 (사) 지표점수는 x점으로 가정한다.

구분	대학 평판도 총점
A대학	$(9+10+4)×2+(6+4+10+8)×1=74$점
B대학	$(8+9+6)×2+(8+6+9+6)×1=75$점
C대학	$(7+10+6)×2+(5+6+10+4)×1=71$점
D대학	$(3+9+6)×2+(8+6+3+x)×1=(53+x)$점

D대학은 x점을 최고점인 10점을 받아도 63점으로 C대학보다 낮다. 따라서 대학 평판도 총점이 높은 대학부터 순서대로 나열하면
'B대학 − A대학 − C대학 − D대학'이다.

25

정답 ②

ㄱ. E대학의 지표 (다), (라), (마)의 지표점수를 각각 x점, y점, z점이라고 가정한다. 가중치를 1, 2로 바꾸어 계산하면 대학
　 평판도 총점은 $\frac{410}{5}=82$점으로 $2x+y+2z=82-32=50$의 방정식을 구할 수 있으며 세 미지수는 0 ～ 10 사이의 정수이다.
　 이 방정식을 만족하는 경우를 찾으면 (10, 10, 10)이 유일하므로 세 지표점수는 동일함을 알 수 있다.
ㄴ. ㄱ과 같은 방법으로 G대학의 (라) 지표점수를 계산하면, 7점임을 알 수 있다. F대학의 (라), (마) 지표점수를 a점, b점이라고
　 가정하면 $a+2b=73-45=28$의 방정식을 구할 수 있다. 이 방정식을 만족하는 경우는 $(a, b)=(8, 10), (10, 9)$인데, 두
　 경우 모두 (라) 지표점수가 7보다 높다.

오답분석

ㄷ. H대학은 지표 (나)의 지표환산점수(=8×1=8점)가 지표 (마)의 지표환산점수(=6×2=12점)보다 대학 평판도 총점에서 더
　 낮은 비중을 차지하므로 옳지 않다(가중치는 5, 10 대신 1, 2를 사용했다).

26

정답 ④

• 변동 후 요금이 가장 비싼 노선은 D이므로, D가 2000번이다.
• 요금 변동이 없는 노선은 B이므로, B가 42번이다.
• 연장운행을 하기로 결정한 노선은 C로, C가 6번이다.
• A가 남은 번호인 3100번이다.

27

정답 ②

ⓒ 2019년 성장률이 가장 높은 지역은 경기로, 이때의 성장률은 11%이다.

ⓔ 2021년 성장률은 인천이 7.4%로 가장 높지만 인천과 경기의 전년 대비 총생산 증가량을 각각 비교해 보면 인천은 47,780−43,311=4,469십억 원, 경기는 193,658−180,852=12,806십억 원이므로 경기가 더 많다.

28

정답 ③

A금속과 B금속의 질량을 ag, bg이라 가정하자. (A+B)합금의 실제 질량과 물속에서의 질량에 대한 방정식을 세우면 다음과 같다.

$a+b=58 \cdots ㉠$

$\dfrac{4}{5}a+\dfrac{2}{3}b=42 \rightarrow 6a+5b=315 \cdots ㉡$

㉠과 ㉡을 연립하면 $a=25$, $b=33$임을 알 수 있다.

따라서 합금에 포함된 A금속의 질량은 25g이다.

29

정답 ④

남성의 골다공증 진료인원이 많은 연령대는 70대, 60대, 80대 이상 순서이고, 여성의 골다공증 진료인원이 많은 연령대는 60대, 70대, 50대 순서이다. 따라서 연령별 골다공증 진료율이 높은 순서는 남성과 여성이 다르다.

오답분석

① 골다공증 발병이 진료로 이어진다면 여성의 진료인원이 남성보다 많으므로 여성의 발병률이 남성의 발병률보다 높은 것을 추론할 수 있다.

② 전체 진료인원 중 40대 이하가 차지하는 비율은 $\dfrac{44+181+1,666+6,548+21,654}{855,975}\times100\fallingdotseq3.5\%$로 옳다.

③ 전체 진료인원 중 골다공증 진료인원이 가장 많은 연령은 60대이고, 그 비율은 $\dfrac{294,553}{855,975}\times100\fallingdotseq34.4\%$로 옳다.

⑤ 전체 진료인원 중 80대 이상이 차지하는 비율은 $\dfrac{100,581}{855,975}\times100\fallingdotseq11.8\%$로 옳다.

30

정답 ③

비공개기록물 공개 재분류 사업 결과에서 30년 경과 비공개기록물 중 공개로 재분류된 기록물의 비율은 $\dfrac{1,079,690}{1,199,421}\times100\fallingdotseq90.0\%$이고, 30년 미경과 비공개기록물 중 비공개로 재분류된 기록물의 비율은 $\dfrac{1,284,352}{1,503,232}\times100\fallingdotseq85.4\%$이므로 옳지 않은 내용이다.

오답분석

① 비공개기록물 공개 재분류 사업 결과에서 비공개기록물 공개 재분류 사업 대상 전체 기록물은 2,702,653건이고, 비공개로 재분류된 문건은 1,404,083건이므로 비공개로 재분류된 문건의 비율은 50%를 넘는다.

② 비공개기록물 공개 재분류 사업 결과에서 30년 경과 비공개기록물 중 전부공개로 재분류된 기록물 건수는 33,012건이고, 30년 경과 비공개기록물 중 비공개로 재분류된 기록물의 비공개 사유별 현황에서 30년 경과 비공개기록물 중 개인 사생활 침해 사유에 해당하여 비공개로 재분류된 기록물의 건수는 46,298건으로 더 적다.

④ 비공개기록물 공개 재분류 사업 결과에서 30년 경과 비공개기록물 중 재분류 건수가 많은 분류를 순서대로 나열하면 부분공개, 비공개, 전부공개 순서이고, 30년 미경과 비공개기록물 중 재분류 건수가 많은 분류를 순서대로 나열하면 비공개, 전부공개, 부분공개 순서이므로 옳다.

⑤ 30년 경과 비공개기록물 중 비공개로 재분류된 기록물의 비공개 사유별 현황에서 국민의 생명 등 공익침해와 개인 사생활 침해로 비공개 재분류된 기록물 건수는 54,329+46,298=100,627건이고, 그 비율은 $\dfrac{100,627}{2,702,653}\times100\fallingdotseq3.7\%$로 옳다.

31

세 번째 조건에 따라 A는 청소기를 제외한 프리미엄형 경품을 총 2개 골랐는데, B가 청소기를 가져가지 않으므로 A는 청소기 일반형, C는 청소기 프리미엄형을 가져가야 한다. 또한, 다섯 번째 조건을 만족시키기 위해 A가 가져가는 프리미엄형 경품 종류의 일반형을 B가 가져가야 하며, 여섯 번째 조건을 만족시키기 위해 전자레인지는 C가 가져가야 한다.
이를 표로 정리하면 다음과 같다.

구분	A	B	C
경우 1	냉장고(프), 세탁기(프), 청소기(일)	냉장고(일), 세탁기(일), 에어컨(프 or 일)	에어컨(프 or 일), 청소기(프), 전자레인지
경우 2	세탁기(프), 에어컨(프), 청소기(일)	세탁기(일), 에어컨(일), 냉장고(프 or 일)	냉장고(프 or 일), 청소기(프), 전자레인지
경우 3	냉장고(프), 에어컨(프), 청소기(일)	냉장고(일), 에어컨(일), 세탁기(프 or 일)	세탁기(프 or 일), 청소기(프), 전자레인지

㉠ C는 항상 전자레인지를 가져간다.
㉢ B는 반드시 일반형 경품 2대를 가져가며, 나머지 한 대는 프리미엄형일 수도, 일반형일 수도 있다.

[오답분석]
㉡ A는 반드시 청소기를 가져간다.
㉣ C는 청소기 프리미엄형을 가져간다.

32

주어진 조건에 따라 부서별 위치를 정리하면 다음과 같다.

구분	경우 1	경우 2
6층	연구 · 개발부	연구 · 개발부
5층	서비스 개선부	디자인부
4층	디자인부	서비스 개선부
3층	기획부	기획부
2층	인사 교육부	인사 교육부
1층	해외사업부	해외사업부

따라서 3층에 위치한 기획부의 직원은 출근 시 반드시 계단을 이용해야 하므로 ④는 항상 옳다.

[오답분석]
① 경우 1에서 김대리는 출근 시 엘리베이터를 타고 4층에서 내린다.
② 경우 2에서 디자인부의 김대리는 서비스 개선부의 조대리보다 엘리베이터에서 나중에 내린다.
③ 커피숍과 같은 층에 위치한 부서는 해외사업부이다.
⑤ 엘리베이터 이용에만 제한이 있을 뿐 계단 이용에는 층별 이용 제한이 없다.

33

정답 ②

국내 금융기관에 대한 SWOT 분석 결과는 다음과 같다.

강점(Strength)	약점(Weakness)
• 높은 국내 시장 지배력 • 우수한 자산건전성 • 뛰어난 위기관리 역량	• 은행과 이자수익에 편중된 수익구조 • 취약한 해외 비즈니스와 글로벌 경쟁력
기회(Opportunity)	위협(Threat)
• 해외 금융시장 진출 확대 • 기술 발달에 따른 핀테크의 등장 • IT 인프라를 활용한 새로운 수익 창출	• 새로운 금융 서비스의 등장 • 글로벌 금융기관과의 경쟁 심화

㉠ SO전략은 강점을 살려 기회를 포착하는 전략으로, 강점인 국내 시장 점유율을 기반으로 핀테크 사업에 진출하려는 ㉠은 적절한 SO전략으로 볼 수 있다.

㉢ ST전략은 강점을 살려 위협을 회피하는 전략으로, 강점인 우수한 자산건전성을 강조하여 글로벌 금융기관과의 경쟁에서 우위를 차지하려는 ㉢은 적절한 ST전략으로 볼 수 있다.

오답분석

㉡ WO전략은 약점을 강화하여 기회를 포착하는 전략이다. 그러나 위기관리 역량은 국내 금융기관이 지니고 있는 강점에 해당하므로 WO전략으로 적절하지 않다.

㉣ 해외 비즈니스 역량을 강화하여 해외 금융시장에 진출하는 것은 약점을 보완하여 기회를 포착하는 WO전략에 해당한다.

34

정답 ②

주어진 정보에 따라 연구원들에 대한 정보를 정리하면 다음과 같다.

구분	학위	성과점수	종합기여도	지급 성과금
A연구원	석사	$(75\times60\%)+(85\times40\%)+(3\times2)-1=84$점	B등급	$240\times35\%=84$만 원
B연구원	박사	$(80\times60\%)+(80\times40\%)+(3\times1)=83$점	B등급	$300\times35\%=105$만 원
C연구원	석사	$(65\times60\%)+(85\times40\%)+2=75$점	C등급	$240\times25\%=60$만 원
D연구원	학사	$(90\times60\%)+(75\times40\%)=84$점	B등급	$200\times35\%=70$만 원
E연구원	학사	$(75\times60\%)+(60\times40\%)+(3\times3)+1=79$점	C등급	$200\times25\%=50$만 원

따라서 가장 많은 성과급을 지급받을 연구원은 B연구원이다.

35

정답 ⑤

• A : TOEIC 점수는 국내 응시 시험에 한함으로, 지원이 불가능하다.
• B : 지원분야와 전공이 맞지 않다.
• C : 대학 재학 중이므로, 지원이 불가능하다.
• D : TOEIC 점수가 750점 이상이 되지 않는다.
• E : 병역 미필로 지원이 불가능하다.

따라서 A~E 5명 모두 지원자격에 부합하지 않는다.

36

각 자동차의 경비를 구하면 다음과 같다.
- A자동차
  - (연료비)$=150,000÷12×1,400=1,750$만 원
  - (경비)$=1,750+2,000=3,750$만 원
- B자동차
  - (연료비)$=150,000÷8×900=1,687.5$만 원
  - (경비)$=1,687.5+2,200=3,887.5$만 원
- C자동차
  - (연료비)$=150,000÷15×1,150=1,150$만 원
  - (경비)$=1,150+2,700=3,850$만 원
- D자동차
  - (연료비)$=150,000÷20×1,150=862.5$만 원
  - (경비)$=862.5+3,300=4,162.5$만 원
- E자동차
  - (연료비)$=150,000÷15×1,400=1,400$만 원
  - (경비)$=1,400+2,600=4,000$만 원

따라서 경비가 가장 적게 들어가는 것은 A자동차이다.

37

가습기 → ㅈㅊ
전북 → ㅜ
2023년 → a
예약 → 04
설치 → 14

오답분석
① ㅈㅊㅜa0514 → 가습기, 전북, 2023년, 교환, 설치
② ㅈㅊㅗa0414 → 가습기, 경북, 2023년, 예약, 설치
④ ㅈㅊㅜe0414 → 가습기, 전북, 2019년, 예약, 설치
⑤ ㅈㅊㅗe0414 → 가습기, 경북, 2019년, 예약, 설치

38

접수 현황을 정리하면 다음과 같다.

ㅅㅇㅔb02	ㄷㄹㅏe15	ㅅㅇㅗc15	ㅁㅂㅣb0511
냉장고, 경기, 2022년, 질문	TV, 서울, 2019년, 기타	냉장고, 경북, 2021년, 기타	컴퓨터, 강원, 2022년, 교환, 수리
ㄱㄷㅏa03	ㅅㅇㅣb1214	ㅈㅊㅔa02	ㄱㄴㅗc03
ㄱㄷ 없음 잘못된 접수	냉장고, 강원, 2022년, 방문, 설치	가습기, 경기, 2023년, 질문	스마트폰, 경북, 2021년, 불만
ㄷㄹㅣa0103	ㅁㅂㅔd0405	ㄱㄴㅗd0013	ㅅㅇㅑa14
TV, 강원, 2023년, 환불, 불만	컴퓨터, 경기, 2020년, 예약, 교환	00 없음 잘못된 접수	냉장고, 서울, 2023년, 설치

따라서 잘못된 접수는 2개이다.

39

(가) 하드 어프로치 : 하드 어프로치에 의한 문제해결 방법은 상이한 문화적 토양을 가지고 있는 구성원을 가정하고, 서로의 생각을 직설적으로 주장하고 논쟁이나 협상을 통해 서로의 의견을 조정해 가는 방법이다.

(나) 퍼실리테이션 : 퍼실리테이션이란 '촉진'을 의미하며, 어떤 그룹이나 집단이 의사결정을 잘 하도록 도와주는 일을 의미한다. 퍼실리테이션에 의한 문제해결 방법은 깊이 있는 커뮤니케이션을 통해 서로의 문제점을 이해하고 공감함으로써 창조적인 문제해결을 도모한다.

(다) 소프트 어프로치 : 소프트 어프로치에 의한 문제해결 방법은 대부분의 기업에서 볼 수 있는 전형적인 스타일로 조직 구성원들을 같은 문화적 토양을 가지고 이심전심으로 서로를 이해하는 상황을 가정한다.

40

- ㉠ · ㉢ · ㉤ · ㉧에 의해, 언어영역 순위는 '형준 – 연재 – 소정(또는 소정 – 연재) – 영호' 순서로 높다.
- ㉠ · ㉡ · ㉢ · ㉤ · ㉨에 의해, 수리영역 순위는 '소정 – 형준 – 연재 – 영호' 순서로 높다.
- ㉢ · ㉣ · ㉤ · ㉦에 의해, 외국어영역 순위는 '영호 – 연재(또는 연재 – 영호) – 형준 – 소정' 순서로 높다.

[오답분석]

① 언어영역 2위는 연재 또는 소정이다.
③ 외국어영역에서 영호는 1위이다.
④ 언어영역에서 연재가 2위인 경우 1을 더한 값은 3으로, 소정이의 외국어영역 순위인 4와 같지 않다.
⑤ 외국어영역에서 영호는 소정보다 순위가 높다.

41

250만 원+(6,000만 원-5,000만 원)×0.03=280만 원

[오답분석]

② 1,350만 원+(120,000만 원-100,000만 원)×0.004=1,430만 원
③ 1,000만 원+(50,000만 원-30,000만 원)×0.005=1,100만 원
④ 1,750만 원+(230,000만 원-200,000만 원)×0.002=1,810만 원
⑤ 1,350만 원+(640,000만 원-100,000만 원)×0.004=3,510만 원이지만 보상금 한도는 1,750만 원이다. 따라서 보상금은 1,750만 원이다.

42

우유 한 궤짝에 40개가 들어가므로 우유 한 궤짝당 28,000원(=700×40)의 비용이 필요하고, (가로) 3m×(세로) 2m×(높이) 2m인 냉동 창고에 채울 수 있는 궤짝의 수를 계산하면 다음과 같다.
- 가로 : 궤짝의 가로 길이가 40cm이므로 300÷40=7.5개 → 7개(소수점 첫째 자리에서 내림)
- 세로 : 궤짝의 세로 길이가 40cm이므로 200÷40=5개
- 높이 : 궤짝의 높이가 50cm이므로 200÷50=4개

따라서 냉동 창고에 총 140궤짝(=7×5×4)이 들어가므로 약 400만 원(≒140×28,000=3,920,000)이 든다.

43

동일성의 원칙은 보관한 물품을 다시 활용할 때보다 쉽고 빠르게 찾을 수 있도록 같은 품종은 같은 장소에 보관하는 것을 말한다.

[오답분석]

② 유사성의 원칙 : 유사품은 인접한 장소에 보관한다.

44

먼저 모든 면접위원의 입사 후 경력은 3년 이상이어야 한다는 조건에 따라 A, E, F, H, I, L직원은 면접위원으로 선정될 수 없다. 이사 이상의 직급으로 6명 중 50% 이상 구성되어야 하므로 자격이 있는 C, G, N은 반드시 면접위원으로 포함한다. 다음으로 인사팀을 제외한 부서는 두 명 이상 구성할 수 없으므로 이미 N이사가 선출된 개발팀은 더 선출할 수 없고, 인사팀은 반드시 2명을 포함해야 하므로 D과장은 반드시 선출된다. 이를 정리하면 다음과 같다.

구분	1	2	3	4	5	6
경우 1	C이사	D과장	G이사	N이사	B과장	J과장
경우 2	C이사	D과장	G이사	N이사	B과장	K대리
경우 3	C이사	D과장	G이사	N이사	J과장	K대리

따라서 B과장이 면접위원으로 선출됐더라도 K대리가 선출되지 않는 경우도 있다.

45

각국에서 출발한 직원들이 국내(대한민국)에 도착하는 시간을 계산하기 위해서는 먼저 시차를 구해야 한다. 동일 시점에서의 각국의 현지시각을 살펴보면 국내의 시각이 가장 빠르다는 점을 알 수 있다. 즉, 국내의 현지시각을 기준으로 각국의 현지시각을 빼면 시차를 구할 수 있다. 시차는 계산 편의상 24시를 기준으로 한다.

구분	계산식	시차
대한민국 ~ 독일	25일 06:20−24일 23:20	7시간
대한민국 ~ 인도	25일 06:20−25일 03:50	2시간 30분
대한민국 ~ 미국	25일 06:20−24일 17:20	13시간

각국의 직원들이 국내에 도착하는 시간은 출발지 기준 이륙시각에서 비행시간과 시차를 더하여 구할 수 있다. 계산 편의상 24시 기준으로 한다.

구분	계산식	대한민국 도착시각
독일	25일 16:20+11:30+7:00	26일 10:50
인도	25일 22:10+08:30+2:30	26일 09:10
미국	25일 07:40+14:00+13:00	26일 10:40

따라서 인도에서 출발하는 직원이 가장 먼저 도착하고, 미국, 독일 순서로 도착하는 것을 알 수 있다.

46

W사원이 영국 출장 중에 사용할 해외여비는 50×5=250파운드이고, 스페인은 60×4=240유로이다. 항공권은 편도 금액이므로 왕복으로 계산하면 영국은 380×2=760파운드, 스페인 870×2=1,740유로이며, 영국과 스페인의 비행시간 추가비용은 각각 20×(12−10)×2=80파운드, 15×(14−10)×2=120유로이다.

따라서 영국 출장 시 드는 비용은 250+760+80=1,090파운드, 스페인 출장은 240+1,740+120=2,100유로이다.

은행별 환율을 이용하여 출장비를 원화로 계산하면 다음과 같다.

구분	영국	스페인	총비용
A은행	1,090×1,470 =1,602,300원	2,100×1,320 =2,772,000원	4,374,300원
B은행	1,090×1,450 =1,580,500원	2,100×1,330 =2,793,000원	4,373,500원
C은행	1,090×1,460 =1,591,400원	2,100×1,310 =2,751,000원	4,342,400원

따라서 환전 시 A은행의 비용이 가장 많이 들고, C은행이 비용의 가장 적으므로 두 은행의 총비용 차이는 4,374,300−4,342,400= 31,900원이다.

47

A ~ D기관의 내진성능평가 지수와 내진보강공사 지수를 구한 뒤 내진성능평가 점수와 내진보강공사 점수를 부여하면 다음과 같다.

구분	A기관	B기관	C기관	D기관
내진성능평가 지수	$\dfrac{82}{100} \times 100 = 82$	$\dfrac{72}{80} \times 100 = 90$	$\dfrac{72}{90} \times 100 = 80$	$\dfrac{83}{100} \times 100 = 83$
내진성능평가 점수	3점	5점	1점	3점
내진보강공사 지수	$\dfrac{91}{100} \times 100 = 91$	$\dfrac{76}{80} \times 100 = 95$	$\dfrac{81}{90} \times 100 = 90$	$\dfrac{96}{100} \times 100 = 96$
내진보강공사 점수	3점	3점	1점	5점
합계	3+3=6점	5+3=8점	1+1=2점	3+5=8점

B, D기관의 합산 점수는 8점으로 동점이다. 최종순위 결정조건에 따르면 합산 점수가 동점인 경우에는 내진보강대상 건수가 가장 많은 기관이 높은 순위가 된다. 따라서 최상위기관은 D기관이고 최하위기관은 C기관이다.

48

㉠ 각 팀장이 매긴 순위에 대한 가중치는 모두 동일하다고 했으므로 1, 2, 3, 4순위의 가중치를 각각 4, 3, 2, 1점으로 정해 네 사람의 면접점수를 산정하면 다음과 같다.
- 갑 : 2+4+1+2=9
- 을 : 4+3+4+1=12
- 병 : 1+1+3+4=9
- 정 : 3+2+2+3=10

면접점수가 높은 을, 정 중 한 명이 입사를 포기하면 갑, 병 중 한 명이 채용된다. 갑과 병의 면접점수는 9점으로 동점이지만 조건에 따라 인사팀장이 부여한 순위가 높은 갑을 채용하게 된다.

㉢ 경영관리팀장이 갑과 병의 순위를 바꿨을 때, 네 사람의 면접점수를 산정하면 다음과 같다.
- 갑 : 2+1+1+2=6
- 을 : 4+3+4+1=12
- 병 : 1+4+3+4=12
- 정 : 3+2+2+3=10

즉, 을과 병이 채용되므로 정은 채용되지 못한다.

오답분석

㉡ 인사팀장이 을과 정의 순위를 바꿨을 때, 네 사람의 면접점수를 산정하면 다음과 같다.
- 갑 : 2+4+1+2=9
- 을 : 3+3+4+1=11
- 병 : 1+1+3+4=9
- 정 : 4+2+2+3=11

즉, 을과 정이 채용되므로 갑은 채용되지 못한다.

49

㉠ 분류기준에 따라 위험도와 경제성 점수 중 하나는 3.0점 초과, 다른 하나는 2.5점 초과 3.0점 이하여야 주시광종으로 분류된다. 이 기준을 만족하는 광종은 아연광으로 1종류뿐이다.

㉢ 모든 광종의 위험도와 경제성 점수가 각각 20% 증가했을 때를 정리하면 다음과 같다.

구분	금광	은광	동광	연광	아연광	철광
위험도	2.5×1.2=3	4×1.2=4.8	2.5×1.2=3	2.7×1.2=3.24	3×1.2=3.6	3.5×1.2=4.2
경제성	3×1.2=3.6	3.5×1.2=4.2	2.5×1.2=3	2.7×1.2=3.24	3.5×1.2=4.2	4×1.2=4.8

이때 비축필요광종으로 분류되는 광종은 은광, 연광, 아연광, 철광으로 4종류이다.

오답분석

㉡ 분류기준에 따라 위험도와 경제성 점수 모두 3.0점을 초과해야 비축필요광종으로 분류된다. 이 기준을 만족하는 광종은 은광, 철광이다.

㉣ 주시광종의 분류기준을 위험도와 경제성 점수 중 하나는 3.0점 초과, 다른 하나는 2.5점 이상 3.0점 이하로 변경할 때 아연광은 주시광종으로 분류되지만, 금광은 비축제외광종으로 분류된다.

50

네 번째 조건에 따라, 운동 분야에는 '강변 자전거 타기'와 '필라테스'의 두 프로그램이 있으므로 필요성 점수가 낮은 '강변 자전거 타기'는 탈락시킨다. 마찬가지로 여가 분야에도 '자수교실'과 '볼링모임'이 있으므로 필요성 점수가 낮은 '자수교실'은 탈락시킨다. 나머지 4개의 프로그램에 대해 조건에 따라 수요도 점수와 선정 여부를 나타내면 다음과 같다.

구분	프로그램명	가중치 반영 인기 점수	가중치 및 가점 반영 필요성 점수	수요도 점수	비고
진로	나만의 책 쓰기	10	7+2	19	–
운동	필라테스	14	6	20	선정
교양	독서토론	12	4+2	18	–
여가	볼링모임	16	3	19	선정

수요도 점수는 '나만의 책 쓰기'와 '볼링모임'이 19점으로 동일하지만, 인기점수가 더 높은 '볼링모임'이 선정된다. 따라서 하반기 동안 운영될 프로그램은 '필라테스', '볼링모임'이다.

51

정답 ②

A사원은 충분히 업무를 수행할 능력은 있으나 B과장으로부터 문책을 당한 경험으로 인해 과제를 완수하고 목표를 달성할 수 있는 능력 차원에서의 자아존중감이 부족한 상태이다.

오답분석

① 자기관리 : 자신을 이해하고, 목표를 성취하기 위해 자신의 행동 및 업무수행을 관리하고 조정하는 것이다.
③ 경력개발 : 자신과 자신의 환경 상황을 인식하고 분석하여 합당한 경력 관련 목표를 설정하는 과정이다.
④ 강인성 : 개인이 세상을 대하는 기본적 태도로서 헌신, 통제 및 도전적 성향을 가지는 것이다.
⑤ 낙관주의 : 아직 현실화되지 않은 앞으로의 일을 좋은 방향으로 생각하는 태도이다.

자아존중감
개인의 가치에 대한 주관적인 평가와 판단을 통해 자기결정에 도달하는 과정이며, 스스로에 대한 긍정적 또는 부정적 평가를 통해 가치를 결정짓는 것을 말한다.
• 가치 차원 : 다른 사람들이 자신을 가치 있게 여기며 좋아한다고 생각하는 정도를 말한다.
• 능력 차원 : 과제를 완수하고 목표를 달성할 수 있다는 신념을 말한다.
• 통제감 차원 : 자신이 세상에서 경험하는 일들과 거기에 영향을 미칠 수 있다고 느끼는 정도를 말한다.

52

정답 ④

제시된 사례에서 K씨는 자신의 흥미·적성 등을 제대로 파악하지 못한 채 다른 사람을 따라 목표를 세웠고, 이를 제대로 달성하지 못하였다. 이처럼 자신의 흥미·적성 등을 제대로 파악하지 못하면 많은 노력을 하여도 성과로 연결되기가 쉽지 않다.

53

정답 ⑤

ⓒ의 체력단련이나 취미활동은 정의에서 언급하는 개인의 경력목표로 볼 수 없다. ⓔ의 경우 직장 생활보다 개인적 삶을 중요시하고 있으므로 조직과 상호작용하며 경력을 개발해 나가야 한다는 경력개발의 정의와 일치하지 않는다. 따라서 ⓒ과 ⓔ은 정의에 따른 경력개발 방법으로 적절하지 않다.

54

정답 ①

LEN 함수는 문자열의 문자 수를 구하는 함수이므로 숫자를 반환한다. 「=LEN(A2)」은 '서귀포시'로 문자 수가 4이며, 여기서 −1을 하면 [A2] 열의 3번째 문자까지를 지정하는 것이므로 [C2] 셀과 같이 나온다. 텍스트 문자열의 시작지점부터 지정한 수만큼의 문자를 반환하는 LEFT 함수를 사용하면 「=LEFT(A2,LEN(A2)−1)」이 옳다.

55

정답 ④

워크시트의 화면 하단에서는 통합문서를 '기본', '페이지 레이아웃', '페이지 나누기 미리보기' 3가지 형태로 볼 수 있다. 머리글이나 바닥글을 쉽게 추가할 수 있는 형태는 '페이지 레이아웃'이며, '페이지 나누기 미리보기'에서는 파란색 실선을 이용해서 페이지를 손쉽게 나눌 수 있다.

56

정답 ①

「=MID(데이터를 참조할 셀 번호,왼쪽을 기준으로 시작할 기준 텍스트,기준점을 시작으로 가져올 자릿수)」로 표시되기 때문에 「=MID(B2,5,2)」가 옳다.

57

정답 ③

VLOOKUP 함수는 「=VLOOKUP(첫 번째 열에서 찾으려는 값,찾을 값과 결과로 추출할 값들이 포함된 데이터 범위,값이 입력된 열의 열 번호,일치 기준)」으로 구성된다. 찾으려는 값은 [B2]가 되어야 하며, 추출할 값들이 포함된 데이터 범위는 [E2:F8]이고, 자동 채우기 핸들을 이용하여 사원들의 교육점수를 구해야 하므로 [$E$2:$F$8]과 같이 절대참조가 되어야 한다. 그리고 값이 입력된 열의 열 번호는 [E2:F8] 범위에서 2번째 열의 값이 입력된 열이므로 2가 되어야 하며, 정확히 일치해야 하는 값을 찾아야 하므로 FALSE 또는 0이 들어가야 한다.

58

정답 ②

모니터 드라이브를 설치하는 것은 'UNKNOWN DEVICE' 문구가 뜰 때이다.

59

정답 ⑤

모니터의 전원을 끈 상태에서도 잔상이 남아 있으면 먼저 고장신고를 해야 한다.

60

정답 ③

안전사고의 원인 중 하나가 작업자의 부주의이므로 버튼을 누르기 전 주변을 둘러볼 것을 권유하는 이 표어는 적절하다.

[오답분석]

① 제시문에서 음주 작업에 대한 내용은 찾아볼 수 없다.
② 제시문은 고소 작업 자체를 금지하자는 주장은 아니다.
④ 제시문에서 과로 및 휴식에 대한 내용은 찾아볼 수 없다.
⑤ 제시문에서 화재의 위험성에 대한 내용은 찾아볼 수 없다.

61

정답 ③

기술선택을 위한 의사결정

• 상향식 기술선택(Bottom Up Approach) : 기업 전체 차원에서 필요한 기술에 대한 체계적인 분석이나 검토 없이, 연구자나 엔지니어들이 자율적으로 기술을 선택하는 것을 말한다.
• 하향식 기술선택(Top Down Approach) : 기술경영진과 기술기획담당자들에 의한 체계적인 분석을 통해, 기업이 획득해야 하는 대상기술과 목표기술 수준을 결정하는 것을 말한다.

62

정답 ④

내부역량 분석은 기술능력, 생산능력, 마케팅 및 영업능력, 재무능력 등이 이에 해당하며, 이괴장은 이미 이것을 분석하였다.

기술선택을 위한 절차	내용
외부환경 분석	수요변화 및 경쟁자 변화, 기술변화 등 분석
중장기 사업목표 설정	기업의 장기비전, 중장기 매출목표 및 이익목표 설정
내부역량 분석	기술능력, 생산능력, 마케팅 및 영업능력, 재무능력 등 분석
사업전략 수립	사업 영역결정, 경쟁 우위 확보 방안 수립
요구기술 분석	제품 설계 및 디자인 기술, 제품 생산공정, 원재료 및 부품 제조기술 분석
기술전략 수립	기술 획득 방법 결정, 핵심기술의 선택

63

정답 ②

직장생활은 일이기 때문에 업무능력이 더 중요하다. 업무능력이 떨어지면 인간관계를 잘하는 것은 큰 의미가 없다. 직장생활에서 업무능력이 좋으면, 인간관계에서도 큰 영향을 미친다.

64

정답 ③

여섯 번째 단계에 따라 해결 방안을 확인한 후에는 혼자서 해결하는 것이 아닌 책임을 분할함으로써 다 같이 협동하여 실행해야 한다.

[오답분석]

① 두 번째 단계에 해당하는 내용이다.
② 네 번째 단계에 해당하는 내용이다.
④ 첫 번째 단계에 해당하는 내용이다.
⑤ 세 번째 단계에 해당하는 내용이다.

65

정답 ④

전화를 다른 부서로 연결할 때 양해를 구하지 않았으며, 다른 부서의 사람이 전화를 받을 수 있는 상황인지를 사전에 확인하지 않았다.

66

정답 ⑤

김일동 이사의 리더십 역량은 코칭이다. 코칭은 문제 및 진척 상황을 팀원들과 함께 자세하게 살피고 지도 및 격려하는 활동을 의미하며 지침보다는 질문과 논의를 통해, 통제보다는 경청과 지원을 통해 상황의 발전과 좋은 결과를 이끌어낸다. 직원들을 코칭하는 리더는 팀원 자신이 권한과 목적의식을 가지고 있는 중요한 사람이라는 사실을 느낄 수 있도록 이끌어 주어야 한다. 또한 팀원들이 자신만의 장점과 성공 전략을 활용할 수 있도록 적극적으로 도와야 한다.

오답분석
① · ② 동기부여 방법에 대한 설명이다.
③ 독재자 유형의 리더십에 대한 설명이다.
④ 관리자에 대한 설명이다.

67

정답 ②

코칭의 혜택
• 문제 해결 과정에 대한 적극적인 노력 유도
• 높은 품질의 제품 생산
• 전반적으로 상승된 효율성 및 생산성
• 동기를 부여받은 직원들의 자신감 넘치는 노동력
• 철저한 책임감을 갖춘 직원들
• 기업에 값진 기여를 하는 파트너로서 인식

68

정답 ②

대인관계능력이란 직장생활에서 협조적인 관계를 유지하고, 조직구성원들에게 도움을 줄 수 있으며, 조직 내부 및 외부의 갈등을 원만히 해결하고 고객의 요구를 충족시켜줄 수 있는 능력이다.
B의 경우, 신입직원의 잘한 점을 칭찬하지 않고 못한 점만을 과장하여 지적한 점은 신입직원의 사기를 저하할 수 있고, 신입직원과 보이지 않는 벽이 생길 수 있으므로 좋은 대인관계능력이라고 할 수 없다. F의 경우, 인간관계를 형성할 때 가장 중요한 요소는 무엇을 말하느냐, 어떻게 행동하느냐보다 개인의 사람됨이다. 만약 그 사람의 말이나 행동이 깊은 내면에서가 아니라 피상적인 인간관계 기법이나 테크닉에서 나온다면, 상대방도 곧 그 사람의 이중성을 감지하게 된다. 따라서 효과적인 상호의존성을 위해 필요한 상호신뢰와 교감, 관계를 만들 수도 유지할 수도 없게 된다.

69

정답 ③

오답분석
① 만장일치 : 회의 장소에 모인 모든 사람이 같은 의견에 도달하는 방법이다.
② 다수결 : 회의에서 많은 구성원이 찬성하는 의안을 선정하는 방법이다.
④ 의사결정나무 : 의사결정에서 나무의 가지를 가지고 목표와 상황과의 상호 관련성을 나타내어 최종적인 의사결정을 하는 불확실한 상황하의 의사결정 분석 방법이다.
⑤ 델파이 기법 : 여러 전문가의 의견을 되풀이해 모으고, 교환하고, 발전시켜 미래를 예측하는 질적 예측 방법이다.

70

정답 ③

제시된 사례의 쟁점은 재고 처리이며, 여기서 A씨는 K사에 대하여 경쟁전략(강압전략)을 사용하고 있다. 강압전략은 'Win-Lose' 전략이다. 즉, 내가 승리하기 위해서 당신은 희생되어야 한다는 전략인 'I Win, You Lose' 전략이다. 명시적 또는 묵시적으로 강압적 위협이나 강압적 설득, 처벌 등의 방법으로 상대방을 굴복시키거나 순응시킨다. 자신의 주장을 확실하게 상대방에게 제시하고 상대방에게 이를 수용하지 않으면 보복이 있을 것이며 협상이 결렬될 것이라는 등의 위협을 가하는 것이다. 즉, 강압전략은 일방적인 의사소통으로 일방적인 양보를 받아내려는 것이다.

71

정답 ①

업무를 하며 문제가 생겼을 때는 선배 또는 동료들과 대화를 하며 정보를 얻고 문제를 해결하려고 노력해야 한다.

72

정답 ①

총무 업무는 일반적으로 주주총회 및 이사회 개최 관련 업무, 의전 및 비서업무, 집기비품 및 소모품의 구입과 관리, 사무실 임차 및 관리, 차량 및 통신시설의 운영, 국내외 출장 업무 협조, 복리후생업무, 법률자문과 소송관리, 사내외 홍보 광고업무 등이 있다.

오답분석

② 인사 업무 : 조직기구의 개편 및 조정, 업무분장 및 조정, 직원수급계획 및 관리, 직무 및 정원의 조정 종합, 노사관리, 평가관리, 상벌관리, 인사발령, 교육체계 수립 및 관리, 임금제도, 복리후생제도 및 지원업무, 복무관리, 퇴직관리 등이 있다.

③ 회계 업무 : 회계제도의 유지 및 관리, 재무상태 및 경영실적 보고, 결산 관련 업무, 재무제표 분석 및 보고, 법인세, 부가가치세, 국세 지방세 업무자문 및 지원, 보험가입 및 보상업무, 고정자산 관련 업무 등이 있다.

④ 생산 업무 : 생산계획 수립 및 총괄, 생산실행 및 인원관리, 원자재 수급 및 관리, 공정관리 및 개선업무, 원가관리, 외주관리 등이 있다.

⑤ 기획 업무 : 경영계획 및 전략 수립, 전사기획업무 종합 및 조정, 중장기 사업계획의 종합 및 조정, 경영정보 조사 및 기획보고, 경영진단업무, 종합예산수립 및 실적관리, 단기사업계획 종합 및 조정, 사업계획, 손익추정, 실적관리 및 분석 등이 있다.

73

정답 ④

생산 제품에 대한 지식은 품질관리 직무를 수행하기 위해 필요한 능력이다.

오답분석

① 원가절감 활동을 하기 위해서는 원가에 대한 이해력이 있어야 한다.

② 시장조사를 하기 위해서는 각종 데이터 분석 및 가공능력이 있어야 한다.

③ 협상 및 계약을 하기 위해서는 협상능력과 설득능력이 있어야 한다.

⑤ 업체 발굴 및 협력사 관리를 위해 필요한 능력이다.

74

정답 ③

비영리조직이면서 대규모조직인 학교에서 5시간 동안 있었다.

• 학교 : 공식조직, 비영리조직, 대규모조직
• 카페 : 공식조직, 영리조직, 대규모조직
• 스터디 : 비공식조직, 비영리조직, 소규모조직

오답분석

① 비공식적이면서 소규모조직인 스터디에서 2시간 동안 있었다.

② 공식조직인 학교와 카페에서 8시간 동안 있었다.

④ 영리조직인 카페에서 3시간 동안 있었다.

⑤ 비공식적이면서 비영리조직인 스터디에서 2시간 동안 있었다.

75

정답 ②

K사는 기존에 수행하지 않던 해외 판매 업무가 추가될 것이므로 그에 따른 해외영업팀 등의 신설 조직이 필요하게 된다. 해외에 공장 등의 조직을 보유하게 됨으로써 이를 관리하는 해외관리 조직이 필요할 것이며, 물품의 수출에 따른 통관 업무를 담당하는 통관물류팀, 외화 대금 수취 및 해외 조직으로부터의 자금 이동 관련 업무를 담당할 외환업무팀, 국제 거래상 발생하게 될 해외 거래 계약 실무를 담당할 국제법무 조직 등이 필요하게 된다. 기업회계팀은 K사의 해외 사업과 상관없이 기존 회계를 담당하는 조직이라고 볼 수 있다.

76

정답 ②

A과장은 회사 직원이 아닌 지인들과 인근 식당에서 식사를 하고, C팀장이 지적을 하자 거짓으로 둘러댄 것이 들키면서 징계를 받았다. 따라서 늘 정직하게 임하려는 태도가 가장 적합하다.

77

정답 ③

사회생활에 있어 신뢰가 기본이 되기 때문에 신뢰가 없으면 사회생활에 지장이 생긴다.

78

정답 ②

사내에서 상사나 직장동료로부터 업무적인 전화가 걸려올 경우 너무 사무적인 것보다 친절하고 상냥하게 받는 것이 좋다. 그러나 이웃 주민을 대하듯이 친근하게 하는 것은 격식에 어긋나 무례하다고 느낄 수 있으므로 지나치지 않도록 조심하여야 한다.

79

정답 ③

성과 이름을 함께 말하는 것이 소개예절이다.

> **소개예절**
> • 직장에서 비즈니스 매너상 소개를 할 때는 직장 내에서의 서열과 나이를 고려한다.
> • 나이 어린 사람을 연장자에게 먼저 소개한다.
> • 자신이 속해 있는 회사의 관계자를 타 회사의 관계자에게 소개한다.
> • 동료를 고객에게 소개한다.
> • 반드시 성과 이름을 함께 말한다.

80

정답 ④

악수는 오른손으로 하는 것이 일반적인 악수예절이다.

> **악수예절**
> • 비즈니스에서 악수를 하는 동안에는 상대에게 집중하는 의미로 눈을 맞추고 미소를 짓는다.
> • 악수를 할 때는 오른손을 사용하고, 너무 강하게 쥐어짜듯이 잡지 않는다.
> • 악수는 서로의 이름을 말하고 간단한 인사 몇 마디를 주고받는 정도의 시간 안에 끝내야 한다.
> • 악수는 윗사람이 아랫사람에게, 여성이 남성에게, 선배가 후배에게 청한다.

통합 NCS 최종모의고사

01	02	03	04	05	06	07	08	09	10	11	12	13	14	15	16	17	18	19	20
③	①	①	②	⑤	③	⑤	③	⑤	②	④	③	①	④	③	③	④	⑤	③	④
21	22	23	24	25	26	27	28	29	30	31	32	33	34	35	36	37	38	39	40
②	②	②	⑤	③	②	③	③	①	④	③	③	②	①	④	②	③	②	④	②
41	42	43	44	45	46	47	48	49	50	51	52	53	54	55	56	57	58	59	60
⑤	⑤	②	①	②	①	④	②	④	③	③	④	③	④	④	⑤	③	②	④	①
61	62	63	64	65	66	67	68	69	70	71	72	73	74	75	76	77	78	79	80
①	④	③	④	②	②	①	④	②	③	④	⑤	③	③	③	②	③	③	③	⑤

01

정답 ③

편의시설 미비는 '대형 유통점 및 전자상거래 중심으로의 유통 구조 변화'와 내용이 중복된다고 보기 어려우며, Ⅱ-2-(1)의 '접근성과 편의성을 살려 구조 및 시설 재정비' 항목이 이와 대응된다고 볼 수 있다. 따라서 삭제하는 것은 적절하지 않다.

02

정답 ①

제시문의 첫 번째 문단에서는 '사회적 자본'이 늘어나면 정치 참여도가 높아진다는 주장을 하였고, 두 번째 문단에서는 '사회적 자본'의 개념을 사이버공동체에 도입하였으나 현실과 잘 맞지 않는다고 하면서 '사회적 자본'의 한계를 서술했다. 그리고 마지막 문단에서는 이 같은 사회적 자본만으로는 정치 참여가 늘어나기 어렵고 이른바 '정치적 자본'의 매개를 통해서만이 가능하다는 주장을 하고 있다. 따라서 ①이 제시문의 주제로 가장 적절하다.

03

정답 ①

첫 번째 문단의 '대중문화 산물의 내용과 형식이 표준화·도식화되어 더 이상 예술인 척할 필요조차 없게 되었다고 주장했다.'라는 내용을 통해 바르게 이해했다고 할 수 있다.

04

정답 ②

기호학적 생산성은 피스크가 주목하는 것으로 초기 스크린 학파의 평가로 적절하지 않다.

[오답분석]

⑤ 피스크를 비판하는 켈러의 입장을 유추해 보았을 때 적절하다.

05

정답 ⑤

- 혼란(混亂) : 뒤죽박죽이 되어 어지럽고 질서가 없음
- 곤경(困境) : 어려운 형편이나 처지
- 지양(止揚) : 더 높은 단계로 오르기 위하여 어떠한 것을 하지 아니함

오답분석

- 혼동(混同) : 구별하지 못하고 뒤섞어서 생각함
- 곤욕(困辱) : 심한 모욕 또는 참기 힘든 일
- 지향(志向) : 어떤 목표로 뜻이 쏠리어 향함

06

정답 ③

차로 유지기능을 작동했을 때 운전자가 직접 운전을 해야 했던 '레벨 2'와 달리 '레벨 3'은 운전자가 직접 운전하지 않아도 긴급 상황에 대응할 수 있는 자동 차로 유지기능이 탑재되어 있다. 이러한 '레벨 3' 안전기준이 도입된다면, 지정된 영역 내에서 운전자가 직접 운전하지 않고도 주행이 가능해질 것이다. 따라서 빈칸에 들어갈 내용으로 운전자가 운전대에서 손을 떼고도 자율주행이 가능해진다는 ③이 가장 적절하다.

오답분석

① 레벨 3 부분자율주행차는 운전자 탑승이 확인된 후에만 작동할 수 있다.
②・④ 제시문에서는 레벨 3 부분자율주행차의 자동 차로 유지기능에 관해 이야기하고 있으며, 자동 속도 조절이나 차량 간 거리 유지기능에 관해서는 제시문을 통해 알 수 없다.
⑤ 레벨 2에 대한 설명이다. 레벨 3 부분자율주행차의 자동 차로 유지기능은 운전자가 직접 운전하지 않아도 차선을 유지하고, 긴급 상황에 대응할 수 있다.

07

정답 ⑤

제시문에 따르면 신부와 달리 대리인을 통하지 않고 직접 결혼 의사를 공표할 수 있는 신랑은 결혼이 성립되기 위한 필수조건으로 '마흐르'라고 불리는 혼납금을 신부에게 지급해야 한다.

08

정답 ③

제시문은 영화의 리얼리즘 미학에 대한 바쟁의 영화관을 주제로 한다. 네 번째 문단에 따르면 바쟁은 '형식주의적 기교가 현실의 복잡성과 모호성을 침해하여 현실을 왜곡할 수 있다.'고 보았기 때문에 '현실의 참모습을 변조하는 과도한 편집 기법보다는 단일한 숏(Shot)을 길게 촬영하는 롱 테이크 기법을 지지'하였다. 이를 통해 '사건의 공간적 단일성을 존중하고 현실적 사건으로서의 가치를 보장'한다고 여기기 때문이다. 따라서 ③은 바쟁의 의견과 거리가 멀다.

09

정답 ⑤

바쟁의 영화관(映畵觀)에 동조한다면 리얼리즘적인 특성을 최대한 살릴 수 있도록 영화를 제작했을 것이다. 따라서 인위적인 편집이나 조작을 최대한 배제하고, 현실을 있는 그대로 재현하려고 했을 것이다. 또한, 네 번째 문단에서 언급한 것처럼 '관객의 시선에도 자유를 부여'하려고 했을 것이므로 ⑤와 같은 반응은 적절하지 않다.

10

정답 ②

제시문의 핵심 내용을 보면 '반대는 필수불가결한 것이다.', '자유의지를 가진 국민의 범국가적 화합은 정부의 독단과 반대당의 혁명적 비타협성을 무력화시키는 정치권력의 충분한 균형에 의존하고 있다.', '그 균형이 더 이상 존재하지 않는다면 민주주의는 사라지고 만다.'로 요약할 수 있다. 이 내용을 토대로 주제를 찾는다면 ②와 같은 의미가 전체 내용의 핵심이라는 것을 알 수 있다.

11

제시문에 따르면 한 연구팀은 유전자의 발현에 관한 물음에 답하기 위해 유전자의 발현에 대해 연구했고, 그 결과 어미가 많이 핥은 새끼가 그렇지 않은 새끼보다 GR 유전자의 발현을 촉진하는 NGF 단백질 수치가 더 높다는 것을 발견했다. 즉, 연구팀이 발견한 것은 '어미가 많이 핥은 정도'라는 후천 요소가 'GR 유전자 발현'에 영향을 미친다는 것이다. 따라서 '후천 요소가 유전자의 발현에 영향을 미칠 수 있는가?'가 ㉠에 대한 설명으로 가장 적절하다.

12

세 번째 문단에 따르면 기원전 1세기경에 고대 로마시대의 이탈리아 지역에서 롱 파스타의 일종인 라자냐를 먹었다는 기록이 전해진다고 하였으므로 적절한 내용이다.

오답분석

① 두 번째 문단에 따르면 쇼트 파스타의 예로 속이 빈 원통형인 마카로니를 들고 있으므로 적절하지 않은 내용이다.

② 세 번째 문단에 따르면 9 ~ 11세기에 이탈리아 남부의 시칠리아에서 아랍인들로부터 제조 방법을 전수받아 건파스타의 생산이 처음으로 이루어졌다고 하였으므로 적절하지 않은 내용이다.

④ 네 번째 문단에 따르면 파스타를 만드는 데 적합한 세몰라 가루는 듀럼 밀을 거칠게 갈아 만든 황색의 가루이므로 적절하지 않은 내용이다.

⑤ 세 번째 문단에 따르면 시칠리아에서 재배된 듀럼 밀이 곰팡이나 해충에 취약해 장기 보관이 어려웠기 때문에 저장기간을 늘리고 수송을 쉽게 하기 위해 건파스타를 만들었다고 하였으므로 적절하지 않은 내용이다.

13

말하기, 듣기, 쓰기, 읽기를 가로와 세로방향에 따라 그 특성으로 분류한 것이다. 먼저, 세로방향으로 말하기와 쓰기는 생각이나 느낌 등을 표현하는 것이기 때문에 산출이고, 듣기와 읽기는 타인의 생각이나 느낌 등을 받아들이는 것이기 때문에 수용이다. 가로방향으로 쓰기와 읽기는 의사소통의 방식으로 문자를 사용한다. 이에 따라 말하기와 듣기는 의사소통 방식으로 음성을 사용하므로 ㉠에 가장 적절한 것은 '음성'이다.

14

A씨의 아내는 A씨가 자신의 이야기에 공감해주길 바랐지만, A씨는 아내의 이야기를 들어주기보다는 해결책을 찾아 아내의 문제에 대해 조언하려고만 하였다. 즉, 아내는 마음을 털어놓고 남편에게 위로받고 싶었지만, A씨의 조언하려는 태도 때문에 더 이상 대화가 이어질 수 없었다.

오답분석

① 짐작하기 : 상대방의 말을 듣고 받아들이기보다 자신의 생각에 들어맞는 단서들을 찾아 자신의 생각을 확인하는 것이다.

② 걸러내기 : 상대의 말을 듣기는 하지만 상대방의 메시지를 온전하게 듣는 것이 아닌 경우이다.

③ 판단하기 : 상대방에 대한 부정적인 판단 때문에, 또는 상대방을 비판하기 위하여 상대방의 말을 듣지 않는 것이다.

⑤ 옳아야만 하기 : 자존심이 강한 사람은 자존심에 관한 것을 전부 막아버리려 하기 때문에 자신의 부족한 점에 대한 상대방의 말을 들을 수 없게 된다.

15

제시된 사례에 나타난 의사 표현에 영향을 미치는 요소는 연단공포증이다. 연단공포증은 90% 이상의 사람들이 호소하는 불안이므로, 이러한 심리현상을 잘 통제하면서 구두표현을 한다면 청자는 그것을 더 인간다운 것으로 생각하게 될 것이다. 이러한 공포증은 본질적인 것이기 때문에 완전히 치유할 수는 없으나, 노력에 의해서 심리적 불안을 얼마간 유화시킬 수 있다. 따라서 완전히 치유할 수 있다는 ③은 적절하지 않다.

16

2017년 대비 2023년에 발생률이 증가한 암은 폐암, 대장암, 유방암인 것을 확인할 수 있다.

[오답분석]

① 위암의 발생률은 점차 감소하다가 2022년부터 다시 증가하는 것을 확인할 수 있다.
② 제시된 자료를 통해 알 수 있다.
④ 2023년에 위암으로 죽은 사망자 수를 알 수 없으므로 옳지 않은 설명이다.
⑤ 전년 대비 2023년 암 발생률 증가폭은 다음과 같다.
- 위암 : $24.3-24.0=0.3$%p
- 간암 : $21.3-20.7=0.6$%p
- 폐암 : $24.4-22.1=2.3$%p
- 대장암 : $8.9-7.9=1.0$%p
- 유방암 : $4.9-2.4=2.5$%p
- 자궁암 : $5.6-5.6=0$%p

따라서 폐암의 발생률은 계속적으로 증가하고 있지만, 전년 대비 2023년의 암 발생률 증가폭은 유방암의 증가폭이 더 크므로 옳지 않은 설명이다.

17

2023년 미국의 국민 부담금액은 $20,580.2 \times \dfrac{24.3}{100} \fallingdotseq 5,001$(10억 US\$)로 한국의 10배 이상이다.

[오답분석]

② 국민부담금액은 GDP와 국민부담률의 곱으로 구할 수 있고, 한국은 지속적으로 증가 중이다.

연도	2016년	2017년	2018년	2019년	2020년	2021년	2022년	2023년
한국 국민부담금액 (10억 US\$)	303.3	316.9	333.1	365.1	369.3	393.0	436.7	490.0

③ 2016년 대비 2023년의 GDP는 미국이 5,037.6(10억 US\$)으로 가장 많이 증가하였다.
⑤ 독일의 GDP는 영국보다 항상 많다.

18

ㄷ. 한국의 전년 대비 국민부담금액은 2023년에 가장 많이 증가하였다.

연도	2016년	2017년	2018년	2019년	2020년	2021년	2022년	2023년
한국 국민부담금액 (10억 US\$)	303.3	316.9	333.1	365.1	369.3	393.0	436.7	490.0

ㄹ. 캐나다의 전년 대비 국민부담금액은 2020년에 가장 많이 감소하였다.

연도	2016년	2017년	2018년	2019년	2020년	2021년	2022년	2023년
캐나다 국민부담금액 (10억 US\$)	550.9	570.6	574.5	564.5	510.4	507.4	541.2	566.4

ㄱ. 2016년 대비 2023년의 GDP는 프랑스가 73.5(10억 US$)으로 가장 많이 감소하였다.
ㄴ. 영국의 전년 대비 국민부담금액은 2019년에 가장 많이 증가하였다.

연도	2016년	2017년	2018년	2019년	2020년	2021년	2022년	2023년
영국 국민부담금액 (10억 US$)	880.2	846.4	897.1	974.3	943.0	881.0	887.8	958.3

19

정답 ③

2017년, 2018년, 2021년은 금융부채가 비금융부채보다 각각 약 1.48배, 1.48배, 1.4배 많다.

오답분석

① 2020년의 부채비율은 $56.6 \div 41.6 \times 100 = 136.1$로 약 136%이며, 부채비율이 가장 높다.
② 자산은 2014년부터 2022년까지 꾸준히 증가했다.
④ 부채는 2020년 이후 줄어들고 있다.
⑤ 자본은 비금융부채보다 매년 약 1.9~6.3배 이상이다.

20

정답 ④

독일은 10.4%에서 11.0%로 증가했으므로 증가율은 $\frac{11.0-10.4}{10.4} \times 100 = 5.77\%$이며, 대한민국은 9.3%에서 9.8%로 증가했으므로 증가율은 $\frac{9.8-9.3}{9.3} \times 100 = 5.38\%$이다.

오답분석

① 8.0%에서 7.7%로 감소했으므로 감소율은 $\frac{8.0-7.7}{8.0} \times 100 = 3.75\%$이다.
②·③·⑤ 자료를 통해 확인할 수 있다.

21

정답 ②

2023년 미국 청년층 실업률은 2018년과 비교하여 6.8%p 증가하였다.

오답분석

① 5.1%p 감소
③ 6.1%p 증가
④ 변화 없음
⑤ 0.4%p 감소

22

정답 ②

- 전라도 지역에서 광주가 차지하는 비중

  13,379(광주)+13,091(전남)+13,208(전북)=39,678명

  → $\dfrac{13,379}{39,678}\times100 ≒ 33.72\%$

- 충청도 지역에서 대전이 차지하는 비중 11,863(대전)+10,785(충남)+8,437(충북)+575(세종)=31,660명

  → $\dfrac{11,863}{31,660}\times100 ≒ 37.47\%$

따라서 전라도 지역에서 광주가 차지하는 비중이 충청도 지역에서 대전이 차지하는 비중보다 작다.

오답분석

① 의료인력이 수도권 특히 서울, 경기에 편중되어 있으므로 불균형상태를 보이고 있다.

③ 의료인력수는 세종이 가장 적으며 두 번째로 적은 곳은 제주(도서지역)이다.

④ 제시된 자료에 의료인력별 수치가 나와 있지 않으므로 의료인력수가 많을수록 의료인력 비중이 고르다고 말할 수는 없다.

⑤ 서울과 경기를 제외한 나머지 지역 중 의료인력수가 가장 많은 지역은 부산(28,871명)이고 가장 적은 지역은 세종(575명)이다. 따라서 부산과 세종의 의료인력의 차는 28,296명으로 이는 경남(21,212명)보다 크다.

23

정답 ②

가. 현재 성장을 유지할 경우의 건수당 도입량은 48÷4.7≒10.2MW, 도입을 촉진할 경우의 건수당 도입량은 49÷4.2≒ 11.67MW로 도입을 촉진했을 때 건수당 도입량이 더 크다.

다. 도입을 촉진할 경우의 전체 신축주택 도입량 중 10kW 이상이 차지하는 비중은 $\dfrac{49}{1,281+49}\times100 ≒ 3.68\%$이고, 유지할 경우

의 전체 신축주택 도입량 중 10kW 이상이 차지하는 비중은 $\dfrac{48}{1,057+48}\times100 ≒ 4.34\%$이므로 4.34−3.68=0.66%p 하락하였다.

오답분석

나. 2016년의 10kW 미만 기존주택의 천 건당 도입량은 454÷94.1≒4.82MW이며, 10kW 이상은 245÷23.3≒10.52MW이므로 10kWh 이상의 사용량이 더 많다.

라. $\dfrac{165-145.4}{145.4}\times100 ≒ 13.48\%$이므로 15%를 넘지 않는다.

24

정답 ⑤

해당 쇼핑몰별 중복할인 여부에 따라 배송비를 포함한 실제 구매가격을 정리하면 다음과 같다.

구분	할인쿠폰 적용	회원혜택 적용
A쇼핑몰	$129,000\times\left(1-\dfrac{5}{100}\right)+2,000=124,550$원	$129,000-7,000+2,000=124,000$원
B쇼핑몰	$131,000\times\left(1-\dfrac{3}{100}\right)-3,500=123,570$원	
C쇼핑몰	$130,000-5,000+2,500=127,500$원	$130,000\times\left(1-\dfrac{7}{100}\right)+2,500=123,400$원

따라서 배송비를 포함한 로봇청소기의 실제 구매가격을 비교하면 C < B < A이다.

25

정답 ③

실제 구매가격이 가장 비싼 A쇼핑몰은 124,000원이며, 가장 싼 C쇼핑몰은 123,400원으로 가격 차이는 124,000−123,400=600원이다.

26

유연탄의 CO_2 배출량은 원자력의 $\dfrac{968}{9} \fallingdotseq 107.6$배이다.

오답분석

① LPG 판매단가는 원자력 판매가의 $\dfrac{132.45}{38.42} \fallingdotseq 3.4$배이므로 옳은 설명이다.

③ LPG는 CO_2 배출량이 두 번째로 낮은 것을 확인할 수 있다.

④ 에너지원별 판매단가 대비 CO_2 배출량은 다음과 같다.

- 원자력 : $\dfrac{9}{38.42} \fallingdotseq 0.2\text{g}-CO_2/$원

- 유연탄 : $\dfrac{968}{38.56} \fallingdotseq 25.1\text{g}-CO_2/$원

- 증유 : $\dfrac{803}{115.32} \fallingdotseq 7.0\text{g}-CO_2/$원

- LPG : $\dfrac{440}{132.45} \fallingdotseq 3.3\text{g}-CO_2/$원

따라서 판매단가 대비 CO_2 배출량이 가장 낮은 에너지원은 원자력이다.

⑤ 판매단가가 두 번째로 높은 에너지원은 증유이고, 증유의 CO_2 배출량은 두 번째로 높다.

27

- 2021년의 경제분야 투자 규모 전년 대비 감소율 : $\dfrac{23-24}{24} \times 100 \fallingdotseq -4.17\%$

- 2022년의 경제분야 투자 규모 전년 대비 감소율 : $\dfrac{22-23}{23} \times 100 \fallingdotseq -4.35\%$

따라서 2022년이 2021년보다 더 큰 비율로 감소하였다.

오답분석

① 2023년의 총지출을 a억 원이라고 가정하면, $a \times 0.06 = 21$억 원 → $a = \dfrac{21}{0.06} = 350$이다. 따라서 총지출은 350억 원이므로 320억 원 이상이다.

② 2020년의 경제 분야 투자규모의 전년 대비 증가율은 $\dfrac{24-20}{20} \times 100 = 20\%$이다.

④ 2019 ~ 2023년 동안 경제 분야에 투자한 금액은 $20+24+23+22+21 = 110$억 원이다.

⑤ 2020 ~ 2021년 동안 경제 분야 투자규모의 전년 대비 증감추이는 '증가 – 감소 – 감소 – 감소'이고, 총지출 대비 경제 분야 투자규모 비중의 경우 '증가 – 증가 – 감소 – 감소'이다.

28

자기계발 과목에 따라 해당하는 지원 금액과 신청 인원은 다음과 같다.

구분	영어회화	컴퓨터 활용	세무회계
지원 금액	$70,000 \times 0.5 = 35,000$원	$50,000 \times 0.4 = 20,000$원	$60,000 \times 0.8 = 48,000$원
신청 인원	3명	3명	3명

따라서 교육프로그램마다 3명씩 지원했으므로, K공사에서는 지원하는 총교육비는 $(35,000+20,000+48,000) \times 3 = 309,000$원이다.

29

정답 ①

800g 소포의 개수를 x개, 2.4kg 소포의 개수를 y개라고 하면

$800x + 2,400y \leq 16,000 \rightarrow x + 3y \leq 20 \cdots$ ㉠

B회사는 동일지역, C회사는 타 지역이므로

$4,000x + 6,000y = 60,000 \rightarrow 2x + 3y = 30 \rightarrow 3y = 30 - 2x \cdots$ ㉡

㉡을 ㉠에 대입하면

$x + 30 - 2x \leq 20 \rightarrow x \geq 10 \cdots$ ㉢

따라서 ㉡, ㉢을 동시에 만족하는 x, y값은 $x = 12$, $y = 2$이다.

30

정답 ④

주차 시간을 x분이라 하면(단, $x > 30$)

$3,000 + 60(x - 30) \leq 18,000 \rightarrow 50 + x - 30 \leq 300$

$\therefore x \leq 280$

따라서 K사원은 최대 280분까지 주차할 수 있다.

31

정답 ③

ㄴ. 어떤 기계를 선택해야 비용을 최소화할 수 있는지에 대해 고려하고 있는 문제이므로 옳은 설명이다.

ㄷ. • A기계를 선택하는 경우
   - 비용 : (임금) + (임대료) = (8,000 × 10) + 10,000 = 90,000원
   - 이윤 : 100,000 - 90,000 = 10,000원
   • B기계를 선택하는 경우
   - 비용 : (임금) + (임대료) = (8,000 × 7) + 20,000 = 76,000원
   - 이윤 : 100,000 - 76,000 = 24,000원
   따라서 합리적인 선택을 하는 경우는 B기계를 선택하는 경우로 24,000원의 이윤이 발생한다.

오답분석

ㄱ. B기계를 선택하는 경우가 A기계를 선택하는 경우보다 14,000원(= 24,000 - 10,000)의 이윤이 더 발생한다.

ㄹ. A기계를 선택하는 경우, 식탁 1개를 만드는 데 드는 비용은 90,000원이다.

32

정답 ③

(단위 : 표)

여행상품	1인당 비용(원)	총무팀	영업팀	개발팀	홍보팀	공장1	공장2	합계
A	500,000	2	1	2	0	15	6	26
B	750,000	1	2	1	1	20	5	30
C	600,000	3	1	0	1	10	4	19
D	1,000,000	3	4	2	1	30	10	50
E	850,000	1	2	0	2	5	5	15
합계		10	10	5	5	80	30	140

㉠ 가장 인기 높은 여행상품은 D이다. 그러나 공장1의 고려사항은 회사에 손해를 줄 수 있으므로, 2박 3일 여행상품이 아닌 1박 2일 여행상품 중 가장 인기 있는 B가 선택된다. 따라서 750,000 × 140 = 105,000,000원이 필요하므로 옳다.

㉢ 공장1의 A, B 투표 결과가 바뀐다면 여행상품 A, B의 투표 수가 각각 31, 25표가 되어 선택되는 여행상품이 A로 변경된다.

오답분석

㉡ 가장 인기 높은 여행상품은 D이므로 옳지 않다.

33

ㄱ. 한류의 영향으로 한국 제품을 선호하므로 한류 배우를 모델로 하여 적극적인 홍보 전략을 추진한다.
ㄷ. 빠른 제품 개발 시스템이 기 때문에 소비자 기호를 빠르게 분석하여 제품 생산에 반영한다.

오답분석

ㄴ. 인건비 상승과 외국산 저가 제품 공세 강화로 인해 적절한 대응이라고 볼 수 없다.
ㄹ. 선진국은 기술 보호주의를 강화하고 있으므로 적절한 대응이라고 볼 수 없다.

34

조건을 충족하는 경우를 표로 나타내보면 다음과 같다.

구분	첫 번째	두 번째	세 번째	네 번째	다섯 번째	여섯 번째
경우 1	교육	보건	농림	행정	국방	외교
경우 2	교육	보건	농림	국방	행정	외교
경우 3	보건	교육	농림	행정	국방	외교
경우 4	보건	교육	농림	국방	행정	외교

따라서 교육부는 첫 번째 또는 두 번째에 감사를 시작한다.

오답분석

② 경우 3, 4에서 보건복지부는 첫 번째로 감사를 시작한다.
③ 농림축산식품부보다 늦게 감사를 받는 부서는 3개, 일찍 받는 부서는 2개로, 늦게 감사를 받는 부서의 수가 많다.
④ 경우 1, 3에서 국방부는 행정안전부보다 감사를 늦게 받는다.
⑤ 외교부보다 늦게 감사를 받는 부서는 없다.

35

확정기여형(DC) 퇴직연금유형은 근로자가 선택하는 운용 상품의 운용 수익률에 따라 퇴직 급여가 달라진다.

오답분석

① 확정급여형과 확정기여형은 운영방법의 차이로 인해 퇴직연금 수준이 달라질 수 있다.
② 확정급여형에서는 기업부담금이 산출기초율로 정해지며, 이는 자산운용 수익률과 퇴직률 변경 시 변동되는 사항이다.
③ 확정급여형은 직장이동 시 합산이 어렵기 때문에 직장이동이 잦은 근로자들은 확정기여형을 선호할 것이라고 유추할 수 있다.
⑤ 확정급여형은 IRA / IRP를 활용할 수 있으므로 이에 대한 설명을 추가하는 것은 적절하다.

36

운용 현황에 관심이 많은 근로자는 확정기여형 퇴직연금유형에 적합하다.

37

블록마다 ATM기기를 설치했을 경우 순이익(연)은 '[(월평균 유동인구)×12×(ATM기기 연평균 이용률)×(1인당 연평균 수수료)]−(월임대료)×12'로 구할 수 있다.

- 1블록 : $(73,600 \times 12 \times 0.1 \times 1,000) - (1,500,000 \times 12) = 70,320,000$원
- 2블록 : $(72,860 \times 12 \times 0.45 \times 1,000) - (3,500,000 \times 12) = 351,444,000$원
- 3블록 : $(92,100 \times 12 \times 0.35 \times 1,000) - (3,000,000 \times 12) = 350,820,000$원
- 4블록 : $(78,500 \times 12 \times 0.4 \times 1,000) - (3,000,000 \times 12) = 340,800,000$원
- 5블록 : $(62,000 \times 12 \times 0.45 \times 1,000) - (800,000 \times 12) = 325,200,000$원
- 6블록 : $(79,800 \times 12 \times 0.4 \times 1,000) - (3,000,000 \times 12) = 347,040,000$원

따라서 A사원은 2블록, 3블록, 6블록을 제안하여야 한다.

38

ATM기기 설치 후 연 순이익을 구하는 방식은 앞선 문제와 동일하다. 단, 지도를 참고하여 'M대로'와 인접하면 월 평균 임대료에서 1.5배, 인접하지 않으면 0.8배를 곱하여야 한다.

- 2블록(B) : $(72,860 \times 12 \times 0.45 \times 1,000) - (3,500,000 \times 12 \times 1.5) = 330,444,000$원
- 3블록(C) : $(92,100 \times 12 \times 0.35 \times 1,000) - (3,000,000 \times 12 \times 1.5) = 332,820,000$원
- 6블록(F) : $(79,800 \times 12 \times 0.4 \times 1,000) - (3,000,000 \times 12 \times 1.5) = 329,040,000$원

따라서 3블록(C)이 가장 적합하다.

39

필요한 홍보자료는 $20 \times 10 = 200$부이며, $200 \times 30 = 6,000$페이지이다. 이를 활용하여 업체당 인쇄비용을 구하면 다음 표와 같다.

구분	인쇄 비용	유광표지 비용	제본 비용	할인을 적용한 총비용
A인쇄소	$6,000 \times 50$ $=30$만 원	$200 \times 500 = 10$만 원	$200 \times 1,500$ $=30$만 원	$30+10+30=70$만 원
B인쇄소	$6,000 \times 70$ $=42$만 원	$200 \times 300 = 6$만 원	$200 \times 1,300$ $=26$만 원	$42+6+26=74$만 원
C인쇄소	$6,000 \times 70$ $=42$만 원	$200 \times 500 = 10$만 원	$200 \times 1,000$ $=20$만 원	$42+10+20=72$만 원 → 200부 중 100부 5% 할인 → (할인 안 한 100부 비용)+(할인한 100부 비용) $=36+(36 \times 0.95)=70$만 2천 원
D인쇄소	$6,000 \times 60$ $=36$만 원	$200 \times 300 = 6$만 원	$200 \times 1,000$ $=20$만 원	$36+6+20=62$만 원
E인쇄소	$6,000 \times 100$ $=60$만 원	$200 \times 200 = 4$만 원	$200 \times 1,000$ $=20$만 원	$60+4+20=84$만 원 → 총비용 20% 할인 $84 \times 0.8=67$만 2천 원

따라서 가장 저렴한 비용으로 인쇄할 수 있는 업체는 D인쇄소이다.

40

두 번째 조건에서 D는 A의 바로 왼쪽에 앉으며, 마지막 조건에서 B는 E의 바로 오른쪽에 앉으므로 'D-A', 'E-B'를 각각 한 묶음으로 생각할 수 있다. 두 번째와 세 번째 조건에 의해 C는 세 번째 자리에 앉아야 하며, 네 번째 조건에 의해 'D-A'는 각각 첫 번째, 두 번째 자리에 앉아야 한다. 이를 표로 정리하면 다음과 같다.

첫 번째	두 번째	세 번째	네 번째	다섯 번째
D	A	C	E	B

따라서 ②가 정답이다.

[오답분석]
① D는 첫 번째 자리에 앉는다.
③ C는 세 번째 자리에 앉는다.
④ C는 E의 왼쪽에 앉는다.
⑤ B는 다섯 번째 자리에 앉는다.

41

규정에 따라 직원별 평정 최종점수를 산출하면 다음과 같다.

구분	올해 업무 평정	일반사고	중대사고	수상경력	평정 최종점수
A사원	420점	4회	2회	–	260점
B사원	380점	9회	–	1회	300점
C대리	550점	11회	1회	–	290점
D대리	290점	–	3회	2회	370점
E과장	440점	5회	3회	–	220점

따라서 올해 업무 평정에서 가장 낮은 최종점수를 받을 팀원은 E과장이다.

42

- 윤아 : 시간이 촉박하면 다른 생각을 할 여유가 없기 때문에 집중이 잘 되는 것처럼 느껴질 뿐이다. 이런 경우 실제 수행 결과는 만족스럽지 못한 경우가 많다.
- 태현 : 시간 관리 자체로 부담을 과하게 가지면 오히려 수행에 문제가 생길 수 있지만 기본적으로 시간 관리는 꼼꼼히 해야 한다.
- 지현 : 계획한 대로 시간 관리가 이루어지면 보다 효율적으로 일을 진행할 수 있다.
- 성훈 : 흔히 창의와 관리는 상충된다고 생각하지만 창의성이 필요한 일도 관리 속에서 더 효율적으로 이루어진다.

43

B버스(9시 출발, 소요시간 40분) → KTX(9시 45분 출발, 소요시간 1시간 32분) → 도착시간 오전 11시 17분으로 가장 먼저 도착한다.

오답분석

① A버스(9시 20분 출발, 소요시간 24분) → 새마을호(9시 45분 출발, 소요시간 3시간) → 도착시간 오후 12시 45분
③ 지하철(9시 30분 출발, 소요시간 20분) → KTX(10시 30분 출발, 소요시간 1시간 32분) → 도착시간 오후 12시 2분
④ B버스(9시 출발, 소요시간 40분) → 새마을호(9시 40분 출발, 소요시간 3시간) → 도착시간 오후 12시 40분
⑤ 지하철(9시 30분 출발, 소요시간 20분) → 새마을호(9시 50분 출발, 소요시간 3시간) → 도착시간 오후 12시 50분

44

베이징 노선과 방콕 노선은 폐쇄되었으므로, 나머지 노선에 대한 노선지수를 구해서 정한다. 노선지수를 계산하기 위해선 총거리와 총시간, 총요금을 먼저 계산한 후 순위에 따라 다시 한 번 계산해야 한다.

경유지	합산거리	총거리순위	합산시간	총시간순위	합산요금	총요금순위	노선지수
하노이	11,961km	3	15시간	5	120만 원	3	6.5
델리	11,384km	2	13시간	3	110만 원	1	3.9
두바이	12,248km	5	14시간	4	115만 원	2	7.2
카이로	11,993km	4	12시간	2	125만 원	4	5.4
상하이	10,051km	1	11시간	1	135만 원	5	2.5

따라서 노선지수가 낮은 상하이를 경유하는 노선이 가장 적합한 노선이다.

45

11월의 전기세는 기타 계절의 요금으로 구한다.

먼저 전기요금을 구하면 기본요금은 341kWh를 사용했으므로 1,600원이다.

전력량 요금은 341kWh을 사용했으므로 다음과 같다.

• 1단계 : 200kWh×93.3원/kWh=18,660원

• 2단계 : 141kWh×187.9원/kWh=26,493.9원

따라서 전기요금은 1,600+(18,660+26,493.9)=1,600+45,1533.9=46,753원(∵ 전기요금은 원 미만 절사)이고, 부가가치세는 46,753원×0.1≒4,675원, 전력산업기반기금은 46,753원×0.037≒1,720원이다.

그러므로 11월 청구금액은 46,753+4,675+1,720=53,148이므로 53,140원(∵ 청구금액은 십 원 미만 절사)이다.

46

업체들의 항목별 가중치 미반영 점수를 도출한 후, 가중치를 적용하여 선정점수를 도출하면 아래 표와 같다.

(단위 : 점)

구분	납품품질 점수	가격경쟁력 점수	직원규모 점수	가중치 반영한 선정점수
A업체	90	90	90	(90×0.4)+(90×0.3)+(90×0.3)=90
B업체	80	100	90	(80×0.4)+(100×0.3)+(90×0.3)=89
C업체	70	100	80	(70×0.4)+(100×0.3)+(80×0.3)=82
D업체	100	70	80	(100×0.4)+(70×0.3)+(80×0.3)=85
E업체	90	80	100	(90×0.4)+(80×0.3)+(100×0.3)=90

따라서 선정점수가 가장 높은 업체는 90점을 받은 A업체와 E업체이며, 이 중 가격경쟁력 점수가 더 높은 A업체가 선정된다.

47

문화회관 이용 가능 요일표와 주간 주요 일정표에 따라 B지사가 교육에 참석할 수 있는 요일과 시간대는 화요일 오후, 수요일 오후, 금요일 오전이다.

48

A호텔 연꽃실은 2시간 이상 사용할 경우 추가비용이 발생하고, 수용 가능 인원도 적절하지 않다. B호텔 백합실은 1시간 초과 대여가 불가능하며, C호텔 매화실은 이동수단을 제공하지만 수용 가능 인원이 적절하지 않다. 나머지 C호텔 튤립실과 D호텔 장미실을 비교했을 때, C호텔의 튤립실은 예산초과로 예약할 수 없고, D호텔 장미실은 대여료와 수용 가능 인원의 조건을 충족하므로 이대리는 D호텔의 연회장을 예약할 것이다.

따라서 이대리가 지불해야 하는 예약금은 150(∵ D호텔 대여료)×0.1=15만 원이다.

49

예산이 200만 원으로 증액되었을 때, 조건에 해당하는 연회장은 C호텔 튤립실과 D호텔 장미실이다. 예산 내에서 더 저렴한 연회장을 선택해야 한다는 조건은 없으므로 이동수단이 제공되는 연회장을 우선적으로 고려해야 한다. 따라서 이대리는 C호텔 튤립실을 예약할 것이다.

50
정답 ③

각 과제의 최종 점수를 구하기 전에, 항목당 최하위 점수가 부여된 과제는 제외하므로, 중요도에서 최하위 점수가 부여된 B, 긴급도에서 최하위 점수가 부여된 D, 적용도에서 최하위 점수가 부여된 E를 제외한다. 나머지 두 과제에 대하여 주어진 조건에 의해 각 과제의 최종 평가 점수를 구해보면 다음과 같다. 가중치는 별도로 부여되므로 추가 계산한다.

- A : $(84+92+96)+(84\times0.3)+(92\times0.2)+(96\times0.1)=325.2$
- C : $(95+85+91)+(95\times0.3)+(85\times0.2)+(91\times0.1)=325.6$

따라서 C를 가장 먼저 수행해야 한다.

51
정답 ③

H사원의 자기개발을 방해하는 장애요인은 욕구와 감정이다. 이와 비슷한 사례는 회식과 과음으로 인해 자기개발을 못한 C씨이다.

> **자기개발을 방해하는 장애요인**
> - 욕구와 감정
> - 제한적인 사고
> - 문화적인 장애
> - 자기개발 방법의 무지

52
정답 ④

필기시험 합격자의 조 구성은 은경씨가 하지만, 합격자에게 몇 조인지를 미리 공지하는지는 알 수 없다.

53
정답 ③

ⓒ 흥미나 적성검사를 통해 자신에게 알맞은 직업을 도출할 수는 있으나 이러한 결과가 직업에서의 성공을 보장해 주는 것은 아니다. 실제 직장에서는 직장문화, 풍토 등 외부적인 요인에 의해 적응을 하지 못하는 경우가 발생하기 때문에 기업의 문화와 풍토를 잘 이해하고 활용할 필요가 있다.
ⓔ 일을 할 때는 너무 커다란 업무보다는 작은 단위로 나누어 수행한다. 작은 성공의 경험들이 축적되어 자신에 대한 믿음이 강화되면 보다 큰일을 할 수 있게 되기 때문이다.

54
정답 ④

운영체제의 기능에는 프로세스 관리, 메모리 관리, 기억장치 관리, 파일 관리, 입출력 관리, 리소스 관리 등이 있다. 또한 운영체제의 목적은 처리능력 향상, 반환 시간 단축, 사용 가능도 향상, 신뢰도 향상 등이 있다.

55
정답 ④

SSD(Solid State Drive)는 전기적인 방식으로 데이터를 읽고 쓰는 반면, HDD(Hard Disk Drive)는 기계적인 방식으로 자기 디스크를 돌려서 데이터를 읽고 쓴다.

[오답분석]
① SSD는 HDD에 비해 전력 소모량과 발열이 적다.
② 기계적 방식인 HDD는 전기 공급이 없어도 데이터를 보존할 수 있기 때문에 장기간 데이터 보존에 유리하다. 반면 전기적 방식인 SSD는 오랜 기간 전원 공급 없이 방치하면 데이터 유실이 일어난다.
③ SSD는 내구성이 높아 충격이나 진동에 덜 민감하지만, HDD는 외부 충격에 의한 데이터 손실 가능성이 비교적 높다.
⑤ 일반적으로 SSD는 신속한 데이터 접근 속도를 제공하며, HDD는 더 큰 저장 용량을 제공한다.

56

오른쪽의 데이터는 나이가 적은 사람부터 많은 사람 순으로 정렬되어 있다. 따라서 열에는 '나이', 정렬에는 '오름차순'을 선택해야 오른쪽과 같이 정렬된다.

57

세로 막대형 차트는 항목별 비교를 나타내는 데 유용한 차트이다. 일반적으로 항목이 가로 축에 표시되고, 값은 세로 축에 표시된다. 제시된 표를 세로 막대형 차트로 변환시키면 다음과 같다.

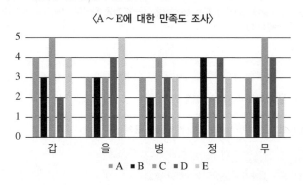

〈A ~ E에 대한 만족도 조사〉

■ A ■ B ■ C ■ D ■ E

오답분석

① 원형 차트 : 데이터 계열 하나에 있는 항목의 크기가 항목 합계에 비례하여 표시되며, 데이터 요소는 원형 전체에 대한 백분율로 표시된다. 원형 차트는 각 항목의 값들이 항목 합계의 비율로 표시되므로 중요한 요소를 강조할 때 사용하기 좋은 차트이다.

② 분산형 차트 : 데이터 요소 간의 차이점보다는 큰 데이터 집합 간의 유사점을 표시하려는 경우에 사용한다. 분산형 차트는 가로 축의 값이 일정한 간격이 아닌 경우나, 가로 축의 데이터 요소 수가 많은 경우 사용한다.

④ 영역형 차트 : 두 개 이상의 데이터 계열을 갖는 차트에서 시간에 따른 특정 데이터 계열을 강조하고자 할 때 사용하면 편리하다. 영역형 차트는 합계 값을 추세와 함께 살펴볼 때 사용하며, 각 값의 합계를 표시하여 전체에 대한 부분의 관계도 보여 준다.

⑤ 표면형 차트 : 두 데이터 집합 간의 최적 조합을 찾을 때 유용하다. 표면형 차트에서 색과 무늬는 같은 값 범위에 있는 영역을 나타내며, 항목과 데이터 계열이 모두 숫자 값인 경우에 사용 가능하다.

58

②에 대한 내용은 문제 해결법에 나와 있지 않다.

59

④는 인쇄 속도가 느릴 때 해결할 수 있는 방안이다.

60

영상이 희미한 경우 리모컨 메뉴창의 초점 조절 기능을 이용하여 초점을 조절하거나, 투사거리가 초점에서 너무 가깝거나 멀리 떨어져있지 않은지 확인해야 한다.

오답분석

② 메뉴가 선택되지 않을 때는 메뉴의 글자가 회색으로 나와 있지 않은지 확인해야 한다. 외부기기 연결 상태 확인은 외부기기가 선택되지 않을 때의 조치사항이다.

③ 이상한 소리가 계속해서 날 경우 사용을 중지하고 서비스 센터로 문의해야 한다.

④ 화면 잔상은 일정시간 정지된 영상을 지속적으로 표시하면 나타날 수 있다. 제품 및 리모컨의 배터리 충전 상태와는 무관하다.

⑤ 전원이 자동으로 꺼지는 것은 제품을 20시간 지속 사용하여 전원이 자동 차단된 것으로 확인할 수 있다. 발열이 심한 경우는 화면이 나오지 않는 문제의 원인이다.

61

기술적용 형태 중 선택한 기술을 그대로 적용하되, 불필요한 기술은 과감히 버리고 적용할 때 시간 및 비용을 절감할 수 있다.

불필요한 기술은 과감히 버리고 선택한 기술을 그대로 적용할 때의 상황
- 시간 및 비용 절감
- 프로세스의 효율성 증가
- 부적절한 기술을 선택할 경우 실패할 수 있는 위험부담 존재
- 과감하게 버린 기술이 과연 불필요한가에 대한 문제점 존재

62

기술적용 시 고려사항에는 기술적용에 따른 비용 문제, 기술의 수명 주기, 기술의 전략적 중요도, 기술의 잠재적 응용 가능성 등이 있다.

63

김팀장과 같은 기술경영자에게 필요한 능력은 기업의 전반적인 전략 목표에 기술을 분리시키는 것이 아닌 통합시키는 능력이다.

기술경영자에게 필요한 능력
- 기술을 기업의 전반적인 전략 목표에 통합시키는 능력
- 기술 전문 인력을 운용할 수 있는 능력
- 빠르고 효과적으로 새로운 기술을 습득하고 기존의 기술에서 탈피하는 능력
- 조직 내의 기술 이용을 수행할 수 있는 능력
- 복잡하고 서로 다른 분야에 걸쳐 있는 프로젝트를 수행할 수 있는 능력
- 효과적으로 평가할 수 있는 능력
- 기술 이전을 효과적으로 할 수 있는 능력
- 제품개발 시간을 단축할 수 있는 능력

64
정답 ④

사람들이 집단에 머물고, 계속 남아있기를 원하게 만드는 힘은 응집력이다. 팀워크는 단순히 사람들이 모여 있는 것이 아니라 목표 달성의 의지를 가지고 성과를 내는 것이다.

> **팀워크와 응집력**
> • 팀워크 : 팀 구성원이 공동의 목적을 달성하기 위해 상호관계성을 가지고 서로 협력하여 일을 해 나가는 것
> • 응집력 : 사람들로 하여금 집단에 머물도록 만들고, 그 집단의 멤버로서 계속 남아 있기를 원하게 만드는 힘

65
정답 ②

대화를 통해 부하직원인 A씨 스스로 업무성과가 떨어지고 있고, 업무방법이 잘못되었음을 인식시켜서 이를 해결할 방법을 스스로 생각하도록 해야 한다. 이후 B팀장이 조언하며 A씨를 독려한다면, B팀장은 A씨의 자존감과 자기결정권을 침해하지 않으면서도 A씨 스스로 책임감을 느끼고 문제를 해결할 가능성이 높아지게 할 수 있다.

[오답분석]
① 징계를 통해 억지로 조언을 듣도록 하는 것은 자존감과 자기결정권을 중시하는 A씨에게 적절하지 않다.
③ 칭찬은 A씨로 하여금 자신의 잘못을 인식하지 못하도록 할 수 있어 적절하지 않다.
④ 자존감과 자기결정권을 중시하는 A씨에게 강한 질책은 효과적이지 못하다.
⑤ A씨가 자기 잘못을 인식하지 못한 상태로 시간만 흘러갈 수 있다.

66
정답 ②

인간관계의 커다란 손실은 사소한 것으로부터 비롯된다. 즉 대인관계에 있어 상대방의 사소한 일에 대해 관심을 가져야 하며, 이를 위한 작은 친절과 공손함은 매우 중요하다. 이와 반대로 작은 불손, 작은 불친절, 하찮은 무례 등은 감정은행계좌의 막대한 인출을 가져온다.

[오답분석]
① 상대방의 입장을 이해하고 양보하는 노력은 감정은행계좌에 인격과 신뢰를 쌓는 중요한 예입 수단이다.
③ 실수를 인정하고 진지하게 사과하는 것은 감정은행계좌에 신뢰를 예입하는 것이다.
④ 상대방에 대한 칭찬과 배려는 상호 신뢰관계를 형성하고 사람의 마음을 움직이게 하는 중요한 감정예입 행위이다.
⑤ 책임을 지고 약속을 지키는 것은 중요한 감정예입 행위이며, 약속을 어기는 것은 중대한 인출 행위이다.

67
정답 ①

1. 협상 시작 : 소손녕과 서희는 기싸움 등을 하면서 협상의지를 서로 확인하였고, 협상을 시작하였다.
2. 상호 이해 : 갈등문제의 진행상황과 현재의 상황을 점검하는 단계로 정벌의 명분을 위해 소손녕은 고려가 신라 후예임을 서희는 고구려의 후예임을 말하였다.
3. 실질 이해 : 겉으로 주장하는 것과 실제로 원하는 것을 구분하여 실제로 원하는 것을 찾아내는 단계로 소손녕한테서 거란이 송과 전쟁을 위해 후방을 안전하게 하려는 것이 원하는 것임을 알았다.
4. 해결 대안 : 최선의 대안에 대해서 합의하고 선택하는 단계로 서희는 상호 간에 국교를 하려면 영토를 요구하였다.
5. 합의 : 합의문을 작성하는 단계로 두 나라는 화의 요청 및 철군, 고려의 영토 개척 동의로써 합의하였다.

68
정답 ④

서희는 직접적으로 상대방의 요구를 거부하지 않았다. 원인과 이유를 말하고 우회하면서 그 요구를 받아들이기 위한 대안을 제시하였다.

69

고객 불만 처리는 정확하게, 그리고 최대한 신속히 이루어져야 한다. 재발 방지 교육은 고객 보고 후 실시해도 무방하므로 신속하게 고객에게 상황을 보고하는 것이 우선이다.

오답분석
① 고객 보고 후 피드백이 이루어지면, 고객 불만 처리의 결과를 잘 파악할 수 있다.
③ 고객 불만 접수와 함께 진심어린 사과도 이루어져야 한다.
④ 고객 불만 접수 단계에서는 고객의 불만을 경청함으로써 불만 사항을 잘 파악하는 것이 중요하다.
⑤ 불만 처리 과정을 고객에게 통보해 줌으로써 업체에 대한 고객의 신뢰도를 높일 수 있다.

70

정답 ③

경영은 경영목적, 인적자원, 자금, 전략의 4요소로 구성된다.
ㄱ. 경영목적
ㄴ. 인적자원
ㅁ. 자금
ㅂ. 전략

오답분석
ㄷ. 마케팅
ㄹ. 회계

71

정답 ④

제시문은 '한정 판매 마케팅 기법'에 대한 글이다. 이는 한정판 제품의 공급을 통해 의도적으로 공급의 가격탄력성을 0에 가깝게 조정한 것으로, 판매 기업의 입장에서는 이윤 증대를 위한 경영 혁신이지만 소비자의 합리적 소비를 저해할 수 있다.

72

정답 ⑤

서약서 집행 담당자는 보안담당관으로, 보안담당관은 총무국장이기 때문에 서약서는 이사장이 아닌 총무국장에게 제출해야 한다.

73

정답 ⑤

밑줄 친 내용을 통해 도입할 소프트웨어는 사원 데이터 파일을 일원화시키고, 이를 활용하는 모든 응용 프로그램이 유기적으로 데이터를 관리하도록 하는 프로그램이다. 이를 통해 각 응용 프로그램 간에 독립성이 향상되며, 원래의 데이터를 일원화하는 효과를 볼 수 있다.

74

정답 ③

직장인들이 지속적으로 현 분야 또는 새로운 분야에 대해 공부하는 것은 자기개발의 일환으로, 이는 회사의 목표가 아닌 자신이 달성하고자 하는 목표를 성취하기 위해 필요하다.

75

정답 ③

B팀장은 단합대회에 참석하지 않는다는 의사표시를 한 것이 아니라, A부장이 갑작스럽게 단합대회 날짜를 정하게 된 이유를 듣고, 일정을 조율해 보겠다는 의미의 대답을 한 것이다.

76

정답 ②

소금이나 후추 등이 다른 사람 손에 거치면 좋지 않다는 풍습을 볼 때, 소금과 후추가 필요할 때는 웨이터를 부르는 것보다 자신이 직접 가져오는 것이 적절한 행동이다.

77

정답 ③

직장에서의 근태를 지키는 것은 정직성에서 중요한 부분이다. 근태를 지키지 않으면 정직성에 어긋날 뿐더러 신용도 쌓을 수 없다. 따라서 점심시간을 지키는 것은 근태에 해당하므로 사적으로 시간을 더 쓰는 것은 정직성에 어긋난다.

78

정답 ③

B사원의 업무방식은 그의 성격으로 나타나는 것이며, B사원의 잘못이 아님을 알 수 있다. 따라서 A대리는 업무방식에 대해 서로 다른 부분을 인정하는 상호 인정에 대한 역량이 필요하다고 볼 수 있다.

79

정답 ③

①·②·④·⑤는 전략과제에서 도출할 수 있는 추진방향이지만, ③의 국제경쟁입찰의 과열 경쟁 심화와 컨소시엄 구성 시 민간기업과 업무배분, 이윤추구성향 조율의 어려움 등은 문제점에 대한 언급이기 때문에 추진방향으로 적절하지 않다.

80

정답 ⑤

E과장은 아랫사람에게 인사를 먼저 건네며 즐겁게 하루를 시작하는 공경심이 있는 예도를 행하였다.

오답분석

① 비상금을 털어 무리하게 고급 생일선물을 사는 것은 자신이 감당할 수 있는 능력을 벗어나므로 적절하지 않다.
② 장례를 치르는 문상자리에서 애도할 줄 모르는 것이므로 적절하지 않다.
③ 선행이나 호의를 베풀 때도 받는 자에게 피해가 되지 않도록 주의해야 하므로 적절하지 않다.
④ 아랫사람의 실수를 너그럽게 관용하는 태도에 부합하지 않으므로 적절하지 않다.

절대 어제를 후회하지 마라. 인생은 오늘의 나 안에 있고 내일은 스스로 만드는 것이다.

-L.론 허바드-

필수영역 NCS 최종모의고사 답안카드

성 명

지원 분야

문제지 형별기재란

( )형

Ⓐ Ⓑ

수 험 번 호

⓪ ① ② ③ ④ ⑤ ⑥ ⑦ ⑧ ⑨
⓪ ① ② ③ ④ ⑤ ⑥ ⑦ ⑧ ⑨
⓪ ① ② ③ ④ ⑤ ⑥ ⑦ ⑧ ⑨
⓪ ① ② ③ ④ ⑤ ⑥ ⑦ ⑧ ⑨
⓪ ① ② ③ ④ ⑤ ⑥ ⑦ ⑧ ⑨
⓪ ① ② ③ ④ ⑤ ⑥ ⑦ ⑧ ⑨
① ② ③ ④ ⑤ ⑥ ⑦ ⑧ ⑨

감독위원 확인

(인)

번호	1	2	3	4	5		번호	1	2	3	4	5		번호	1	2	3	4	5
1	①	②	③	④	⑤		21	①	②	③	④	⑤		41	①	②	③	④	⑤
2	①	②	③	④	⑤		22	①	②	③	④	⑤		42	①	②	③	④	⑤
3	①	②	③	④	⑤		23	①	②	③	④	⑤		43	①	②	③	④	⑤
4	①	②	③	④	⑤		24	①	②	③	④	⑤		44	①	②	③	④	⑤
5	①	②	③	④	⑤		25	①	②	③	④	⑤		45	①	②	③	④	⑤
6	①	②	③	④	⑤		26	①	②	③	④	⑤		46	①	②	③	④	⑤
7	①	②	③	④	⑤		27	①	②	③	④	⑤		47	①	②	③	④	⑤
8	①	②	③	④	⑤		28	①	②	③	④	⑤		48	①	②	③	④	⑤
9	①	②	③	④	⑤		29	①	②	③	④	⑤		49	①	②	③	④	⑤
10	①	②	③	④	⑤		30	①	②	③	④	⑤		50	①	②	③	④	⑤
11	①	②	③	④	⑤		31	①	②	③	④	⑤							
12	①	②	③	④	⑤		32	①	②	③	④	⑤							
13	①	②	③	④	⑤		33	①	②	③	④	⑤							
14	①	②	③	④	⑤		34	①	②	③	④	⑤							
15	①	②	③	④	⑤		35	①	②	③	④	⑤							
16	①	②	③	④	⑤		36	①	②	③	④	⑤							
17	①	②	③	④	⑤		37	①	②	③	④	⑤							
18	①	②	③	④	⑤		38	①	②	③	④	⑤							
19	①	②	③	④	⑤		39	①	②	③	④	⑤							
20	①	②	③	④	⑤		40	①	②	③	④	⑤							

※ 본 답안지는 마킹연습용 모의 답안지입니다.

필수영역 NCS 최종모의고사 답안카드

1	①	②	③	④	⑤	21	①	②	③	④	⑤	41	①	②	③	④	⑤
2	①	②	③	④	⑤	22	①	②	③	④	⑤	42	①	②	③	④	⑤
3	①	②	③	④	⑤	23	①	②	③	④	⑤	43	①	②	③	④	⑤
4	①	②	③	④	⑤	24	①	②	③	④	⑤	44	①	②	③	④	⑤
5	①	②	③	④	⑤	25	①	②	③	④	⑤	45	①	②	③	④	⑤
6	①	②	③	④	⑤	26	①	②	③	④	⑤	46	①	②	③	④	⑤
7	①	②	③	④	⑤	27	①	②	③	④	⑤	47	①	②	③	④	⑤
8	①	②	③	④	⑤	28	①	②	③	④	⑤	48	①	②	③	④	⑤
9	①	②	③	④	⑤	29	①	②	③	④	⑤	49	①	②	③	④	⑤
10	①	②	③	④	⑤	30	①	②	③	④	⑤	50	①	②	③	④	⑤
11	①	②	③	④	⑤	31	①	②	③	④	⑤						
12	①	②	③	④	⑤	32	①	②	③	④	⑤						
13	①	②	③	④	⑤	33	①	②	③	④	⑤						
14	①	②	③	④	⑤	34	①	②	③	④	⑤						
15	①	②	③	④	⑤	35	①	②	③	④	⑤						
16	①	②	③	④	⑤	36	①	②	③	④	⑤						
17	①	②	③	④	⑤	37	①	②	③	④	⑤						
18	①	②	③	④	⑤	38	①	②	③	④	⑤						
19	①	②	③	④	⑤	39	①	②	③	④	⑤						
20	①	②	③	④	⑤	40	①	②	③	④	⑤						

성 명

지원 분야

문제지 형별기재란

(형) Ⓐ Ⓑ

수 험 번 호

⓪	①	②	③	④	⑤	⑥	⑦	⑧	⑨
⓪	①	②	③	④	⑤	⑥	⑦	⑧	⑨
⓪	①	②	③	④	⑤	⑥	⑦	⑧	⑨
⓪	①	②	③	④	⑤	⑥	⑦	⑧	⑨
⓪	①	②	③	④	⑤	⑥	⑦	⑧	⑨
⓪	①	②	③	④	⑤	⑥	⑦	⑧	⑨
⓪	①	②	③	④	⑤	⑥	⑦	⑧	⑨

감독위원 확인

(인)

핵심영역 NCS 최종모의고사 답안카드

지원 분야

문제지 형별기재란

( )형 Ⓐ Ⓑ

수 험 번 호

감독위원 확인

(인)

번호	①	②	③	④	⑤
1	①	②	③	④	⑤
2	①	②	③	④	⑤
3	①	②	③	④	⑤
4	①	②	③	④	⑤
5	①	②	③	④	⑤
6	①	②	③	④	⑤
7	①	②	③	④	⑤
8	①	②	③	④	⑤
9	①	②	③	④	⑤
10	①	②	③	④	⑤
11	①	②	③	④	⑤
12	①	②	③	④	⑤
13	①	②	③	④	⑤
14	①	②	③	④	⑤
15	①	②	③	④	⑤
16	①	②	③	④	⑤
17	①	②	③	④	⑤
18	①	②	③	④	⑤
19	①	②	③	④	⑤
20	①	②	③	④	⑤

번호	①	②	③	④	⑤
21	①	②	③	④	⑤
22	①	②	③	④	⑤
23	①	②	③	④	⑤
24	①	②	③	④	⑤
25	①	②	③	④	⑤
26	①	②	③	④	⑤
27	①	②	③	④	⑤
28	①	②	③	④	⑤
29	①	②	③	④	⑤
30	①	②	③	④	⑤
31	①	②	③	④	⑤
32	①	②	③	④	⑤
33	①	②	③	④	⑤
34	①	②	③	④	⑤
35	①	②	③	④	⑤
36	①	②	③	④	⑤
37	①	②	③	④	⑤
38	①	②	③	④	⑤
39	①	②	③	④	⑤
40	①	②	③	④	⑤

번호	①	②	③	④	⑤
41	①	②	③	④	⑤
42	①	②	③	④	⑤
43	①	②	③	④	⑤
44	①	②	③	④	⑤
45	①	②	③	④	⑤
46	①	②	③	④	⑤
47	①	②	③	④	⑤
48	①	②	③	④	⑤
49	①	②	③	④	⑤
50	①	②	③	④	⑤

※ 본 답안지는 마킹연습용 모의 답안지입니다.

〈절취선〉

핵심영역 NCS 최종모의고사 답안카드

1	①	②	③	④	⑤		21	①	②	③	④	⑤		41	①	②	③	④	⑤
2	①	②	③	④	⑤		22	①	②	③	④	⑤		42	①	②	③	④	⑤
3	①	②	③	④	⑤		23	①	②	③	④	⑤		43	①	②	③	④	⑤
4	①	②	③	④	⑤		24	①	②	③	④	⑤		44	①	②	③	④	⑤
5	①	②	③	④	⑤		25	①	②	③	④	⑤		45	①	②	③	④	⑤
6	①	②	③	④	⑤		26	①	②	③	④	⑤		46	①	②	③	④	⑤
7	①	②	③	④	⑤		27	①	②	③	④	⑤		47	①	②	③	④	⑤
8	①	②	③	④	⑤		28	①	②	③	④	⑤		48	①	②	③	④	⑤
9	①	②	③	④	⑤		29	①	②	③	④	⑤		49	①	②	③	④	⑤
10	①	②	③	④	⑤		30	①	②	③	④	⑤		50	①	②	③	④	⑤
11	①	②	③	④	⑤		31	①	②	③	④	⑤							
12	①	②	③	④	⑤		32	①	②	③	④	⑤							
13	①	②	③	④	⑤		33	①	②	③	④	⑤							
14	①	②	③	④	⑤		34	①	②	③	④	⑤							
15	①	②	③	④	⑤		35	①	②	③	④	⑤							
16	①	②	③	④	⑤		36	①	②	③	④	⑤							
17	①	②	③	④	⑤		37	①	②	③	④	⑤							
18	①	②	③	④	⑤		38	①	②	③	④	⑤							
19	①	②	③	④	⑤		39	①	②	③	④	⑤							
20	①	②	③	④	⑤		40	①	②	③	④	⑤							

※ 본 답안지는 마킹연습용 모의 답안지입니다.

성 명	

지원 분야	

문제지 형별기재란	( )형	Ⓐ Ⓑ

수 험 번 호

⓪	①	②	③	④	⑤	⑥	⑦	⑧	⑨
⓪	①	②	③	④	⑤	⑥	⑦	⑧	⑨
⓪	①	②	③	④	⑤	⑥	⑦	⑧	⑨
⓪	①	②	③	④	⑤	⑥	⑦	⑧	⑨
⓪	①	②	③	④	⑤	⑥	⑦	⑧	⑨
⓪	①	②	③	④	⑤	⑥	⑦	⑧	⑨
⓪	①	②	③	④	⑤	⑥	⑦	⑧	⑨

감독위원 확인	인

핵심영역 NCS 최종모의고사 답안카드

성 명

지원 분야

문제지 형별기재란

( )형

Ⓐ
Ⓑ

수험번호

① ② ③ ④ ⑤ ⑥ ⑦ ⑧ ⑨ ⓪

감독위원 확인

㊞

문번	1	2	3	4	5
1	①	②	③	④	⑤
2	①	②	③	④	⑤
3	①	②	③	④	⑤
4	①	②	③	④	⑤
5	①	②	③	④	⑤
6	①	②	③	④	⑤
7	①	②	③	④	⑤
8	①	②	③	④	⑤
9	①	②	③	④	⑤
10	①	②	③	④	⑤
11	①	②	③	④	⑤
12	①	②	③	④	⑤
13	①	②	③	④	⑤
14	①	②	③	④	⑤
15	①	②	③	④	⑤
16	①	②	③	④	⑤
17	①	②	③	④	⑤
18	①	②	③	④	⑤
19	①	②	③	④	⑤
20	①	②	③	④	⑤
21	①	②	③	④	⑤
22	①	②	③	④	⑤
23	①	②	③	④	⑤
24	①	②	③	④	⑤
25	①	②	③	④	⑤
26	①	②	③	④	⑤
27	①	②	③	④	⑤
28	①	②	③	④	⑤
29	①	②	③	④	⑤
30	①	②	③	④	⑤
31	①	②	③	④	⑤
32	①	②	③	④	⑤
33	①	②	③	④	⑤
34	①	②	③	④	⑤
35	①	②	③	④	⑤
36	①	②	③	④	⑤
37	①	②	③	④	⑤
38	①	②	③	④	⑤
39	①	②	③	④	⑤
40	①	②	③	④	⑤
41	①	②	③	④	⑤
42	①	②	③	④	⑤
43	①	②	③	④	⑤
44	①	②	③	④	⑤
45	①	②	③	④	⑤
46	①	②	③	④	⑤
47	①	②	③	④	⑤
48	①	②	③	④	⑤
49	①	②	③	④	⑤
50	①	②	③	④	⑤

※ 본 답안지는 마킹연습용 모의 답안지입니다.

핵심영역 NCS 최종모의고사 답안카드

번호	①	②	③	④	⑤		번호	①	②	③	④	⑤		번호	①	②	③	④	⑤
1	①	②	③	④	⑤		21	①	②	③	④	⑤		41	①	②	③	④	⑤
2	①	②	③	④	⑤		22	①	②	③	④	⑤		42	①	②	③	④	⑤
3	①	②	③	④	⑤		23	①	②	③	④	⑤		43	①	②	③	④	⑤
4	①	②	③	④	⑤		24	①	②	③	④	⑤		44	①	②	③	④	⑤
5	①	②	③	④	⑤		25	①	②	③	④	⑤		45	①	②	③	④	⑤
6	①	②	③	④	⑤		26	①	②	③	④	⑤		46	①	②	③	④	⑤
7	①	②	③	④	⑤		27	①	②	③	④	⑤		47	①	②	③	④	⑤
8	①	②	③	④	⑤		28	①	②	③	④	⑤		48	①	②	③	④	⑤
9	①	②	③	④	⑤		29	①	②	③	④	⑤		49	①	②	③	④	⑤
10	①	②	③	④	⑤		30	①	②	③	④	⑤		50	①	②	③	④	⑤
11	①	②	③	④	⑤		31	①	②	③	④	⑤							
12	①	②	③	④	⑤		32	①	②	③	④	⑤							
13	①	②	③	④	⑤		33	①	②	③	④	⑤							
14	①	②	③	④	⑤		34	①	②	③	④	⑤							
15	①	②	③	④	⑤		35	①	②	③	④	⑤							
16	①	②	③	④	⑤		36	①	②	③	④	⑤							
17	①	②	③	④	⑤		37	①	②	③	④	⑤							
18	①	②	③	④	⑤		38	①	②	③	④	⑤							
19	①	②	③	④	⑤		39	①	②	③	④	⑤							
20	①	②	③	④	⑤		40	①	②	③	④	⑤							

성 명

지원 분야

문제지 형별기재란
Ⓐ
Ⓑ
(형)

수 험 번 호

⓪	①	②	③	④	⑤	⑥	⑦	⑧	⑨
⓪	①	②	③	④	⑤	⑥	⑦	⑧	⑨
⓪	①	②	③	④	⑤	⑥	⑦	⑧	⑨
⓪	①	②	③	④	⑤	⑥	⑦	⑧	⑨
⓪	①	②	③	④	⑤	⑥	⑦	⑧	⑨
⓪	①	②	③	④	⑤	⑥	⑦	⑧	⑨
⓪	①	②	③	④	⑤	⑥	⑦	⑧	⑨

감독위원 확인

(인)

통합 NCS 최종모의고사 답안카드

성 명

지원 분야

문제지 형별기재란

(형)

Ⓐ Ⓑ

수 험 번 호

	Ⓞ	①	②	③	④	⑤	⑥	⑦	⑧	⑨
	Ⓞ	①	②	③	④	⑤	⑥	⑦	⑧	⑨
	Ⓞ	①	②	③	④	⑤	⑥	⑦	⑧	⑨
	Ⓞ	①	②	③	④	⑤	⑥	⑦	⑧	⑨
	Ⓞ	①	②	③	④	⑤	⑥	⑦	⑧	⑨
	Ⓞ	①	②	③	④	⑤	⑥	⑦	⑧	⑨
	Ⓞ	①	②	③	④	⑤	⑥	⑦	⑧	⑨

감독위원 확인

(인)

문항	①	②	③	④	⑤		문항	①	②	③	④	⑤		문항	①	②	③	④	⑤		문항	①	②	③	④	⑤
1	①	②	③	④	⑤		21	①	②	③	④	⑤		41	①	②	③	④	⑤		61	①	②	③	④	⑤
2	①	②	③	④	⑤		22	①	②	③	④	⑤		42	①	②	③	④	⑤		62	①	②	③	④	⑤
3	①	②	③	④	⑤		23	①	②	③	④	⑤		43	①	②	③	④	⑤		63	①	②	③	④	⑤
4	①	②	③	④	⑤		24	①	②	③	④	⑤		44	①	②	③	④	⑤		64	①	②	③	④	⑤
5	①	②	③	④	⑤		25	①	②	③	④	⑤		45	①	②	③	④	⑤		65	①	②	③	④	⑤
6	①	②	③	④	⑤		26	①	②	③	④	⑤		46	①	②	③	④	⑤		66	①	②	③	④	⑤
7	①	②	③	④	⑤		27	①	②	③	④	⑤		47	①	②	③	④	⑤		67	①	②	③	④	⑤
8	①	②	③	④	⑤		28	①	②	③	④	⑤		48	①	②	③	④	⑤		68	①	②	③	④	⑤
9	①	②	③	④	⑤		29	①	②	③	④	⑤		49	①	②	③	④	⑤		69	①	②	③	④	⑤
10	①	②	③	④	⑤		30	①	②	③	④	⑤		50	①	②	③	④	⑤		70	①	②	③	④	⑤
11	①	②	③	④	⑤		31	①	②	③	④	⑤		51	①	②	③	④	⑤		71	①	②	③	④	⑤
12	①	②	③	④	⑤		32	①	②	③	④	⑤		52	①	②	③	④	⑤		72	①	②	③	④	⑤
13	①	②	③	④	⑤		33	①	②	③	④	⑤		53	①	②	③	④	⑤		73	①	②	③	④	⑤
14	①	②	③	④	⑤		34	①	②	③	④	⑤		54	①	②	③	④	⑤		74	①	②	③	④	⑤
15	①	②	③	④	⑤		35	①	②	③	④	⑤		55	①	②	③	④	⑤		75	①	②	③	④	⑤
16	①	②	③	④	⑤		36	①	②	③	④	⑤		56	①	②	③	④	⑤		76	①	②	③	④	⑤
17	①	②	③	④	⑤		37	①	②	③	④	⑤		57	①	②	③	④	⑤		77	①	②	③	④	⑤
18	①	②	③	④	⑤		38	①	②	③	④	⑤		58	①	②	③	④	⑤		78	①	②	③	④	⑤
19	①	②	③	④	⑤		39	①	②	③	④	⑤		59	①	②	③	④	⑤		79	①	②	③	④	⑤
20	①	②	③	④	⑤		40	①	②	③	④	⑤		60	①	②	③	④	⑤		80	①	②	③	④	⑤

※ 본 답안카드는 마킹연습용 모의 답안카드입니다.

통합 NCS 최종모의고사 답안카드

성 명				

지원 분야				

문제지 형별기재란

(형) Ⓐ Ⓑ

수험번호

감독위원 확인

(인)

※ 본 답안지는 마킹연습용 모의 답안지입니다.

통합 NCS 최종모의고사 답안카드

성 명

지원 분야

문제지 형별기재란

( )형

Ⓐ Ⓑ

수험번호

⓪ ① ② ③ ④ ⑤ ⑥ ⑦ ⑧ ⑨
⓪ ① ② ③ ④ ⑤ ⑥ ⑦ ⑧ ⑨
⓪ ① ② ③ ④ ⑤ ⑥ ⑦ ⑧ ⑨
⓪ ① ② ③ ④ ⑤ ⑥ ⑦ ⑧ ⑨
⓪ ① ② ③ ④ ⑤ ⑥ ⑦ ⑧ ⑨
⓪ ① ② ③ ④ ⑤ ⑥ ⑦ ⑧ ⑨
⓪ ① ② ③ ④ ⑤ ⑥ ⑦ ⑧ ⑨

감독위원 확인

(인)

1	① ② ③ ④ ⑤	21	① ② ③ ④ ⑤	41	① ② ③ ④ ⑤	61	① ② ③ ④ ⑤
2	① ② ③ ④ ⑤	22	① ② ③ ④ ⑤	42	① ② ③ ④ ⑤	62	① ② ③ ④ ⑤
3	① ② ③ ④ ⑤	23	① ② ③ ④ ⑤	43	① ② ③ ④ ⑤	63	① ② ③ ④ ⑤
4	① ② ③ ④ ⑤	24	① ② ③ ④ ⑤	44	① ② ③ ④ ⑤	64	① ② ③ ④ ⑤
5	① ② ③ ④ ⑤	25	① ② ③ ④ ⑤	45	① ② ③ ④ ⑤	65	① ② ③ ④ ⑤
6	① ② ③ ④ ⑤	26	① ② ③ ④ ⑤	46	① ② ③ ④ ⑤	66	① ② ③ ④ ⑤
7	① ② ③ ④ ⑤	27	① ② ③ ④ ⑤	47	① ② ③ ④ ⑤	67	① ② ③ ④ ⑤
8	① ② ③ ④ ⑤	28	① ② ③ ④ ⑤	48	① ② ③ ④ ⑤	68	① ② ③ ④ ⑤
9	① ② ③ ④ ⑤	29	① ② ③ ④ ⑤	49	① ② ③ ④ ⑤	69	① ② ③ ④ ⑤
10	① ② ③ ④ ⑤	30	① ② ③ ④ ⑤	50	① ② ③ ④ ⑤	70	① ② ③ ④ ⑤
11	① ② ③ ④ ⑤	31	① ② ③ ④ ⑤	51	① ② ③ ④ ⑤	71	① ② ③ ④ ⑤
12	① ② ③ ④ ⑤	32	① ② ③ ④ ⑤	52	① ② ③ ④ ⑤	72	① ② ③ ④ ⑤
13	① ② ③ ④ ⑤	33	① ② ③ ④ ⑤	53	① ② ③ ④ ⑤	73	① ② ③ ④ ⑤
14	① ② ③ ④ ⑤	34	① ② ③ ④ ⑤	54	① ② ③ ④ ⑤	74	① ② ③ ④ ⑤
15	① ② ③ ④ ⑤	35	① ② ③ ④ ⑤	55	① ② ③ ④ ⑤	75	① ② ③ ④ ⑤
16	① ② ③ ④ ⑤	36	① ② ③ ④ ⑤	56	① ② ③ ④ ⑤	76	① ② ③ ④ ⑤
17	① ② ③ ④ ⑤	37	① ② ③ ④ ⑤	57	① ② ③ ④ ⑤	77	① ② ③ ④ ⑤
18	① ② ③ ④ ⑤	38	① ② ③ ④ ⑤	58	① ② ③ ④ ⑤	78	① ② ③ ④ ⑤
19	① ② ③ ④ ⑤	39	① ② ③ ④ ⑤	59	① ② ③ ④ ⑤	79	① ② ③ ④ ⑤
20	① ② ③ ④ ⑤	40	① ② ③ ④ ⑤	60	① ② ③ ④ ⑤	80	① ② ③ ④ ⑤

※ 본 답안카드는 마킹연습용 모의 답안지입니다.

통합 NCS 최종모의고사 답안카드

번호	답란	번호	답란	번호	답란	번호	답란
1	① ② ③ ④ ⑤	21	① ② ③ ④ ⑤	41	① ② ③ ④ ⑤	61	① ② ③ ④ ⑤
2	① ② ③ ④ ⑤	22	① ② ③ ④ ⑤	42	① ② ③ ④ ⑤	62	① ② ③ ④ ⑤
3	① ② ③ ④ ⑤	23	① ② ③ ④ ⑤	43	① ② ③ ④ ⑤	63	① ② ③ ④ ⑤
4	① ② ③ ④ ⑤	24	① ② ③ ④ ⑤	44	① ② ③ ④ ⑤	64	① ② ③ ④ ⑤
5	① ② ③ ④ ⑤	25	① ② ③ ④ ⑤	45	① ② ③ ④ ⑤	65	① ② ③ ④ ⑤
6	① ② ③ ④ ⑤	26	① ② ③ ④ ⑤	46	① ② ③ ④ ⑤	66	① ② ③ ④ ⑤
7	① ② ③ ④ ⑤	27	① ② ③ ④ ⑤	47	① ② ③ ④ ⑤	67	① ② ③ ④ ⑤
8	① ② ③ ④ ⑤	28	① ② ③ ④ ⑤	48	① ② ③ ④ ⑤	68	① ② ③ ④ ⑤
9	① ② ③ ④ ⑤	29	① ② ③ ④ ⑤	49	① ② ③ ④ ⑤	69	① ② ③ ④ ⑤
10	① ② ③ ④ ⑤	30	① ② ③ ④ ⑤	50	① ② ③ ④ ⑤	70	① ② ③ ④ ⑤
11	① ② ③ ④ ⑤	31	① ② ③ ④ ⑤	51	① ② ③ ④ ⑤	71	① ② ③ ④ ⑤
12	① ② ③ ④ ⑤	32	① ② ③ ④ ⑤	52	① ② ③ ④ ⑤	72	① ② ③ ④ ⑤
13	① ② ③ ④ ⑤	33	① ② ③ ④ ⑤	53	① ② ③ ④ ⑤	73	① ② ③ ④ ⑤
14	① ② ③ ④ ⑤	34	① ② ③ ④ ⑤	54	① ② ③ ④ ⑤	74	① ② ③ ④ ⑤
15	① ② ③ ④ ⑤	35	① ② ③ ④ ⑤	55	① ② ③ ④ ⑤	75	① ② ③ ④ ⑤
16	① ② ③ ④ ⑤	36	① ② ③ ④ ⑤	56	① ② ③ ④ ⑤	76	① ② ③ ④ ⑤
17	① ② ③ ④ ⑤	37	① ② ③ ④ ⑤	57	① ② ③ ④ ⑤	77	① ② ③ ④ ⑤
18	① ② ③ ④ ⑤	38	① ② ③ ④ ⑤	58	① ② ③ ④ ⑤	78	① ② ③ ④ ⑤
19	① ② ③ ④ ⑤	39	① ② ③ ④ ⑤	59	① ② ③ ④ ⑤	79	① ② ③ ④ ⑤
20	① ② ③ ④ ⑤	40	① ② ③ ④ ⑤	60	① ② ③ ④ ⑤	80	① ② ③ ④ ⑤

성 명

지원 분야

문제지 형별기재란

Ⓐ Ⓑ

(형)

수 험 번 호

⓪	①	②	③	④	⑤	⑥	⑦	⑧	⑨
⓪	①	②	③	④	⑤	⑥	⑦	⑧	⑨
⓪	①	②	③	④	⑤	⑥	⑦	⑧	⑨
⓪	①	②	③	④	⑤	⑥	⑦	⑧	⑨
⓪	①	②	③	④	⑤	⑥	⑦	⑧	⑨
⓪	①	②	③	④	⑤	⑥	⑦	⑧	⑨
⓪	①	②	③	④	⑤	⑥	⑦	⑧	⑨

감독위원 확인

(인)

2025 최신판 시대에듀 공기업 NCS 고졸채용 최종모의고사 9회분 + 무료NCS특강

개정6판1쇄 발행	2024년 10월 30일 (인쇄 2024년 08월 27일)
초 판 발 행	2019년 06월 10일 (인쇄 2019년 04월 30일)
발 행 인	박영일
책 임 편 집	이해욱
편 저	SDC(Sidae Data Center)
편 집 진 행	김재희 · 김예림
표지디자인	조혜령
편집디자인	김경원 · 장성복
발 행 처	(주)시대고시기획
출 판 등 록	제10-1521호
주 소	서울시 마포구 큰우물로 75 [도화동 538 성지 B/D] 9F
전 화	1600-3600
팩 스	02-701-8823
홈 페 이 지	www.sdedu.co.kr

I S B N	979-11-383-7714-0 (13320)
정 가	23,000원

공기업

NCS

고졸채용
최종모의고사

기업별 맞춤 학습 "기본서" 시리즈

공기업 취업의 기초부터 심화까지! 합격의 문을 여는 **Hidden Key!**

기업별 시험 직전 마무리 "모의고사" 시리즈

실제 시험과 동일하게 마무리! 합격을 향한 **Last Spurt!**

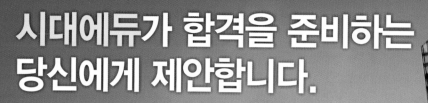